Markus Bauder, Volker Holzer, Hartmut Hug, Klaus Merk, Thomas Paaß, Alexander Rothacher, Christian Seifritz, Cornelia Sobanek

Holzer Stofftelegramme Wirtschaftsschule

Volks- und Betriebswirtschaftslehre, Rechnungswesen, Englisch, Mathematik, Deutsch

Baden-Württemberg

12. Auflage

Bestellnummer 00614

Bildungsverlag EINS
westermann

Die in diesem Produkt gemachten Angaben zu Unternehmen (Namen, Internet- und E-Mail-Adressen, Handelsregistereintragungen, Bankverbindungen, Steuer-, Telefon- und Faxnummern und alle weiteren Angaben) sind i. d. R. fiktiv, d. h., sie stehen in keinem Zusammenhang mit einem real existierenden Unternehmen in der dargestellten oder einer ähnlichen Form. Dies gilt auch für alle Kunden, Lieferanten und sonstigen Geschäftspartner der Unternehmen wie z. B. Kreditinstitute, Versicherungsunternehmen und andere Dienstleistungsunternehmen. Ausschließlich zum Zwecke der Authentizität werden die Namen real existierender Unternehmen und z. B. im Fall von Kreditinstituten auch deren IBANs und BICs verwendet.

Die in diesem Werk aufgeführten Internetadressen sind auf dem Stand zum Zeitpunkt der Drucklegung. Die ständige Aktualität der Adressen kann vonseiten des Verlages nicht gewährleistet werden. Darüber hinaus übernimmt der Verlag keine Verantwortung für die Inhalte dieser Seiten.

service@bv-1.de
www.bildungsverlag1.de

Bildungsverlag EINS GmbH
Ettore-Bugatti-Straße 6-14, 51149 Köln

ISBN 978-3-427-**00614**-5

westermann GRUPPE

Vorwort

Dieses Buch gewährleistet ein **systematisches Fitnesstraining für Unterricht + Klassenarbeit + Prüfung.** Die Stoffinhalte und deren Reihenfolge entsprechen **exakt** den **Lehrplänen für BADEN-WÜRTTEMBERG**.

Die Kapitel sind einheitlich aufgebaut und bestehen aus:

Stofftelegramm	Aufgaben	Prüfungsaufgaben[1]
Stoffinhalte in Kurzform	alle typischen Fragestellungen zum Stoffgebiet	sämtliche passende, kapitelzugehörige Prüfungsaufgaben der letzten 5–7 Jahre

Einsatzmöglichkeiten:

- **systematische Nachbearbeitung** eines Stoffgebietes
- **eigenverantwortliche Kontrolle** anhand der Übungsaufgaben in Kombination mit dem Lösungsbuch
- **gezielte Vorbereitung auf Klassenarbeit und Abschlussprüfung**
- **Übungsphasen während des Unterrichts**
- **Sammlung von Hausaufgaben**

Das **Lösungsbuch (Bestell-Nr. 00619)** mit **ausführlichen Antworten** ist getrennt erhältlich.

Der **Buchführungsteil** enthält neben Stofftelegrammen und Geschäftsvorfällen eine Vielzahl **von verbalen prüfungsrelevanten Verständnisfragen.**

Verfasser und Verlag wünschen Ihnen viel Erfolg beim Lernen, in der Klassenarbeit und Prüfung. Wir freuen uns, wenn das vorliegende Buch für Sie eine entscheidende Hilfe darstellt. **Viel Spaß!**

---

[1] *Die Prüfungsaufgaben liegen im Original vor. Daher stehen in den Anlagen zu den Prüfungsaufgaben vielfach noch Kontonummer und Bankleitzahl statt IBAN und BIC.*

Inhaltsverzeichnis

Grundlagen kaufmännischen Handelns und Verwaltens

Geschäftsprozesse Verkauf

Bewerbung, Ausbildung und Vergütung

Konsum und Finanzierung

Geschäftsprozess Einkauf

Existenzgründung

Volkswirtschaftliche Grundlagen

Prüfungsaufgaben

Prüfungsaufgaben Sommer 2017

Grundlagen kaufmännischen Handelns und Verwaltens

1 Einfaches Unternehmensmodell

Stofftelegramm

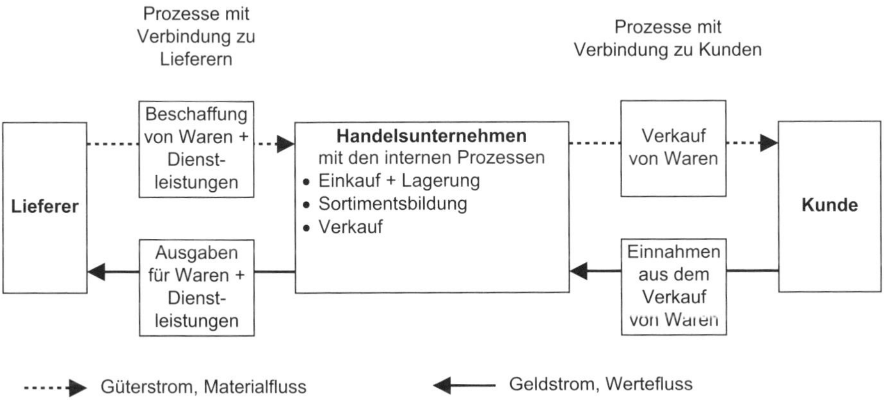

Ein Handelsbetrieb kauft, lagert und verkauft. Dementsprechend verläuft der Güterstrom von den Lieferern durch das eigene Unternehmen hin zu den Kunden. Diesem Güterstrom läuft ein Geldstrom entgegen. Die Kunden bezahlen ihre Waren. Ein Teil dieses Geldes wird im eigenen Unternehmen verbraucht, z. B. für Gehälter, Miete, Versicherungen, Gewinn. Ein anderer Teil fließt als Gegenleistung für die beschafften Waren und Dienstleistungen zu den Lieferern. Wir können also einen Zu- und Abfluss an Gütern und Geld beobachten.

AUFGABEN

1. Zeichnen Sie die Grafik für das vereinfachte Modell eines Handelsunternehmens.

2. Tragen Sie in die nachfolgende Tabelle jeweils ein, ob es sich um einen Güter- oder um einen Geldstrom handelt und ob es sich – aus der Sicht des eigenen Betriebes – um einen Zufluss oder Abfluss handelt.

	Er fließt vom	Güter-/Geldstrom	Zu-/Abfluss
a)	Lieferer zum eigenen Betrieb		
b)	Kunden zum eigenen Betrieb		
c)	eigenen Betrieb zum Kunden		
d)	eigenen Betrieb zum Lieferer		

2 Grundlagen des Rechnungswesens

2.1 Dreisatz

AUFGABEN

1. Unser Kopiervorrat reicht bei einem täglichen Bedarf von 230 Blatt noch 25 Tage. Wie lange reicht der Vorrat, wenn sich herausstellt, dass pro Tag 250 Blatt benötigt werden?

2. Der Maschinenpark in der Abteilung Dreherei hatte im Monat Juni Stromkosten in Höhe von 1.881,60 EUR. Dabei waren die Maschinen 168 Stunden in Betrieb. Im Monat Juli werden wegen Urlaub die Maschinen nur 120 Stunden genutzt. Wie hoch sind die Stromkosten?

3. Für die Inventurarbeiten in einem Kaufhaus wird ein Personalbedarf von 8 Arbeitskräften mit jeweils 15 Stunden geschätzt. Wie viele Arbeitskräfte müssten zu diesen Arbeiten herangezogen werden, damit die Arbeit bereits nach 10 Stunden beendet werden kann?

4. In einer Wohnanlage sind Malerarbeiten durchzuführen. Aufgrund der Ausschreibungen errechnet der Meister einen Zeitbedarf von 12 Arbeitstagen, falls er 6 Maler an dieser Baustelle einsetzt. Der Architekt drängt und verlangt, dass die ganze Mannschaft von 9 Malern an diesem Auftrag arbeitet. Wann ist die Arbeit nunmehr beendet?

5. Im Monat Mai erzielte unser Reisender einen Monatsumsatz von 120.000,00 EUR und erhielt dafür eine Umsatzprovision von 7.200,00 EUR. Wie hoch ist seine Provision im Juni, wenn er in diesem Monat einen Umsatz von 145.000,00 EUR erreicht?

6. Klüsewitz will sich ein Mountainbike kaufen. Er reduziert seinen Zigarettenkonsum radikal und legt die wöchentlich ersparten 60,00 EUR auf die hohe Kante. Er rechnet nach und stellt fest, dass er 30 Wochen lang sparen müsste, um sich das gewünschte Rad bar kaufen zu können. Da erhält er von Tante Olga einen Gutschein über wöchentlich 20,00 EUR Sparzulage. Um wie viele Wochen verkürzt sich seine Wartezeit?

7. 6 Autohäuser beteiligen sich jährlich an einer regionalen Gemeinschaftswerbung. Die Kosten beliefen sich im letzten Jahr auf 15.000,00 EUR pro Firma. Um wie viel Euro verringern sich die Werbungskosten pro Autohaus, wenn sich nunmehr 9 Firmen daran beteiligen?

8. Der Handelsvertreter Steudel hat sich ein neues Firmenfahrzeug gekauft, dessen Durchschnittsverbrauch bei 7,2 l Diesel/100 km liegt. Wie hoch sind seine monatlichen Dieselkosten, wenn er pro Monat im Durchschnitt 6.500 km zurücklegt und der Liter Diesel 1,24 EUR kostet?

9. Vier Kegelbrüder mieten sich ein Hausboot, welches für eine Woche 1.300,00 EUR + 200,00 EUR Endreinigung kostet. Um wie viel Euro verteuert sich der Bootsurlaub pro Person, nachdem einer der vier kurzfristig absagen musste und die anderen drei auf den Urlaub nicht verzichten wollten?

2.2 Prozentrechnen

AUFGABEN

1. Berechnen Sie die fehlenden Werte (gekennzeichnet durch?):

	1	2	3	4
ursprünglicher Preis in EUR	230,00	?	?	900,00
Nachlass in %	12,5	–	?	–
Nachlass in EUR	?	–	352,00	–
Erhöhung in %	–	15	–	?
Erhöhung in EUR	–	187,50	–	?
neuer Preis in EUR	?	?	1.248,00	1.035,00

2. Der Gewinn eines Unternehmens sank im Vorjahr um 8 %, nachdem er vor zwei Jahren um 4 % gestiegen war. Wie viel Euro betrugen der ursprüngliche Gewinn und die einzelnen Gewinnänderungen, wenn in diesem Jahr 162.080,00 EUR Gewinn erzielt werden?

3. Bei einem Posten Rohbaumwolle ergaben sich durch die Bearbeitung in drei aufeinanderfolgenden Produktionsstufen jeweils folgende Gewichtsveränderungen:

1. Stufe – Waschen und Kämmen:	Gewichtsverlust	$16\frac{2}{3}$ %
2. Stufe – Spinnen:	„	2 %
3. Stufe – Ausrüsten:	Gewichtszunahme	1,5 %

Nach diesen Bearbeitungsvorgängen wog die Fertigbaumwolle 2.486,75 kg.
a) Wie viel K betrug der Rohbaumwolleinsatz?
b) Wie viel Prozent ist der Gewichtsverlust insgesamt?

4. Die Firma Holzbau Singer KG bietet den Gartenstuhl „Tosca“ zu folgenden Bedingungen an: Listenpreis 65,00 EUR

Mengenrabatt:	ab 10 Stück	10 %
	ab 20 Stück	15 %
	ab 30 Stück	20 %

Bei Bestellung bis zum 31.05. erhöht sich der Rabattsatz um 3 %.
Ab 25 Stück erfolgt die Lieferung frachtfrei, darunter werden pauschal 50,00 EUR in Rechnung gestellt.
a) Wie hoch ist der Einstandspreis für die gesamte Bestellung, wenn wir für unsere Hausmesse Mitte Mai 20 Stühle bestellen?
b) Wie viel Prozent des Einstandspreises entfallen auf die Fracht?

5. Der TGV braucht für die Strecke Straßburg – Paris (480 km) 2:18 Std. Aufgrund der kurvigen Strecke ist er nach 1:06 Std. immer noch 340 km von Paris entfernt. Um wie viel Prozent muss er ab sofort seine Geschwindigkeit erhöhen, um innerhalb der geplanten Zeit in Paris zu sein.

6. Im Onlineshop „e clover“ wird das BlackBerry-Smartphone für 205,00 EUR angeboten. Aufgrund des heftigen Konkurrenzdrucks senkt der Händler den Preis um 10 %. Da er sich jetzt vor Nachfrage kaum retten kann, erhöht er ihn wieder um 10 %. Um wie viel Prozent weicht der jetzige Preis von den ursprünglichen 205,00 EUR ab?

2.3 Grundlagen der Buchführung

2.3.1 Einnahmen-/Ausgabenrechnung

AUFGABE

Familie Blumenschein möchte über die monatlichen Ein- und Ausgaben ein Haushaltsbuch führen. Nach Ordnung und Zusammenstellung der Belege ergeben sich folgende Nachweise:

Einnahmen
Nettoeinkommen des Vaters als Versicherungskaufmann 3.150,00 EUR, Nettoeinkommen der Mutter als Verkäuferin 1.230,00 EUR. Von der Oma, die ebenfalls im Haushalt lebt, 600,00 EUR.

Ausgaben
Miete 840,00 EUR, Wasser, Strom, Heizung, Müll 340,00 EUR, Telefon 65,00 EUR, Zeitung 40,00 EUR, Nahrungsmittel 1.200,00 EUR, Bekleidung 260,00 EUR, Unterhaltung, Freizeit, Urlaub 350,00 EUR, Pkw 450,00 EUR, Versicherungen 170,00 EUR, Taschengeld für den Sohn 70,00 EUR.

Erstellen Sie für den letzten Monat das Haushaltsbuch mit einer Gegenüberstellung der Einnahmen und Ausgaben und stellen Sie fest, wie viel gespart werden kann.

2.3.2 Kassenbuchführung

Stofftelegramm

- Die Buchführung beschäftigt sich damit, **Geschäftsvorfälle** (Veränderungen des Vermögens und/oder der Schulden) zu erfassen.
- Ein T-Konto erinnert entfernt an ein aufgeschlagenes Buch, auf welchem die Geschäftsvorfälle verzeichnet werden.
- **Linke Seite** eines Kontos = **Soll-Seite**
- **Rechte Seite** eines Kontos = **Haben-Seite**
- Auf dem Konto Kasse werden **Geldeinnahmen** links **(Soll)** und **Geldausgaben** rechts **(Haben)** notiert.
- Der **Anfangsbestand** auf dem Konto Kasse steht auf der **Soll-Seite**.
- Der **Schlussbestand (Saldo)** auf dem Konto Kasse steht auf der **Haben-Seite**.

AUFGABE

Führen Sie anhand der folgenden Geschäftsvorfälle für das Fitness-Studio „Arni" das Konto „Kasse" vom heutigen Tag und schließen Sie es anschließend ab.

I.	Anfangsbestand	2.740,00 EUR
II.	Geschäftsvorfälle	
	1. Portokosten	13,00 EUR
	2. Reparatur des Firmenfahrzeugs	450,00 EUR
	3. Inserat im „Wochenblatt"	120,00 EUR
	4. Verkauf von Power-Drinks	290,00 EUR
	5. Verkauf von Punktekarten	690,00 EUR
	6. Kauf von Büromaterial	35,00 EUR
	7. Übertrag auf Bankkonto	1.000,00 EUR

Mit welchem Anfangsbestand eröffnet das Konto „Kasse" am nächsten Tag?

2.3.3 Buchen auf Bestandskonten

Stofftelegramm

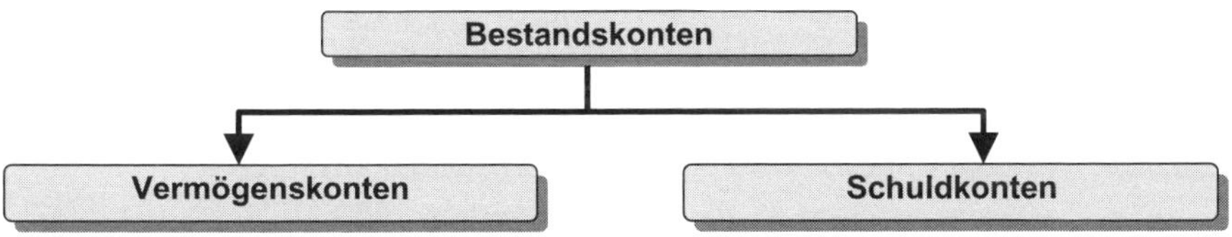

(schematische Darstellung)

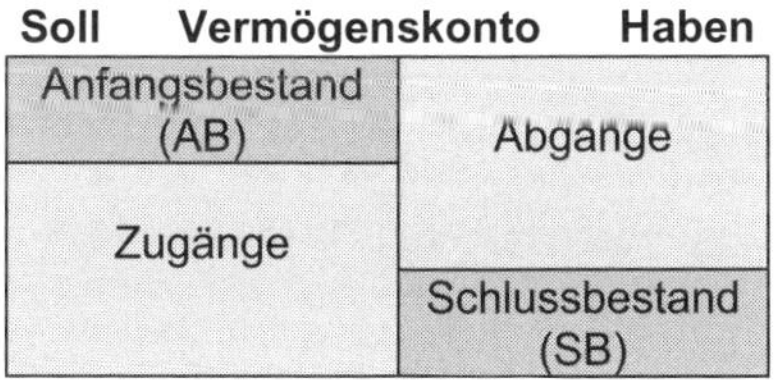

Beispiele:

Grundstücke, Gebäude, Bankguthaben, Kasse, Forderungen, Geschäftsausstattung

(schematische Darstellung)

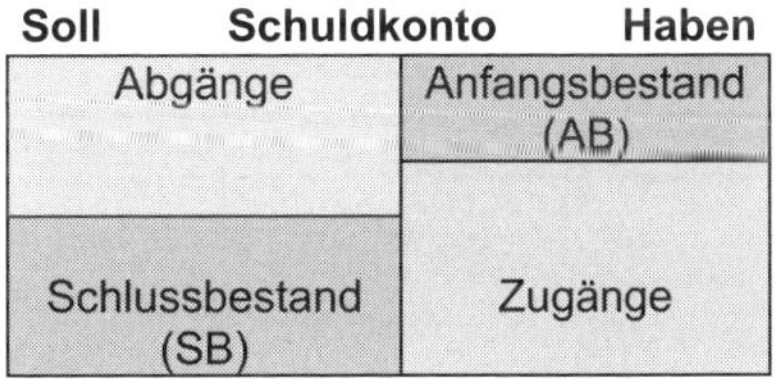

Beispiele:

Verbindlichkeiten aus Lieferungen und Leistungen, Verbindlichkeiten gegen Kreditinstitute, Verbindlichkeiten gegen Sozialversicherung

Grundregeln der Buchführung

- Ein Geschäftsvorfall berührt (mindestens) **zwei Konten**.
- **Ein Konto** nimmt die **Soll-Buchung**, das **andere** die **Haben-Buchung** auf.
- **Zuerst Soll**-Seite buchen, dann **Haben**-Seite.
- **Summe der gebuchten Soll-Beträge = Summe der gebuchten Haben-Beträge**

Art des Geschäftsganges	Wo gebucht?
Zugang auf Vermögenskonto (Aktivkonto)	**Soll**
Zugang auf Schuldkonto (Passivkonto)	**Haben**
Abgang auf Vermögenskonto (Aktivkonto)	**Haben**
Abgang auf Schuldkonto (Passivkonto)	**Soll**

Wie finde ich zur richtigen Buchung?

Beispiel: *Wir kaufen Waren auf Ziel für 2.500,00 EUR.*

Frage	Antwort
(1) Welche Konten werden berührt?	Waren, Verbindlichkeiten
(2) Welche Kontenart?	Waren – **A**ktivkonto Verbindlichkeiten – **P**assivkonto
(3) Zugang oder Abgang?	Waren – **A** – Zugang Vbl. – **P** – Zugang
(4) Auf welcher Seite ist daher zu buchen?	Waren – **A** – Zugang, also Soll Vbl. – **P** – Zugang, also Haben

Der Buchungssatz lautet daher:

Name des Soll-Kontos	**an**	Name des Haben-Kontos	
	hier also		
Waren	**an**	**Verbindlichkeiten**	**2.500,00**

AUFGABEN

1. Kreuzen Sie an, auf welcher Seite eines Kontos die nachfolgenden Daten eingetragen werden.

Daten	Seite des Kontos	
	Soll	Haben
Anfangsbestände eines Aktivkontos		
Abgänge eines Passivkontos		
Schlussbestand eines Aktivkontos		
Zugänge eines Aktivkontos		
Schlussbestand eines Passivkontos		
Zugänge eines Passivkontos		
Anfangsbestand eines Passivkontos		
Abgänge eines Aktivkontos		

2. Richten Sie sich ein T-Konto „Bank“ ein, buchen Sie dort die nachfolgenden Geschäftsvorfälle und ermitteln Sie den Schlussbestand.

a) Anfangsbestand lt. Eröffnungsbilanz vom 01.01.	3.450,00 EUR
b) Banküberweisung eines Kunden über	5.520,00 EUR
c) Bareinzahlung aus der Geschäftskasse	10.000,00 EUR
d) Banküberweisung an einen Lieferanten	9.775,00 EUR

3. Gegeben sind folgende Anfangsbestände

Geschäftsausstattung	40.000,00 EUR
Waren	20.000,00 EUR
Forderungen	8.000,00 EUR
Bankguthaben	4.000,00 EUR
Kasse	2.500,00 EUR
Darlehen	25.000,00 EUR
Verbindlichkeiten	7.500,00 EUR

a) Buchen Sie die folgenden Geschäftsvorfälle zunächst auf nachfolgendem Schema (*siehe Muster*).

Geschäftsvorfall	**Welche Bilanzposition?**	**Aktiv? Passiv?**	**Zu? Ab?**	**Welche Seite ist zu buchen? Soll**	**Haben**
Barabhebung vom Bankkonto, 500,00 EUR	*Bank* *Kasse*	*aktiv* *aktiv*	*ab* *zu*	 *500,00*	*500,00*
(1) Kauf von Waren bar, 900,00 EUR					
(2) Kunde zahlt Rechnung per Bank, 1.500,00 EUR.					
(3) Kauf von 5 Schreibtischen auf Ziel, 7.500,00 EUR					
(4) Aufnahme eines Darlehens bar, 20.000,00 EUR					
(5) Wir zahlen Liefererrechnung durch Banküberweisung, 4.500,00 EUR.					

b) Richten Sie die angegebenen Bestandskonten ein und tragen Sie die Anfangsbestände vor.

c) Übertragen Sie die Buchungen auf die T-Konten (ohne Musterfall!).

4. Buchen Sie:

a) Kauf von Waren gegen Barzahlung	1.000,00 EUR
b) Liefererrechnung wird durch Banküberweisung bezahlt.	500,00 EUR
c) Gebrauchter Lkw wird gegen Banküberweisung verkauft.	8.000,00 EUR
d) Darlehen wird durch Banküberweisung getilgt.	10.000,00 EUR
e) Kauf von Waren auf Ziel	1.500,00 EUR
f) Eine Liefererschuld wird in ein Darlehen umgewandelt.	5.000,00 EUR
g) Ein Kunde begleicht unsere Forderung durch Postüberweisung.	2.000,00 EUR
h) Aufnahme eines Bankdarlehens, Gutschrift auf Bankkonto	20.000,00 EUR
i) Bareinzahlung auf Bankkonto	500,00 EUR
j) Barabhebung vom Bankkonto	1.000,00 EUR
k) Überweisung vom Bankkonto auf Postscheckkonto	5.000,00 EUR
l) Kauf eines PC gegen Bankscheck	3.500,00 EUR

m)	Verkauf eines Grundstücks gegen Bankscheck	20.000,00 EUR
	und bar	20.000,00 EUR
n)	Kunde zahlt Rechnung durch Banküberweisung	2.500,00 EUR
	und bar.	500,00 EUR
o)	Zur Tilgung einer Darlehensschuld von	20.000,00 EUR
	geben wir einen gebrauchten Pkw in Zahlung.	8.000,00 EUR
	Den Rest zahlen wir durch Bankscheck.	?
p)	Wir kaufen Waren auf Ziel	2.500,00 EUR
	und durch Barzahlung.	1.500,00 EUR
q)	Wir verkaufen ein gebrauchtes Kopiergerät	1.500,00 EUR
	gegen Bankscheck	1.200,00 EUR
	und Barzahlung.	?

5. Die Konten aus Aufgabe 3. c) sind noch nicht abgeschlossen. Schließen Sie die Konten ab.

2.3.4 Eröffnung und Abschluss der Bestandskonten

Stofftelegramm

- Das **Eröffnungsbilanzkonto** nimmt die Gegenbuchungen für die Buchung der Anfangsbestände der Vermögens- und Schuldkonten (Aktiv- und Passivkonten) auf.
- Das **Schlussbilanzkonto** nimmt die **Gegenbuchungen für die Buchung der Schlussbestände** der Vermögens- und Schuldkonten (Aktiv- und Passivkonten) auf.
- Das **Eigenkapitalkonto** ist ein **Passivkonto**. Es weist die Schulden des Unternehmens an dessen Eigentümer aus.

AUFGABE

I. Anfangsbestände:

Geschäftsausstattung	75.000,00
Fuhrpark	53.000,00
Waren	34.000,00
Forderungen	12.000,00
Bankguthaben	17.000,00
Kasse	4.500,00
Verbindlichkeiten gegenüber Kreditinstituten	67.000,00
Verbindlichkeiten aus Lieferungen und Leistungen	14.500,00
Eigenkapital	?

II. Geschäftsvorfälle:

1.	Barabhebung vom Bankkonto	1.500,00
2.	Kauf eines gebrauchten Lkw im Wert von	22.000,00
	Wir bezahlen durch Banküberweisung	7.000,00
	auf Ziel.	15.000,00
3.	Ein Kunde begleicht eine Forderung bar.	800,00
4.	Wir begleichen einen Teil der Schuld aus dem Lkw-Kauf durch Banküberweisung.	5.000,00
5.	Wir kaufen Waren auf Ziel.	3.500,00
6.	Kauf eines Aktenregals gegen Banküberweisung	2.500,00

III. Aufgaben:

a) Richten Sie die Konten ein und eröffnen Sie diese unter Verwendung des Eröffnungsbilanzkontos.
b) Bilden Sie die Buchungssätze zu den Geschäftsvorfällen.
c) Übertragen Sie die Buchungen auf die Konten.
d) Schließen Sie die Konten über das Schlussbilanzkonto ab.

2.3.5 Erfolgskonten (Ergebniskonten)

Stofftelegramm

Problem: **Erfolgswirksame** Geschäftsvorfälle (Aufwendungen/Erträge) führen zu einem Zuwachs oder einem Verzehr von Vermögen. Damit verbunden ist immer eine **Änderung des Eigenkapitals**.

Folge:
(1) Das Eigenkapitalkonto wäre durch die Vielzahl der Buchungen unübersichtlich.
(2) keine Information über die unterschiedlichen Ursachen des Vermögensverzehrs bzw. -zuwachses.

Lösung: Einrichtung von **Aufwands- und Ertragskonten als Unterkonten des Kontos Kapital**

Ablauf:

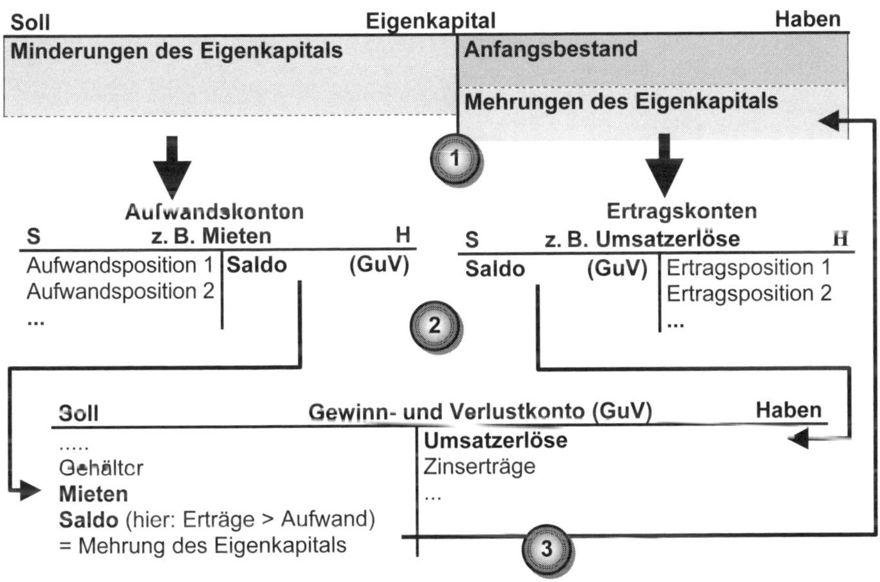

(1) Statt erfolgswirksame Buchungen auf dem Konto Eigenkapital vorzunehmen, werden Aufwands- und Ertragskonten als Unterkonten eingerichtet. Diese haben **keine Anfangsbestände**. Dort werden die laufenden Buchungen vorgenommen. **Aufwendungen werden auf der Soll-Seite, Erträge auf der Haben-Seite gebucht.**
(2) Die Salden der Aufwandskonten stehen auf der Haben-Seite, die Salden der Ertragskonten auf der Soll-Seite. Diese werden auf das GuV-Konto abgeschlossen.
(3) Der Saldo des GuV-Kontos wird auf das Eigenkapitalkonto abgeschlossen.

Wenn ...	Dann ...
Summe der Erträge größer als Summe der Aufwendungen	• Saldo im GuV-Konto auf Soll-Seite • Abschluss auf Haben-Seite des Eigenkapitals, damit **Gewinn = Mehrung des EK**
Summe der Erträge kleiner als Summe der Aufwendungen	• Saldo im GuV-Konto auf Haben-Seite • Abschluss auf Soll-Seite des Eigenkapitals, damit **Verlust = Minderung des EK**

AUFGABEN

1. a) Auf welcher Seite nimmt das Eigenkapitalkonto zu?
   b) Welche Konten erfassen Minderungen des Eigenkapitals?
   c) Auf welcher Seite werden Aufwendungen/Erträge gebucht?
   d) Auf welcher Seite steht der
   - Saldo eines Aufwandskontos?
   - Saldo eines Ertragskontos?

   e) Wohin werden Aufwands- und Ertragskonten abgeschlossen?
   f) Angenommen, das Unternehmen hat Gewinn erwirtschaftet. Welche Seite der GuV ist dann größer, Soll oder Haben?
   g) Auf welcher Seite des Eigenkapitalkontos erfolgt der Abschluss, wenn ein Verlust erwirtschaftet wurde?

2. a) Schließen Sie die Erfolgskonten über das GuV-Konto ab.
   b) Schließen Sie das GuV-Konto über das Eigenkapitalkonto ab.

S	Gehälter		H
1)	25.200,00		
8)	24.600,00		

S	Umsatzerlöse		H
		2)	43.000,00
		7)	22.000,00

S	Mieten		H
3)	800,00		
9)	600,00		

S	Zinserträge		H
		4)	250,00
		10)	30,00

S	Postgebühren		H
6)	120,00		

S	Provisionserträge		H
		5)	23,00

S	GuV		H

S	Eigenkapital		H
		AB	250.000,00

3. Buchen Sie:

a)	Telefonrechnung wird vom Bankkonto abgebucht.	740,00 EUR
b)	Wir zahlen Darlehenszinsen durch Banküberweisung.	400,00 EUR
c)	Wir erhalten Miete für eine Lagerhalle auf Bankkonto gutgeschrieben.	500,00 EUR
d)	Lohnzahlung durch Banküberweisung	7.500,00 EUR
e)	Wir zahlen Gewerbesteuer per Postscheck.	1.200,00 EUR
f)	Beitrag zur IHK durch Banküberweisung	250,00 EUR
g)	Kauf von Büromaterial, bar	70,00 EUR
h)	Zinsgutschrift unserer Bank	120,00 EUR
i)	Rechnung eines Anwalts für Rechtsberatung wird durch Banküberweisung bezahlt.	850,00 EUR
j)	Kfz-Versicherung für Firmen-Pkw wird durch Banklastschrift eingezogen.	730,00 EUR

4. Geschäftsgang mit Bestands- und Erfolgskonten

I. Anfangsbestände:

Geschäftsausstattung	92.000,00 EUR
Forderungen	24.000,00 EUR
Bank	34.000,00 EUR
Kasse	17.500,00 EUR
Verbindlichkeiten gegenüber Kreditinstituten	60.000,00 EUR
Verbindlichkeiten aus Lieferungen und Leistungen	22.000,00 EUR
Eigenkapital	85.500,00 EUR

II. Geschäftsvorfälle:

1.	Gutschrift der Bank für Mieteinnahmen von Firmenwohnungen	1.700,00 EUR
2.	Barzahlung einer Werbeanzeige	250,00 EUR
3.	Kunde zahlt eine Rechnung bar.	900,00 EUR
4.	Gutschrift der Bank für Provisionserträge	1.125,00 EUR
5.	Wir bezahlen die Reparaturkosten der Telefonanlage, bar.	350,00 EUR
6.	Wir begleichen die Kraftfahrzeugversicherung durch Banküberweisung.	680,00 EUR

III. Aufgaben:

a) Richten Sie die Konten ein und eröffnen Sie diese Bestandskonten unter Verwendung des Eröffnungsbilanzkontos.
b) Bilden Sie die Buchungssätze zu den Geschäftsvorfällen.
c) Übertragen Sie die Buchungen auf die Konten.
d) Schließen Sie die Konten über das Schlussbilanzkonto ab.

2.3.6 Doppelte Erfolgsermittlung

Stofftelegramm

Doppelte Erfolgsermittlung

1. über Gewinn- und Verlustrechnung
Summe der Erträge
– Summe der Aufwendungen
= Erfolg (Gewinn bzw. Verlust)

2. über Kapitalvergleich
Eigenkapital am Jahresende
– Eigenkapital am Jahresanfang
= Erfolg (Gewinn bzw. Verlust)

AUFGABE

Über die Philipp Zappel OHG liegen folgende Zahlen vor:

Eigenkapital am Jahresanfang	80.000,00 EUR
Gehälter	87.000,00 EUR
Umsatzerlöse	270.000,00 EUR
Miete	9.600,00 EUR
Zinserträge	420,00 EUR
Büromaterial	740,00 EUR
Werbung	8.000,00 EUR

a) Ermitteln Sie den Jahreserfolg über die Gewinn- und Verlustrechnung.
b) Schließen Sie das GuV-Konto über das Konto Eigenkapital ab.
c) Ermitteln Sie den Jahreserfolg über den Kapitalvergleich.

2.3.7 Erfolg aus Warenverkäufen[1]

Stofftelegramm

Konto	Aufgabe	Art des Kontos
Waren	Es erfasst • den Warenanfangsbestand • den Warenabgang aufgrund der Verkäufe[2] • den Warenendbestand aufgrund der Inventur	Bestandskonto
Aufwendungen für Waren	Es erfasst den Wareneinsatz der verkauften Waren – bewertet zum Einstandspreis	Aufwandskonto
Umsatzerlöse	Es erfasst die Umsatzerlöse durch den Verkauf der Waren – bewertet zum Warenverkaufspreis	Ertragskonto

Ablauf der buchungstechnischen Schritte

I Buchen des Geschäftsvorfalles aus dem Warenverkauf
(1) Buchen des Umsatzerlöses
(2) Buchen des zugehörigen Wareneinsatzes

II Buchen der Kontenabschlüsse
(3) Abschluss des Kontos Waren aufgrund des Warenschlussbestandes lt. Inventur
(4) Abschluss des Kontos Aufwendungen für Waren
(5) Abschluss des Kontos Umsatzerlöse

[1] *Die Darstellung orientiert sich an der bestandsorientierten Buchung der Integrierten Unternehmenssoftware.*
[2] *Wareneinkauf wird im Kapitel „Geschäftsprozess Einkauf" behandelt.*

Schematische Darstellung der Warenbuchungen beim Verkauf

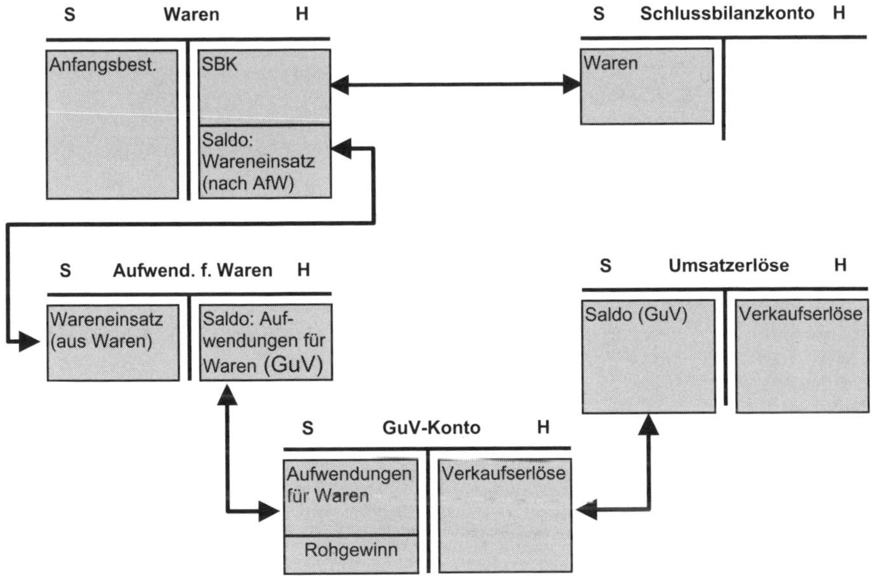

AUFGABEN

Die Warenbuchführung der Großhandlung für landwirtschaftliche Produkte Karl Seitz OHG verfügt über folgende Angaben zum Artikel Schneefräsen:

Anfangsbestand: 20 Schneefräsen zu je 1.450,00 EUR	29.000,00 EUR
Geschäftsvorfall: Verkauf von fünf Schneefräsen an die Stadtverwaltung zu je 2.600,00 EUR auf Ziel.	13.000,00 EUR

Aufgaben:

a) Richten Sie die Warenkonten ein und stellen Sie dort den obigen Sachverhalt dar.
b) Bilden Sie die Buchungssätze für den Geschäftsvorfall und den Abschluss der Warenkonten.
c) Berechnen Sie den Rohgewinn.

2.3.8 Kontenrahmen – Kontenplan

Stofftelegramm

Kontenrahmen = Zusammenstellung aller Kontenarten eines Wirtschaftszweiges (Industrie, Großhandel, Einzelhandel, Banken)

Notwendigkeit des Kontenrahmens:

- einheitliche Untergliederung der Kontenarten, klare Übersicht
- Rasches Auffinden der Konten und eine Verarbeitung mittels Computerprogrammen wird unterstützt durch
  - systematischen Aufbau,
  - Verwendung „sprechender" Nummern (siehe nachfolgendes Beispiel) und
  - einheitliche Kontenbezeichnung.
- erleichtert Vergleich des eigenen Unternehmens mit den Daten früherer Perioden oder denen anderer Unternehmen

Kontenplan = Auszug aus dem Kontenrahmen unter Berücksichtigung der Erfordernisse des einzelnen Betriebes

Beispiel für den systematischen Aufbau einer „sprechenden" Benummerung:

2 0 0 1

→ Kontenklasse 2 : Umlaufvermögen
→ Kontengruppe 20 : Waren
→ Kontenart 200 : Warengruppe I
→ Kontenunterart 2001 : Bezugskosten (für Warengruppe I)

Aufbau des Schulkontenrahmens (Großhandel)

<table>
<tr><th>Kontenklasse</th><th>Inhalt</th><th colspan="3">Zugehörigkeit beim Abschluss</th></tr>
<tr><td>0</td><td>Sachanlagen</td><td rowspan="2">Anlagevermögen</td><td rowspan="3">Aktiva</td><td rowspan="5">Schluss-bilanzkonto</td></tr>
<tr><td>1</td><td>Finanzanlagen</td></tr>
<tr><td>2</td><td>Umlaufvermögen</td><td>Umlaufvermögen</td></tr>
<tr><td>3</td><td>Eigenkapital + Rückstellungen</td><td>Eigenkapital + Rückstellungen</td><td rowspan="2">Passiva</td></tr>
<tr><td>4</td><td>Verbindlichkeiten</td><td>Fremdkapital</td></tr>
<tr><td>5</td><td>Erträge</td><td>Ertragskonten</td><td rowspan="3">Ergebniskonten</td><td rowspan="3">GuV-Konto</td></tr>
<tr><td>6</td><td>Aufwendungen</td><td rowspan="2">Aufwandskonten</td></tr>
<tr><td>7</td><td>Aufwendungen</td></tr>
<tr><td>8</td><td>Ergebnisrechnung</td><td colspan="3">Konten für Eröffnung und Abschluss</td></tr>
<tr><td>9</td><td colspan="4">Kosten- und Leistungsrechnung</td></tr>
</table>

AUFGABEN

1. Nennen Sie vier Wirtschaftszweige, für die Kontenrahmen entwickelt wurden.
2. Unterscheiden Sie zwischen Kontenrahmen und Kontenplan.
3. Nennen Sie drei Argumente für die Entwicklung von Kontenrahmen.
4. In welcher Kontenklasse befinden sich:

   a) Umlaufvermögen
   b) Eigenkapital
   c) Sachanlagen
   d) Finanzanlagen
   e) Verbindlichkeiten
   f) Aufwendungen
   g) Erträge

2.3.9 Inventur – Inventar – Bilanz und Gewinn- und Verlustrechnung

Stofftelegramm

Inventur → Körperliche Bestandsaufnahme des Vermögens und der Schulden durch Zählen, Messen, Wiegen, Schätzen. Notwendig bei Beginn des Handelsgewerbes sowie am Ende jedes Geschäftsjahres.

Arten

- **Stichtagsinventur:** Erfassung der Werte an bestimmtem Tag (= Stichtag); erlaubt ist eine zeitnahe Bestandsaufnahme (10 Tage vor/nach Bilanzstichtag).
- **Permanente Inventur:** Fortlaufende Führung der Bestände in Karteien/Dateien; mindestens einmal jährlich ist eine körperliche Bestandsaufnahme notwendig (beliebiger Zeitpunkt).

Inventar → Verzeichnis aller Vermögens- und Schuldwerte

Inhalt und Gliederung

A. Vermögen (Gliederung nach Flüssigkeit = Liquidität)
- Anlagevermögen → (verbleibt dauerhaft im Betrieb)
- Umlaufvermögen → (ändert sich/wird verarbeitet)

B. Schulden (Gliederung nach Fristigkeit = Fälligkeit)
- langfristige Schulden → (Laufzeit > 4 Jahre)
- kurzfristige Schulden → (Laufzeit <= 4 Jahre)

C. Ermittlung des **Reinvermögens** (= Eigenkapital)
Reinvermögen = Vermögen – Schulden

Bilanz

Kurzfassung des Inventars in Kontenform; gleichartige Güter werden zu einem Bilanzposten zusammengefasst. Aus dem „**Untereinander**" des Inventars wird ein „**Nebeneinander**". Notwendig bei Beginn des Handelsgewerbes + Ende jedes Geschäftsjahres.

Aktiva	**Bilanz zum 31.12.**		**Passiva**
I. Anlagevermögen		**I. Eigenkapital**	...
Grundstücke	...	**II. Fremdkapital**	
Gebäude	...	*langfristige Schulden*	...
		Hypothekenschulden	...
II. Umlaufvermögen			
Waren	...	*kurzfristige Schulden*	
Forderungen	...	Vbl. g. Kreditinstitut	...
	...	Vbl. aus Lieferungen	...

↓

Mittelverwendung = Investierung

↓

Wo wurde Kapital **investiert**?
Ordnung der Positionen **nach**
Flüssigkeit = Liquidität
(je flüssiger, desto später in der Position)

↓

Mittelherkunft = Finanzierung

↓

Woher stammt Kapital?
Ordnung der Positionen **nach**
Fristigkeit = Fälligkeit
(je kurzfristiger die Fälligkeit, desto später in der Position)

Grundgleichung der Bilanz

Aktiva	=	**Passiva**
Vermögen	=	Eigenkapital + Fremdkapital
Anlagevermögen + Umlaufvermögen	=	Eigenkapital + Fremdkapital

Daraus folgt:

Eigenkapital	=	**Vermögen – Fremdkapital**

Gewinn- und Verlustrechnung

- notwendig am Schluss eines jeden Geschäftsjahres
- bei Einzelunternehmen und Personengesellschaften üblicherweise in Kontenform
- bei Kapitalgesellschaften in Staffelform

Beziehung zur Buchführung

Die bisherigen Bestands- und Erfolgskonten bilden in sich das geschlossene System der doppelten Buchführung.
Die Bestände der Buchführung **(Soll-Bestände)** können fehlerhaft sein, z. B. Schwund, Verderb, Warenentnahme ohne Beleg. Daher müssen sie mit den **Ist-Beständen** der Inventur abgeglichen werden. Insofern hat die Inventur gegenüber der Buchführung eine Kontrollfunktion.

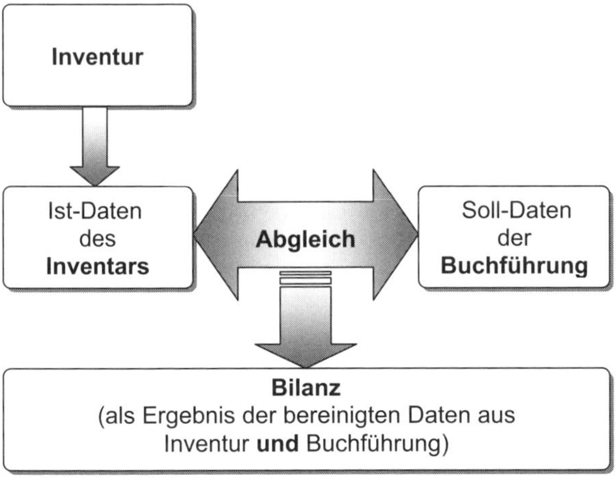

AUFGABEN

1. Warum ist die Inventur notwendig?

2. Unterscheiden Sie:
   a) Stichtagsinventur – permanente Inventur
   b) Inventur – Inventar

3. Aus welchen Teilen setzt sich das Inventar zusammen?

4. Unterscheiden Sie:
   a) Anlagevermögen – Umlaufvermögen
   b) langfristige Schulden – kurzfristige Schulden

5. Berechnen Sie die jeweils fehlenden Werte.

	a)	b)	c)	d)
Vermögen	?	?	120.000,00	?
Anlagevermögen	70.000,00	50.000,00	?	?
Umlaufvermögen	?	30.000,00	50.000,00	105.000,00
Eigenkapital	95.000,00	?	40.000,00	50.000,00
Fremdkapital	150.000,00	55.000,00	?	100.000,00

6. Herr Kerner ist Inhaber eines Bagger- und Fuhrunternehmens in Radolfzell. Zum 31.12... ermittelt er folgende Werte:

Gebäude		350.000,00 EUR
Grundstücke		600.000,00 EUR
Geschäftsausstattung (lt. Anlage 1)		70.000,00 EUR
Fuhrpark		
• Bagger „Liebherr"	150.000,00 EUR	
• Lkw „Daimler-Benz"	90.000,00 EUR	
• Lkw „Magirus"	120.000,00 EUR	
• Schaufellader „Caterpillar"	220.000,00 EUR	
• VW-Transporter	18.000,00 EUR	
• Pkw	55.000,00 EUR	
Kassenbestand		653.000,00 EUR
Forderungen an Kunden (lt. Anlage 2)		1.270,30 EUR
Liefererverbindlichkeiten (lt. Anlage 3)		54.500,00 EUR
Guthaben		72.800,00 EUR
• Kreissparkasse	4.360,00 EUR	
• Volksbank	7.990,00 EUR	12.350,00 EUR
Hypothekendarlehen von Kreissparkasse		900.000,00 EUR

a) Erstellen Sie das Inventar zum 31.12... und berechnen Sie das Reinvermögen.

b) Welche Vermögenspositionen gehören zum Anlage- und welche zum Umlaufvermögen?

7. Erstellen Sie aus den Daten der Aufgabe 6 die Bilanz.

8. Unterscheiden Sie: Inventar – Bilanz.

9. Zu welchen Terminen sind Inventar und Bilanz zu erstellen?

10. Wie heißt die linke bzw. rechte Seite einer Bilanz?

11. Nach welchen Kriterien werden Inventar und Bilanz gegliedert?

12. Notieren Sie die richtige Reihenfolge der folgenden Vermögenspositionen:
Waren – Grundstücke – Bargeld – Bankguthaben – Forderungen – Fuhrpark – Lagereinrichtungen

2.3.10 Vollständiger Geschäftsgang

AUFGABEN

I. Anfangsbestände:

084	Fuhrpark	55.000,00 EUR
087	Geschäftsausstattung	87.000,00 EUR
2000	Waren	125.000,00 EUR
240	Forderungen	33.000,00 EUR
280	Bank	24.000,00 EUR
282	Kasse	8.000,00 EUR
3000	Eigenkapital	?
4400	Verbindlichkeiten a. Lieferungen u. Leistungen	65.000,00 EUR

II. Weitere Konten:

5000, 6000, 63, 687, 8000, 8010, 8020

III. Geschäftsvorfälle:

1.	Zielkauf eines Fotokopiergerätes	850,00 EUR
2.	Kunde überweist auf Bankkonto.	2.450,00 EUR
3.	Warenverkauf auf Ziel (30 Stück)	25.500,00 EUR
4.	Wir bezahlen Gehälter durch Banküberweisung.	6.450,00 EUR
5.	Wir bezahlen die Kosten einer Werbeanzeige, bar.	450,00 EUR
6.	Warenverkauf, bar (zwei Stück)	1.740,00 EUR

IV. Hinweise:

1. Der Einstandspreis der Ware beträgt pro Stück 520,00 EUR
2. Der Endbestand an Waren stimmt mit dem Buchbestand überein.

V. Aufgaben:

a) Richten Sie die Konten ein und eröffnen Sie diese unter Verwendung des Eröffnungsbilanzkontos.
b) Bilden Sie die Buchungssätze zu den Geschäftsvorfällen.
c) Übertragen Sie die Buchungen auf die Konten.
d) Schließen Sie die Konten über die zugehörigen Abschlusskonten ab.
e) Erstellen Sie die Schlussbilanz und die Gewinn- und Verlustrechnung in Kontenform.
f) Überprüfen Sie den Erfolg durch Kapitalvergleich.

1 Begriff, Merkmale, Ziele und Arten von Geschäftsprozessen

Stofftelegramm

Definition „Geschäftsprozess“

Ein Geschäftsprozess ist eine **wohl überlegte Abfolge von Tätigkeiten,** die zur **Erfüllung einer betrieblichen Aufgabe notwendig** sind.

Merkmale von Geschäftsprozessen

- Die festgelegten Abläufe **wiederholen** sich.
- Sie stiften (direkt oder indirekt) einen **Kundennutzen.**
- Sie sind **abgeschlossen**, haben also ein Start- bzw. ein Endereignis.
- Sie **beanspruchen** betriebliche **Ressourcen** (Menschen, Maschinen).
- Sie können sich sowohl auf **unternehmensinterne** als auch **unternehmensübergreifende Vorgänge** beziehen.

Ziele/Vorteile der Geschäftsprozessorientierung

- Die beste Lösung wird zur Regel und sichert damit Arbeits- und Produktqualität.
- Der Betrieb wird unabhängiger vom Wissen und Engagement einzelner Mitarbeiter.
- Die Zufriedenheit aller Beteiligten (Mitarbeiter, Lieferer, Kunden) wird erhöht.
- Die Einhaltung der festgelegten Abläufe
  - sichert die Produktqualität,
  - unterstützt die Einhaltung zugesagter Liefertermine,
  - trägt dazu bei, dass die kalkulierten Kosten nicht überschritten werden,
  - verringert die Doppelarbeit, Kompetenzüberschreitung, Reibungsverluste unter den Mitarbeitern.

2 Verkaufsprozess und seine Unterprozesse

Stofftelegramm

Der Verkaufsprozess lässt sich in eine Folge von Unterprozessen gliedern, denen betriebswirtschaftliche Stoffinhalte zugeordnet werden können.

Unterprozesse

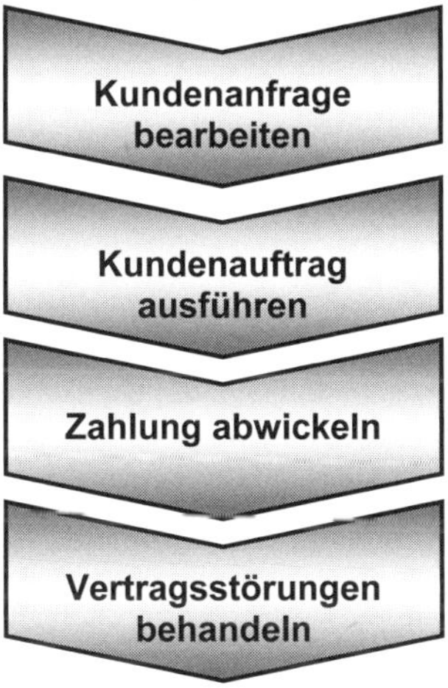

Betriebswirtschaftliche Stoffinhalte

- Anfrage (Nr. 5.1)
- Angebot (Nr. 5.2)

- Auftragseingang und -bestätigung (Nr. 5.3 und 5.4)
- Angebotspreis kalkulieren (Nr. 6.3)

- Ausgangsrechnung erstellen (Nr. 5.5)
- Ausgangsrechnung buchen (Nr. 6.1 und 6.2)
- Zahlungseingang überwachen (Nr. 5.6)
- Zahlungseingang buchen (Nr. 6.4)

- Zahlungsverzug (Nr. 7.2)
- außergerichtliches Mahnverfahren (Nr. 7.4)

Bevor jedoch die Unterprozesse des Verkaufs abgewickelt werden können, müssen die rechtlichen Rahmenbedingungen zu deren verlässlicher Abwicklung geschaffen werden.

3 Grundlagen des Kaufvertrags

3.1 Rechts- und Geschäftsfähigkeit

Stofftelegramm

3.1.1 Rechtsfähigkeit

= Fähigkeit von Personen, Träger von Rechten und Pflichten zu sein

Rechtsträger sind Personen.

Natürliche Personen
• alle Menschen • Rechtsfähigkeit beginnt mit der Geburt und endet mit dem Tod.
Juristische Personen
• **des Privaten Rechts.** Hierzu gehören die Kapitalgesellschaften wie AG, GmbH und eG. Sie entstehen mit der Eintragung ins Handelsregister. • **Eingetragene Vereine** entstehen mit der Eintragung ins Vereinsregister. • **des Öffentlichen Rechts** wie Bund, Länder, Gemeinden, Universitäten, Berufsgenossenschaften, Gesetzliche Krankenkassen, IHK.

3.1.2 Geschäftsfähigkeit

= Fähigkeit, rechtsgeschäftliche Willenserklärungen abzugeben

	Unbeschränkte Geschäftsfähigkeit	Beschränkte Geschäftsfähigkeit	Geschäftsunfähigkeit
Personenkreis	ab **vollendetem 18. Lebensjahr**	vollendetes 7. bis 18. Lebensjahr	• bis zum vollendeten 7. Lebensjahr • Personen mit dauernder krankhafter Störung der Geistestätigkeit
Wirkung	Willenserklärungen sind **voll gültig.**	• **Gesetzlicher Vertreter muss vor Vertragsabschluss zustimmen** *(Einwilligung)* oder Zustimmung **nach Vertragsabschluss geben** *(Genehmigung).* • **Solange** Zustimmung fehlt, ist Rechtsgeschäft **„schwebend unwirksam“**, danach voll wirksam.	Willenserklärungen sind nichtig.

3.1.3 Ausnahmen

Das **Rechtsgeschäft** eines beschränkt Geschäftsfähigen ist **dann voll wirksam,** wenn ...

- es ihm **nur rechtliche Vorteile** bringt (z. B. Erbschaft eines Goldbarrens). Wirtschaftliche Vorteile, z. B. günstiger Preis bei einem Mopedkauf, genügen nicht.
- ihm die **Mittel zur freien Verfügung** überlassen wurden (Taschengeld).
- ihm die **Mittel zu einem bestimmten Zweck** überlassen wurden (aber keine Ratenzahlung!).
- das Rechtsgeschäft **innerhalb eines genehmigten Arbeitsverhältnisses** oder selbstständigen Erwerbsgeschäftes liegt.

AUFGABEN

1. Unterscheiden Sie
   a) Rechtsfähigkeit und Geschäftsfähigkeit,
   b) natürliche und juristische Person.

2. Kennzeichnen Sie mit
   N für natürliche Person,
   P für juristische Person des Privatrechts,
   Ö für juristische Person des Öffentlichen Rechts.

	N/P/Ö		**N/P/Ö**
Gemeinde Eierbach	Ö	eingetragener Verein	P
Vorstandsmitglied einer AG	N	Südwestfunk	Ö
Joh. Gurth, Amtsrichter	N	Universität	Ö
Axel Schweiß GmbH	P	Steuerberater	N
Harald Schmidt	N	IHK	Ö
Continental AG	P	VfB Stuttgart	P

3. Der 99-jährige Gustav Gregg stirbt. In seinem Testament hat er seine beiden Hunde, die vier Katzen und seine Kuh Klara als glückliche Erben eingesetzt. Nehmen Sie Stellung.

4. Nennen Sie die drei Formen der Geschäftsfähigkeit. Notieren Sie die dazugehörigen Altersstufen.

5. Welche rechtliche Wirkung haben Willenserklärungen von
   a) Geschäftsunfähigen,
   b) beschränkt Geschäftsfähigen,
   c) unbeschränkt Geschäftsfähigen?

6. Erklären Sie den Begriff ***„schwebend unwirksam“***.

7. In welchen Fällen sind die Rechtsgeschäfte von beschränkt Geschäftsfähigen von Anfang an voll gültig?

8. Beurteilen Sie folgende Rechtsfälle (Begründung!):
   a) Der 6-jährige Jonas bestellt telefonisch bei einem Spielwarenhändler eine elektrische Eisenbahn.
   b) Der 5-jährige Heiko nimmt seiner Mutter unbemerkt 10,00 EUR aus der Geldbörse und kauft 5 Rosen, die er auf dem Heimweg an vorbeigehende Omas verschenkt.
   c) Die 17-jährige Dodo kauft einen CD-Player für 800,00 EUR. Von ihrem Taschengeld macht sie eine Anzahlung über 200,00 EUR, der Rest soll in monatlichen Raten von je 100,00 EUR vom Taschengeld erfolgen. Die Eltern versagen die Genehmigung.
   d) Die 10-jährige Anke erhält von ihrem Onkel 20,00 EUR geschenkt. Die Eltern sind dagegen: *„Von dem lassen wir uns nichts schenken!"*
   e) Der 14-jährige Jürgen erhält von der Nachbarin 20,00 EUR unter der Bedingung, ihr demnächst beim Umzug zu helfen.
   f) Nachdem Herr Fleiner mit seinem Mofa beinahe einen Unfall gebaut hätte, traut er sich nicht mehr zu fahren. Er bietet sein fast nagelneues Mofa dem 16-jährigen Willi für den Spottpreis von 50,00 EUR an. Dieser möchte es gerne kaufen, da er einen volljährigen Freund hat, der es ihm wiederum für 500,00 EUR abkaufen will.
   g) Die 17-jährige Gesine erhält von ihrem Vater 200,00 EUR für den Kauf eines Kleides. Sie besorgt sich stattdessen einen MP3-Player.
   h) Die 17-jährige Ingrid ist mit Einverständnis ihrer Eltern seit einem Jahr in einer Boutique beschäftigt. Nach einem Streit mit der Inhaberin kündigt sie fristgemäß. Ihre Eltern sind empört und dagegen.
   i) Der 17-jährige Auszubildende Georg vereinbart mit seinem Chef einen Sonderurlaub und bucht eine 4-wöchige Reise in die USA für 5.000,00 EUR. Die Eltern widersprechen beiden Handlungen.
   j) Der 17-jährige Ingo Schober betreibt mit Genehmigung seiner Eltern und des Vormundschaftsgerichtes ein Computerfachgeschäft. Er stellt ohne vorherige Rücksprache mit den Eltern eine Verkäuferin ein.
   k) Die 17-jährige Eva Schmuck besucht eine Krankengymnastikschule in Stuttgart und bewohnt dort ein möbliertes Zimmer. Von den Eltern erhält sie für Ausbildungszwecke 400,00 EUR pro Monat. Ohne deren Wissen kauft sie eine Halskette für 280,00 EUR und ein medizinisches Lexikon für 70,00 EUR.

3.2 Rechtsgeschäfte

Stofftelegramm

3.2.1 Willenserklärungen

- **begründen rechtliche Wirkungen,** sind daher **notwendig zur Entstehung von Rechtsgeschäften**
- **mündlich, schriftlich, schlüssiges Handeln,** evtl. Schweigen

3.2.2 Arten der Rechtsgeschäfte

Einseitige Rechtsgeschäfte	Mehrseitige Rechtsgeschäfte
Nur die **Willenserklärung einer Partei ist notwendig.**	Rechtsgeschäft kommt erst zustande, wenn **die Willenserklärungen beider Partner übereinstimmen.** **1. WE = Antrag 2. WE = Annahme**
• **Empfangsbedürftige Willenserklärung:** Erst wirksam, wenn Empfänger Erklärung erhalten hat. **Beispiele:** Kündigung, Anfechtung, Mahnung, Mängelrüge	• **Einseitig verpflichtender Vertrag:** Nur eine Partei ist zu einer Leistung verpflichtet. **Beispiele:** Schenkung, Schuldanerkenntnis, Bürgschaft
• **Nicht empfangsbedürftige Willenserklärung:** Bereits mit Abgabe wirksam. **Beispiel:** Testament	• **Mehrseitig verpflichtender Vertrag:** Beide Vertragspartner sind zur Leistung verpflichtet. **Beispiele:** Kauf-, Miet-, Arbeits-, Ausbildungsvertrag

3.2.3 Form der Rechtsgeschäfte

Grundsätzlich: Keine Formvorschrift für Rechtsgeschäfte. Zur besseren Beweisführung in Streitfällen empfiehlt sich Schriftform.

Schriftform	Öffentliche (notarielle) Beglaubigung	Öffentliche (notarielle) Beurkundung
D. h., eigenhändige Unterschrift ist erforderlich.	D. h., Echtheit der eigenhändigen Unterschrift wird durch Notar bestätigt.	Notar bestätigt Echtheit der Unterschrift und Inhalt der Erklärung.
Beispiele: Kündigung eines Ausbildungsverhältnisses, Bürgschaft (wenn nicht im Rahmen eines Handelsgeschäftes abgegeben)	**Beispiele:** Anmeldung zur Eintragung ins Handels- oder Vereinsregister	**Beispiele:** Grundstückskauf, Belastung eines Grundstücks, Ehevertrag, Schenkungsversprechen, Erbverzicht

AUFGABEN

1. Welche Folgen haben Willenserklärungen im rechtlichen Sinne?
2. Wie können Willenserklärungen abgegeben werden?
3. Nennen Sie je ein Beispiel für die Abgabe einer Willenserklärung durch
   a) schlüssiges Handeln,
   b) Schweigen.

4. Welcher Art sind die erforderlichen Willenserklärungen bei den folgenden Rechtsgeschäften?

Kündigung	
Schenkung	
Kaufvertrag	
Arbeitsvertrag	
Testament	
Anfechtung	
Bürgschaft	
Schuldversprechen	

5. Wie nennt man die beiden Willenserklärungen, die zu einem Vertrag führen?

6. Der 98-jährige Gustav Hämmerle hat sein Testament handschriftlich erstellt, ohne jemanden darüber zu informieren. Liegt ein Rechtsgeschäft vor?

7. In welcher Form können Rechtsgeschäfte abgeschlossen werden?

8. Warum ist die Formfreiheit die übliche und ausreichende Form bei Rechtsgeschäften?

9. Warum ist bei bestimmten Rechtsgeschäften Formzwang notwendig?

10. Welche Form ist die beweissicherste?

11. Welche Folge ergibt sich für ein Rechtsgeschäft, das nicht in der vorgeschriebenen Form abgeschlossen wurde?

12. Welche Formvorschriften gelten bei folgenden Rechtsgeschäften?

Grundstückskauf	
Kauf einer Fließbandanlage im Wert von 6,5 Mio. EUR	
Testament	
Schenkungsversprechen	
Bürgschaft, die ein Kaufmann nach HGB im Rahmen seines Handelsgewerbes abgibt	
Bürgschaft einer Privatperson	
Schuldanerkenntnis	

3.3 Besitz und Eigentum

Stofftelegramm

3.3.1 Begriffe

Besitz: tatsächliche Herrschaft über eine Sache (Wer **„hat"** es?)
Eigentum: rechtliche Herrschaft über eine Sache (Wem **„gehört"** es?)

3.3.2 Eigentumserwerb

a) Bewegl. Sachen: Einigung + Übergabe
b) Unbewegl. Sachen: notariell beurkund. **Auflassung (= Einigung) + Eintragung ins Grundbuch (= Übergabe)**

3.3.3 Gutgläubiger Eigentumserwerb

= Eigentumserwerb von jemandem, welcher nicht Eigentümer der Sache ist. Käufer wird Eigentümer, wenn er den Verkäufer für den Eigentümer hält (in *„gutem Glauben"* kauft). Kein gutgläubiger Eigentumserwerb möglich bei gestohlenen, verloren gegangenen oder sonst abhandengekommenen Sachen! Ausnahme u. a.: gestohlenes Geld.

3.3.4 Eigentumsvorbehalt

Lieferer behält sich Eigentum bis zur vollständigen Bezahlung vor. Käufer wird nur Besitzer, Verkäufer bleibt Eigentümer. Übliche Klausel: *„Die Ware bleibt bis zur vollständigen Bezahlung unser Eigentum."*

Rechte des Verkäufers, falls Käufer nicht rechtzeitig zahlt:

- Er kann vom Vertrag zurücktreten und die Herausgabe der Kaufsache verlangen.
- Er kann Freigabe verlangen im Falle der Pfändung.

Eigentumsvorbehalt erlischt, wenn Ware

- vollständig bezahlt,
- an gutgläubigen Dritten veräußert,
- verarbeitet, verbraucht oder zerstört,
- mit unbeweglicher Sache (Gebäude, Grundstück) verbunden wurde.

AUFGABEN

1. Definieren Sie kurz die Begriffe Eigentum und Besitz.

2. Wie wird Eigentum an beweglichen bzw. unbeweglichen Sachen üblicherweise übertragen?

3. Georg Grün unterschreibt am 15.07. einen Kaufvertrag über eine Stereoanlage, die erst am 30.07. lieferbar ist. Den Kaufpreis begleicht er sofort mit einem Scheck. Ist er damit Eigentümer?

4. Georg Grün kauft ein Rennrad für 1.500,00 EUR, welches er sofort mitnimmt. Die Zahlung soll innerhalb von 14 Tagen erfolgen. Ab wann ist Georg Eigentümer des Fahrrades?

5. Maier verkauft und übergibt an Fischer einen PC. Fischer soll innerhalb von 4 Wochen zahlen. Nach 8 Wochen steht die Zahlung noch aus. Maier verlangt den PC wieder zurück. Rechtslage?

6. Maier verkauft und übergibt an Schlor einen PC, den dieser noch vor Zahlung an Schmidt weiterveräußert und übergibt.

   a) Wer ist nach diesen Vorgängen Eigentümer? Begründung.

   b) Wie wäre die Situation zu beurteilen, wenn Schmidt wusste, dass Schlor den PC noch nicht bezahlt hatte?

7. Pregler leiht sich von Schneider eine wertvolle Lederhose für einen Faschingsball. Noch nüchtern verkauft und übergibt er das Prachtstück an Bayer. Wer ist Eigentümer? Begründung.

8. Stiller entwendet in einer Buchhandlung das Werk *„So wird man in 2 Wochen reich"*, liest es und verkauft es für 30,00 EUR an den gutgläubigen Hannes Lehnert. Wer ist Eigentümer? Begründung.

9. Gundermann kauft von Rettinger den jungen Rauhaardackel Stupsi, den er zwei Tage später abholen will. Zwischenzeitlich bietet der Hundenarr Drexler den doppelten Preis und nimmt das Tier gleich mit. Wer ist Eigentümer? Begründung.

10. Hans Klammer stiehlt seinem Bekannten Werner Seliger einen 500-Euro-Schein, bucht anschließend beim Reisebüro Samurai eine Flugreise nach Bangkok und leistet mit dem gestohlenen Fünfhunderter eine Anzahlung. Reichs Nachforschungen ergeben, dass sich der Schein beim Reisebüro Samurai befindet. Er fordert die Herausgabe. Rechtslage?

11. **K** beabsichtigt, von **V** ein Grundstück zu kaufen. **V** erklärt sich mit Schreiben vom 10.05. einverstanden. Der Kaufvertrag wird in Anwesenheit beider Vertragspartner am 30.05. vor dem Notar beurkundet. Die Umschreibung im Grundbuch erfolgt am 20.07.

    a) Wann wurde der Kaufvertrag rechtswirksam abgeschlossen?

    b) Wann wurde **K** Eigentümer?

3.4 Anfechtung eines Rechtsgeschäfts

Stofftelegramm

3.4.1 Wirkung

Rechtsgeschäfte sind **zunächst voll gültig,** werden aber **durch eine erfolgreiche Anfechtung rückwirkend ungültig.**

3.4.2 Gründe für die Anfechtung

- **Irrtum in der Erklärungshandlung** (Kennzeichen: Schon der äußere Tatbestand entspricht nicht dem eigentlichen Willen des Erklärenden. Bei exakter Betrachtung würde er seinen Irrtum erkennen. Beispiel: Scheuerle vertippt sich beim Schreiben des Angebotes. Er schreibt 14,00 EUR anstatt 41,00 EUR.)
- **Übermittlungsirrtum** (Beauftragte Person gibt Willenserklärung falsch weiter, bestellt z. B. 50 Brötchen statt 15.)
- **Irrtum über den Erklärungsinhalt bzw. Irrtum über verkehrswesentliche Eigenschaften einer Person oder Sache** (Kennzeichen: Der äußere Tatbestand stimmt mit dem Willen des Erklärenden überein. Der Irrtum besteht darin, dass der Erklärende die wahre Bedeutung der Erklärung nicht kennt. Beispiel: Herr Lehnert bestellt sich $\frac{1}{4}$ „Federweißen" im Glauben, es handle sich um ein Milchmixgetränk.)
- **arglistige Täuschung** (Blechle repariert einen Unfallwagen und verkauft diesen als „unfallfrei".)
- **widerrechtliche Drohung** (König will vom Nachbarn Volkwein ein paar Quadratmeter Grundstück kaufen und droht mit einer Anzeige wegen eines Verkehrsvergehens [Trunkenheit und Unfallflucht].)
- **Nicht anfechtbar ist Motivirrtum.**
  (Knut Eberle kauft Aktien in der Hoffnung, dass ihr Kurs steige. Tatsächlich fällt der Kurs nach dem Kauf.)

3.4.3 Anfechtungsfrist

- Arglistige Täuschung: innerhalb eines Jahres nach Entdeckung der Täuschung
- Widerrechtliche Drohung: innerhalb eines Jahres nach Wegfall der Zwangslage

AUFGABEN

1. Welche Geschäfte sind anfechtbar?

2. Welche Fristen gelten bei anfechtbaren Rechtsgeschäften?

3. Beurteilen Sie folgende Fälle unter dem Aspekt der Rechtsgültigkeit! Nennen Sie ggf. die Anfechtungsfrist.

a) Firma Deuschle erhält von den Firmen A, B und C Angebote über einen bestimmten Pkw-Typ. Die Autos werden zu folgenden Preisen angeboten:
A: 51.600,00 EUR, B: 50.900,00 EUR, C: 5.200,00 EUR.
Deuschle bestellt hocherfreut bei Firma C.

b) Sonja Schwarz bucht anlässlich der bevorstehenden Hochzeit mit Edgar Held eine Weltreise für 16.000,00 EUR. Kurz vor der Hochzeit löst Edgar die Verbindung und verlobt sich mit Sonja Reitemann. Kann Sonja die Buchung anfechten?

c) Der kaufmännische Angestellte Nadig wird vom Kunden Ostmayer angerufen und um eine Preisangabe gebeten. Nadig teilt mit: „*150,00 EUR.*“ Ostmayer versteht: „*115,00 EUR*“ und bestellt.

d) Elektrohändler Nachbaur verkauft an Merk ein Fernsehgerät als neuwertig, obwohl er weiß, dass das Gerät schon ein Jahr lang täglich in Betrieb war.

e) Buchhalter Plocher verlangt 10 % Gehaltserhöhung, andernfalls werde er gegen seinen Chef Strafanzeige wegen illegaler Exportgeschäfte erstatten. Der Inhaber gewährt zunächst die Erhöhung, verweigert aber nach drei Monaten die Auszahlung.

f) Plettl kauft von Elser nach mündlichem Abschluss des Kaufvertrages einen gebrauchten Pkw für 8.000,00 EUR.

4 Rechtliche Bestandteile des Kaufvertrags

Stofftelegramm

4.1 Zustandekommen des Kaufvertrags – Verpflichtungsgeschäft

Kaufvertrag kommt zustande durch zwei übereinstimmende Willenserklärungen.

	1. Willenserklärung (Antrag)	2. Willenserklärung (Annahme)
Alternative 1	**Antrag durch Verkäufer** = Angebot	**Annahme durch Käufer** = Bestellung
	bei Übereinstimmung ↓ **Kaufvertrag** geschlossen	
Alternative 2	**Antrag durch Käufer** = Bestellung	**Annahme durch Verkäufer** = z. B. Auftragsbestätigung
	bei Übereinstimmung ↓ **Kaufvertrag** geschlossen	

Fallsituationen zu Alternative 1	
Beispiel	**Folge**
Käufer bestellt verspätet.	Bindung des Verkäufers an Angebot erloschen.
Angebot enthält Formulierung „*unverbindlich*“.	Verkäufer schließt Bindung an Angebot aus. Nachfolgende Bestellung wird damit Antrag.
Käufer bestellt unter Abänderung der Daten aus Angebot, z. B. anderer Preis.	bedeutet Ablehnung des Antrages verbunden mit einem neuen Antrag (Bestellung = 1. WE)
Vier Stunden nachdem der Verkäufer ein Angebot per Brief abgegeben hatte, widerruft er dieses per E-Mail.	Bindung des **V** ist erloschen.

Fallsituationen zu Alternative 2	
Beispiel	**Folge**
K bestellt, **V** schweigt.	kein Kaufvertrag
K bestellt, **V** liefert.	gültiger Kaufvertrag (konkludentes Handeln)
K bestellt, **V** schickt Auftragsbestätigung.	Gültiger Kaufvertrag, Auftragsbestätigung bedeutet Annahme.

Fallsituationen zu Alternative 2	
Beispiel	**Folge**
K bestellt und verweist auf seine Einkaufsbedingungen, **V** schickt Auftragsbestätigung und verweist auf seine Lieferbedingungen. Beide weichen voneinander ab.	Kein Kaufvertrag; bedeutet Ablehnung des 1. Antrages verbunden mit einem neuen Antrag. Muss von **K** noch angenommen werden.
K will telefonisch bestellen. Zuständiger Sachbearbeiter bei **V** nicht am Platz. Rückruf eine Std. später. **K** lehnt ab, er habe es sich anders überlegt.	Kein Kaufvertrag; Antrag unter Anwesenden (gilt auch für Telefon!) kann nur sofort angenommen werden. Bindung des **K** an Antrag daher erloschen.

Den Abschluss des Kaufvertrages nennt man **Verpflichtungsgeschäft,** da er beide Vertragspartner zu bestimmten Leistungen verpflichtet.

Pflichten des Verkäufers	Pflichten des Käufers
• **Lieferung der Ware** zur rechten Zeit, an den rechten Ort, mangelfrei • **dem Käufer das Eigentum daran zu verschaffen** • **Abnahme des Kaufpreises**	• **Abnahme der Ware** wie vereinbart, also zur rechten Zeit, am rechten Ort • **Bezahlung des Kaufpreises**

Diesem **Verpflichtungsgeschäft** muss dann das **Erfüllungsgeschäft** folgen, in dessen Rahmen die geschuldeten Leistungen zu erfüllen sind.

4.2 Erfüllung des Kaufvertrags – Erfüllungsgeschäft

4.2.1 Leistungszeit

Ist nichts anderes geregelt (durch vertragliche Vereinbarung oder aufgrund der Umstände), dann kann

- der Gläubiger die Leistung sofort verlangen,
- der Schuldner sie sofort bewirken.

4.2.2 Leistungsort

= Ort, an dem die Vertragspartner ihre Pflicht aus dem Kaufvertrag zu erfüllen haben

Gesetzlicher Leistungsort: Wohn-/Geschäftssitz d. „Schuldners"
Leistungsort für Zahlung: Sitz des Käufers (= Geldschuldner)
Leistungsort für Lieferung: Sitz des Verkäufers (= Warenschuldner)

Bedeutung des Leistungsorts für Warenschuld

Mit ordnungsgemäßer Übergabe der Ware am Leistungsort trägt der Käufer

- die Gefahr des zufälligen Unterganges, der zufälligen Verschlechterung, Diebstahls,
- die Transportkosten (Warenschulden = Holschulden).

Bedeutung des Leistungsorts für Geldschuld

Schuld ist ordnungsgemäß erfüllt, wenn Geldschuldner das Geld

- bei **Fälligkeit,**
- auf **seine Kosten** und
- auf **seine Gefahr**

am Leistungsort abgeschickt hat (Geldschulden = Schickschulden).

Vertraglicher Leistungsort

Abweichend von der gesetzlichen Vorschrift kann der Wohnort des Verkäufers, des Käufers oder ein anderer Ort als Leistungsort vereinbart werden.

4.2.3 Gerichtsstand

Bei Streitigkeiten aus einem Kaufvertrag ist örtlich dasjenige Gericht zuständig, in dessen Bezirk der Erfüllungsort liegt.

Klage wegen Nicht-rechtzeitig-Zahlung (Zahlungsverzug)
Gericht, in dessen Bezirk der Käufer seinen Wohn-/Geschäftssitz hat.

Klage wegen Nicht-rechtzeitig-Lieferung/Schlechtleistung (Lieferungsverzug)
Gericht, in dessen Bezirk der Verkäufer seinen Wohn-/Geschäftssitz hat.

Vertraglicher Gerichtsstand

Kaufleute können einen Gerichtsstand frei vereinbaren. Ist einer der Vertragspartner Privatperson, dann gilt **immer** die gesetzliche Regelung, d. h., eine Klage auf Zahlung erfolgt im Bezirk des Käufers. Zweck: Schutz des wirtschaftlich schwächeren Verbrauchers.

AUFGABEN

1. Wie heißen die beiden Willenserklärungen, die zu einem Vertrag führen?

2. Ist die Bestellung rechtlich ein Antrag oder eine Annahme?

3. Begründen Sie, ob in den folgenden Fällen ein Kaufvertrag zustande gekommen ist. (**V** = Verkäufer, **K** = Käufer)
   a) **V** macht am 10.06. ein schriftliches Angebot. **K** bestellt am 21.06.
   b) **V** macht ein Angebot über 200 m² Spanplatten, 16 mm dick. Preis 8,00 EUR je m². **K** bestellt 200 m², 24 mm dick, zum Preis von 8,00 EUR je m².
   c) **V** macht ein Angebot, freibleibend. **K** bestellt.

4. **V** macht ein Angebot über 200 m² Spanplatten einer bestimmten Sorte. Preis 8,00 EUR je m². Preis unverbindlich. **K** bestellt zum Preis von 8,00 EUR. **V** liefert. In der Rechnung fordert er 8,50 EUR je m² und verweist auf sein Angebot.

   a) Kam überhaupt ein Kaufvertrag zustande?
   b) Durch welche Willenserklärungen?
   c) Welcher Preis gilt?

5. Unterscheiden Sie zwischen Verpflichtungsgeschäft und Erfüllungsgeschäft.

6. Welche Pflichten sind Käufer und Verkäufer mit dem Abschluss eines Kaufvertrages eingegangen?

7. Welche gesetzlichen Regelungen gelten für
   a) Lieferzeit,
   b) Zahlung?

8. Wo befindet sich der gesetzliche Leistungsort? Worin liegt dessen Bedeutung?

9. Berger muss Niemayer 500,00 EUR bezahlen, fällig am 15.06. Für den Leistungsort gelten die gesetzlichen Bestimmungen.
   a) Berger überweist am 15.06. Am 19.06. ist das Geld noch nicht auf dem Konto von Niemayer. Dieser beklagt sich bei Berger. Rechtslage?
   b) Berger überweist am 10.06. 500,00 EUR abzüglich 2,00 EUR Buchungsgebühren, also 498,00 EUR. Niemayer will auch noch die restlichen 2,00 EUR. Rechtslage?
   c) Berger schickt per Post in einem Briefumschlag 500,00 EUR. Der Brief wird von einem Dieb entwendet. Muss Berger nochmals zahlen?

10. Männel aus Kleinhaslach kauft sich bei Elektro-Berner in Ulm einen neuen Fernseher. Für den Leistungsort gelten die gesetzlichen Bestimmungen.

    a) Elektro-Berner übergibt den Fernsehapparat ordnungsgemäß und fristgerecht an die Spedition Grieshaber. Auf seiner Tour legt der Fahrer eine Rast ein. Der Lkw ist ordnungsgemäß verschlossen. Dennoch wird Männels Fernseher gestohlen. Muss Elektro-Berner nochmals liefern (ohne Berücksichtigung eventueller Versicherungen)? Begründung!
    b) Elektro-Berner liefert vereinbarungsgemäß mit werkseigenem Lkw aus (gleiche Situation). Während der Rast wird der Fernseher aus dem ordnungsgemäß verschlossenen Lkw gestohlen. Muss Berner nochmals liefern? Begründung.

11. Der Verkäufer wohnt in Ulm, der Käufer in Stuttgart. Welches Gericht ist örtlich zuständig bei Klagen wegen
    a) Nicht-rechtzeitig-Lieferung,
    b) Schlechtleistung,
    c) Nicht-rechtzeitig-Zahlung?

5 Den Geschäftsprozess Verkauf durchführen

Stofftelegramm

5.1 Kundenanfrage bearbeiten

- **formfrei,** also mündlich, schriftlich, telefonisch usw.
- **unverbindlich**, d. h., für den Anfragenden entsteht **keine** bindende Verpflichtung
- **allgemein**, z. B. Bitte um Katalog, Preisliste, Prospekt, Muster
- **bestimmt**, z. B. Bitte um ein detailliertes Angebot zu einem bestimmten Erzeugnis; detailliert = Angaben über Preise, Preisnachlässe, Güte, Beschaffenheit, Liefer- und Zahlungsbedingungen, Garantien, technische Erfordernisse, Transportart
- **Zweck:** – Anbahnung neuer Geschäftsverbindungen
  – Aktualisierung der eigenen Einkaufsunterlagen

5.2 Angebot abgeben

Form
Formfrei. Zur Beweissicherung besser: schriftlich

Inhalt	
• Art der Ware (genaue Bezeichnung) • Beschaffenheit und Güte der Ware (Angabe von Güteklassen, Normen)	• Menge • Preis, Preisnachlässe • Garantien • Liefer- und Zahlungsbedingungen

Bindung

Der Anbietende ist an das Angebot gebunden.

a) **Gesetzliche Bindungsfrist:**
Anwesende: solange Gespräch dauert (auch Telefonate)
Abwesende: bis unter normalen Umständen Antwort erwartet werden kann (Brief ca. eine Wo./Fax ca. 24 Std.)
Grundsatz: Antwort auf mindestens gleich schnellem Weg!

b) **Vertragliche Bindungsfrist:**
befristetes Angebot, z. B. *„Gültig bis ...“*

c) **Freiklauseln:**
Einschränkung der Bindung, z. B. *„Preis freibleibend“, „Solange Vorrat reicht“, „unverbindlich“*

Erlöschen

Bindung an Angebot erlischt, wenn

- der **Empfänger** das Angebot **ablehnt**,
- das Angebot **verspätet angenommen** wurde,
- das Angebot **nicht innerhalb der festgesetzten Frist angenommen** wurde,
- der Empfänger das **Angebot abändert** (= neuer Antrag),
- der Antragende **rechtzeitig widerruft**.

5.3 Kundenauftrag annehmen und bestätigen

Der **Auftrag** des Kunden ist in der Regel der Antrag und führt nach dessen Annahme durch den Lieferer zum Kaufvertrag, der beide Partner bindet. Dies bedeutet, dass sämtliche Übereinkommen in der **Auftragsbestätigung** so detailliert wie möglich angeführt sein müssen. Damit werden spätere Meinungsverschiedenheiten aufgrund unterschiedlicher Deutung des Inhaltes vermieden.
Folgende Faktoren sind als äußerst wichtig anzusehen:

1. Produkt	genaue Beschreibung und Klassifikation
2. Preise	tatsächlich verhandelte Einstandspreise
3. Konditionen (siehe unten)	• vereinbarte Rabatte und Nachlässe • Naturalbeigaben ohne Verrechnung • Skonto und Zahlungsvereinbarungen • Lieferbedingungen • Verpackung • Versicherung
4. Aufschläge (siehe unten)	Fracht, Verpackung, Versicherung, Entladung, Mindermengen
5. Liefertermine	Zeitpunkt der Liefererfüllung (Fixtermin)
6. Leistungsort	• Gefahrenübergang • Zahlung • Gerichtsstand
7. Garantien	

1. Versandkosten

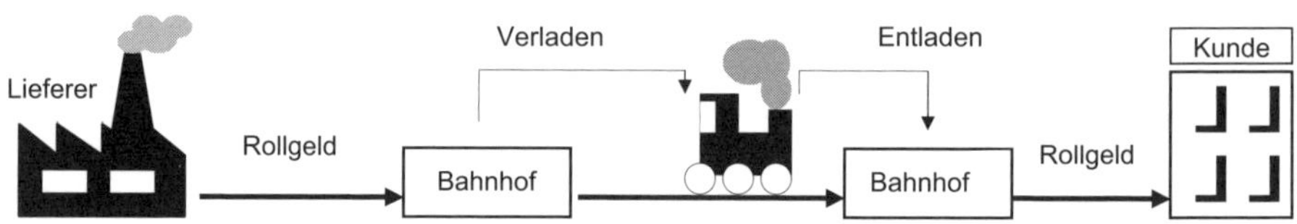

<table>
<tr><th></th><th>Rollgeld</th><th>Verladekosten</th><th>Fracht</th><th>Entladekosten</th><th>Rollgeld</th></tr>
<tr><td>ab Werk
ab Fabrik
ab Lager</td><td colspan="5">← Käufer →</td></tr>
<tr><td>unfrei
ab Bhf. hier
ab hier</td><td>← Verkäufer →</td><td colspan="4">← Käufer →</td></tr>
<tr><td>frei
Waggon</td><td colspan="2">← Verkäufer →</td><td colspan="3">← Käufer →</td></tr>
<tr><td>frei dort
frachtfrei
frei
Bahnhof</td><td colspan="3">← Verkäufer →</td><td colspan="2">← Käufer →</td></tr>
<tr><td>frei Haus
frei Lager</td><td colspan="5">← Verkäufer →</td></tr>
</table>

gesetzliche Regelung = „***unfrei***“

2. Verpackungskosten (gesetzliche Regelung)	**Verkaufs**verpackung trägt Verkäufer (z. B.: Pralinenschachtel) **Versand**verpackung trägt Käufer (z. B.: Kartons, Kisten)	
3. Beschaffenheit und Güte der Ware (gesetzliche Regelung)	Ware mittlerer Art und Güte	
4. Preise und Preisnachlässe	**Mengenrabatt**	fördert die Abnahme größerer Mengen, ist gerechtfertigt durch damit verbundene Senkung der Stückkosten (weniger Verwaltungsaufwand als bei durchschnittlichen Versandmengen)
	Treuerabatt	führt zu langfristiger Bindung des Kunden an den Lieferanten = Stammkundschaft
	Sonderrabatt	z. B. anlässlich eines Firmenjubiläums
	Händlerrabatt	wird an Wiederverkäufer gewährt
	Bonus	nachträglich gewährter Rabatt, i. d. R. für die Erreichung einer bestimmten Umsatzsumme in einer Periode
	Skonto	Preisnachlass für Barzahlung innerhalb bestimmter Frist

5.4 Lieferschein beifügen

Der Lieferschein ist ein Begleitpapier des Lieferers, das der Warensendung beigelegt wird. Es dient zur Kontrolle der Warensendung

- aufseiten des Lieferers (Zusammenstellung der richtigen Ware in der richtigen Menge),
- aufseiten des Kunden (Übereinstimmung der gelieferten mit der bestellten Ware)

5.5 Ausgangsrechnung erstellen

Die Informationen auf der Ausgangsrechnung beruhen – ebenso wie der Lieferschein – auf den Daten der Auftragsbestätigung. Sie enthält dabei folgende Daten:

Kopfteil	Stammdaten des Absenders (Name, Anschrift, Telefon usw.) Anschrift des Kunden Stammdaten des Auftrags/der Rechnung (Auftragsdatum, Auftragsnummer, Rechnungsdatum, Rechnungsnummer)
Tabellenteil	je eine Zeile pro Artikel mit Artikelnummer, Artikelbezeichnung, Auftragsmenge, Einzel- und Gesamtpreis
Fußteil	Gesamtbetrag der Rechnung, USt.-Anteil, Zahlungs- und Lieferbedingungen, Leistungsort, Gerichtsstand, zugeteilte Steuernummer oder Umsatzsteueridentifikationsnummer

Buchung der Ausgangsrechnung siehe Kapitel 6.

5.6 Zahlungseingang überwachen

Der Zahlungseingang ist sorgfältig zu überwachen, da sonst

- dem Betrieb die flüssigen Mittel (Liquidität) fehlen und er diese auf anderem Wege teuer besorgen muss (z. B. durch Aufnahme eines Bankdarlehens),
- Kunden, die mit ihrer Zahlung in Verzug sind, nicht pünktlich gemahnt werden können,
- die **Kreditfähigkeit** gegenüber der eigenen Bank **leidet**.

AUFGABEN

1. Welches sind typische Inhalte einer

   a) allgemein gehaltenen Anfrage,
   b) bestimmten Anfrage?

2. Wann wird üblicherweise eine

   a) allgemein gehaltene Anfrage und wann eine
   b) bestimmte Anfrage abgesandt?

3. Wodurch unterscheidet sich eine Anfrage von einem Angebot?

4. a) Nennen Sie fünf Angaben aus einem Angebot.
   b) Welchen Vorteil hat es, in einem Angebot auf DIN-Normen, Proben usw. zu verweisen?

5. Wie lange ist der Anbietende an sein Angebot gebunden?

6. Welche Möglichkeiten hat er, seine Bindung einzuschränken?

7. Nennen Sie vier Situationen, in denen die Bindung an das Angebot erlischt.

8. Josef Hektik verschickt ein briefliches Angebot. Am selben Tag bemerkt er, dass er sich verkalkuliert hat. Was tun?

9. Firma A. Brenner sendet am 14.06. **per E-Mail** ein Angebot an Firma B. Kloppt. Am 17.06. gibt Firma Kloppt **brieflich** die entsprechende Bestellung auf, die bereits am 18.06. bei Firma Brenner eintrifft. Diese lehnt jedoch die Bestellung ab. Klären Sie die Rechtslage.

10. Auszug aus einer Anfrage:

    Wir ersuchen Sie um ein unverbindliches und kostenloses Angebot über 250.000 Offset-Farbdruckprospekte, 16-seitig, DIN A4, für Haus- und Kleingeräte gemäß beiliegender Vorlage auf 240 g/m^2 Glanzdruckpapier, gefaltet und geheftet.

Unsere allgemeingültigen Bedingungen:
Zahlung:
Zahlung nach Erhalt und Prüfung der Ware innerhalb von 14 Tagen mit 3 % Skonto oder 90 Tage netto.
Lieferung:
frei Haus, verpackt
Verpackung:
ohne Berechnung

Beachten Sie unsere umseitigen Einkaufsbedingungen ...

Welche Unzulänglichkeiten sind darin enthalten?

11. Nennen Sie fünf wichtige Punkte, die bei der Annahme eines Kundenauftrages eindeutig geregelt sein müssen.

12. Warum ist es wichtig, dass bei einer Auftragsbestätigung alle Vertragsteile eindeutig formuliert sind?

13. Welche gesetzlichen Regelungen gelten für
    a) die Verpackungskosten,
    b) die Beschaffenheit und Güte der Ware?

14. a) Wodurch unterscheidet sich Bonus von Rabatt?
    b) Welche Zielsetzung verfolgt der Verkäufer bei der Vergabe von Mengen-, Treuerabatt und Skonto?

6 Das Rechnungswesen im Geschäftsprozess Verkauf

6.1 Die Umsatzsteuer beim Verkauf von Waren

Stofftelegramm

6.1.1 Rechtliche Grundlagen

- Für den Unternehmer ist die Umsatzsteuer eine **Verbindlichkeit an das Finanzamt**. Sie wird auf dem Passivkonto **480 Umsatzsteuer** gebucht.
- Sie stellt für ihn allerdings **keinen Aufwand** dar, vielmehr wird sie dem Endverbraucher belastet, ist somit für den Unternehmer ein **durchlaufender Posten.**
- Der allgemeine Umsatzsteuersatz beträgt **19 %**, der ermäßigte Steuersatz **7 %**.
- Grundlage für die Berechnung der Umsatzsteuer ist der **Nettopreis der Ware**.

6.1.2 Berechnung und buchhalterische Erfassung

Beispiel

Ausgangsrechnung Nr. 8842

20 Feuerlöscher je 90,00 EUR netto	1.800,00 EUR
+ 19 % USt.	342,00 EUR
Rechnungsbetrag, brutto	**2.142,00 EUR**

Annahme: Der Einstandspreis je Feuerlöscher betrug 50,00 EUR.

Buchungssatz

Buchungssatz	Soll	Haben
240 Forderungen an 5000 Umsatzerlöse 480 Umsatzsteuer	2.142,00	 1.800,00 342,00
600 Aufwendungen für Waren an 2000 Waren	1.000,00	 1.000,00

AUFGABEN

Buchen Sie:

1. Verkauf von Waren auf Ziel:

Listenverkaufspreis	52.800,00 EUR
+ 19 % USt.	10.032,00 EUR
	62.832,00 EUR

Der Einstandspreis der verkauften Ware betrug 32.500,00 EUR.

Lösen Sie bitte folgende Aufgaben:

2. a) Erklären Sie den Begriff Umsatzsteuer.
   b) Welcher Personenkreis soll mit dieser Steuer belastet werden?

3. Welchen Einfluss hat die Umsatzsteuer auf den Erfolg des Unternehmens?

4. Welcher Kontenart ist das Umsatzsteuerkonto zuzuordnen?

5. Warum ist die Umsatzsteuer ein durchlaufender Posten?

6. Erklären Sie den Begriff *„Umsatzsteuervoranmeldung"*.

6.2 Die Debitorenbuchhaltung

Stofftelegramm

Grundbuch (Journal)	Es dokumentiert alle Geschäftsvorfälle in lückenloser, chronologischer Reihenfolge.
Hauptbuch (Sachkonto)	Entweder durch Übertrag oder vollautomatisch unter Verwaltung eines entsprechenden Computerprogramms wird jede Buchung auch auf ihrem Sachkonto (2800 Bank, 240 Forderungen usw.) notiert.
Debitorenkonto/ Personenkonto (Nebenbuchhaltung)	Hinter dem Sachkonto **240 Forderungen** verbirgt sich die **Summe aller Forderungen**, die wir gegenüber den Kunden haben. Um die Forderungen und Zahlungseingänge eines einzelnen Kunden nachvollziehen zu können, muss das Konto **240 Forderungen** um weitere Ziffern ergänzt werden z. B. 240001 Konto des Kunden Anton Abel.

AUFGABE

Angenommen, die Schnopfer OHG habe drei Kunden. Deren Personenkonten weisen folgende Anfangsbestände aus:

Konto-Nr.	Kundename	Saldo
240001	Fritz Höscheler e. Kfm.	15.330,00 EUR
240002	Hans Westermeyer GmbH	22.540,00 EUR
240003	Oliver Birkholz e. Kfm.	8.750,00 EUR

Geschäftsvorfälle:

Nr.	Beschreibung	Kunde	Betrag
1.	Zielverkauf lt. Ausgangsrechnung Nr. 4711 + 19 % USt. Einstandspreis 1.850,00 EUR	Fritz Höscheler e. Kfm.	2.750,00 EUR
2.	Banküberweisung der Ausgangsrechnung Nr. 4685	Hans Westermeyer GmbH	4.165,00 EUR
3.	Zielverkauf lt. Ausgangsrechnung Nr. 4712 + 19 % USt. Einstandspreis 2.760,00 EUR	Oliver Birkholz e. Kfm.	4.300,00 EUR
4.	Banküberweisung der Ausgangsrechnung Nr. 4686	Oliver Birkholz e. Kfm.	3.451,00 EUR

Nr.	Beschreibung	Kunde	Betrag
5.	Banküberweisung der Ausgangsrechnung Nr. 4687	Fritz Höscheler e. Kfm.	5.355,00 EUR
6.	Zielverkauf lt. Ausgangsrechnung Nr. 4713 + 19 % USt. Einstandspreis 940,00 EUR	Hans Westermeyer GmbH	1.750,00 EUR

a) Bilden Sie die Buchungssätze im Grundbuch.

b) Richten Sie die erforderlichen Personen- und Sachkonten mit ihren Anfangsbeständen ein.

c) Buchen Sie die Geschäftsvorfälle auf den Personen- und Sachkonten (Haupt- und Nebenbuchhaltung).

d) Übertragen und verdichten Sie die Soll- und Haben-Beträge aus den Debitorenkonten auf das Sachkonto 240 Forderungen aus Lieferungen und Leistungen.

e) Vergleichen Sie die Summe der Endsalden aus den Debitorenkonten mit dem Endsaldo des Sachkontos 240 Forderungen aus Lieferungen und Leistungen.

6.3 Die Kalkulation im Verkauf

Stofftelegramm

6.3.1 Vorwärtskalkulation

Ausgehend vom Listeneinkaufspreis des Lieferers wird im Rahmen einer Vorwärtskalkulation stufenweise der Listenverkaufspreis gegenüber dem Kunden berechnet.

Beispiel

Listeneinkaufspreis	2.000,00 EUR	100 %		
– Rabatt, 15 % (**vom** Hundert)	300,00 EUR	15 %		
= Zieleinkaufspreis	1.700,00 EUR	85 %	100 %	**Bezugskalkulation**
– Skonto, 3 % (**vom** Hundert)	51,00 EUR		3 %	
= Bareinkaufspreis	1.649,00 EUR		97 %	
+ Bezugskosten	70,00 EUR			
= Einstandspreis (Bezugspreis)	1.719,00 EUR	100 %		
+ Handlungskosten, 25 % (**vom** Hundert)	429,75 EUR	25 %		**Selbstkostenkalkulation**
= Selbstkosten	2.148,75 EUR	125 %	100 %	
+ Gewinnzuschlag, 15 % (**vom** Hundert)	322,31 EUR		15 %	
= Barverkaufspreis	2.471,06 EUR	90 %	115 %	
+ Kundenskonto, 3 % (**im** Hundert)	82,37 EUR	3 %		**Verkaufskalkulation**
+ Vertreterprovision, 7 % (**im** Hundert)	192,19 EUR	7 %		
= Zielverkaufspreis	2.745,62 EUR	100 %	80 %	
+ Kundenrabatt, 20 % (**im** Hundert)	686,41 EUR		20 %	
= Listenverkaufspreis	**3.432,03** EUR		100 %	

6.3.2 Rückwärtskalkulation

Aufgabe:
Ausgehend von obiger Verkaufskalkulation wird angenommen, dass sich dieses Erzeugnis aufgrund der Konkurrenzsituation am Markt nur zu einem Preis von 3.300,00 EUR verkaufen lässt. Auf welchen Listenpreis müssen wir bei unserem Lieferer drängen, wenn die übrigen Sätze unverändert bleiben sollen?

Lösung:

Listeneinkaufspreis	1.919,79 EUR	↑ 100 %		↑
− Rabatt, 15 % (**im** Hundert)	287,97 EUR	15 %		
= Zieleinkaufspreis	1.631,82 EUR	85 %	↑ 100 %	
− Skonto, 3 % (**im** Hundert)	48,95 EUR		3 %	
= Bareinkaufspreis	1.582,87 EUR ↑		97 %	
+ Bezugskosten	70,00 EUR			
Einstandspreis (Bezugspreis)	1.652,87 EUR	100 %		
+ Handlungskosten, 25 % (**auf** Hundert)	413,22 EUR	25 %		
= Selbstkosten	2.066,09 EUR	125 %	↑ 100 %	
+ Gewinnzuschlag, 15 % (**auf** Hundert)	309,91 EUR		15 %	**Rückwärts-kalkulation**
= Barverkaufspreis	2.376,00 EUR	90 %	115 %	
= Barverkaufspreis	2.376,00 EUR	↑ 90 %		↑
+ Kundenskonto, 3 % (**vom** Hundert)	79,20 EUR	3 %		
+ Vertreterprovision, 7 % (**vom** Hundert)	184,80 EUR	7 %		
= Zielverkaufspreis	2.640,00 EUR	100 %	↑ 80 %	
+ Kundenrabatt, 20 % (**vom** Hundert)	660,00 EUR		20 %	
= Listenverkaufspreis	**3.300,00** EUR		100 %	

6.3.3 Differenzkalkulation

Häufig ist der Kalkulationsspielraum des Kaufmanns eingeschränkt: Aufgrund starker Konkurrenz auf der Absatzseite kann der Listenverkaufspreis relativ fest vorgegeben sein (liegt der Kaufmann mit seinem Preis auch nur geringfügig zu hoch, dann kaufen die Kunden bei der Konkurrenz) und auf der Beschaffungsseite verbleibt ihm kein Verhandlungsspielraum für den Listeneinkaufspreis. Dann besteht sein Ziel darin, den verbleibenden Gewinn zu ermitteln und zu prüfen, ob sich das „Geschäft" lohnt. Der Rechenweg beginnt jeweils an den Enden. In einer Vorwärtskalkulation wird vom Listeneinkaufspreis zu den Selbstkosten und in einer Rückwärtskalkulation wird vom Listenverkaufspreis bis zum Barverkaufspreis kalkuliert. Aus der Differenz von Barverkaufspreis und Selbstkosten ergibt sich der Gewinn.

Aufgabe:
Ausgehend vom ursprünglichen Listeneinkaufspreis von 2.000,00 EUR und dem Listenverkaufspreis der Rückwärtskalkulation von 3.300,00 EUR soll der verbleibende Gewinn ermittelt werden.

Lösung:

Listeneinkaufspreis	2.000,00 EUR	100 %		
– Rabatt, 15 % (**vom** Hundert)	300,00 EUR	15 %		
= Zieleinkaufspreis	1.700,00 EUR	85 %	100 %	Vorwärtskalkulation ↓
– Skonto, 3 % (**vom** Hundert)	51,00 EUR		3 %	
= Bareinkaufspreis	1.649,00 EUR		97 %	
+ Bezugskosten	70,00 EUR			
= Einstandspreis (Bezugspreis)	1.719,00 EUR	100 %		
+ Handlungskosten, 25 % (**vom** Hundert)	429,75 EUR	25 %		
= Selbstkosten	2.148,75 EUR	125 %		
Gewinn, **10,6** %	**227,25** EUR			
= Barverkaufspreis	2.376,00 EUR	90 %		
+ Kundenskonto, 3 % (**vom** Hundert)	79,20 EUR	3 %		
+ Vertreterprovision, 7 % (**vom** Hundert)	184,80 EUR	7 %		Rückwärtskalkulation ↑
= Zielverkaufspreis	2.640,00 EUR	100 %	80 %	
+ Kundenrabatt, 20 % (**vom** Hundert)	660,00 EUR		20 %	
= Listenverkaufspreis	**3.300,00** EUR		100 %	

$$p_{Gew} = \frac{227{,}25 \cdot 100}{2.148{,}75} = 10{,}6\ \%$$

AUFGABEN

1. Wir kaufen 250 Stück Stifte zum Einkaufspreis von 3,15 EUR je Stück. Der Lieferant gewährt 2 % Skonto und 12 % Rabatt. Die Bezugskosten belaufen sich auf insgesamt 13,50 EUR. Wir kalkulieren mit 10 % Gewinn und 16 % Handlungskosten.
   Welchen Listenverkaufspreis verlangen wir für 65 Stifte, die ein Schreibwarenladen bestellt hat, dem 3 % Skonto und 20 % Rabatt gewährt werden?

2. Kalkulieren Sie den Zielverkaufspreis für einen Handelsbetrieb.

	Erzeugnis A	Erzeugnis B	Erzeugnis C
Listeneinkaufspreis	5.240,00 EUR	80,00 EUR	480,00 EUR
Liefererrabatt	15 %	20 %	10 %
Liefererskonto	3 %	2 %	3 %
Bezugskosten	130,50 EUR	5,80 EUR	40,50 EUR
HKZ	30 %	25 %	20 %
Gewinnzuschlag	12 %	10 %	8 %
Kundenskonto	2 %	3 %	2,5 %
Kundenrabatt	12 %	12 %	15 %

3. Ein Importeur von Surfboards unterbreitet dem Großhändler Nietnagel folgendes Angebot:

   20 Funboards zum Stückpreis von 1.050,00 EUR netto.

   Der Hersteller gewährt 20 % Großhandelsrabatt und 3 % Skonto bei Zahlung innerhalb von 14 Tagen. Die Bezugskosten betragen 740,00 EUR netto für die gesamte Sendung.

4. Als Handelsware bieten wir einen Bauernschrank zu 5.200,00 EUR an. Aus Konkurrenzgründen müssen wir den Preis um 10 % senken.
Welche Senkung des Einkaufspreises in Euro und Prozent müssen wir bei unserem Lieferanten durchsetzen, wenn wir mit

8 %	Kundenrabatt,
2 %	Kundenskonto,
15 %	Gewinn,
20 %	Handlungskosten,
75,00 EUR	Bezugskosten,
2,5 %	Liefererskonto und
10 %	Liefererrabatt

rechnen?

5. Wir kalkulieren eine Handelsware mit 16 % Handlungskosten, 13 % Gewinn, 2 % Kundenskonto und 15 % Kundenrabatt. Der Listenverkaufspreis ist aus Konkurrenzgründen auf 9.200,00 EUR fixiert. Der Lieferant gewährt 18 % Rabatt und 2,5 % Skonto. Der Bezugskostenanteil für ein Stück beträgt 245,00 EUR.

Auf welchen Einkaufspreis müssen wir drängen?

6. Wir beziehen als Handelsware von der Konserven GmbH Spargel in Dosen zu 240,00 EUR für 100 Dosen, wobei wir bei Abnahme von mindestens 600 Dosen 10 % Mengenrabatt erhalten. Zahlungsbedingungen der Konserven GmbH: *„Bei Zahlung innerhalb 10 Tagen Abzug von 2 % Skonto oder innerhalb 30 Tagen netto Kasse.“*
Lieferbedingungen: Lieferung ab Werk.

Wir räumen unseren Kunden 20 % Rabatt und 2,5 % Skonto ein. Als Listenverkaufspreis können wir je Stück höchstens 3,90 EUR erzielen.

Wie hoch ist unser Gesamtgewinn in Euro und Prozent, wenn wir 600 Stück bestellen, innerhalb von 10 Tagen zahlen, Bezugskosten von insgesamt 65,00 EUR verausgaben und mit einem Handlungskostenzuschlag von 25 % rechnen?

6.4 Preisnachlässe beim Verkauf

Stofftelegramm

Korrekturbuchungen aufgrund nachträglich gewährter Preisnachlässe werden auf dem Konto 5000 vorgenommen. Zu ihnen gehören:

- Nachlässe **aufgrund berechtigter Mängelrügen** (Gutschriften wegen Rücksendungen und Preisminderungen; bei Rücksendung der Ware ist der Wareneinsatz zu berichtigen [Bewertung zum Einstandspreis])
- Gewährung von **Kundenboni** (= nachträglich gewährte Rabatte aufgrund größerer Umsätze in der vergangenen Abrechnungsperiode)
- Gewährung von **Kundenskonti** aufgrund vorzeitiger Zahlung

Geschäftsvorfall	Buchungssatz	Erklärung
Verkauf von Waren auf Ziel. Listenpreis 3.000,00 – 10 % Rabatt 300,00 2.700,00 + Verpackung 100,00 + Fracht 120,00 2.920,00 + 19 % USt. 554,80 = RB, br. 3.474,80 Der Einstandspreis der Waren betrug 1.800,00 EUR netto.	240 Forder. 3.474,80 5000 U'erl. 2.920,00 480 USt. 554,80 6000 Aufwend. f. W. 1.800,00 2000 Waren 1.800,00	• Sofortnachlässe (Rabatte) werden nicht gebucht. • In Rechnung gestellte Fracht- und Verpackungskosten werden wie Umsatzerlöse (5000) behandelt, da die Warenschulden Holschulden sind.
Exkurs: Wir übernehmen die Frachtkosten für eine „Lieferung frei Haus" über 150,00 EUR zuzüglich 19 % USt.	614 Frachten 150,00 260 Vorsteuer 28,50 280 Bank 178,50	Übernehmen wir in einem Sonderfall die Frachtkosten, so bedeuten sie für uns einen Aufwand, zu buchen auf dem Konto 614 Frachten.
Auf eine Sendung im Wert von 1.785,00 EUR (einschl. USt.) wird wegen einer berechtigten Mängelrüge ein Nachlass von 20 % gewährt.	5000 U'erl. 300,00 480 USt. 57,00 240 Ford. 357,00	Auch Nachlässe werden auf dem Konto 5000 gebucht.
Der Kunde sendet die Verpackung zurück und erhält 60 % Gutschrift auf die Verpackung.	5000 U'erl. 60,00 480 USt. 11,40 240 Ford. 71,40	Rücksendungen werden auf dem Konto 5000 Umsatzerlöse gebucht.
Wegen eines Fehlers werden Waren im Nettowert von 500,00 EUR zurückgeschickt. Der Einstandspreis der zurückgeschickten Waren betrug 300,00 EUR.	5000 U'erl. 500,00 480 USt. 95,00 240 Ford. 595,00 2000 Waren 300,00 600 Aufw. f. W. 300,00	Bei der körperlichen Rücksendung aufgrund der Mängelrüge nimmt unser Bestand an Waren wieder um die zurückgeschickte Menge zu. Der gebuchte Wareneinsatz im Rahmen des Verkaufs ist durch die Rücksendung zu korrigieren (Bewertung der Rücksendung zum Einstandspreis).

Geschäftsvorfall	Buchungssatz	Erklärung
Eine Rechnung über 2.856,00 EUR (einschl. Umsatzsteuer) wird unter Abzug von 3 % Skonto durch Banküberweisung beglichen. **Berechnung:** Rechnungsbetrag 2.856,00 – 3 % Skonto 85,58 = Zahlungsbetr. 2.770,32	280 Bank 2.770,32 5000 U'erl. 72,00 480 USt. 13,68 240 Ford. 2.856,00	Nachlässe für Kundenskonto werden auf dem Konto 5000 Umsatzerlöse gebucht. Da sich dadurch nachträglich die Bemessungsgrundlage für die USt. ändert (Wir erzielen einen geringeren Erlös!), muss auch die Umsatzsteuerschuld (480) um den zugehörigen Betrag verringert werden.
Auf den Quartalsumsatz von 95.200,00 EUR (einschl. 19 % USt.) gewähren wir dem Kunden einen Bonus von 8 %. Berechnung: Quartalsumsatz 95.200,00 davon 8 % Bonus 7.616,00	5000 U'erl. 6.400,00 480 USt. 1.216,00 240 Ford. 7.616,00	Durch die Bonusgewährung ändert sich nachträglich die Bemessungsgrundlage für den Quartalsumsatz (siehe Skonto). Die Umsatzsteuerschuld (480) wird um den zugehörigen Betrag verringert.

AUFGABEN

1. a) Verkauf von Waren auf Ziel, netto

Verkauf von Waren auf Ziel, netto		33.000,00 EUR
– 10 % Rabatt		3.300,00 EUR
		29.700,00 EUR
+ Verpackungsmaterial	60,00 EUR	
+ anteilige Frachtkosten	50,00 EUR	110,00 EUR
		29.810,00 EUR
+ 19 % USt.		5.663,90 EUR
= Verkaufspreis, brutto		35.473,90 EUR

   b) Der Einstandspreis dieser Waren betrug 21.450,00 EUR.

2. Die Speditionsrechnung für eine „*Lieferung frei Haus*“ an einen Kunden wird von uns bar bezahlt, 148,75 EUR einschl. 19 % USt.

3. Ein Kunde sendet Verpackung zurück. Gutschrift = 60,00 EUR netto.

4. a) Ein Kunde sendet Falschlieferung zurück. 750,00 EUR + 19 % USt. werden ihm gutgeschrieben.
   b) Der Einstandspreis der zurückgeschickten Waren betrug 380,00 EUR.

5. Kunde erhält wegen Mängelrüge eine Gutschrift von 15 % auf einen Umsatz von 26.180,00 EUR.

6. Kunde begleicht Rechnungsbetrag über 20.825,00 EUR durch Banküberweisung unter Abzug von 3 % Skonto.

7. Dem Kunden Rabe gewähren wir einen Bonus in Höhe von 5 % auf den letzten Quartalsumsatz von 142.800,00 EUR (einschl. USt.).

8. Richten Sie das Konto 5000 ein.
Übernehmen Sie dorthin die obigen Buchungen Nr. 1, 3, 4, 5, 6 und 7 (ohne Buchung/Korrekturbuchung des Wareneinsatzes [Nr. 1. b) und 4. b)]). Schließen Sie das Konto 5000 ab.

9. Buchen Sie folgende zusammenhängende Verkaufsvorgänge der Firma Meise:

a) Verkauf auf Ziel von 12 Radioweckern (FE) zu je 45,00 EUR, netto

Verkauf auf Ziel von 12 Radioweckern (FE) zu je 45,00 EUR, netto		540,00 EUR
– 5 % Rabatt		27,00 EUR
		513,00 EUR
Verpackung	24,00 EUR	
Versandkosten	35,00 EUR	59,00 EUR
		572,00 EUR
+ 19 % USt.		108,60 EUR
Verkaufspreis, brutto		680,68 EUR

b) Der Einstandspreis je Radiowecker beträgt 27,00 EUR.

c) Das Verpackungsmaterial wird zurückgeschickt. Wir schreiben dem Kunden 50 % davon gut.

d) Ein Gerät schickt der Kunde zurück, weil die Frontskala zerbrochen ist. Hierfür erhält er eine Gutschrift.

e) Zwei Geräte waren leicht zerkratzt. Sie lassen sich aber mit einem Nachlass noch verkaufen. Der Kunde erhält eine Gutschrift über 20 % des Wertes dieser beiden Waren.

f) Den Restbetrag überweist der Kunde unter Abzug von 3 % Skonto per Banküberweisung.

7 Leistungsstörung im Verkaufsprozess

Stofftelegramm

7.1 Überblick über mögliche Störungen des Kaufvertrags

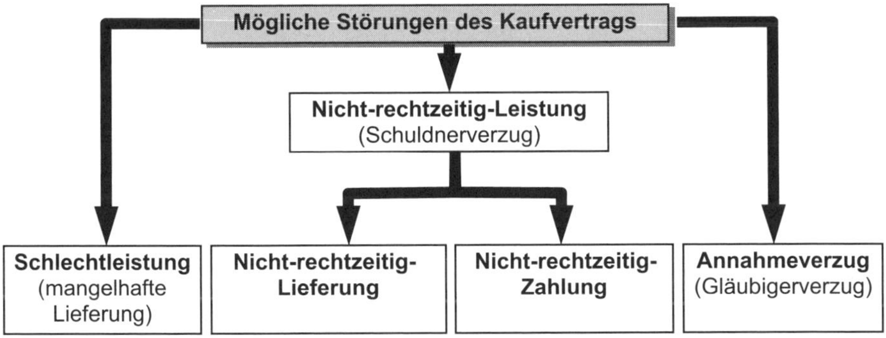

7.2 Nicht-rechtzeitig-Zahlung

Voraussetzung **hierfür** ist **Fälligkeit der Leistung**.

Wann der Schuldner in Verzug kommt, hängt davon ab, ob ...

Bestimmbarkeit des Fälligkeitstermins	... der Fälligkeitstermin nach dem Kalender genau bestimmt oder berechenbar ist.	... der Fälligkeitstermin weder genau bestimmt noch berechenbar ist.
Eintritt des Verzugs	Der Zahlungspflichtige ist **unmittelbar nach Überschreiten** des berechenbaren Zahlungstermins in Verzug.	Der Zahlungspflichtige kommt in Verzug, **wenn er auf eine Mahnung** (die nach der Fälligkeit erteilt wurde) **nicht zahlt**. Diese Mahnung ist **entbehrlich,** wenn • **30 Tage** nach Rechnungszugang **vergangen sind,** • der Schuldner die **Zahlung verweigert,** • **besondere Gründe** vorliegen, z. B. <u>Selbstmahnung</u> des Schuldners mit eigener Ankündigung des Zahlungstermins oder Schuldner entzieht sich einer Mahnung.

Rechtsfolgen

<table>
<tr><td>ohne Fristsetzung</td><td colspan="2">mit Fristsetzung
Diese ist entbehrlich, falls
• Schuldner Zahlung verweigert,
• besondere Umstände vorliegen.</td></tr>
<tr><td rowspan="2">• Zahlung des Kaufpreises verlangen
• Anspruch auf Verzugszinsen (s. u.)
• evtl. Schadenersatz wegen Verzögerung der Leistung</td><td>Rücktritt vom Vertrag</td><td>Schadenersatz statt Leistung

Stattdessen ist auch Ersatz vergeblicher Aufwendungen möglich, z. B. Vertragskosten.</td></tr>
<tr><td colspan="2">(Beide Rechte können auch gleichzeitig angewandt werden.)</td></tr>
</table>

Verzugszinsen (§ 288 BGB)	BZ = Basiszinssatz		
Grundsatz:	BZ (01.01.2015) − 0,83 % + 5 %	=	**4,17 %**
Unternehmer:	BZ (01.01.2015) − 0,83 % + 9 %	=	**8,17 %**

AUFGABEN

1. Welche Kaufvertragsstörungen können

   a) vom Verkäufer,
   b) vom Käufer ausgehen?

2. Käufer **K** zahlt nicht rechtzeitig. Welche Rechte hat der Verkäufer und welche Voraussetzungen sind zu beachten?

3. Privatmann Wetzel kauft von Privatmann Bauer ein Auto. Wie viel Prozent Verzugszinsen kann Bauer verlangen, wenn Wetzel nicht rechtzeitig bezahlt?

4. Privatmann Wetzel kauft von Firma Schlor ein Fernsehgerät. Wie viel Prozent Verzugszinsen kann Firma Schlor verlangen, wenn Wetzel nicht rechtzeitig zahlt?

5. Firma Schlor kauft bei der „Elek-GmbH" zehn Fernsehgeräte. Wie viel Prozent Verzugszinsen kann die Elek-GmbH verlangen, wenn Firma Schlor nicht rechtzeitig zahlt?

6. Die Elek GmbH liefert an Firma Schlor zehn Fernsehgeräte. Firma Schlor erhält die Rechnung am 10. Januar.

   a) Die Rechnung enthält **kein Zahlungsziel**. Ab wann können Rechte wegen Nichtrechtzeitig-Zahlung gegen Firma Schlor geltend gemacht werden, wenn **keine Mahnung** versandt wurde?

   b) Die Rechnung enthält kein Zahlungsziel. Ab wann können Rechte wegen Nicht-rechtzeitig-Zahlung gegen Firma Schlor geltend gemacht werden, wenn am 20. Januar eine Mahnung versandt wurde?

   c) Zahlungsziel: Zahlung bis spätestens 24. Januar. Ab wann können Rechte wegen Nicht-rechtzeitig-Zahlung gegen Firma Schlor geltend gemacht werden?

7.3 Zinsrechnung

AUFGABEN

1. Berechnen Sie die Zinsen:

	Kapital	Zinssatz	Zeit
a)	1.800,00 EUR	8 %	15.02. – 01.03.
b)	2.400,00 EUR	9,5 %	28.02. – 31.05.
c)	5.400,00 EUR	11 %	31.01. – 28.02.

2. Berechnen Sie das Kapital:

	Zinsen	Zinssatz	Zeit
a)	215,73 EUR	7 %	14.02. – 21.04.
b)	312,88 EUR	6,5 %	24.01. – 31.05.
c)	97,43 EUR	9 %	31.01. – 29.02.

3. Hopp nimmt bei seiner Bank am 15.01. ein Darlehen auf über 8.000,00 EUR. Zu welchem Zinssatz war es ausgeliehen, wenn er am 21.03. einschließlich Zinsen 8.176,00 EUR zurückzahlt?

4. Zu wie viel Prozent verzinst sich das in einem Mietshaus angelegte Kapital, wenn folgende Bedingungen gelten?

Kaufpreis:	400.000,00 EUR	
Eigenkapital:	250.000,00 EUR	
Hypothekenschulden:	150.000,00 EUR	zu 8 %
Monatl. Mieteinnahmen:	1.800,00 EUR	
Hausaufwendungen je Quartal:	600,00 EUR	

5. Eine Liefererrechnung über 12.600,00 EUR war am 13.03. fällig. Wann haben wir die Rechnung tatsächlich beglichen, wenn uns der Lieferant 6 % Verzugszinsen zuzüglich 1 % Bearbeitungsgebühr berechnet und wir insgesamt 12.915,00 EUR bezahlten?

6. Die monatlichen Mieteinnahmen eines Mehrfamilienhauses betragen 3.400,00 EUR. An Kosten fallen an:

I. Hypothek über:	110.000,00 EUR	zu 7 %
II. Hypothek über:	50.000,00 EUR	zu 8 %
Jährliche Abschreibungen:	8.000,00 EUR	
Jährliche Reparaturen:	2.600,00 EUR	
Vierteljährl. öffentliche Abgaben:	480,00 EUR	

Welches Kapital legt der Käufer höchstens an, wenn es sich mit 4 % verzinsen soll?

7. Am 25.02. wurde ein Darlehen zu 9 % aufgenommen und am 05.06. wieder zurückgezahlt. Wie hoch war das Darlehen, wenn für diesen Zeitraum 62,50 EUR Zinsen gezahlt wurden?

8. Ein Kredithai verlangt für ein Anschaffungsdarlehen über 2 Monate zusätzlich zu den Zinsen noch eine Kreditprovision von 2 %. Welchem Jahreszinsfuß entsprechen die 2 % Provision?

9. Ein Golfprofi legt die Einnahmen der letzten Spiele bei seiner Bank an. Nach vier Monaten erhält er 412.000,00 EUR ausbezahlt. Diese legt er erneut zum selben Zinssatz an und erhält nach weiteren acht Monaten 436.720,00 EUR zurück.
   a) Zu welchem Zinssatz war das Geld angelegt?
   b) Welchen Betrag legte er ursprünglich bei seiner Bank an?

10. Wir hätten am 10.07. die Rechnung eines Lieferanten bezahlen müssen. Die Überweisung in Höhe von 93.314,89 EUR erfolgte jedoch erst am 22.08. einschließlich 8 % Verzugszinsen. Wie hoch war der Rechnungsbetrag?

11. Eine Bank zahlte nach Abzug von 1 % Bearbeitungsgebühr (berechnet vom Darlehensbetrag) und 9 % Zinsen für eine Kreditgewährung vom 16.04. bis 16.08. 7.968,00 EUR aus. Ermitteln Sie den Darlehensbetrag, die Zinsen, den effektiven Zinssatz und die Bearbeitungsgebühr.

12. Zur Vorfinanzierung unserer Waren für das Weihnachtsgeschäft nehmen wir bei der Bank ein Darlehen auf für 90 Tage. Die Bank zieht 12 % Zinsen vorweg ab und zahlt uns am 15.10. 77.600,00 EUR aus. Welchen Betrag zahlen wir zurück?

13. Lohnt es sich, zwecks Ausnutzung des Skontoabzuges einen Bankkredit aufzunehmen, wenn die Bank 11 % Zinsen berechnet?
    Rechnungsbetrag: 35.800,00 EUR; Zahlungsbedingungen: bei Zahlung innerhalb 14 Tagen unter Abzug von 1,5 % Skonto oder innerhalb 60 Tagen netto Kasse.

14. Welchem Zinssatz entspricht jeweils der Skontoabzug bei folgenden Zahlungsbedingungen?
    a) Zahlung innerhalb 10 Tagen unter Abzug von 2 % Skonto oder 30 Tage Ziel.
    b) Zahlung innerhalb 14 Tagen unter Abzug von 2,5 % Skonto oder innerhalb 30 Tagen rein netto.

15. Unsere Bank unterbreitet uns folgendes Kreditangebot:

Kredit:	50.000,00 EUR
Zinssatz:	6 %
Auszahlung:	98 %
Bearbeitungsgebühr:	1,5 % der Kreditsumme
Kreditlaufzeit:	15.03. bis 30.11.

    Ermitteln Sie den effektiven Zinssatz.

7.4 Außergerichtliches Mahnverfahren

Stofftelegramm

7.4.1 Gründe für Verfahren

- Falls der Zahlungstermin **nicht kalendermäßig** bestimmt war, kommt der Schuldner in Verzug, **wenn er auf die Mahnung nicht leistet.**
- Gläubiger zeigt **Entschlossenheit.**
- **Verringerung des Kreditbedarfs** von Banken

7.4.2 Ablauf des Verfahrens

- Formfrei. Da Nicht-rechtzeitig-Zahlung häufig eine Folge von Versehen ist, ist zunächst behutsames Vorgehen notwendig, sonst Risiko des Kundenverlustes, z. B.: Zusendung einer Rechnungskopie oder
- höfliches Erinnerungsschreiben; **erst danach beginnt das außergerichtliche Mahnverfahren.**
- mehrere Mahnungen (**Mit der 1. Mahnung gerät der Schuldner in Verzug**, falls Termin nicht kalendermäßig bestimmbar war.)
- Androhung Postnachnahme
- Terminbrief mit letzter Fristsetzung und Androhung Mahnbescheid
- **Zustellung des Mahnbescheides = Beginn des gerichtlichen Mahnverfahrens**

AUFGABEN	
1.	Wie verläuft üblicherweise das außergerichtliche Mahnverfahren?
2.	Weshalb wird das außergerichtliche Mahnverfahren durchgeführt?
3.	Welche Formvorschriften sind zu beachten?

Siehe auch Kapitel „Prüfungsaufgaben“, 1: Kapitelübergreifende Aufgaben.

Bewerbung, Ausbildung und Vergütung

1 Berufsfindung

Stofftelegramm

1.1 Argumente bei der Berufswahl

- Eignung
- Neigung
- Vorbildung
- Aufstiegsmöglichkeiten
- Zukunftsaussichten
- Verdienstmöglichkeiten
- Sicherheit des Arbeitsplatzes
- räumliche Entfernung zum Betrieb
- Niveau des Schulabschlusses
- Qualität des Zeugnisses
- optimistische oder pessimistische Einschätzung der Wirtschaftslage oder einer bestimmten Branche

1.2 Informationsmöglichkeiten zu Berufen

- beratende Gespräche mit Eltern, Freunden, Lehrern
- besondere Veranstaltung zur Berufsberatung, z. B. von Wirtschaftsjunioren, Lions Club usw.
- Berufsberatung und Veröffentlichungen der Arbeitsämter
- Besuch in einem Berufsinformationszentrum
- „Schnupperlehre", Praktika
- Zeitungen und Zeitschriften
- Internet
- Informationen von Bekannten, Familienmitgliedern, Freunden
- Gewerkschaften, Industrie- und Handelskammer

AUFGABEN

1. Welche Argumente spielen bei der Wahl des zukünftigen Berufes eine Rolle?
2. Welche Informationsquellen stehen Ihnen zur Verfügung, wenn Sie eine Entscheidungshilfe für die künftige Berufswahl suchen?

2 Bewerbung

Stofftelegramm

2.1 Bewerbungsunterlagen

Sie geben einen **ersten Eindruck** über die einzustellende Person, über ihre Grundhaltung (Gewissenhaftigkeit, Sauberkeit), ihrberufliches Engagement und ihr Interesse an der Stelle.

Hierzu gehören u. a.:

- Bewerbungsschreiben
- Lebenslauf mit Lichtbild
- Kopien der Schulzeugnisse
- bei Bedarf ärztliche Untersuchung, z. B. gem. Jugendarbeitsschutzgesetz bzw. Sicherheitsregeln für Bildschirmarbeitsplätze

2.2 Ablauf der Bewerbung

Das Auswahlverfahren für eine Bewerbung läuft i. d. R. in folgenden Schritten ab:

(1) Sammlung und Auswertung der Bewerbungsunterlagen
(2) Vorauswahl
(3) ggf. Eignungstests
(4) Vorstellungsgespräch
(5) Auswertung von Tests und Gespräch
(6) Entscheidung für einen bestimmten Mitarbeiter
(7) Benachrichtigung

Häufig lassen Betriebe zusätzlich einen firmeneigenen **Personalfragebogen** ausfüllen. Er dient als **Unterlage für die Personalakten** und **erleichtert durch die Vereinheitlichung den Bewerbervergleich.**

2.3 Eignungstest

Er dient zur Überprüfung der Intelligenz, der Allgemeinbildung, des berufsbezogenen Wissens, der Leistung (Konzentration, Ausdauer) und der Persönlichkeit.

2.4 Vorstellungsgespräch

- Es verschafft dem **Arbeitgeber** einen Eindruck über die Person des Bewerbers, seine Sprache, Haltung, beruflichen Interessen, Fertigkeiten, Fähigkeiten, Fachkenntnisse, Motive für die Bewerbung zu dieser Stelle, beruflichen Ziele und Wünsche, außerberuflichen Interessen, persönliche, familiäre und finanzielle Lage (heikel!).

- Es informiert den **Bewerber** über den Arbeitsplatz, die an ihn gestellten Anforderungen, die Arbeitsbedingungen, die Entlohnung usw. Wem ist er direkt unterstellt? Anzahl der Arbeitskollegen, Umgangsstil, konkrete Entwicklungsmöglichkeiten.

AUFGABEN

1. Welche Unterlagen gehören zu einer Bewerbung?
2. Welche Bedeutung haben diese Unterlagen für den Betrieb?
3. In welchen Teilschritten vollzieht sich das Auswahlverfahren?
4. Wozu dient das Vorstellungsgespräch?

3 Ausbildungsvertrag

Stofftelegramm

3.1 Gesetzliche Grundlage

Diese findet sich im **Berufsbildungsgesetz, Teil 2, Abschnitt 1 bis Abschnitt 3.** Kernpunkte dieser gesetzlichen Regelungen:

• Formen der Berufsbildung (= Berufsausbildung, berufliche Fortbildung, Umschulung)	• Prüfung • Ausbildungsordnung • Berufsausbildungsvertrag • Probezeit	• Beendigung • Vergütung • Pflichten der Vertragspartner • persönliche und fachliche Eignung des Ausbildenden

3.2 Mindestinhalte eines Berufsausbildungsvertrages (§ 11 BBiG)

• Art, **sachliche und zeitliche Gliederung** sowie **Ziel der Berufsausbildung** • **Beginn und Dauer** der Berufsausbildung • **Ausbildungsmaßnahmen außerhalb der Ausbildungsstätte** • Dauer der **regelmäßigen täglichen Ausbildungszeit**	• Dauer der **Probezeit** • Zahlung und Höhe der **Vergütung** • Dauer des **Urlaubs** • Voraussetzungen, unter denen der Berufsausbildungsvertrag **gekündigt** werden kann

Der Vertrag ist schriftlich abzuschließen und vom Ausbildenden, dem Auszubildenden und dessen gesetzlichem Vertreter zu unterschreiben (§ 11 Abs. 2 BBiG). Der Vertrag ist bei der IHK zu registrieren.

3.3 Bestimmungen des BBiG zur Berufsausbildung

Pflichten des Ausbildenden = Rechte des Auszubildenden (vorwiegend §§ 14–19 BBiG)	**Rechte des Ausbildenden** = Pflichten des Auszubildenden (§ 13 BBiG)
• **Vermittlung der Kenntnisse** und Fertigkeiten, die zum Erreichen des Ausbildungszieles notwendig sind • **planmäßige**, zeitliche und sachliche **Gliederung** der Berufsausbildung, damit das Ausbildungsziel in der vorgesehenen Zeit erreicht wird • **selbst ausbilden** oder einen **Ausbilder beauftragen** • dem Auszubildenden **kostenlos die Ausbildungsmittel** (Werkzeuge, Werkstoffe) zur Verfügung stellen	• **Bemühungspflicht** zum Erwerb der erforderlichen Fertigkeiten und Kenntnisse • **Sorgfaltspflicht** bei der Ausübung der übertragenen Verrichtungen, bei der Behandlung der Maschinen, Werkzeuge und sonstiger Einrichtungen

Pflichten des Ausbildenden = Rechte des Auszubildenden (vorwiegend §§ 14–19 BBiG)	**Rechte des Ausbildenden** = Pflichten des Auszubildenden (§ 13 BBiG)
• den Auszubildenden zum **Besuch der Berufsschule** und zum **Führen der Berichtshefte** anhalten • dafür Sorge tragen, dass der Auszubildende charakterlich gefördert sowie sittlich und körperlich nicht gefährdet wird • **nur Verrichtungen übertragen, die dem Ausbildungszweck dienen** und den körperlichen Kräften des Auszubildenden angemessen sind • Freistellung zum Berufsschulunterricht und zur Prüfung (§ 15 BBiG) • **angemessene Vergütung** (§ 17 BBiG) • **Gewährung von Urlaub** (§ 19 JArbSchG) – bis 16 Jahre 30 Werktage – bis 17 Jahre 27 Werktage – bis 18 Jahre 25 Werktage • **Zeugnis** (§ 16 BBiG)	• **Gehorsamspflicht** bei der Befolgung von Weisungen des Ausbildenden, des Ausbilders und anderer weisungsberechtigter Personen • **Schweigepflicht** über Betriebs- und Geschäftsgeheimnisse

3.4 Probezeit

Sie dauert mindestens einen Monat und höchstens vier Monate.

3.5 Kündigung

1. **Innerhalb der Probezeit** kann **jeder Vertragspartner ohne Angabe von Gründen und ohne Einhalten einer Kündigungsfrist** kündigen.
2. **Danach**
   a) in gegenseitigem Einvernehmen,
   b) **von jedem Partner ohne Einhaltung einer Frist bei wichtigem Grund** (z. B. Allergie),
   c) **vom Auszubildenden** mit einer Frist von vier Wochen, wenn er
      - **die Berufsausbildung aufgibt** oder sich
      - **für eine andere Berufstätigkeit ausbilden** lassen will.

Die Kündigung hat **immer schriftlich** zu erfolgen.

3.6 Beendigung des Berufsausbildungsverhältnisses (§ 21 BBiG)

Das **Berufsausbildungsverhältnis endet**
- mit **Ablauf der Ausbildungszeit** oder
- (**falls früher**) mit **Bestehen der praktischen Abschlussprüfung.**
- **Bei Nichtbestehen verlängert sich die Ausbildungszeit** bis zur nächstmöglichen Wiederholungsprüfung, **längstens um ein Jahr.**

(Die Prüfung kann zweimal wiederholt werden.)

3.7 Weiterarbeit

Wird der Auszubildende nach Beendigung der Ausbildung weiterbeschäftigt, ohne dass darüber ausdrücklich etwas vereinbart wurde, dann gilt dies als ein Arbeitsverhältnis, das auf unbestimmte Zeit eingegangen (begründet) wurde.

AUFGABEN

1. a) In welchem Gesetz sind die rechtlichen Grundlagen für die Berufsausbildung verankert?
   b) Nennen Sie fünf Punkte, die in diesem Gesetz geregelt sind.
2. Welche Inhalte sind in einem Berufsausbildungsvertrag mindestens zu regeln?
3. Nennen Sie je drei Rechte und Pflichten des Auszubildenden.
4. a) Welche Unter- und Obergrenze ist bei der Probezeit eines Auszubildenden zu beachten?
   b) Warum hat der Gesetzgeber die Höchstdauer der Probezeit auf vier Monate begrenzt?
5. Welche Vorschriften gelten für die Kündigung innerhalb eines Ausbildungsverhältnisses?
6. Wann endet das Berufsausbildungsverhältnis?
7. Welche Vorteile ergeben sich für den Auszubildenden und den Ausbildenden dadurch, dass im Berufsbildungsgesetz gesetzliche Regelungen zur Berufsausbildung formuliert sind?

4 Arbeitsschutz

Stofftelegramm

4.1 Überblick

Arbeitsschutz = Bestimmungen, Vorschriften, Maßnahmen, welche dem **Schutz der Arbeitskraft** dienen

Der arbeitende Mensch ist Gefahren ausgesetzt für Leib und Leben. Diese liegen in
- **Arbeitsbedingungen**, denen der Mensch unterworfen ist (Monotonie, einseitige Belastung, Körperhaltung, Arbeitstempo),
- **Umgebungsbedingungen** (Lärm, Licht, Blendung, Staub, Öl, Gase),
- **technischen Betriebseinrichtungen** (Förderbänder, Maschinen, Werkzeuge),
- **persönlichen Bedingungen** (Jugendliche, werdende Mütter, Unerfahrenheit, gesundheitlicher Zustand, Alter, familiäre Belastung).

Da der Mensch vor diesen Gefahren geschützt werden muss, ist Arbeitsschutz notwendig.

Technischer Arbeitsschutz	Sozialer Arbeitsschutz
Er zielt auf die Verbesserung der Arbeitssicherheit. (Technischer Arbeitsschutz wird im Folgenden nicht behandelt.)	Er zielt auf den Schutz des Menschen vor körperlicher, geistiger oder seelischer Überlastung.

4.2 Sozialer Arbeitsschutz

4.2.1 Jugendarbeitsschutzgesetz

4.2.1.1 Grundlegende Vorschriften

Jugendarbeitsschutzgesetz
Gilt • für Personen unter 18 Jahren (**Jugendliche:** 15 bis 18 Jahre; **Kinder:** unter 15 Jahre), • im Rahmen einer Ausbildung/Beschäftigung

Arbeitsverbot

- von 20:00–06:00 Uhr
- an Samstagen, Sonn- und Feiertagen (Ausnahmen)
- Akkord- und Fließbandarbeiten
- körperlich und sittlich gefährdende Arbeit
- Kinderarbeit ist **grundsätzlich** verboten.

  Ausnahmen:
  Beschäftigungsverbot gilt nicht für Kinder ab 14 Jahren, wenn die

  - **Einwilligung der Eltern** vorliegt,
  - Beschäftigung **leicht** und für Kinder geeignet ist.

  Zeitliche Begrenzung der Kinderarbeit:

  - max. 2 Std. täglich (landwirtschaftl. Familienbetrieb 3 Std.)
  - maximal 10 Std. (15 Std.) je Woche bei 5-Tage-Woche
  - nur zwischen 08:00–18:00 Uhr
  - nicht vor/während des Schulunterrichts

Grenzen der Arbeitszeit

- maximal $8\frac{1}{2}$ Std. täglich
- max. 40 Std./Woche.
- nicht vor Berufsschule, falls diese vor 09:00 Uhr beginnt
- nicht mehr nach mehr als 5 Schulstunden (bei **einem** Berufsschultag)
- Berufsschulbesuch im Urlaub ist auszugleichen
- Freistellung am Tag vor der Prüfung
- mindestens 30 Minuten Ruhepause bei einer Arbeitszeit von $4\frac{1}{2}$ bis 6 Stunden, darüber mindestens 60 Minuten
- nach Beendigung der täglichen Arbeitszeit mindestens 12 Stunden ununterbrochene Erholungszeit
- grundsätzlich 5-Tage-Woche

Gesundheitliche Betreuung

- Tritt ein Jugendlicher in das Berufsleben ein, darf er nur beschäftigt werden, wenn er zuvor von einem Arzt untersucht worden ist (Erstuntersuchung).
- nach einem Jahr erste Nachuntersuchung
- Legt der Jugendliche die Bescheinigung über die Nachuntersuchung nicht vor, besteht Beschäftigungsverbot (dies berechtigt den Arbeitgeber zur fristlosen Kündigung).
- Der Jugendliche ist ohne Entgeltausfall zur Untersuchung freizustellen.
- Kosten trägt das Land.

4.2.1.2 Urlaub

- mindestens 30 Werktage für 15-Jährige
- mindestens 27 Werktage für 16-Jährige
- mindestens 25 Werktage für 17-Jährige

Maßgebend ist das Alter am 1. Januar. Der Urlaub soll Berufsschülern in der Zeit der Berufsschulferien gegeben werden.

4.2.2 Mutterschutzgesetz (MuSchG)

Vorschrift	Inhalt
Beschäftigungsverbot	• während der Schwangerschaft, wenn nach ärztlichem Zeugnis Leben oder Gesundheit von Mutter oder Kind gefährdet sind • in den letzten sechs Wochen vor der Entbindung, es sei denn, dass sie sich zur Arbeitsleistung ausdrücklich bereit erklären (Erklärung kann jederzeit widerrufen werden.) • für schwere körperliche Arbeiten • für Arbeiten mit schädlichen Einwirkungen von Dämpfen, Gasen, Hitze usw. • für Akkordarbeiten und Fließarbeit mit vorgeschriebenem Arbeitstempo • bis acht Wochen nach der Entbindung (zwölf Wochen bei Früh- und Mehrlingsgeburten, Kindern mit Behinderung) • für Mehrarbeit • Nachtarbeit zwischen 20:00 Uhr und 06:00 Uhr; Ausnahme: zwischen 20:00 Uhr und 22:00 Uhr mit Zustimmung der Schwangeren (siehe § 4 MuSchG) • für Sonn- und Feiertagsarbeit; Ausnahme: mit Zustimmung der Schwangeren (siehe § 5 MuSchG)
Kündigungsschutz	während der Schwangerschaft und bis vier Monate nach der Entbindung
Elternzeit	bis zum 36. Lebensmonat des Kindes
Elterngeld	Das Elterngeld beträgt mindestens 300,00 EUR, maximal 1.800,00 EUR und orientiert sich am durchschnittlichen monatlich verfügbaren Erwerbseinkommen des betreuenden Elternteils im Jahr vor der Geburt des Kindes. Es ist begrenzt auf zwölf Monate, bei Alleinerziehenden und wenn sich beide Partner abwechseln auf 14 Monate. **Elterngeld Plus:** • Fördert den Spielraum der Eltern zur individuellen Kinderbetreuung und den schnelleren Wiedereinstieg in die Teilzeitarbeit. • Kann beantragt werden für Kinder, die nach dem 01.07.2015 geboren werden. • Der Unterstützungszeitraum wird von 14 auf insgesamt 28 Monate verlängert. • Im Gegenzug wird der Unterstützungsbetrag je Monat halbiert. • Zusätzlich können jeweils vier Monate als Bonusmonate beantragt werden, unter der Voraussetzung, dass Vater und Mutter gleichzeitig vier Monate mit 25–30 Stunden pro Woche in Teilzeit arbeiten.
Mutterschaftsgeld	Wird gewährt während der Mutterschutzfristen. Höhe hängt ab vom durchschnittlichen Nettoarbeitsentgelt des letzten Vierteljahres vor Beginn der Schutzfrist, maximal 13,00 EUR täglich.

AUFGABEN

1. Weshalb sind Arbeitsschutzvorschriften notwendig?

2. Unterscheiden Sie zwischen technischem und sozialem Arbeitsschutz.

3. Welche Gesetze dienen dem sozialen Arbeitsschutz?

4. Für wen gilt das Jugendarbeitsschutzgesetz?

5. a) In welchen Fällen besteht ein Beschäftigungsverbot?
   b) In welchen Fällen lässt das Jugendarbeitsschutzgesetz eine Ausnahme vom Arbeitsverbot für Kinder zu?

6. Welche Vorschriften enthält das JASchG über
   a) die Grenzen der Arbeitszeit,
   b) die gesundheitliche Betreuung?

7. a) Welche Arbeiten sind nach dem Mutterschutzgesetz verboten?
   b) Welche weiteren Schutzvorschriften sind im Mutterschutzgesetz enthalten?

5 Gehaltsabrechnung (Stand 01/2017)

Stofftelegramm

Annahmen:

Bruttoentgelt	4.570,00 EUR	
Von den vermögenswirksamen Leistungen (vL) in Höhe von 39,88 EUR wurde die Hälfte vom Arbeitgeber bezahlt.		
Lohnsteuer	612,38	EUR [1]
Kirchensteuer	8	% von der Lohnsteuer
Solidaritätszuschlag	5,5	% von der Lohnsteuer
Krankenversicherung	8,4	% (= Arbeitnehmer-Anteil) [2]
Rentenversicherung	9,35	% (= Arbeitnehmer-Anteil)
Arbeitslosenversicherung	1,5	% (= Arbeitnehmer-Anteil)
Pflegeversicherung	1,275	% (= Arbeitnehmer-Anteil) [3]

Lösungsmuster:

Grundgehalt		4.570,00 EUR
+ vL des Arbeitgebers		19,94 EUR [4]
= Bruttoentgelt		4.589,94 EUR
Gesetzliche Abzüge [5]		
– Lohnsteuer	612,38 EUR	
– Kirchensteuer	48,99 EUR	
– Solidaritätszuschlag	33,68 EUR	
– Krankenversicherung (von BBG 4.350,00 EUR)	365,40 EUR	
– Rentenversicherung	429,16 EUR	
– Arbeitslosenversicherung	68,85 EUR	
– Pflegeversicherung (von BBG 4.350,00 EUR)	55,46 EUR	1.613,92 EUR
= Nettoentgelt		2.976,02 EUR
– vermögenswirksame Leistungen		39,88 EUR [6]
= Überweisungsbetrag		**2.936,14 EUR**

1) **Lohnsteuer** = Sonderform der Einkommensteuer, wird erhoben im Abzugsverfahren vom Einkommen aus nichtselbstständiger Arbeit. Der Arbeitgeber behält sie zusammen mit der Kirchensteuer ein und führt sie bis zum 10. des Folgemonats an das Finanzamt ab. Die Lohnsteuer wird mithilfe von **Lohnsteuertabellen** ermittelt, welche die monatliche oder wöchentliche Lohnzahlung berücksichtigen. Pausch- und Freibeträge sind bereits eingearbeitet.

2) **Krankenversicherung:**
Der Beitragssatz beträgt bundeseinheitlich 14,6 %.
Hiervon trägt der Arbeitgeber die Hälfte, also 7,3 %.
Die Krankenkasse kann einen einkommensabhängigen Zusatzbeitrag erheben. Dieser beträgt durchschnittlich 1,1 % je nachdem, wie wirtschaftlich die Krankenkasse arbeitet. Der Beitragssatz des Arbeitnehmers/der Arbeitnehmerin liegt daher i. d. R. zwischen 7,3 % und 8,4 %.

3) **Finanzierung der Pflegeversicherung:**

	AN-Anteil	AG-Anteil	Gesamter Beitragssatz
allgemeiner Satz	1,275 %	1,275 %	2,55 %
Kinderlose ab 23 J.	1,525 %		2,8 %

4) Der Bruttolohn wird erhöht durch Zusatzleitungen des Arbeitgebers. Hierzu gehören:

Zulagen
- Erschwerniszulagen
- Prämien
- vermögenswirksame Leistungen des Arbeitgebers
- Urlaubsgeld

Zuschläge
- Nacht-, Sonn- und Feiertagsarbeit
- Überstunden

} lohnsteuer- und sozialversicherungspflichtig

Steuerfreie Zusatzleistungen **(innerhalb bestimmter Höchstbeträge), z. B.:**

- Geburtsbeihilfen
- Heiratsbeihilfen
- Sonderzahlungen anlässlich eines Firmenjubiläums
- Arbeitnehmersparzulage (vom Staat)

5) **Gesetzliche Abzüge**
- Lohnsteuer
- Kirchensteuer
- Solidaritätszuschlag
- Rentenversicherung
- Arbeitslosenversicherung
- Krankenkasse
- Pflegeversicherung

6) **Abzüge aufgrund vertraglicher Vereinbarung bzw. Urteil**
- vermögenswirksame Leistungen des Arbeitgebers
- Gewerkschaftsbeiträge
- einbehaltene Vorschüsse
- ggf. Gehaltspfändung
- Essensbeiträge
- Miete für Werkswohnung
- Zins-/Tilgungsleistung für Arbeitgeberdarlehen

Bei der Erstellung der Lohnabrechnung ermittelt der Arbeitgeber das Bruttoentgelt, behält die gesetzlichen Abzüge ein und führt diese an das Finanzamt bzw. an die Krankenkasse am Geschäftssitz ab. Zur Vereinfachung verwendet er hierbei eine Monatstabelle zur Ermittlung der

- Monatslohnsteuer unter Berücksichtigung von Steuerklasse und Kinderfreibetrag,
- der Kirchensteuer und des
- Solidaritätszuschlages.

} unter Berücksichtigung der Steuerklasse

Die Sozialversicherungsbeiträge der entsprechenden Krankenkasse werden prozentgenau ermittelt.

Im Falle der Erkrankung des Arbeitnehmers erhält die Arbeitskraft für die ersten sechs Wochen Lohnfortzahlung vom Arbeitgeber, ab der 7. Woche Krankengeld von der Krankenversicherung (70 % vom Bruttolohn, maximal 90 % des Nettolohnes).

AUFGABEN

1. Der verheiratete Abteilungsleiter Peter Kuhnle hat ein Kind. Er verdient 4.800,00 EUR. Der Beitragssatz der Krankenkasse beträgt 14,6 % (Ein Zusatzbeitrag wird nicht erhoben.). Weitere Angaben:

vermögenswirksame Leistung des Arbeitgebers	20,00 EUR
Lohnsteuer	730,00 EUR
Kirchensteuer	58,40 EUR
Solidaritätszuschlag	40,15 EUR

Die Beitragsbemessungsgrenze der Krankenversicherung beträgt 4.350,00 EUR.

Beitragssatz Rentenversicherung (BBG: 6.350,00 EUR)	18,7 %
Beitragssatz Arbeitslosenversicherung (BBG: wie RV)	3,0 %
Beitragssatz Pflegeversicherung (BBG: wie KV)	2,55 %
Sparrate	40,00 EUR
Vorschussverrechnung	300,00 EUR

Erstellen Sie die Gehaltsabrechnung.

2. Neben dem Bruttolohn werden noch Zusatzleistungen durch den Arbeitgeber gewährt. Nennen Sie noch drei Zusatzleistungen, die

   a) der Lohnsteuer- und Sozialversicherungspflicht unterliegen,
   b) (innerhalb bestimmter Grenzen) steuerfrei sind.

3. Neben den gesetzlichen Abzügen gibt es noch sonstige Abzüge, die in der Regel auf vertraglichen Vereinbarungen beruhen. Nennen Sie hierfür vier Beispiele.

Siehe auch Kapitel „Prüfungsaufgaben", 1: Kapitelübergreifende Aufgaben.

1 Zahlungsverkehr

Stofftelegramm

1.1 Girokonto

Das Girokonto dient in erster Linie der Abwicklung des laufenden Zahlungsverkehrs für den Kontoinhaber, z. B. Gutschrift des Monatsgehaltes, Überweisung von Einzelbeträgen (Kfz-Reparatur), Abwicklung von Daueraufträgen für regelmäßige Zahlungen (Miete, Vereinsbeiträge) usw. Folgende Kriterien können bei der Auswahl des Kreditinstitutes eine Rolle spielen:

- Kosten, hierzu gehören:
  - Grundpreis pro Monat
  - Kosten für einzelne Buchungen
  - Kosten für Kontoauszugserstellung und Zustellung
- eingeräumter Dispositionskredit
- Anzahl der Filialen
- weiterer Service (z. B. Geldautomaten, Vermögensberatung, Versicherungen, Bausparkassen)

Beschränkt Geschäftsfähige können in aller Regel nur über ein Girokonto verfügen, solange es „im Haben" ist. Wird das Konto überzogen, haften unter Umständen die Eltern. Dies hängt davon ab, ob die Bank mit ihnen einen Kreditrahmen für das Girokonto des beschränkt Geschäftsfähigen vereinbart hatte (dann würden die Eltern haften) oder ob sie die Überziehung des Kontos auf eigenes Risiko erlaubte (dann haftet die Bank).

1.2 SEPA-Zahlungsverfahren

1.2.1 Neue Kontokennungen IBAN und BIC

1. **IBAN – International Bank Account Number = Internationale Bankkontonummer**
   Sie dient der eindeutigen Identifikation eines Kontos und enthält vier Bausteine.

   Beispiel:

Länderkennzeichen	Prüfziffer 2-stellig	Bankleitzahl 8-stellig	Kontonummer, 10-stellig (ggf. führende Nullen)
DE	36	65050110	0000209863

2. **BIC = Business Identifier Code**
   Der BIC, auch SWIFT-Code genannt, identifiziert ein Kreditinstitut im grenzüberschreitenden Zahlungsverkehr. Er entfällt innerhalb Deutschlands zum 01.02.2014.

1.2.2 SEPA-Überweisung

1.2.2.1 Begriff und Merkmale der Einzelüberweisung

1. **Begriff**
   Eine Überweisung ist ein
   - Auftrag eines Kunden
   - an seine Bank,
   - zulasten seines Bankguthabens/Kredits
   - einen bestimmten Betrag
   - auf das Konto eines Empfängers zu überweisen.
2. **Merkmale der SEPA-Überweisung**
   - Beleglose SEPA-Überweisungsaufträge werden europaweit am ersten Geschäftstag nach Zugang bei der Bank des Zahlungspflichtigen dem Konto des Kreditinstituts des Zahlungsempfängers gutgeschrieben (beleghafte: + 1 Geschäftstag).
   - Überweisungen werden in **voller Original-Betragshöhe** ausgeführt.
   - Jeder **Vertragspartner zahlt** die **Entgelte seines Kreditinstituts**.

1.2.2.2 Ablauf des Zahlungsvorgangs

1. Der **Zahlungspflichtige erteilt den Überweisungsauftrag.**
   Bei der beleghaften Überweisung füllt er einen Überweisungsvordruck aus, den er unterschreibt. Alternative: Onlinebanking.
2. Die Bank des Zahlungspflichtigen **überprüft die IBAN-Kennung** auf Richtigkeit.
3. Dem **Zahlungspflichtigen wird** der Überweisungsbetrag **belastet**. Er erhält einen Kontoauszug mit einer entsprechenden Soll-Buchung.
4. Die **Bank des Zahlungspflichtigen erteilt** über die zuständigen Zentralen der Bank des Zahlungsempfängers den **Auftrag**, diesem **den Überweisungsbetrag gutzuschreiben**.
5. Der Überweisungsbetrag wird **innerhalb des Bankensystems** unter den Kreditinstituten **verrechnet**.
6. Dem **Zahlungsempfänger wird** der **Betrag gutgeschrieben**. Er erhält einen Kontoauszug mit der Gutschrift in Form einer Haben-Buchung.

1.2.3 Sonderform Sammelüberweisung

Damit können viele Einzelbeträge an verschiedene Empfänger versandt werden. Im Rahmen des SEPA-Verfahrens gibt es keine beleghaften Sammelüberweisungen mehr. Diese können nur noch online getätigt werden.

Vorteile:

- Zeitersparnis
- Geldersparnis (nur eine Buchungsgebühr)

1.2.4 SEPA-Dauerauftrag

Beim Dauerauftrag erteilt

- der **Zahlungspflichtige seiner Bank** einen
- **einmaligen Auftrag,**
- bis **auf Widerruf**
- von **seinem Konto**
- einen **feststehenden Betrag**
- zu **bestimmten Terminen** (z. B. jeweils zum 1. eines Monats)
- auf das angegebene **Konto des Zahlungsempfängers**

zu überweisen.

Vorteile:

- keine Terminversäumnis
- Arbeitsersparnis
- Zahlungsempfänger muss nicht an Zahlung erinnern oder mahnen.

1.2.5 SEPA-Basis-Lastschriftverfahren

1.2.5.1 Begriff

Auftraggeber und damit Einreicher der Lastschrift ist der Zahlungsempfänger.
Eine SEPA-Lastschrift ist

- ein **Zahlungsvorgang zulasten des Kontos des Zahlungspflichtigen** bei dessen Kreditinstitut, bei dem
- die **Höhe des jeweiligen Zahlungsbetrages** und
- der **Fälligkeitstermin**
- vom **Zahlungsempfänger**

angegeben werden.

Das Lastschriftverfahren ist demnach besonders geeignet, wenn Beträge abgebucht werden sollen, die im Zeitablauf **in wechselnder Höhe** und/oder zu **unregelmäßigen Zeitpunkten** anfallen.

Sowohl Privatpersonen als auch Firmen sind als **Zahlungspflichtiger** und als **Zahlungsempfänger** zugelassen. Der Zahlungspflichtige hat einen **Erstattungsanspruch** innerhalb von **acht Wochen** nach Belastung – ohne Angabe von Gründen.

1.2.5.2 Ablauf der SEPA-Basis-Lastschrift

1. Der **Zahlungsempfänger benötigt** eine **Gläubiger-Identifikationsnummer** (kurz Gläubiger-ID). Diese dient der **eindeutigen Identifikation eines Lastschrifteinreichers** und ist **unabhängig von** seiner **Bankverbindung** und hat folgenden **Aufbau** (Beispiel):

Länderkennzeichen	Prüfziffer, 2-stellig	Geschäftsbereichskennung, 3-stellig	Nationales Identifikationsmerkmal 11-stellig (ggf. führende Nullen)
DE	96	ZZZ	00000305052

   Die Geschäftsbereichskennung kann der Zahlungsempfänger frei belegen und z. B. Elemente des Firmennamens unterbringen.
2. Der **Zahlungsempfänger und seine Bank** schließen eine **Inkassovereinbarung** über den Einzug von Forderungen durch SEPA-Basis-Lastschriften. Dies ist eine einmalige Vereinbarung und legt die Abläufe fest, nach denen der SEPA-Lastschrifteinzug durchgeführt wird.
3. **Zahlungsempfänger und Zahlungspflichtiger** vereinbaren ein **SEPA-Basis-Lastschriftmandat**[1]. Dieses enthält:
   - die Ermächtigung des Zahlungsempfängers, Zahlungen vom Konto des Zahlungspflichtigen mittels SEPA-Basis-Lastschriften einzuziehen.
   - Weisung des Zahlungspflichtigen an sein Kreditinstitut, die Lastschriften einzulösen.

   Darüber hinaus enthält das SEPA-Basis-Lastschriftmandat eine Widerrufsbelehrung. Erfolgt die Belastung **ohne gültiges SEPA-Mandat,** beträgt der Erstattungsanspruch bis zu **13 Monate** nach der Belastung.
4. Der **Zahlungsempfänger gibt** mindestens 14 Tage vor Fälligkeit der ersten Zahlung an den Zahlungspflichtigen eine **Vorabinformation**, damit dieser die erforderliche Deckung bereitstellen kann. Diese **Vorabinformation verringert das Risiko von Rücklastschriften.**
5. Der **Zahlungsempfänger reicht die Lastschrift bei seiner Bank online ein.** SEPA-Lastschriften in Papierform sind nicht möglich.
6. Die **Bank des Zahlungsempfängers** als erste Inkassostelle überprüft die Richtigkeit (IBAN, Pflichtfelder) der eingereichten Daten.
7. **Vorlage der Lastschrift bei der Zahlstelle** (Bank des Zahlungspflichtigen)
8. **Zahlungsverrechnung der Banken** untereinander
9. **Belastung auf dem Konto des Zahlungspflichtigen**
10. **Gutschrift auf dem Konto des Zahlungsempfängers**

Vorteile:

- wie bei Dauerauftrag
- bei unregelmäßigen Beträgen kein Aufwand für Zahlungspflichtigen, den aktuell richtigen Betrag einzusetzen

[1] *Mandat, lat.: mandare = beauftragen*

1.2.5.3 SEPA-Firmen-Lastschriftverfahren

Im Geschäft zwischen Unternehmen ist es wichtig, dass offene Forderungen rasch bezahlt werden. Um das Risiko eines Zahlungsausfalls zu verringern, wurde die **SEPA-Firmen-Lastschrift** entwickelt. Diese baut grundsätzlich auf dem SEPA-Basis-Lastschriftverfahren auf, enthält aber wesentliche Unterschiede, u. a.:

- Der Zahlungspflichtige **verzichtet auf** seinen **Erstattungsanspruch**.
- **Verbraucher sind als Zahlungspflichtige nicht zugelassen**. Beide Vertragspartner müssen also Unternehmen sein.

1.2.6 Vergleich der SEPA-Zahlungsverfahren

SEPA-Einzelüberweisung	SEPA-Dauerauftrag	SEPA-Basis-Lastschrift
• **häufigste Form** der unbaren Zahlung • für **unregelmäßige Beträge**	geeignet für **konstante Beträge in regelmäßigen Zeitabständen**	geeignet für Zahlungen in **unregelmäßigen Zeitabständen und/oder bei schwankenden Beträgen**
• Handwerkerrechnung • Geldgeschenk	• Miete • Vereinsbeiträge • Versicherung	• Telefongebühren • Rechnungen für Strom, Gas, Wasser

1.3 Moderne Zahlungssysteme

1.3.1 Zahlung mit girocard

Bargeldlose Zahlungsform; die girocard wird durch Kartenleser an Ladenkasse gezogen, danach die Geheimnummer eingetippt, Aufbau einer Verbindung zum Zentralrechner und Überprüfung der Zahlungsfähigkeit. Der Betrag wird automatisch und für den Händler mit Sicherheit vom Konto abgebucht.

Vorteile	
für Händler	**für Kunden**
• geringere Gebühren als beim Kreditkartensystem • sichere und sofortige Gutschrift • geringere Bestände an Bargeld in Kasse • kein Belegtransport • Überblick über Tageseinnahmen	• jederzeit liquide ohne Bargeldbestände • hohes Maß an Zahlungswürdigkeit

1.3.2 Elektronische Geldbörse – GeldKarte

Man benötigt:	girocard mit integriertem Chip (oder kontounabhängige GeldKarte)
Laden	Ladung gegen Belastung des Girokontos (bis 200,00 EUR)
Zahlung beim Händler	• Einschieben der GeldKarte in das Händlerterminal. • Im Display erscheint das noch vorhandene Restguthaben der GeldKarte. • Händler gibt Kaufpreis ein, der dem Kunden wiederum über das Display angezeigt wird. • Käufer bestätigt den zu zahlenden Betrag. • Kaufpreis wird der GeldKarte belastet und gleichzeitig im Händlerterminal als Zahlungseingang gespeichert. • Anzeige des Restguthabens der GeldKarte im Display.
Aufgabe des Händlers	Einmal täglich sendet der Händler die im Terminal gespeicherten Transaktionen an die ihm von seiner Bank genannte „Evidenzzentrale“. Der Betrag wird seinem Konto gutgeschrieben.

Vorteile	
für Karteninhaber	**für Händler**
1. Pro Ladung nur **ein Buchungsposten** 2. **Bequemlichkeit** • eine Karte mit vielen Funktionen • Zahlung schnell und einfach: keine Geheimzahl, keine Unterschrift • Unabhängigkeit von Banköffnungszeiten 3. **Flexibilität** Unabhängigkeit von passendem Kleingeld bzw. Formularen 4. **Kontrolle, Sicherheit** • Ausgaben begrenzt durch geladenen Betrag • Restguthaben jederzeit verfügbar • Kontrolle der letzten 15 Umsätze möglich • kein Wechselgeldrisiko	1. **Schnelle Zahlungsabwicklung** • schneller Kassendurchlauf (keine Unterschriften, keine Geheimzahl) • keine Wartezeiten für Onlinevorgänge • keine Wechselgeldausgabe • keine Systemausfälle, da offline 2. **Geringere Kosten** • lediglich Anschaffung bzw. Aufrüstung des Terminals • laufende Kosten geringer als bei ec-Karte • Gutschrift auf Konto jeweils in einer Summe • Reduzierung der Bargeldbearbeitung • Reduzierung der Kassendifferenzen 3. **Sicherheit** • Fehlerreduzierung bei Wechselgeldrückgabe • Falschgeldrisiko entfällt • Diebstahl- und Beraubungsrisiko entfällt • Gutschrift kann nur auf das im Chip gespeicherte Konto erfolgen

1.3.3 Kreditkarte

Organisationen: Eurocard, VISA, American Express etc.
Voraussetzung für den Erwerb einer Kreditkarte: in der Regel ein gewisses Mindesteinkommen + Kreditwürdigkeit

Karteninhaber kann bei Vertragspartnern der Kreditkartenorganisation Waren bis zu einem täglichen Höchstbetrag kaufen.

Vorteile	Nachteile
für Kartenbesitzer	
• **kurzfristiger Kredit** bis zur monatlichen Abrechnung • ausführliche und **übersichtliche Monatsabrechnung** • bequemes **Zahlen per Unterschrift** • **sicher**, da Kartenorganisation Risiko des Missbrauchs trägt • häufig verbunden mit Versicherungsschutz auf Reisen und Erlass der Kaution bei Mietwagen, Ferienwohnungen usw.	• feste Jahreskosten • **verführt zu Mehrausgaben**, da Konto erst später (u. U. nach Lohnzahlung) belastet wird • **Risiko der Überschuldung** • mangelnde Übersicht über laufende Außenstände
für Händler, Kaufleute, Gaststätten	
• Einzelhändler kann **moderne Kassensysteme** einsetzen mit Sofortabfrage auf Kreditwürdigkeit. • **Umsatzsteigerung** • **Kein Zahlungsrisiko für Verkäufer**, da Kreditkartenorganisation Kreditrisiko trägt.	• geringere Umsatzerlöse, da Kreditkartenorganisation 2 % bis 5 % Provision abzieht

1.3.4 Geldautomat

Bargeldservice an **G**eld**a**usgabe**a**utomaten, auch im Ausland; Abhebungen vom Girokonto durch Scheckkarte (bzw. S-Card, Eurocard) in Verbindung mit persönlicher Geheimnummer, die Höhe der Abhebung ist limitiert.

Vorteile	
für Kreditinstitut	**für Kunden**
• Entlastung des Bankpersonals von Routinearbeiten • Ständige Verfügbarkeit erhöht Anzahl der Kontobewegungen.	• jederzeit Bargeld, also auch nach Geschäftsschluss • Jederzeitige Nutzungsmöglichkeit erspart die Abhebung größerer Geldbeträge und verringert damit das Risiko des Verlustes. • weltweites Netz an Geldausgabeautomaten

1.3.5 Onlinebanking

Die Kontoführung über Onlinebanking mittels Internet bietet folgende Möglichkeiten:

- Kontostände abfragen
- Bestellungen (Überweisungen, Daueraufträge) aufgeben
- übersichtlicher Finanzstatus
- Umsätze abfragen
- Mitteilungen senden
- Mitteilungen empfangen

Der Zugriff auf die Konten ist durch spezielle Sicherheitsvorkehrungen (z. B. **TAN** = 6-stellige Transaktionsnummer für jeden Vorgang) gesichert.

Technische Voraussetzungen beim Benutzer:
PC mit Internetzugang und einer Freigabe des Kontos für Onlinebanking durch das Kreditinstitut

AUFGABEN

1. Susi Labella arbeitet seit zwei Wochen als angestellte Kosmetikerin in einem Beauty-Salon. Ihre Arbeitgeberin rät ihr zur Eröffnung eines Girokontos.
   a) Wozu dient ein Girokonto?

   Da sie neu in diese Stadt umgezogen ist, möchte sie bei einem der hiesigen Kreditinstitute ein Girokonto eröffnen. Sie informiert sich bei drei Instituten nach deren Kosten für die Kontoführung.

Kostenposition/Buchung	Kreissparkasse	Raiffeisenbank	Privatbank Rettinger
Grundgebühr pro Monat	3,00 EUR	5,00 EUR	0,00 EUR
Überweisungen/Schecks	0,70 EUR	0,40 EUR	0,80 EUR
Barabhebung	0,70 EUR	0,40 EUR	0,80 EUR
Dauerauftrag	0,30 EUR	0,30 EUR	0,50 EUR
Erstellen Kontoauszug	0,40 EUR	0,50 EUR	0,60 EUR
Zustellung	1,40 EUR	1,00 EUR	2,00 EUR

   b) Susi überlegt, bei welchem Institut die Führung des Kontos am günstigsten wäre. Dabei geht sie von folgenden Annahmen aus:

Art der Buchung	Anzahl
lfd. Überweisungen und Schecks	15
Barabhebungen	5
Daueraufträge	6
Erstellen Kontoauszüge	4
Zustellung	4

   Helfen Sie ihr dabei.

   c) Welche anderen Kriterien könnten ebenfalls noch eine Rolle spielen?

2. Skizzieren Sie den Ablauf des Zahlungsvorganges mithilfe einer Überweisung.

3. a) Unterscheiden Sie Einzel- und Sammelüberweisung.
   b) Welche Vorteile hat die Sammelüberweisung?

4. Entscheiden und begründen Sie die Wahl des Überweisungsverfahrens in folgenden Fällen:

Fallbeispiel	**Einzelüberweisung (E), Dauerauftrag (D) oder Lastschrift (L)**	**Begründung**
Heizölrechnung über 950,00 EUR, auf der Rechnung steht die Kontoverbindung.		
Wohnungsmiete 850,00 EUR/Monat		
Telefonrechnung		

5. a) Warum möchten Versicherungen und andere Unternehmen, dass die an sie zu entrichtenden Beträge im Lastschriftverfahren gezahlt werden?
   b) Welche Möglichkeit hat der Bankkunde, wenn ihm im Rahmen des SEPA-Basis-Lastschriftverfahrens ein zu hoher Betrag abgebucht wird?
   c) Worauf muss ein Zahlungspflichtiger achten, wenn er mit einem Berechtigten eine Mandatsreferenz vereinbart?

6. Worin liegen die Vorteile des Lastschriftverfahrens?

7. a) Beschreiben Sie den Ablauf der Zahlung mittels GeldKarte.
   b) Worin liegen die Vorteile für Händler und Karteninhaber?

8. a) Welche Partner sind bei Kreditkartengeschäften beteiligt?
   b) Nennen Sie je zwei Vor- und Nachteile der Kreditkarten für den Benutzer.

9. a) Welche Voraussetzungen müssen erfüllt sein, damit Sie Ihre Bankgeschäfte über Onlinebanking durchführen können?
   b) Welche Arten von Bankgeschäften können Sie auf diesem Weg durchführen?

2 Kredit- und Darlehensarten

Stofftelegramm

Darlehen	Kontokorrentkredit
• Auszahlung einer bestimmten Kreditsumme • in der Regel zeitlich befristet • Tilgung lt. Kreditvertrag • Zinssatz günstiger und abhängig von Sicherheit und Darlehensdauer	• Kredit **kann** innerhalb eines vereinbarten Rahmens beansprucht werden. • Höhe des Betrages daher schwankend. • jederzeit kündbar, in der Regel jedoch unbefristet • relativ hoher Zinssatz

Darlehensarten

Fälligkeitsdarlehen: Tilgung des Gesamtbetrages bei Fälligkeit
Kündigungsdarlehen: Tilgung des Gesamtbetrages nach Kündigung
Abzahlungsdarlehen: = Ratendarlehen, Tilgung in Raten
Annuitätendarlehen: Tilgung in Annuitäten (Annuität = gleichbleibende Summe aus Zins + Tilgung)

Vorteile	Nachteile
• Kapital steht relativ kurzfristig zur Verfügung. • In Zeiten mit niedrigen Kreditzinsen kann günstig Fremdkapital für Investitionen besorgt werden.	• Fremdmittel stehen i. d. R. nur befristet zur Verfügung. • laufende Zins- und Tilgungsbelastung und damit • Liquiditätsentzug auch in ertragsschwachen Zeiten • Höhe der Fremdmittel hängt ab von verfügbaren Sicherheiten.

AUFGABEN

1. Vergleichen Sie die Begriffe Darlehen und Kontokorrentkredit.

2. a) Nennen und erklären Sie kurz die vier Darlehensarten.

   b) Welche Gemeinsamkeit haben Fälligkeits- und Kündigungsdarlehen?

   c) Nennen Sie einen Vorteil des Fälligkeitsdarlehens gegenüber dem Kündigungsdarlehen.

   d) Welche Vor- und Nachteile haben Fälligkeits- und Kündigungsdarlehen gegenüber den beiden anderen Darlehensarten?

3. Nennen Sie je drei Vor- und Nachteile des Bankkredites.

4. Unsere Firma beabsichtigt den Kauf einer neuen Fertigungsanlage zum Preis von 120.000,00 EUR. Die Finanzierung soll mit einem Darlehen erfolgen.
   Unsere Hausbank unterbreitet folgendes Angebot: Zinssatz 10 %; Zinszahlung jeweils nachträglich am Jahresende; Auszahlung des Darlehens am 01.01.01.

   Tilgungsalternativen:
   Alternative 1: Gesamttilgung am 30.12.10
   Alternative 2: Gesamttilgung nach Kündigung (Kündigung 3 Monate auf Quartalsende)

Alternative 3: Tilgung in 10 Raten, fällig jeweils am Jahresende
Alternative 4: jährliche Annuität bis Jahr 09 20.000,00 EUR. Resttilgung im Jahr 10

a) Welche Darlehensarten liegen jeweils vor?

b) Erstellen Sie die Tilgungspläne für die Alternativen 3 und 4 nach folgenden Mustern (auf 10,00 EUR genau):

Alternative 3: Ratendarlehen

Jahr	Anfangsschuld	Zinsen	Tilgung	Rate	Restschuld
1					
2					
3					
4					
5					
6					
7					
8					
9					
10					
Summe					

Alternative 4: Annuitätendarlehen

Jahr	Anfangsschuld	Zinsen	Tilgung	Annuität	Restschuld
1					
2					
3					
4					
5					
6					
7					
8					
9					
10					
Summe					

c) Ermitteln Sie für die vier Alternativen jeweils die Gesamtkosten.

Fälligkeitsdarlehen: ____________
Kündigungsdarlehen (Annahme: Kündigung nach 10 Jahren): ____________
Ratendarlehen: ____________
Annuitätendarlehen:

3 Leasing

Stofftelegramm

3.1 Begriff und Arten

= mittel- und langfristige Vermietung oder Verpachtung von Anlagegütern durch Hersteller oder Leasinggesellschaft

Direktes Leasing: Hersteller ist Leasinggeber.
Indirektes Leasing: Leasinggesellschaft (nicht der Hersteller) ist Leasinggeber.

	Operate Leasing	Financial Leasing
Laufzeit	i. d. R. max. 1 Jahr	40 % bis 90 % der üblichen Nutzungsdauer
Kündigung	kurzfristig kündbar	unkündbare Grundmietzeit
Investitionsrisiko	trägt Leasinggeber	trägt Leasingnehmer
Anzahl der Leasingnehmer	mehrere Leasingnehmer nacheinander	i. d. R. nur durch einen Leasingnehmer
nach Ablauf der Leasingzeit	Rückgabe an Leasinggeber, der i. d. R. an andere weiterverleast	Alternativen nach Ablauf der Grundmietzeit: Rückgabe, günstiges Anschlussleasing, Kauf

3.2 Vergleich Kreditkauf und Leasing

Anschaffungswert einer Maschine 200.000,00 EUR; Nutzungsdauer 10 Jahre; Abschreibung 10 % linear; gewinnabhängige Steuern 40 %.

Leasing: Grundmietzeit 5 Jahre, Mietrate 50.000,00 EUR pro Jahr.
Kreditkauf: Laufzeit 5 Jahre; Tilgung in gleichen Raten zum Jahresende; die Zinsen betragen 10 % der Restschuld, fällig jeweils am Jahresende.

1. Ermitteln Sie in einer Tabelle die **Liquiditätsbelastung** für die ersten drei Jahre.
2. Stellen Sie den **Aufwand** für die ersten drei Jahre in einer Tabelle zusammen. Ermitteln Sie auch den Vorteil durch die Minderung der gewinnabhängigen Steuern und den Aufwand nach Steuern.

Lösung: Aufgabe 1 – **Liquiditätsbetrachtung (in EUR)**

Jahr	Kreditkauf			Leasing	Vorteil	
	Tilgung	Zins	Summe			
1	40.000,00	20.000,00	60.000,00	50.000,00	L	10.000,00
2	40.000,00	16.000,00	56.000,00	50.000,00	L	6.000,00
3	40.000,00	12.000,00	52.000,00	50.000,00	L	2.000,00
Summe	120.000,00	48.000,00	168.000,00	150.000,00	L	18.000,00

Lösung: Aufgabe 2 – **Aufwandsbetrachtung (in EUR)**

Jahr	Kreditkauf			Leasing	Vorteil
	Abschreibung	Zins	Summe		
1	20.000,00	20.000,00	40.000,00	50.000,00	**K** 10.000,00
2	20.000,00	16.000,00	36.000,00	50.000,00	**K** 14.000,00
3	20.000,00	12.000,00	32.000,00	50.000,00	**K** 18.000,00
Aufwand **vor** Steuern	60.000,00	48.000,00	108.000,00	150.000,00	**K** 42.000,00
Steuerminderung			43.200,00	60.000,00	
Aufwand **nach** Steuern			64.800,00	90.000,00	**K** 25.200,00

AUFGABEN

1. Was versteht man unter **Leasing**?

2. Unterscheiden Sie zwischen **direktem** und **indirektem** Leasing.

3. Vergleichen Sie Operate Leasing und Financial Leasing hinsichtlich Laufzeit, Kündigung, Investitionsrisiko, Anzahl der Leasingnehmer und der Situation nach Ablauf der Leasingzeit.

4. Eine mittelständische Unternehmung benötigt zur Rationalisierung ihrer Fertigung eine Maschine zum Anschaffungspreis von 200.000,00 EUR. Die Maschine soll 8 Jahre genutzt werden. Lineare Abschreibung ist vorgesehen. Nach Verhandlungen mit der Hausbank eröffnet sich folgende Finanzierungsmöglichkeit:

   Darlehen in Höhe von 200.000,00 EUR, 6,5 % Zins, 20 % Ratentilgung im Jahr

   Die Maschine könnte auch über eine Leasingfirma beschafft werden, die folgendes Angebot unterbreitet:
   Abschlussgebühr 10 % des Kaufwertes von 200.000,00 EUR. Diese Gebühr wird der Leasingrate des 1. Jahres zugerechnet. Monatliche Leasingrate für die ersten drei Jahre (= unkündbare Grundmietzeit) 3 % des Kaufwertes. Bei Vertragsverlängerung Jahresmiete 4 % des Kaufwertes; Zinszahlungen, Tilgungen, Abschlussgebühr und Mietzahlungen jeweils am Jahresende.

   a) Nennen Sie zwei Gründe, warum sich die Unternehmung unter Umständen für die Alternative Kreditkauf entscheidet.

   b) Vergleichen Sie Kreditkauf und Leasing, indem Sie nachfolgende Tabelle für beide Finanzierungsarten ergänzen.

Kreditkauf						Leasing	
Jahr	Zins	Tilgung	Geldabfluss	Abschreibung	Gesamtaufwand	%-Satz	Mietzahlung
1							
2							
3							
4							
5							
6							
7							
8							
Summe							

c) Beurteilen Sie die beiden Finanzierungsarten hinsichtlich der Aufwandsverteilung über den Investitionszeitraum, des Liquiditätsentzugs, der Gesamtbelastung und des raschen Abbaus des Risikos.

4 Kreditsicherheiten

Stofftelegramm

4.1 Einfacher Personalkredit = Blankokredit

einzige Sicherheit = persönliche Kreditwürdigkeit des Schuldners

4.2 Bürgschaftskredit

Merkmale	Bedeutung/Inhalt
Wesen des Bürgschaftskredits	Neben dem Schuldner haften noch weitere Personen für die Rückzahlung der Kreditschuld. Gehört daher zu den verstärkten Personalkrediten. Zwei Verträge werden geschlossen: • **Kreditvertrag** zwischen Gläubiger und Schuldner + • **Bürgschaftsvertrag** zwischen Gläubiger und Bürge
Bürgschaftsvertrag	Bürge verpflichtet sich zur Zahlung, falls Schuldner nicht zahlt. Schriftform. Ausnahme: Kaufmann nach HGB gibt Bürgschaft im Rahmen seines Handelsgeschäftes ab.
Selbstschuldnerische Bürgschaft	• Verzicht auf Einrede der Vorausklage, d. h., Gläubiger kann sich bei Fälligkeit sofort an den Bürgen wenden. • Bürgschaften von HGB-Kaufleuten im Rahmen ihres Handelsgeschäftes sind stets selbstschuldnerisch. • Von Banken üblicherweise verlangt.
Ausfallbürgschaft	Bürge hat Recht zur Einrede der Vorausklage.
Gesamtschuldnerische Bürgschaft	Mehrere Bürgen haften gemeinsam für die gleiche Schuld. Gläubiger kann sich an jeden wenden.

4.3 Sicherungsübereignung

Merkmale	Bedeutung/Inhalt
Wesen der Sicherungsübereignung	• Kreditsicherung durch eine Sache. Gehört daher zu den Realkrediten. • Gläubiger erhält zur Kreditsicherung bestimmte Sachen ohne Übergabe übereignet. **Gläubiger wird Eigentümer, Schuldner bleibt Besitzer** (Besitzkonstitut).
Vorteile für Gläubiger	• Aufbewahrung entfällt • Recht auf Absonderung im Konkursfall
Vorteil für Schuldner	Nutzung der übereigneten Sachen im Betrieb möglich
Risiken für Gläubiger	• Sache bereits anderweitig übereignet. • Sache wird evtl. an gutgläubigen Dritten weiterveräußert. • Beschädigung oder Zerstörung der Sache • Hoher Wertverfall gebrauchter Maschinen, insbesondere Spezialmaschinen können nur unter hohen Preisnachlässen verkauft werden.

AUFGABEN

1. a) Zeigen Sie in einer übersichtlichen Skizze die Arten der Kreditsicherheiten.
   b) Worin unterscheiden sich Personal- und Realkredite?
2. a) Welche Verträge werden bei einem Bürgschaftskredit abgeschlossen?
   b) Wie heißen die Vertragspartner?
   c) Welche Formvorschriften sind zu beachten?
3. Worin besteht der wesentliche Unterschied zwischen einer selbstschuldnerischen Bürgschaft und einer Ausfallbürgschaft?
4. Warum verlangen Banken üblicherweise eine selbstschuldnerische Bürgschaft?
5. Welche Vorteile hat die gesamtschuldnerische Bürgschaft für Bürge und Gläubiger?
6. Welche Besonderheiten gelten für Kaufleute nach HGB, die eine Bürgschaft im Rahmen ihres Handelsgeschäftes abgeben?
7. Erklären Sie die Besitz- und Eigentumsverhältnisse beim Kredit gegen Sicherungsübereignung.
8. Welche entscheidenden Vorteile hat die Sicherungsübereignung für Gläubiger und Schuldner?
9. Welche Risiken ergeben sich aus der Sicherungsübereignung für den Gläubiger?

5 Konsumbedürfnisse und Konsumverhalten

Stofftelegramm

5.1 Bedürfnisse

Bedürfnis → + Kaufkraft → **Bedarf** → + Kaufwille → **Nachfrage**

Gliederung der Bedürfnisarten

Dringlichkeit
- Existenzbedürfnisse
- Kulturbedürfnisse
- Luxusbedürfnisse

Rangordnung
- Primärbedürfnis
- Sekundärbedürfnis

Gesellschaftswirkung
- Individualbedürfnis
- Kollektivbedürfnis

5.2 Konsumverhalten

Das **Konsumverhalten** (Verbraucherverhalten) beschreibt,
- welche Art von Gütern
- in welcher Menge

von den Menschen zur Befriedigung ihrer Bedürfnisse gekauft werden.

Das Konsumverhalten wird beeinflusst von Rahmenbedingungen

ökonomischer Art	z. B. Einkommensverhältnisse, Vermögen, derzeitige und erwartete Wirtschaftslage, Werbung, Preis der Güter, Image von Marken
soziologischer Art	z. B. Zugehörigkeit zu gesellschaftlichen Gruppen, (Mode-)Trends, Verhalten von Meinungsführern (Opinionleader)
persönlicher Art	z. B. Erfahrungen, Erlebnisse, Erziehung

Eine möglichst frühzeitige Kenntnis des erwarteten Konsumverhaltens erleichtert es den Unternehmen, exakt auf die Zielgruppe abgestimmte Waren anzubieten und damit einen Wettbewerbsvorteil gegenüber der Konkurrenz zu erzielen. Aus diesem Grund wird das Konsumverhalten der Verbraucher
- einerseits **laufend erforscht**. Andererseits aber auch
- durch Werbung im Sinne des eigenen Warensortiments **gezielt beeinflusst** (Wecken von Konsumzwang).

Das Konsumverhalten ist keine konstante Größe. Es verändert sich nicht rasch, aber langfristig wirksam. Folgende Tendenzen charakterisieren das Konsumverhalten von morgen:
- Der Verbraucher hält sich **mehrere Handlungsmöglichkeiten gleichzeitig** offen – einerseits Tendenz zum **Einkauf beim Discounter und gleichzeitig mehr Wohlstandsausgaben** (Luxusauto) dank gestiegenem Lebensstandard.
- **Internet als Marktplatz**, Einkaufen „rund um die Uhr", Ware wird nach Hause geliefert.
- **Steigendes Bedürfnis an Service**, Verkaufen allein ist zu wenig. Das Ambiente, die angenehme Atmosphäre, Musik, stilvolle Dekoration, gute Beratung, „heute kaufen und im nächsten Jahr bezahlen" unterstützen das Wohlbefinden, locken zum Verweilen und fördern die Ausgabebereitschaft.

AUFGABEN

1. Erklären Sie den Begriff „Bedürfnis".

2. a) Welche Bedürfnisarten werden hinsichtlich der Dringlichkeit unterschieden? Erklären Sie diese kurz anhand je eines Beispiels.
   b) Ordnen Sie die Begriffe Primär- und Sekundärbedürfnisse den in a) genannten Bedürfnissen zu.

3. Ordnen Sie die folgenden Güter den drei Bedürfnisarten (Einteilung nach der Dringlichkeit) zu:
   a) Theaterbesuch
   b) Kiwisaft
   c) Jacht
   d) Brot
   e) Auto eines Taxifahrers
   f) Kleinauto des Studenten
   g) Weltreise

4. Erklären Sie den Zusammenhang zwischen dem Lebensstandard eines Landes und den Bedürfnisarten.

5. Wie können sich Luxusbedürfnisse in Kulturbedürfnisse wandeln? Erklären Sie den Sachverhalt anhand eines Beispiels.

6. Notieren Sie zwei Beispiele, die für den einen Existenz-, für den anderen Luxusbedürfnisse darstellen.

7. Erklären Sie **„Individual- und Kollektivbedürfnis"**.

8. Eine Rollladenfabrik erhält Aufträge von Privatkunden und vom Landkreis. Welche Bedürfnisart liegt jeweils vor?

9. Unterscheiden Sie die Begriffe **Bedürfnis, Bedarf, Nachfrage**.

10. Warum verhalten sich die Verbraucher nicht konsequent „ökonomisch", also vernünftig?

11. Warum ist es für die Unternehmen wichtig, möglichst frühzeitig das künftige Konsumverhalten zu kennen?

6 Verschuldung

Stofftelegramm

6.1 Ursachen der Verschuldung

Konsum verlangt Bezahlung – in Form von liquiden Mitteln oder Kredit. Übersteigen die Ausgaben auf Dauer die Summe aus verfügbarem Einkommen und Vermögen, dann kann der Verbraucher seinen Zahlungsverpflichtungen nicht mehr nachkommen. Er ist verschuldet oder gar überschuldet.

Mögliche Auslöser:
- Arbeitslosigkeit
- überhöhter Konsum im Vergleich zum langfristigen Einkommen
- familiäre Konflikte (z. B. Scheidung)
- Krankheit, Unfall

6.2 Lösungsansätze

6.2.1 Schuldnerberatung

Sie wird angeboten z. B. von Verbraucherzentralen, gemeinnützigen Organisationen, Kirchen.

1. Schritt: **Analyse der gegenwärtigen Finanzsituation** (Vermögen, Schulden, Einnahmen und Ausgabeverpflichtungen)

2. Schritt: **Unterstützung bei der Überwindung** der Krisensituation durch

- Aufstellen eines **Finanzplans** (Haushaltsplan mit Gegenüberstellung künftiger Ein- und Ausgaben)
- Aufdecken von **Einsparmöglichkeiten** auf der Ausgabenseite und Erschließung weiterer Einnahmequellen (Fördermöglichkeiten, Zuschüsse, Sozialleistungen usw.)
- **Unterstützung bei Verhandlungen mit den Gläubigern** (vorübergehendes Aussetzen der Schuldentilgung [Stundung]; Verringerung der Tilgungszahlungen, dafür längere Laufzeit [Tilgungsstreckung])
- **Unterstützung im Rahmen des Verbraucherinsolvenzverfahrens**

6.2.2 Verbraucherinsolvenzverfahren

Dies ist ein **gerichtliches Verfahren** mit den Zielen,

1) im Rahmen eines Schuldenbereinigungsverfahrens das **verfügbare Vermögen des Schuldners anteilig auf die Gläubiger** zu verteilen,
2) nach einer Phase des Wohlverhaltens den Schuldner von seiner **Restschuld zu befreien**.

Ablauf des Verbraucherinsolvenzverfahrens

Schritt	Inhalt
Versuch der außergerichtlichen Einigung	Im Rahmen eines Schuldnerbereinigungsverfahrens legt der Schuldner seine Einkommens- und Vermögensverhältnisse offen und unterbreitet einen konkreten Vorschlag zur Tilgung. Dabei kann er z. B. von einer Schuldnerberatungsstelle unterstützt werden. Nehmen alle Schuldner den Plan an, so kommt ein Vergleich zustande.
Gerichtliches Verbraucherinsolvenzverfahren	Wird der Vergleich abgelehnt, kann der Schuldner Antrag auf • Eröffnung des Verbraucherinsolvenzverfahrens • und auf Restschuldbefreiung beim Insolvenzgericht stellen.
	Hierfür muss der Schuldner eine Reihe von Erklärungen und Unterlagen vorlegen (z. B. Bescheinigung über erfolglosen außergerichtlichen Vergleich, Einkommens- und Vermögensverzeichnis, Schuldenbereinigungsplan).
	Binnen eines Monats können die Gläubiger hierzu Stellung nehmen. Tun sie es nicht, so gilt dies als Einverständnis mit dem Schuldenbereinigungsplan.
	Lehnen die Gläubiger den Plan ab, so kann das Gericht unter bestimmten Voraussetzungen deren Zustimmung durch eine gerichtliche Entscheidung ersetzen.
	Im ungünstigeren Fall kommt es zum eigentlichen Verbraucherinsolvenzverfahren. Dabei bestimmt das Gericht einen Treuhänder, der das pfändbare Vermögen z. B. im Rahmen einer Versteigerung verkauft und den Erlös zur Schuldentilgung verwendet.
	Unter bestimmten Bedingungen, die insbesondere in einer sechsjährigen Wohlverhaltensphase des Schuldners liegen, kann dieser von der Restschuld befreit werden.

AUFGABEN

1. Nennen Sie Krisensituationen, durch welche private Haushalte in die Situation der Überschuldung gelangen können.
2. Wann sprechen wir von „Überschuldung“?
3. Beschreiben Sie eine Maßnahme, durch welche eine Privatperson die Gefahr der Überschuldung aus Sorglosigkeit verringern kann.
4. Nennen und beschreiben Sie kurz Lösungsansätze, durch welche verschuldete Haushalte diese Situation überwinden können.

7 Zukunftssicherung

Stofftelegramm

7.1 Ursachen für steigende Belastungen der Rentenversicherung

- Das Renteneintrittsalter ist gesunken.
- Die Lebenserwartung ist gestiegen.
- Das Rentenniveau ist – gemessen am Nettoarbeitseinkommen – gestiegen.
- Immer weniger Menschen arbeiten in rentenversicherungspflichtigen Beschäftigungsverhältnissen.

7.2 Folgen

Eine relativ kleiner werdende Zahl von Beschäftigten muss eine größer werdende Zahl von Rentnern finanzieren. → Die Sozialkosten steigen. → Die Unternehmen versuchen, dieser Kostenbelastung zu entfliehen durch Rationalisierung (Maschinen statt Menschen) oder durch Verlagerung der Arbeit ins Ausland. → Dringende Beiträge fehlen in der Rentenkasse. → Die Leistungen der Rentenkasse sinken. → Eigene Vorsorge ist notwendig.

7.3 Möglichkeiten der privaten Vorsorge

Lebensversicherung	Private Rentenversicherung	Berufsunfähigkeitsversicherung	Erwerbsunfähigkeitsversicherung
• **Risikolebensversicherung** versichert das Todesfallrisiko. • relativ geringer Betrag • Schützt junge Familien mit einem Alleinverdiener. • **Kapitallebensversicherung** ist eine Kombination aus Risikoversicherung (Leistung im Todesfall) und Sparen (Auszahlung der Versicherungssumme im Erlebensfall).	• Sie gewährt ab der Fälligkeit eine lebenslange Rente u. U. auch an die Hinterbliebenen nach dem Tod des Versicherungsnehmers. • Förderung durch den Staat (Riester-Rente)	Sie leistet, wenn der Versicherte (z. B. wegen Krankheit oder Unfall) **seinen erlernten Beruf** nicht mehr ausüben kann.	Vergleichbar zur Berufsunfähigkeitsversicherung. Sie schützt, wenn der Versicherte **keinerlei** regelmäßige Erwerbstätigkeit ausüben kann.

AUFGABEN

1. Beschreiben Sie kurz die Ursachen und die Folgen der gestiegenen Rentenbelastung.
2. Was sagt die nebenstehende Karikatur aus?
3. Beschreiben Sie die Möglichkeiten der privaten Vorsorge für folgende Fälle:
   a) Eine junge Familie hat sich ein Einfamilienhaus gebaut. Die Mutter kümmert sich um die Kinder, der Vater ist Alleinverdiener. Alle verfügbaren Finanzmittel fließen in die hohe Anfangsbelastung des Hauses.
   b) Ein 25-jähriger Kraftfahrer weiß um das ständige Risiko eines Verkehrsunfalls.
   c) Die junge Familie aus Fall a) hat die hohe Anfangsbelastung überwunden, die Kinder gehen zur Schule, die Mutter hat eine Halbtagstätigkeit aufgenommen. Die Eltern möchten sorglos ihrem Rentenalter entgegensehen können.

Der deutsche Rentenzahler 2000
(Horst Haizinger, München)

Quelle:
Prüfungsaufgaben Wirtschaftskunde, Winter 1998/99, Nr. 22

Siehe auch Kapitel „Prüfungsaufgaben“, 1: Kapitelübergreifende Aufgaben.

Geschäftsprozess Einkauf

1 Der Einkaufsprozess und seine Unterprozesse

Stofftelegramm

Auch der Einkaufsprozess lässt sich in eine Folge von Unterprozessen gliedern, denen betriebswirtschaftliche Stoffinhalte zugeordnet werden können.

Unterprozesse	Betriebswirtschaftliche Stoffinhalte
Anfrage an Lieferer bearbeiten	• Anfrage an Lieferer (Nr. 3.1) • Angebot (Nr. 3.2)
Angebotsvergleich durchführen	• Bezugskalkulation (Kapitel „Geschäftsprozesse Verkauf“, Nr. 6.3.1) • Angebotsvergleich (Nr. 3.3)
Bestellung abwickeln	• Bestellung (Nr. 3.4) • E-Commerce (Nr. 3.5)
Wareneingang kontrollieren	• Lieferschein (Nr. 3.6) • Wareneingangsmeldung (Nr. 3.7)
Zahlung abwickeln	• Eingangsrechnung prüfen und bezahlen (Nr. 3.8) • Buchungen im Rahmen des Einkaufs (Nr. 7)
Umgang mit Vertragsstörungen	• Schlechtleistung (Nr. 4.1) • Nicht-rechtzeitig-Lieferung (Nr. 4.2)

2 Beschaffungsmarktforschung

Stofftelegramm

2.1 Anlässe, um Informationsquellen zu ermitteln

- **Produktinnovationen** für den Gesamtmarkt bzw. für das eigene Unternehmen
- **Kostendruck**
- **Probleme mit Lieferanten**
- Wegfall eines bisherigen oder Entstehung eines **neuen Marktes**
- **wissenschaftliche Erkenntnisse**
- neue **Vorgaben des Gesetzgebers** (z. B. geringerer Schadstoffausstoß, Verbot zur Verwendung bestimmter Materialien)

2.2 Mögliche Informationsquellen

2.2.1 Unternehmensinterne Informationsquellen

- **Informationen von Einkäufern**
- **unternehmenseigene Datenbank** mit Informationen über die
  - Waren (Höhe der Lagerbestände, Maß- und Mengeneinheiten, Qualitätsvorgaben)
  - Lieferanten (Anschrift, bisherige Umsätze, Bonität in der Auftragsabwicklung usw.)
  - Liefer- und Zahlungsbedingungen
  - Bezugsquellen (elektronische Version des „Wer liefert was“)
- **Erfahrungsaustausch mit Kollegen**

2.2.2 Unternehmensexterne Informationsquellen

Unternehmensexterne Informationsquellen

Primäre Informationsquellen, d. h., diese Quellen werden systematisch und direkt genutzt	**Sekundäre Informationsquellen,** d. h., diese Quellen entstehen durch Rückgriff und Auswertung bereits vorhandener Informationen
z. B. gesammelte Informationen aus • Angeboten/Gesprächen mit Lieferern und Geschäftspartnern • Messebesuchen, Ausstellungen • Vertreterbesuchen • elektronischen Marktplätzen	z. B.: • Fachzeitschriften • Inserate in der Fachpresse • Marktübersichten von Verbänden • IHK • Messekataloge • Statistiken (z. B. Statistisches Bundesamt, Deutsche Bundesbank, Ministerien usw.) • Internetseiten (z. B. www.werliefertwas.de)

Über die Lieferanten müssen beständig Informationen gesammelt, gespeichert und aktualisiert werden. Verlässliche Informationen bilden die Grundlage, damit später durch einen quantitativen (siehe 3.3.1) oder durch einen qualitativen (siehe 3.3.2) Angebotsvergleich der beste Lieferant bestimmt werden kann.

Von wichtigster Bedeutung ist in erster Linie der **Preis**, der – ergänzt um Informationen der Liefer- und Zahlungsbedingungen – in einen quantitativen Angebotsvergleich eingeht. Im Rahmen eines qualitativen Angebotsvergleiches werden noch weitere Informationen als Entscheidungskriterien genutzt, in Ziffern bewertet und in eine Gesamtbeurteilung (Entscheidungsbewertungstabelle) einbezogen. Zu diesen qualitativen Kriterien gehören z. B.:

Preiswürdigkeit	Preis-Leistungs-Verhältnis
Zuverlässigkeit	• Produktqualität • Pünktlichkeit
Flexibilität	• hoher Servicegrad • Entgegenkommen bei Sonderfragen
Kreativität	• Neu- und Weiterentwicklung durch Forschung und Entwicklung • des Lieferers
Kontinuität	Sicherheit beim Fortbestand der technischen und kaufmännischen Leistungsfähigkeit

Weitere Informationen, die über die Lieferanten gesammelt werden:

- Welche Transportmöglichkeiten/**Verkehrsanbindungen** bestehen zwischen dem Lieferer und uns?
- Sind seine vorhandenen **Kapazitäten ausreichend**?
- Könnte weiterer **zusätzlicher Bedarf rasch gedeckt** werden?
- Wer wird von ihm bereits beliefert? **Referenzen** (Konkurrenz)?
- Kann die Firma **Problemlösungen** anbieten?
- Verlangt der Lieferant **Mindestmengen**?
- Kann der Lieferant eine **Vorratshaltung** für uns übernehmen?

AUFGABEN

1. Welche Ereignisse können Auslöser dafür sein, dass im Rahmen des Beschaffungsmarketings neue Bezugsquellen ermittelt werden?

2. Nennen Sie
   a) zwei unternehmensinterne,
   b) fünf unternehmensexterne
   Informationsquellen, die bei der Ermittlung möglicher Lieferanten genutzt werden können.

3. Um unter den Lieferanten auszuwählen, müssen nicht nur Namen und Adressen, sondern auch solche Informationen gesammelt und gespeichert werden, die für die Auswahl von besonderer Bedeutung sind. Nennen Sie mindestens acht Informationen, die als Entscheidungsgrundlage dienen.

3 Den Geschäftsprozess Einkauf durchführen

Stofftelegramm

3.1 Anfrage beim Lieferer

3.2 Angebot des Lieferers

Die Inhalte wurden bereits im Kapitel „Geschäftsprozesse Verkauf", Nr. 5.1 und 5.2 behandelt. Bitte informieren Sie sich dort. Auf eine Wiederholung der Inhalte wird verzichtet.

3.3 Angebotsvergleich

3.3.1 Quantitativer Angebotsvergleich

Dieser Angebotsvergleich berücksichtigt nur **ein** Kriterium, nämlich den Preis. Im Rahmen eines Kalkulationsschemas wird dabei der Einstandspreis verschiedener Angebote berechnet und somit der preisgünstigste Lieferant ermittelt.

Beispiel: Wir benötigen für die kommende Wintersaison 50 Snowboards. Hierfür liegen uns drei Angebote vor:

Angebot 1 (Snowtec KG)	**Angebot 2** (Ice and Fire GmbH)	**Angebot 3** (Yeti OHG)
Listenpreis 250,00 EUR/St. 20 % Rabatt 3 % Skonto 180,00 EUR Fracht	Listenpreis 280,00 EUR/St. 10 % Rabatt ab 20 Stück und 25 % Rabatt ab 40 Stück 2,5 % Skonto Lieferung erfolgt frei Haus.	Listenpreis 240,00 EUR/St. 10 % Rabatt 3 % Skonto Lieferung erfolgt frei Haus.

Aufgabe: Führen Sie einen quantitativen Angebotsvergleich durch.

Lösung

		Angebot 1 (in EUR)		**Angebot 2 (in EUR)**		**Angebot 3 (in EUR)**
Listeneinkaufspreis		12.500,00		14.000,00		12.000,00
– Rabatt	20 %	2.500,00	25 %	3.500,00	10 %	1.200,00
= Zieleinkaufspreis		10.000,00		10.500,00		10.800,00
– Skonto	3 %	300,00	2,5 %	262,50	3 %	324,00
= Bareinkaufspreis		9.700,00		10.237,50		10.476,00
+ Bezugskosten		180,00		0,00		0,00
= Einstandspreis		9.880,00		10.237,50		10.476,00
= Einstandspreis/Stück		197,60		204,75		209,52

Im vorliegenden Fall erweist sich das Angebot 1 als das günstigste.

3.3.2 Qualitativer Angebotsvergleich

In der Regel hängt die Auswahl eines Lieferanten nicht allein von einem einzigen Kriterium ab. Vielmehr müssen noch weitere Kriterien, wie z. B. Produktqualität, Liefertreue, Kundendienst usw., bei der Auswahl berücksichtigt werden. Diese Kriterien lassen sich in der Regel nicht einfach in Euro bewerten. In der Betriebswirtschaft hat sich ein Verfahren durchgesetzt, mit dessen Hilfe eine derart komplexe Entscheidungssituation durchschaubar und nachvollziehbar bewertet werden kann.

Beispiel:
Es stehen drei Lieferanten zur Auswahl: Bergmann OHG, Amann KG und Kleiner GmbH. Als Entscheidungskriterien sind Produktqualität, der Preis, der Service und die Flexibilität bei Sonderwünschen zu berücksichtigen. Die Gewichtungen für die Entscheidungskriterien sind der Spalte 2 zu entnehmen. Eine Beurteilungsanalyse der Lieferanten ergab jeweils die in den Spalten 3, 5 und 7 dargestellten Punkte (maximal sind 6 Punkte möglich).

Auswahl-kriterien	**Gewich-tung**	**Bergmann OHG**		**Amann KG**		**Kleiner GmbH**	
		Punkte Bergmann	**gewichtete Punkte Bergmann**	**Punkte Amann**	**gewichtete Punkte Amann**	**Punkte Kleiner**	**gewichtete Punkte Kleiner**
(1)	(2)	(3)	(4) = (2) · (3)	(5)	(6) = (2) · (5)	(7)	(8) = (2) · (7)
Produktqualität	0,35	4	1,4	5	1,75	4	1,4
Preis	0,30	3	0,9	4	1,2	3	0,9
Service	0,10	5	0,5	3	0,3	4	0,4
Flexibilität	0,25	3	0,75	5	1,25	5	1,25
Summe	**1,00**		**3,55**		**4,5**		**3,95**

Erläuterung:
Die Gewichtungsfaktoren (Spalte 2) werden jeweils mit den Punkten der Lieferanten (Spalten 3, 5 und 7) multipliziert. Damit erhält man die gewichteten Punkte je Lieferant (Spalten 4, 6 und 8). Diese Werte werden jeweils addiert. Die Amann KG erzielt mit 4,5 die maximale Punktesumme und entscheidet damit die Bewertung für sich.

Diese sogenannte Entscheidungsbewertungstabelle lässt sich überall dort einsetzen, wo betriebliche Entscheidungen unter Unsicherheiten zu fällen sind. Diese zeichnen sich in der Regel dadurch aus, dass mehrere Faktoren quantitativer und qualitativer Art zu berücksichtigen sind (z. B. Auswahl eines neuen Standortes, Aufnahme neuer Produkte in das Sortiment, Auswahl eines Mitarbeiters). Der Einsatz solcher Tabellen hat sich als vorteilhaft erwiesen, da die Entscheidungen unabhängig werden von Sympathien oder Vorurteilen.

3.4 Bestellung

Wiederholen Sie die entsprechenden Ausführungen aus Kapitel „Geschäftsprozesse Verkauf“, Nr. 5.3.

3.5 E-Commerce

3.5.1 Begriff

Mit **Electronic Commerce** bezeichnet man allgemein Geschäftsvorgänge, bei denen die Beteiligten auf elektronischem Wege ihre Geschäfte anbahnen und abwickeln. In erster Linie ist dabei der Weg über das Internet gemeint.

Dabei unterscheidet man verschiedene Ebenen der Partnerschaft:

B2C: Business **to** Consumer (**to** wird gesprochen wie **two** = 2); die Geschäftsbeziehung berührt auf der Verkäuferseite ein Unternehmen, auf der Käuferseite eine Privatperson.

B2B: Business **to** Business; beide Partner sind Unternehmen.

3.5.2 Arten

Electronic Commerce kann in verschiedenen Ausbaustufen betrieben werden. Die nachfolgende Grafik veranschaulicht diese verschiedenen Ausbaustufen.

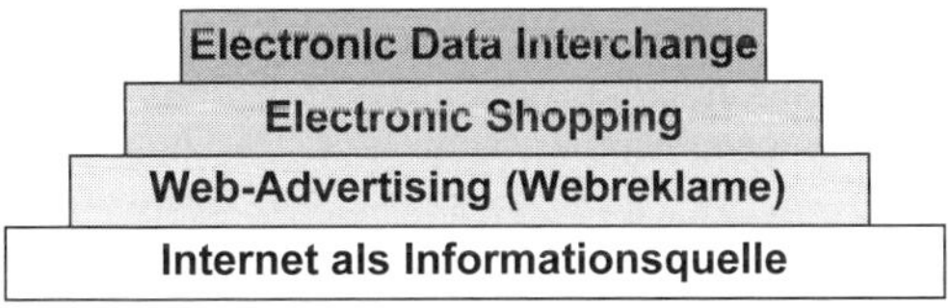

Ausbaustufe	Inhalt
Internet als Informations-quelle	• **Spezialisierte Informationsanbieter**, Beispiele hierfür sind die Fahrplanauskünfte der Bahn AG, Telefonnummern, Wetterdienste, Börsen- und Wirtschaftsinformationen. • **Portale** sind Eingangspforten ins Internet, die z. B. von Providern erstellt werden (z. B. T-Online, Yahoo) oder auch von Suchmaschinen (z. B. Google).
Webvertising	Dieses Kunstwort setzt sich zusammen aus **Web-Advertising** (Webreklame). Das Internet wird dabei genutzt als Instrument zur Kundeninformation und als Kommunikationsplattform. Das Unternehmen stellt seine Produkte im Internet dar, bietet E-Mail- und Kontaktadressen, Gästebücher und ein Forum zum Austausch von Meldungen und Fragen an.
Electronic Shopping	Hierbei werden Produkte über das Internet an private Endkunden (B2C) oder an Unternehmen verkauft (B2B). Der Versand erfolgt dabei über den traditionellen Weg via Post bzw. die Paketdienste oder ebenfalls über das Internet, z. B. bei Software.

Ausbaustufe	Inhalt
Electronic Data Interchange (eProcurement)	Darunter versteht man den Datenaustausch zwischen Betrieben, unter denen eine Kunden-Lieferanten-Beziehung besteht. Im Extremfall kommunizieren die Computer der Geschäftspartner untereinander. Erkennt z. B. das Warenwirtschaftssystem des Kunden die Notwendigkeit, dass nachbestellt werden muss, dann übersendet es die Bestelldaten direkt in das Warenwirtschaftssystem des Lieferers. Eingriffe von Hand und damit Fehlerquellen beim Eintippen von Daten, Personalkosten und Zeitverzögerung entfallen auf beiden Seiten. Die Geschäftsprozesse werden beschleunigt.

3.5.3 Vor-/Nachteile des Electronic Commerce für Käufer/Verkäufer

	für Käufer	für Verkäufer
Vorteile	• Öffnungszeiten rund um die Uhr • rasche Suche nach Produkten durch shopeigene Suchmaschinen • umfangreiches Angebot • bequem von zu Hause aus erreichbar, keine Fahrten notwendig, keine Parkplatzsuche, Ware wird ins Haus gebracht • einfache Preisvergleiche	• weltweites Absatzgebiet • Die anfallenden Kundeninformationen können genutzt werden für gezieltes, genau auf den Kunden abgestimmtes Marketing. • Aufwendige Warenpräsentation und Ladeneinrichtung entfällt.
Nachteile	• in Deutschland noch weitgehend Zurückhaltung bezüglich der Sicherheit beim Zahlungsvorgang • Einkaufserlebnis entfällt. • kein Berühren des Produktes möglich	• hohe Unsicherheit • Hohe Anschaffungsausgaben sind erforderlich.

3.6 Lieferschein und Eingangsrechnung

Wiederholen Sie bitte die entsprechenden Ausführungen aus Kapitel „Geschäftsprozesse Verkauf“, Nr. 5.4 und 5.5.

3.7 Kontrolle des Wareneingangs

Hierbei fallen folgende Prüfungstätigkeiten an:

Sofort:

- **Übereinstimmung der Begleitpapiere** (Lieferschein) mit der Sendung
- Überprüfung auf **sichtbare Schäden**

Nach dem Auspacken:

- Überprüfung der **bestellten mit der gelieferten Ware**
- Prüfung auf **offene Mängel**
- **Qualitätsprüfung** (100 % oder Stichproben)

Nach der Prüfung wird eine Wareneingangsmeldung mit dem Ergebnis der Prüfung an den Einkauf geschickt.

3.8 Eingangsrechnung prüfen und Kaufpreis bezahlen

Die Eingangsrechnung ist dahingehend zu überprüfen, ob

- die in Rechnung gestellten Positionen (Art, Menge) mit der Lieferung übereinstimmen,
- die **korrekten Beträge** (Preise, Nachlässe) gemäß Angebot verwendet wurden,
- die **vereinbarten Zahlungsbedingungen** (Skontofrist, Zahlungsziel) berücksichtigt,
- die Einzelbeträge richtig addiert und die Ermittlung der Umsatzsteuer **richtig durchgeführt** wurden.

Erst danach kann die Rechnung gebucht werden.

Geldschulden sind Schickschulden. Dies bedeutet:

- Der **Geldschuldner trägt die Gefahr des Verlustes** und die Kosten der Geldübertragung.
- Er hat **rechtzeitig** geleistet, **wenn er den Kaufpreis zum Fälligkeitstermin überweist.** Das Geld muss also nicht am Fälligkeitstermin beim Gläubiger eingetroffen sein.
- Er entscheidet über die **Zahlungsart**.

AUFGABEN

1. Nennen Sie die wesentlichen Funktionen (Aufgaben), die im Rahmen des Prozesses „Vom Bedarf zur Bestellung“ durchlaufen werden.

2. Weshalb wird ein rechnerischer Angebotsvergleich durchgeführt?

3. Die Werft der Gebrüder Stoppel OHG, Nonnenhorn, hat sich auf die Restaurierung nostalgischer Segeljachten spezialisiert. Zwei Angebote für seewasserfeste Bootslacke liegen vor.

Anbieter	Farbwerke Niederrhein	Chemiefabrik Rostock
Gewicht	400 kg	460 kg
Listenpreis/kg	18,70 EUR	16,50 EUR
Rabatt	12,5 %	10,0 %
Skonto	2,5 %	3,0 %
Bezugskosten	180,00 EUR	0,50 EUR/kg

Führen Sie den Angebotsvergleich durch.

4. Welche Gründe könnten dazu führen, dass dennoch nicht der günstigste Lieferant den Zuschlag erhält?

5. Nennen Sie Kriterien, die in einem qualitativen Angebotsvergleich zu berücksichtigen sind.

6. Das E-Commerce ist eine moderne Vertriebsformen. Erklären Sie kurz diesen Begriff.

7. Beim E-Commerce hat sich für die Bezeichnung der Geschäftspartner eine spezielle Terminologie eingebürgert, die mit Buchstaben-Zahlen-Kombinationen angibt, welche Art von Partner jeweils beteiligt ist. Geben Sie diese Schlagworte an und erklären Sie diese kurz.

8. Skizzieren Sie die Ausbaustufen des E-Commerce.

9. Worin liegen die Vor- und Nachteile des Electronic Shopping?

10. Welche Tätigkeiten sind im Rahmen der Wareneingangskontrolle erforderlich?

4 Vertragsstörungen im Einkaufsbereich

Stofftelegramm

4.1 Mangelhafte Lieferung (Schlechtleistung)

4.1.1 Arten von Mängeln

Sachmangel	Rechtsmangel
z. B. • Ware ungleich Werbung • Sache hat nicht vereinbarte Beschaffenheit. • Montagemangel • Zuweniglieferung • Falschlieferung • mangelhafte Montageanleitung (Ikea-Klausel)	z. B. • Verkäufer ist nicht Eigentümer. • Sache ist mit Pfandrecht belastet.

4.1.2 Ansprüche des Käufers

Schritt 1: Nacherfüllung (durch Nachbesserung oder Neulieferung)

Vorrang hat der Anspruch auf **Nacherfüllung** (§ 439 BGB). Dabei hat der Käufer die Wahl zwischen **Nachbesserung** und **Neulieferung**.

- auch bei **geringfügigen Mängeln**
- **unabhängig vom Verschulden**
- Entstünden unverhältnismäßig hohe Kosten, dann würde sich der Anspruch des Käufers auf die andere Art der Nacherfüllung beschränken. (Also: Wegen eines Kratzers im Neuwagen kann der Käufer zwar Nacherfüllung verlangen, aber nicht in Form von Neulieferung.)
- Nach **zwei erfolglosen Nachbesserungsversuchen** gilt die **Nacherfüllung** als **fehlgeschlagen.**
- Der **Anspruch auf Leistung entfällt**, wenn diese **unmöglich** ist.

Schritt 2: Folgerechte

(nach erfolglosem Ablauf einer gesetzten Nacherfüllungsfrist)

Rücktritt vom Vertrag	Minderung	Schadenersatz statt Leistung (auch neben Rücktritt möglich)	Ersatz vergeblicher Aufwendungen
nicht bei geringfügigen Mängeln	+ evtl. Schadenersatz	nicht bei geringfügigen Mängeln	

Voraussetzungen (Rücktritt vom Vertrag, Minderung)

Angemessene Nachfrist
Diese ist entbehrlich in folgenden Fällen:

- Verkäufer **verweigert** Nacherfüllung.
- Zwei Nacherfüllungsversuche sind **fehlgeschlagen**.
- Nacherfüllung für Verkäufer **unzumutbar**
- **Liefertermin kalendermäßig bestimmt, Zweckkauf**
- **besondere Umstände** ...

Voraussetzungen (Schadenersatz statt Leistung, Ersatz vergeblicher Aufwendungen)

Angemessene Nachfrist
Diese ist entbehrlich in folgenden Fällen:

- Verkäufer **verweigert** Nacherfüllung.
- Zwei Nacherfüllungsversuche sind **fehlgeschlagen.**
- Nacherfüllung für Verkäufer **unzumutbar**
- **besondere Umstände** ...
- **Verschulden muss vorliegen.**

4.1.3 Besonderheiten beim Verbrauchsgüterkauf

(einseitiger Handelskauf, § 474 ff. BGB)

Eingeschränkte Vertragsfreiheit (§ 475 BGB)

- Paragrafen im allg. Kaufvertragsrecht **zwingend**
- **AGB + Individualvereinbarung:** keine Abweichung zum Nachteil des Verbrauchers!

Umkehrung der Beweislast (§ 476 BGB)

- Bei Mängeln, die innerhalb von **sechs Monaten** gerügt werden, wird unterstellt, dass der Mangel bereits bei Übergabe bestanden hat.

Sonderbestimmungen für Garantien (§ 477 BGB)

Garantieerklärung

- einfach/verständlich
- Inhalte:
  - Hinweis, dass Garantie gesetzliche Rechte nicht einschränkt

Eingeschränkte Vertragsfreiheit (§ 475 BGB)	**Umkehrung der Beweislast** (§ 476 BGB)	**Sonderbestimmungen für Garantien** (§ 477 BGB)
Ausnahmen: **1. Gebrauchte Sachen** Die Gewährleistungsfrist kann auf ein Jahr verkürzt werden. Verbotene Formulierungen z. B. *„gekauft wie gesehen", „unter Ausschluss jeder Gewährleistung"* ... **2. Schadenersatz** (§ 475 Abs. 3 BGB)	Lehnt der Verkäufer die Mängelrüge des Verbrauchers ab, muss **er** beweisen, dass Käufer die Ware beschädigt hat. • **Nach Ablauf von sechs Monaten:** Beweislast liegt beim Käufer.	– Inhalt + Dauer der Garantie sowie alle wesentlichen Angaben, die für Geltendmachung der Garantie erforderlich sind. • Garantie darf gesetzliche Rechte nicht einschränken.

4.2 Nicht-rechtzeitig-Lieferung (Lieferungsverzug)

Beide Rechte sind gleichzeitig anwendbar. (Schadenersatz statt Leistung ↔ Rücktritt vom Vertrag)

Lieferung verlangen + evtl. Schadenersatz (Verzögerungsschaden)	**Schadenersatz statt Leistung** (Nichterfüllungsschaden)	**Rücktritt vom Vertrag**
Voraussetzungen	**Voraussetzungen**	**Voraussetzungen**
• **Fälligkeit** • **Verschulden** • **Mahnung** Diese ist **entbehrlich** wenn: – **Verkäufer verweigert** Lieferung. – Liefertermin **kalendermäßig** bestimmt, Zweckkauf – besondere Gründe, z. B. <u>Selbstmahnung</u> des Schuldners mit eigener Ankündigung des Liefertermins <u>eilbedürftige Pflichten</u>	• **Fälligkeit** • **Verschulden** • **angemessene Nachfrist** Diese ist **entbehrlich** wenn: – **Verkäufer verweigert** Lieferung. – besondere Gründe Anstelle Schadenersatz statt Lieferung ist auch möglich: ↓ **Ersatz vergeblicher Aufwendungen**, z. B. Vertragskosten	• **Fälligkeit** • **angemessene Nachfrist** Diese ist **entbehrlich** wenn: – **Verkäufer verweigert** Lieferung. – **Liefertermin kalendermäßig bestimmt, Zweckkauf** – besondere Gründe

AUFGABEN

1. Käufer Karg kauft von Autohändler Vogel einen Neuwagen. Vier Wochen nach Übergabe funktioniert die Klimaanlage auf langen Fahrten nicht ordnungsgemäß. Der Mangel war für Vogel trotz intensiver Prüfung des Pkw nicht zu erkennen.
   Welche Rechte kann Karg gegen Vogel geltend machen und welche Voraussetzungen sind dabei zu beachten?

2. Käufer König kauft von Elektrohändler Voss ein Videogerät. Beim Anschluss an sein Fernsehgerät stellt König kleinere Farbflecken fest, die auch Voss nicht aufgefallen waren. Kann König Nachbesserung und/oder Neulieferung verlangen? Begründung.

3. Kunze kauft von Autohändler Vogel einen Neuwagen. Nach einigen Wochen stellt Kunze erhebliche Mängel fest. Außerdem ist ihm durch die Mängel ein Schaden in Höhe von 200,00 EUR entstanden.
   Unter welchen Voraussetzungen kann Kunze im Normalfall das Recht „Schadenersatz statt Leistung" geltend machen?

4. Herr Kögel kauft von Autohändler Vogel einen neuen Pkw (Marke „SX") des Produzenten P, der in Werbebroschüren mit dem Slogan *„Mit durchschnittlich fünf Litern pro 100 km sind Sie bei SX dabei"* wirbt. Nach Übergabe stellt Kögel fest, dass der tatsächliche Verbrauch des „SX" bei sieben Litern liegt. Welche Rechte stehen Kögel zu?

5. Der normalgewichtige Rainer Karg kauft von Händler Vetter das neue Mountainbike „Biky". Schon des Öfteren gab es Reklamationen bei Vetter hinsichtlich Bruchs von „Biky"-Pedalen. Bei der ersten Ausfahrt bricht ein Pedal, Karg stürzt und verletzt sich. Ein Taxi bringt ihn ins nächste Dorf zum Arzt. Taxikosten: 40,00 EUR; Arztkosten: 70,00 EUR. Welche Rechte kann Karg geltend machen?

6. Gerd Krug kauft von der Fit GmbH ein Fitnessgerät für den Selbstaufbau. Aufgrund der fehlerhaften Montageanleitung baut er das Gerät falsch zusammen. Welche Rechte kann er geltend machen?

7. Juwelier Völkner verkauft einen 30 Jahre alten Ohrring aus „echtem Gold" an Herrn Kamps. Letzterer entdeckt später, dass der Ring nicht aus Gold, sondern nur aus vergoldetem Messing war. Völkner konnte hiervon nichts wissen. Welche Rechte stehen Kamps zu?

8. K (Privatmann) kauft von Händler V ein neues Motorrad. Drei Monate nach Übergabe streikt der Motor. Es ist nicht feststellbar, ob der Mangel aufgrund eines Materialfehlers bereits bei Übergabe vorhanden war oder auf fehlerhafte Bedienung des K zurückzuführen ist. Kann K Gewährleistungsrechte geltend machen? Begründung.

9. Verkäufer V liefert nicht rechtzeitig. Welche Rechte hat der Käufer K und welche Voraussetzungen sind zu beachten?

10. K verlangt aufgrund Nicht-rechtzeitig-Lieferung des V weiterhin Lieferung sowie Ersatz des Verzögerungsschadens. In welchen Fällen kann K auf eine Mahnung verzichten?

11. K verlangt aufgrund Nicht-rechtzeitig-Lieferung des V Schadenersatz statt Leistung. In welchen Fällen kann K auf Setzung einer angemessenen Nachfrist verzichten?

12. K möchte aufgrund Nicht-rechtzeitig-Lieferung des V vom Vertrag zurücktreten. In welchen Fällen kann er auf Setzung einer Nachfrist verzichten?

13. K möchte seine Rechte aufgrund Nicht-rechtzeitig-Lieferung des V geltend machen und verlangt nach Ablauf einer angemessenen Nachfrist Rücktritt vom Vertrag und Schadenersatz statt Leistung. Ein Verschulden des V liegt vor. Kann K beide Rechte gleichzeitig beanspruchen?

14. Käufer K vereinbarte im Kaufvertrag mit Verkäufer V die Lieferung von zehn PCs. Ein Liefertermin wurde nicht vereinbart. Nachdem V mit einem anderen Käufer einen höheren Preis ausgehandelt hat, weigert er sich, die Lieferung vorzunehmen. Kann K seine erlittene Gewinneinbuße von V ersetzt verlangen? Begründung.

15. Der Inhaber einer Pizzeria, P, entdeckt um 15:00 Uhr einen Wasserrohrbruch, der zur Überschwemmung eines Teils des Restaurants führt. Telefonisch teilt er dem Klempner X mit, dass er um 18:00 Uhr öffnen müsse, um nicht Umsatzeinbußen zu erleiden. Klempner X sagt sofortige Reparatur zu. Ärgerlicherweise erscheint X erst um 19:00 Uhr. Entgangener Gewinn für die Pizzeria: 1.000,00 EUR. P verlangt Schadenersatz. Klären Sie die Rechtslage.

16. Unternehmer K hat mit Verkäufer V einen Just-in-time-Vertrag geschlossen. V muss demzufolge zu bestimmten Zeitpunkten liefern, um die Produktion nicht zu gefährden. Als eine Lieferung ausbleibt, kommt es zum vorübergehenden Produktionsstillstand. Kann K ohne Nachfristsetzung Schadenersatz statt Leistung verlangen? Begründung!

17. Händler V verkauft telefonisch einen einzigartigen Anzug des ehemaligen Beatles-Schlagzeugers Ringo Starr für 5.000,00 EUR. K möchte den Anzug am nächsten Morgen abholen.
Der nicht im Laden tätige Sohn des Händlers holt unbemerkt und ohne zu fragen am Abend den Anzug aus dem verschlossenen Schrank im Laden und nimmt ihn auf eine 14-tägige Reise nach Mallorca mit. K setzt V eine Nachfrist von acht Tagen und verlangt bei ergebnislosem Ablauf Schadenersatz statt Leistung in Höhe von 3.000,00 EUR, weil er den Anzug einem Beatles-Fan zum Preis von 8.000,00 EUR versprochen habe. Zusätzlich trete er vom Vertrag zurück. V ist nicht einverstanden und besteht weiterhin auf Abnahme und Zahlung. Klären Sie die Rechtslage.

18. K bestellt bei V 50 Kisten Champagner. V liefert nicht. Zwischenzeitlich sind die Champagnerpreise stark gefallen. K deckt sich daher bei X mit erheblich preisgünstigerem Champagner ein und informiert V. Letzterer verlangt Abnahme und Zahlung, weil K keine Nachfrist gesetzt habe. Klären Sie die Rechtslage.

5 Wirtschaftlichkeit der Beschaffung

Stofftelegramm

5.1 Zielkonflikt im Rahmen der Beschaffungsplanung

Aufgabe der Beschaffungsplanung ist es, die ermittelten Bedarfe so zu planen, dass sie

- in der richtigen Menge,
- in der benötigten Qualität,
- zur richtigen Zeit,
- am rechten Ort

verfügbar sind. Es handelt sich also um

eine **Zeit- und Mengenplanung.** ⟶ = 1. Ziel der Beschaffung

Dabei sollen die Teile
so preiswürdig wie möglich sein. ⟶ = 2. Ziel der Beschaffung

Die **Kosten der Beschaffungsorganisation**
sollen **möglichst niedrig** gehalten werden. ⟶ = 3. Ziel der Beschaffung

Zwischen dem 2. und 3. Ziel = Zielkonflikt. Denn: Ziel 3 lässt sich verfolgen mit möglichst wenig Bestellvorgängen. **Folge:** große Beschaffungsmengen, hohe Lagerbildung, also hohe Kostenbelastung der Teile (= Konflikt zu Ziel 2). Entsprechendes gilt umgekehrt.

5.2 Ansätze zur Lösung des Konfliktes

5.2.1 Mengenplanung (Bestimmung der kostengünstigsten Beschaffungsmenge)

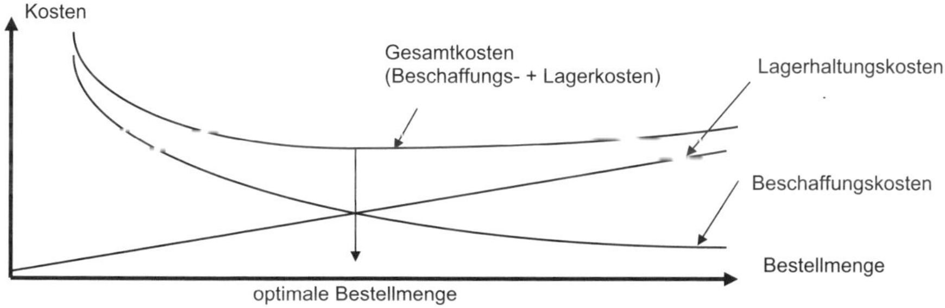

- Mit **zunehmender Bestellmenge <u>sinken</u> die Beschaffungskosten.**
- Mit **zunehmender Bestellmenge <u>steigen</u> die Lagerhaltungskosten.**

Da der Betrieb **<u>beide</u>** Kosten zu tragen hat, ist **das Optimum dann erreicht**, wenn die **<u>Summe</u> aus beiden Kosten ihr Minimum erreicht.**

Beispiel:

Geschätzter Jahresbedarf:	24.000	Stück
Einstandspreis/Stück:	1,50	EUR
Bestellkosten:	10,00	EUR
Lagerkostensatz:	24	%

Berechnung der optimalen Losgröße in tabellarischer Form:

Bestellmenge	Anzahl der Bestellungen	Bestellkosten in EUR	Durchschnittlicher Lagerbestand in EUR	Lagerkosten in EUR	Gesamtkosten in EUR
24.000	1	40,00	18.000,00	4.320,00	4.360,00
12.000	2	80,00	9.000,00	2.160,00	2.240,00
6.000	4	160,00	4.500,00	1.080,00	1.240,00
3.000	8	320,00	2.250,00	540,00	860,00
2.400	**10**	**400,00**	**1.800,00**	**432,00**	**832,00**
2.000	12	480,00	1.500,00	360,00	840,00
1.000	24	960,00	750,00	180,00	1.140,00

5.2.2 Zeitplanung (Wahl des Dispositionsverfahrens)

Die Zeitplanung wird am Beispiel des **Bestellpunktverfahrens** dargestellt, wobei mit jeder Nachlieferung bis auf die Höhe der Lagerobergrenze aufgefüllt wird.

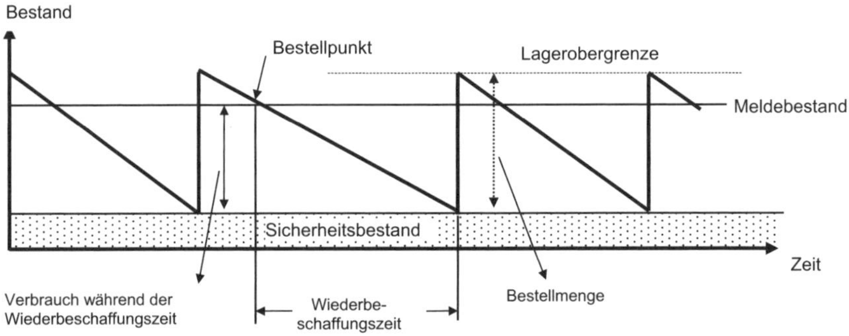

Bestellpunkt	Zeitpunkt, an welchem bestellt werden muss, um Versorgung während der Wiederbeschaffungszeit sicherzustellen.
Meldebestand	Erreicht der Lagerbestand diese Bestandshöhe, dann ist eine neue Bestellung auszulösen.
Wiederbeschaffungszeit	Zeitbedarf für eigene Überlegungszeit (z. B. Liefererauswahl), Durchführung der Bestellung, Laufzeit der Post, Lieferzeit, Zeit für Wareneingangskontrolle und Einlagerung.
Sicherheitsbestand	Er dient zur Abdeckung von Bestands-, Bedarfs- und Bestellunsicherheiten. Er steht nur für unvorhergesehene Ereignisse zur Verfügung und darf daher zur laufenden Zuteilung **nicht** verwendet werden.

Merkmale dieser Strategie

- Sehr **sichere Strategie**, da die Gefahr gering ist, dass nicht genügend Vorräte vorhanden sind.
- Geeignet für Güter, bei denen ein **hoher** Grad der Verfügbarkeit (Servicegrad) verlangt wird.
- Führt tendenziell zu **hohen Beständen.**
- **hoher Kontrollaufwand**
- Durch ständige Bestandskontrolle geeignet **für Güter mit unregelmäßigem Bedarf.**

AUFGABEN

1. Welche Ziele verfolgt die Beschaffungsplanung?

2. a) Wann spricht man von einem Zielkonflikt?
   b) Erklären Sie den Zielkonflikt in der Beschaffungsplanung.

3. Welche Eigenschaften in Bezug auf die Beschaffungs- und Lagerhaltungskosten erfüllt die optimale Bestellmenge?

4. Wählen Sie das richtige Prädikat aus.
   Mit zunehmender Bestellmenge (sinken/steigen) die Beschaffungskosten.
   Mit zunehmender Bestellmenge (sinken/steigen) die Lagerhaltungskosten.

5. Für Zahnräder liegen uns die folgenden Angaben vor:
   Jahresbedarf: 1.500 Stück
   Einkaufspreis pro Stück: 9,00 EUR
   Kosten pro Bestellung: 70,00 EUR
   Lagerkostensatz: 25 %
   Da an 240 Tagen im Jahr gearbeitet wird, könnte alle 30, 60, 120 oder 240 Tage bestellt werden. Berechnen Sie mithilfe der nachstehenden Tabelle die optimale Bestellmenge.

Anzahl der Bestellungen	**Bestell-menge**	**Bestell-kosten in EUR**	**Durchschnitt-licher Lagerbe-stand in EUR**	**Lagerkos-ten in EUR**	**Gesamt-kosten in EUR**

6. Beschreiben Sie kurz das Bestellpunktverfahren.

7. Erklären Sie die Begriffe:
   - Bestellpunkt
   - Meldebestand
   - Wiederbeschaffungszeit
   - Sicherheitsbestand

8. Erklären Sie den Unterschied zwischen Lieferzeit und Wiederbeschaffungszeit.

9. Nennen Sie die Merkmale des Bestellpunktverfahrens.

6 Wirtschaftlichkeit der Lagerhaltung

Stofftelegramm

6.1 Beurteilung der Wirtschaftlichkeit durch Lagerkennziffern

Sie sind ein Instrument der Unternehmensführung und helfen, die Entwicklung der Lagerbestände und damit auch der Lagerkosten zu erkennen und Schwachstellen aufzudecken, damit entsprechende Gegenmaßnahmen ergriffen werden können.

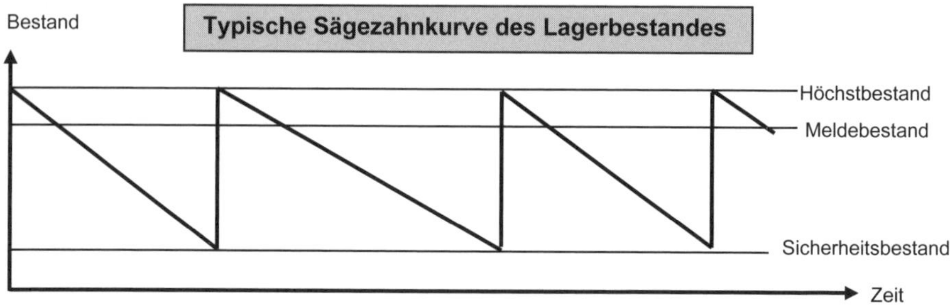

1. ∅ Lagerbestand	=	(AB + EB) : 2	Zunahme der Genauigkeit ↓
"	=	(AB + 4 QuartalsEB) : 5	
"	=	(AB + 12 MonatsEB) : 13	
2. Umschlagshäufigkeit	=	Absatz (Stück) [bzw. Wareneinsatz in EUR] : ∅ Lagerbestand	
3. ∅ Lagerdauer	=	360 : Umschlagshäufigkeit	

Merke:
Je **kleiner der durchschnittliche Lagerbestand**, desto
- **höher die Umschlagshäufigkeit,**
- **kürzer die durchschnittliche Lagerdauer.**

Folgende Maßnahmen sind geeignet,
- **den durchschnittlichen Lagerbestand,**
- **das in den Lagervorräten gebundene Kapital** und damit
- **die Kosten der Lagerhaltung**

zu verringern:

a) **Sorgfältige Beschaffungsplanung** mit einer Bedarfsermittlung, die sich an der erwarteten bzw. der vorhandenen Nachfrage orientiert und nicht an den Vergangenheitswerten.

b) **Zeitgerechte Anlieferung** (= just in time): Dies gilt besonders dann, wenn ein gleichmäßiger Bedarf an hochwertigen Erzeugnissen besteht.
c) **Minimierung des Mindestbestandes:** Damit steigt jedoch das Risiko, dass nicht genügend Vorräte vorhanden sind. Um sich dagegen abzusichern, werden häufig langfristige Lieferverträge vereinbart. Umfassender Informationsaustausch mit Lieferant, ggf. rechtzeitige Mitteilung des eigenen Produktionsplanes an den Vorlieferanten.
d) Kontrolle des Bestandes auf **Ladenhüter**. Diese werden aus dem Sortiment entfernt.
e) Man nimmt bewusst ein geringeres Maß an sofortiger Lieferbereitschaft in Kauf. (Beispiel Buchhandel: Ein Exemplar eines bestimmten Titels ist immer vorrätig. Will zufällig ein weiterer Kunde am gleichen Tag ebenfalls dieses Buch, dann ist es am nächsten Tag abholbereit.)

6.2 Just-in-time-Lieferung

Das Prinzip der Just-in-time-Lieferung ist im Handel weniger verbreitet, im besonderen Maße jedoch im Bereich der Automobilindustrie. Dabei wird versucht, zwischen den einzelnen Stufen der Fertigung (Rohstoffherstellung [z. B. Bleche], Teileherstellung, Komponentenherstellung, Endmontage) eine

- **flexible,**
- **kurzfristige** und
- **rechtzeitige** (tages- oder stundengenaue)

Anlieferung zu erreichen. Damit entfällt die Lagerhaltung vollständig.

Grundvoraussetzungen hierfür sind längerfristige Verträge zwischen den Partnern mit frühzeitigen und möglichst exakten Festlegungen über Menge, Zeitpunkt und Qualitätsvorgaben.

Um die Transporte im Straßenverkehr und die damit verbundenen Risiken gering zu halten, wird angestrebt,

- einerseits die **Anzahl der Lieferanten gering** zu halten und gleichzeitig
- die **Lieferung vollständiger Komponenten** (z. B. ganze Sitze, komplette Kühlerfront)

zu erzielen.

AUFGABEN

1. Nennen Sie die Aufgaben des Lagers.
2. Mit welchen Risiken ist die Lagerhaltung behaftet?
3. Wozu dienen die Lagerkennziffern?
4. Geben Sie die Formeln an zur Berechnung
   a) des Meldebestandes,
   b) des durchschnittlichen Lagerbestandes,
   c) der Umschlagshäufigkeit,
   d) der durchschnittlichen Lagerdauer.
5. Warum ist ein Sicherheitsbestand (= eiserner Bestand) notwendig?
6. Wodurch unterscheidet sich die Lieferzeit von der Wiederbeschaffungszeit?

7. a) Tagesverbrauch: 600 Stück
Wiederbeschaffungszeit: 8 Tage
Mindestbestand: 5.000 Stück
Meldebestand: ?

b) Tagesverbrauch: 600 Stück
Wiederbeschaffungszeit: 8 Tage
Meldebestand: 12.000 Stück
Mindestbestand: ?

c) Meldebestand: 14.000 Stück
Wiederbeschaffungszeit: 8 Tage
eiserner Bestand: 6.000 Stück
täglicher Verbrauch: ?

d) Meldebestand: 14.000 Stück
Tagesverbrauch: 2.000 Stück
eiserner Bestand: 6.000 Stück
Wiederbeschaffungszeit ?

8. Welche Konsequenz hat ein Überschreiten des Höchstbestandes?

9. Welcher Zusammenhang besteht zwischen den Zinsen, die für das im Lager gebundene Kapital bezahlt werden müssen, und
a) der durchschnittlichen Lagerdauer,
b) der Umschlagshäufigkeit,
c) dem durchschnittlichen Lagerbestand?

10. Die Lagerkarte für Ventile enthält für letztes Jahr folgende Eintragungen:

Artikel: Ventile	**Meldebestand:** 10 Stück		
Datum	**Zugang**	**Abgang**	**Bestand**
01.01.			10
07.02.	5		15
29.04.		14	1
05.05.	20		21
10.10.		12	9
16.12.	15		24
31.12.			24

Berechnen Sie
a) den durchschnittlichen Lagerbestand unter Berücksichtigung des Jahresanfangsbestandes und der Quartalsendbestände,
b) die Umschlagshäufigkeit,
c) die durchschnittliche Lagerdauer.
d) die zu zahlenden Bankzinsen, falls der gesamte Lagervorrat durch ein Bankdarlehen mit einem Zinssatz von 9 % finanziert werden muss.
e) In den Vorjahren lag die Umschlagshäufigkeit bei 2. Welche Ursachen könnten für die Abweichungen verantwortlich sein?

11. Nennen Sie Maßnahmen, mit denen der durchschnittliche Lagerbestand gesenkt werden kann.

12. Ermitteln Sie die Lagerkennzahlen:

a) AB 01.01.: 10.000,00 EUR — Rohstoffeinsatz: 163.000,00 EUR
EB 31.12.: 18.000,00 EUR — Zinssatz für Bankdarlehen: 8 %

b) AB 01.01.: 63.640,00 EUR — Rohstoffeinsatz: 2.084.760,00 EUR
Summe der Monatsendbestände 888.480,00 EUR — Zinssatz für Bankdarlehen: 10 %

c) Bestände:

01.01.:	34.000,00 EUR	Rohstoffeinsatz:	582.000,00 EUR
31.03.:	49.300,00 EUR	Zinssatz für Bankdarlehen:	8 %
30.06.:	47.800,00 EUR		
30.09.:	71.400,00 EUR		
31.12.:	25.300,00 EUR		

13. Die Entwicklung der Warenbestände in einem Großhandelsunternehmen:

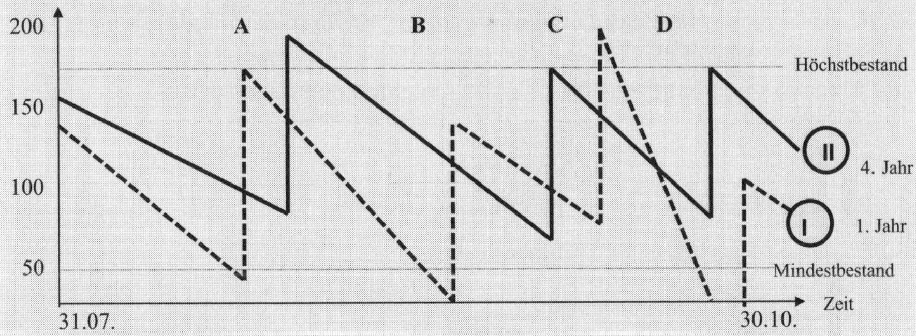

a) Interpretieren Sie die abgebildeten Lagerbestandskurven.

b) Berechnen Sie aus den folgenden Angaben die Umschlagshäufigkeit und die durchschnittliche Lagerdauer der Warenbestände:

EB 31.12.01:	6,2 Mio. EUR	Jahreseinkäufe:	78 Mio. EUR
EB 31.12.02:	6,8 Mio. EUR		

c) Die Umschlagshäufigkeit der Warenbestände wird für vergleichbare Betriebe mit 15 angegeben. Vergleichen Sie den unter b) ermittelten Wert mit diesem Durchschnittswert und beurteilen Sie die Auswirkungen auf den Kapitaleinsatz, die zu zahlenden Bankzinsen und den Gewinn der Unternehmung.

14. Was versteht man unter durchschnittlicher Lagerdauer?

15. Wie wirkt sich (bei konstantem Absatz) eine Verringerung des durchschnittlichen Lagerbestandes auf die restlichen Lagerkennzahlen aus?

16. Wie hoch sind die jährlichen Zinsen für ein Bankdarlehen, wenn bei einem Zinssatz von 11 % und einem durchschnittlichen Lagerbestand von 500.000,00 EUR ausgegangen werden kann?

17. a) Erklären Sie das Prinzip der Just-in-time-Lieferung.
b) Worin sehen Sie deren Vor- und Nachteile?

7 Das Rechnungswesen im Geschäftsprozess Einkauf

7.1 Wareneingangsbuchung mit Vorsteuer

Stofftelegramm

7.1.1 Überblick

Bei der Umsatzsteuer ist **nicht der gesamte Betrag zu versteuern**, sondern nur der im Betrieb geschaffene **Mehrwert**.

Eingangsrechnung Nr. 4711		**Ausgangsrechnung Nr. 8842**	
20 Feuerlöscher		20 Feuerlöscher	
je 60,00 EUR netto	1.200,00 EUR	je 90,00 EUR netto	1.800,00 EUR
19 % USt.	228,00 EUR	+ 19 % USt.	342,00 EUR
Rechnungsbetrag	**1.428,00 EUR**	**Rechnungsbetrag**	**2.142,00 EUR**

Rechnerische Lösung:

Verkaufspreis, netto	1.800,00
– Einkaufspreis, netto	1.200,00
= Mehrwert	600,00
davon 19 %	**114,00**

Buchhalt. Lösung:

einbehaltene USt. (= Vbl. an FA)	342,00
– Vorsteuer (= Forderung an FA)	228,00
= Mehrwertsteuer →	**114,00**

7.1.2 Der Buchungssatz

Einkauf

2000 Waren	1.200,00
260 Vorsteuer	228,00
an 44 Verbindlichkeiten	1.428,00

Verkauf

240 Forderungen 2.142,00		
an 500 Umsatzerlöse		1.800,00
480 Umsatzsteuer		342,00

7.1.3 Abschluss des Kontos Vorsteuer

Konto 260 Vorsteuer wird monatlich über das Konto 480 Umsatzsteuer abgeschlossen. Die Zahllast (hier: 114,00 EUR) ist an das Finanzamt zu überweisen.

Buchung der Überweisung:
480 USt. an 280 Bank

Buchung am 31.12.:
480 USt. an 801 Schlussbilanz
(wenn noch nicht überwiesen)

S 260 Vorst. H

Soll		Haben	
44	228,00	480	228,00
	228,00		228,00

→

S 480 USt. H

Soll		Haben	
260	228,00	240	342,00
280	114,00		
	342,00		342,00

AUFGABEN

Buchen Sie:

1. Einkauf von Waren auf Ziel: 14.500,00 EUR + 19 % USt.

2. Verkauf von Waren auf Ziel:

Listenverkaufspreis	52.800,00 EUR
+ 19 % USt.	10.032,00 EUR
	62.832,00 EUR

3. **Summen Konto Vorsteuer**
Soll 15.000,00 EUR; Haben 1.000,00 EUR
Summen Konto Umsatzsteuer
Soll 2.000,00 EUR; Haben 23.000,00 EUR

   a) Schließen Sie die Konten ab zur Überweisung der Zahllast.
   b) Wie würde die Abschlussbuchung zum 31.12. lauten?

Lösen Sie bitte folgende Aufgaben:

4. a) Erklären Sie die Begriffe Vorsteuer und Umsatzsteuer.
   b) Welcher Personenkreis soll mit dieser Steuer belastet werden?

5. a) Wie entsteht ein Vorsteuerüberhang?
   b) Wie wirkt sich ein Vorsteuerüberhang bilanziell aus?
   c) Wie entsteht eine Zahllast?
   d) Wie wirkt sich eine Zahllast bilanziell aus?

6. Welchen Einfluss haben Umsatzsteuer- bzw. Vorsteuerbuchungen auf den Erfolg des Unternehmens?

7. Welcher Kontenart ist das
   a) Vorsteuerkonto,
   b) Umsatzsteuerkonto zuzuordnen?

8. Ist ein Vorsteuerüberhang oder eine Zahllast eher üblich?

9. Warum ist die Umsatzsteuer ein durchlaufender Posten?

10. Erklären Sie den Begriff „*Umsatzsteuervoranmeldung*“.

7.2 Kreditorenbuchhaltung

Stofftelegramm

7.2.1 Die Konten/Bücher

Vergleichbar dem Sachkonto **240 Forderungen** aus dem Verkaufsprozess gibt es im Einkaufsprozess das Sachkonto **440 Verbindlichkeiten** aus Lieferungen und Leistungen. Auf diesem Konto werden die Verbindlichkeiten gegenüber den einzelnen Lieferern in ihrer Summe ausgewiesen. Um die Verbindlichkeiten und Zahlungsvorgänge gegenüber einem einzelnen Lieferer nachvollziehen zu können, bedarf es auch hier der tieferen Auflösung in Personenkonten, z. B. 440 001 Konto des Lieferers Knut Schweikert.

AUFGABE

Angenommen, die Schnopfer OHG habe drei Lieferer. Deren Personenkonten weisen folgende Anfangsbestände aus:

Konto-Nr.	Kundenname	Saldo
440 001	Mark Kleiner e. Kfm.	28.420,00 EUR
440 002	Wolfgang Steiner GmbH	19.024,00 EUR
440 003	Klaus Hempel e. Kfm.	38.280,00 EUR

Geschäftsvorfälle:

Nr.	Beschreibung	Lieferer	Betrag
1.	Zieleinkauf lt. Eingangsrechnung Nr. 2817 + 19 % USt.	Mark Kleiner e. Kfm.	3.300,00 EUR
2.	Banküberweisung der Eingangsrechnung Nr. 3748	Wolfgang Steiner GmbH	8.092,00 EUR
3.	Zieleinkauf lt. Eingangsrechnung Nr. 2818 + 19 % USt.	Klaus Hempel e. Kfm.	2.400,00 EUR
4.	Banküberweisung der Eingangsrechnung Nr. 8729	Klaus Hempel e. Kfm.	3.451,00 EUR
5.	Banküberweisung der Eingangsrechnung Nr. 1922	Mark Kleiner e. Kfm.	5.712,00 EUR
6.	Zieleinkauf lt. Eingangsrechnung Nr. 2819 + 19 % USt.	Wolfgang Steiner GmbH	850,00 EUR

a) Bilden Sie die Buchungssätze im Grundbuch.
b) Richten Sie die erforderlichen Personen- und Sachkonten mit ihren Anfangsbeständen ein.
c) Buchen Sie die Geschäftsvorfälle auf den Personen- und Sachkonten.
d) Übertragen und verdichten Sie die Soll- und Haben-Beträge aus den Kreditorenkonten auf das Sachkonto 440 Forderungen aus Lieferungen und Leistungen.
e) Vergleichen Sie die Summe der Endsalden aus den Kreditorenkonten mit dem Endsaldo des Sachkontos 440 Forderungen aus Lieferungen und Leistungen.

7.2.2 Preisnachlässe beim Einkauf

Stofftelegramm

Zu den **nachträglich** gewährten Preisnachlässen gehören:

- Nachlässe **aufgrund berechtigter Mängelrügen** (Gutschriften wegen Rücksendungen und Preisminderungen. Bei körperlichen Rücksendungen ist der Wareneinsatz zu berichtigen [Bewertung zum Einstandspreis]).
- Gewährung von **Kundenboni** (= nachträglich gewährte Rabatte aufgrund größerer Umsätze in der vergangenen Abrechnungsperiode)
- Gewährung von **Kundenskonti** aufgrund vorzeitiger Zahlung

Geschäftsvorfall	Buchungssatz	Erklärung
Kauf von Waren auf Ziel. Listenpreis 3.000,00 10 % Rabatt 300,00 = Zieleinkaufspreis 2.700,00 + Verpackung 100,00 + 19 % USt. 532,00 Einstandspreis 3.332,00	2000 Waren 2.800,00 260 Vorsteuer 532,00 44 Verb. 3.332,00	Sofortnachlässe (Rabatte) werden nicht gebucht.
Wir senden Verpackung zurück und erhalten hierauf 60 % Gutschrift.	44 Verb. 71,40 2000 Waren 60,00 260 Vorsteuer 11,40	Rücksendungen für Verpackung werden auf dem Konto 2000 Waren gebucht.
Transportkosten in Höhe von 150,00 EUR + 28,40 EUR USt. bar an Spedition	2000 Waren 150,00 260 Vorsteuer 28,50 282 Kasse 178,50	Bezugskosten werden auf dem Konto 2000 Waren gebucht.
Fehlerhafte Waren im Nettowert von 500,00 EUR werden zurückgeschickt.	44 Verb. 595,00 2000 Waren 500,00 260 Vorsteuer 95,00	Rücksendungen sind auf dem Konto 2000 Waren zu buchen.
Nach Mängelrüge gewährt uns der Lieferer einen Preisnachlass in Höhe von 20 %. Der Wert der Sendung betrug 1.785,00 EUR (inkl. 19 % USt.).	44 Verb. 357,00 2000 Waren 300,00 260 Vorsteuer 57,00	Nachlässe sind auf dem Konto 2000 Waren zu buchen.
Wegen eines Firmenjubiläums gewährt uns der Lieferer einen Bonus in Höhe von 5 % des letzten Jahresumsatzes. Dieser betrug 285.000,00 EUR (inkl. 19 % USt.).	44 Verb. 14.280,00 2000 Waren 12.000,00 260 Vorsteuer 2.280,00	Durch die Bonusgewährung ändert sich nachträglich der Quartalsumsatz (siehe Skonto). Die Vorsteuer (260) wird um den zugehörigen Betrag verringert.

Geschäftsvorfall	Buchungssatz	Erklärung
Eine Liefererrechnung über 20.230,00 EUR wird unter Abzug von 3 % Skonto durch Banküberweisung bezahlt. Vbl. 20.230,00 – 3 % Skonto 606,00 Überweisungsbetrag 19.623,00 Aufteilung des Skontos: 606,90 – 119 % 510,00 – 100 % 96,90 – 19 %	44 Verbindlichkeiten 20.230,00 2000 Waren 510,00 260 Vorsteuer 96,90 280 Bank 19.623,10	Nachlässe für Liefererskonto werden auf dem Konto 2000 Waren gebucht. Da sich dadurch nachträglich die Berechnungsgrundlage für die Vorsteuer ändert (Wir kaufen zu einem günstigeren Preis ein!), muss auch die Vorsteuer (260) um den zugehörigen Betrag verringert werden.

AUFGABEN

Buchen Sie:

1. | | |
|---|---|
| ER Waren | 5.000,00 EUR |
| – 20 % Rabatt | 1.000,00 EUR |
| = Zieleinkaufspreis, netto | 4.000,00 EUR |
| + 19 % USt. | 760,00 EUR |
| = Zieleinkaufspreis, brutto | 4.760,00 EUR |

2. Zu Aufgabe 1 erhalten wir die Rechnung der Spedition über Transportkosten in Höhe von 238,00 EUR inkl. 19 % USt.

3. Wegen einer Mängelrüge gewährt uns ein Lieferant einen Preisnachlass in Höhe von 20 % auf den Rechnungsbetrag von 17.850,00 EUR.

4. Wegen Falschlieferung senden wir Waren zurück. Rechnungsbetrag 9.520,00 EUR.

5. Da der Halbjahresumsatz mit unserem Lieferanten 100.000,00 EUR überschritt, erhalten wir von ihm eine Bonusanzeige über 5 % des Halbjahresumsatzes. Dieser betrug 172.550,00 EUR.

8 Verbraucherschutz

Stofftelegramm

8.1 Grundlagen

8.1.1 Notwendigkeit des Verbraucherschutzes

In aller Regel ist der Verbraucher beim Abschluss eines Vertrages mit einem Unternehmer in der schlechteren Position, sei es aus **Unwissenheit** (z. B. über rechtliche Vorschriften) oder aufgrund seiner **wirtschaftlichen Schwäche**. Daher stellt der Gesetzgeber den Verbraucher unter seinen besonderen Schutz, um ihn vor nachteiligen Verträgen zu bewahren. Ein gesondertes Verbraucherschutzgesetz gibt es nicht, die wichtigsten Vorschriften finden sich innerhalb des BGB.

8.1.2 Begriffe Unternehmer, Verbraucher und Verbrauchsgüterkauf

Begriff	Erklärung	Beispiel
Unternehmer	§ 14 Abs. 1 BGB: Unternehmer ist eine natürliche oder juristische Person ..., die bei Abschluss eines Rechtsgeschäftes in Ausübung ihrer gewerblichen oder selbstständigen beruflichen Tätigkeit handelt.	Herr Kleiner, Inhaber des Spielwarengeschäftes Kleiner OHG, kauft einen VW Passat als Firmenfahrzeug.
Verbraucher	§ 13 BGB: Verbraucher ist jede natürliche Person, die ein Rechtsgeschäft zu einem Zweck abschließt, der weder ihrer gewerblichen noch ihrer selbstständigen beruflichen Tätigkeit zugeordnet werden kann.	Herr Kleiner, Inhaber des Spielwarenfachgeschäftes Kleiner OHG, kauft für sich privat einen Mercedes SLK.
Verbrauchsgüterkauf	§ 474 BGB: Er liegt vor, wenn • ein **Verbraucher** von • einem **Unternehmer** • eine **bewegliche Sache** kauft.	Herr Kleiner kauft vom Fahrradhändler Sorg ein E-Bike.

8.2 Auswirkungen der Verbraucherschutzmaßnahmen

8.2.1 Überblick

Vorschriften zum Verbraucherschutz schlagen sich im Besonderen in folgenden Bereichen nieder:

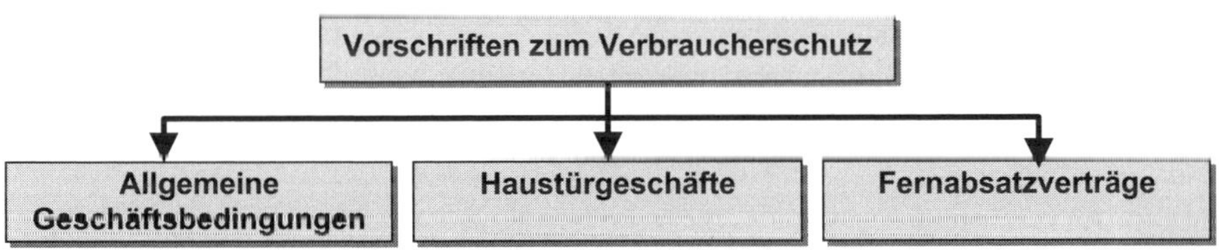

8.2.2 Allgemeine Geschäftsbedingungen (AGB)

8.2.2.1 Begriff

AGB (§ 1 AGBG) = Für eine Vielzahl von Verträgen **vorformulierte Vertragsbedingungen**, die eine Vertragspartei (meist Verkäufer) der anderen Partei bei Vertragsabschluss stellt.

Merke: Individuell ausgehandelte Vertragsbedingungen sind keine AGB und haben Vorrang.

Allgemeine Geschäftsbedingungen

Vorteile	Nachteile
• Vertragsinhalte müssen nicht jedes Mal neu ausgehandelt werden. • Raschere Bearbeitung der Vorgänge im Beschaffungs- und Absatzbereich (= Zeit- und Kostenersparnis), da Vertragsinhalte vereinheitlicht sind. • Risikobegrenzung für Verwender	• ggf. einseitige Benachteiligung des schwächeren Vertragspartners, insbesondere des Nichtkaufmannes • Einschränkung der Vertragsfreiheit

8.2.2.2 Voraussetzungen für die Gültigkeit der AGB

Damit die Allgemeinen Geschäftsbedingungen Bestandteil eines Vertrages werden, müssen folgende Voraussetzungen erfüllt sein:

- Der Verwender (i. d. R. der Verkäufer) muss die andere Partei **ausdrücklich auf die Einbeziehung der AGB in den Vertrag hinweisen**, indem er z. B. die Unterschrift unter eine Klausel verlangt, durch welche die rückseitig gedruckten AGB anerkannt werden.
- Die andere Partei kann **in zumutbarer Weise von den AGB Kenntnis** erhalten, indem der Verwender z. B. auf die in den Geschäftsräumen ausgehängten AGBs verweist.
- Die andere Partei ist **mit deren Geltung einverstanden**.

Überraschende Klauseln werden **nicht Vertragsbestandteil**, wenn die andere Partei nicht mit ihnen zu rechnen brauchte (§ 305c BGB).

8.2.2.3 Inhaltskontrolle der AGB

8.2.2.3.1 Generalklausel (§ 307 BGB)

AGB sind generell unwirksam, wenn sie den Vertragspartner des Verwenders entgegen den Geboten von Treu und Glauben unangemessen benachteiligen, z. B. durch unklare und missverständliche Formulierungen oder durch unauffälligen bzw. unleserlichen Kleindruck.

8.2.2.3.2 Klauselverbote <u>mit</u> Wertungsmöglichkeit (§ 308 BGB)

Diese verbotenen Klauseln erkennt man an der Verwendung von **unbestimmten Rechtsbegriffen** (z. B. unangemessen, hinreichend). Im Streitfalle muss daher ein Gericht entscheiden, wie diese Begriffe im konkreten Fall auszulegen sind.

Nach dieser Vorschrift sind insbesondere unwirksam (Auszug):

§ 308 BGB	Inhalt	Erklärung
Abs. 1	**Annahme und Leistungsfrist**	Verwender behält sich unangemessen lange oder nicht hinreichend bestimmte Fristen vor.
Abs. 2	**Nachfrist**	Verwender behält sich zur Erbringung der Leistung eine unangemessen lange oder nicht hinreichend bestimmte Nachfrist vor.
Abs. 3	**Rücktrittsvorbehalt**	Verwender behält sich vor, ohne sachlich gerechtfertigten oder im Vertrag angegebenen Grund vom Vertrag zurückzutreten.
Abs. 4	**Änderungsvorbehalt**	Verwender hat das Recht, die versprochene Leistung zu ändern oder von ihr abzuweichen.
Abs. 7	**Abwicklung von Verträgen**	Falls eine Vertragspartei vom Vertrag zurücktritt oder diesen kündigt, behält sich der Verwender eine unangemessen hohe Vergütung für die Nutzung oder den Gebrauch der Sache vor.

8.2.2.3.3 Klauselverbote <u>ohne</u> Wertungsmöglichkeit (§ 309 BGB)

Die Inhaltskontrolle dieser Klauseln sind möglich **ohne gerichtliche Entscheidung.** Werden sie verwendet, sind sie unwirksam. Hierzu gehören (Auszug):

§ 309 BGB	Inhalt	Erklärung
Abs. 1	**kurzfristige Preiserhöhungen**	Verwender behält sich das Recht vor, innerhalb von vier Monaten nach Vertragsabschluss die Preise zu erhöhen.
Abs. 4	**Mahnung, Fristsetzung**	Verwender ist davon befreit, die andere Partei zu mahnen oder ihr eine Frist für die Leistung oder die Nacherfüllung zu setzen.
Abs. 5	**Pauschalierung von Schadenersatzansprüchen**	Verwender legt eine pauschale Schadenersatzforderung fest, selbst wenn ein Schaden überhaupt nicht entstanden oder wesentlich niedriger ist als die Pauschale.
Abs. 8 a)	**Ausschluss des Rücktrittsrechts bei Nicht-rechtzeitig-Lieferung**	Verkäufer schließt im Falle seines Lieferungsverzuges aus, dass die andere Partei vom Vertrag zurücktreten kann.

§ 309 BGB	Inhalt	Erklärung
Abs. 8 b)	**Beschränkung/ Ausschluss von Gewährleistungsrechten bei Mängeln von <u>neu</u> hergestellten Sachen**	aa) Verwender schließt Ansprüche wegen eines Sachmangels völlig aus, beschränkt sie auf die Einräumung von Ansprüchen gegen Dritte (z. B. gegen Hersteller) oder macht sie vom Ergebnis einer Gerichtsverhandlung abhängig. bb) Verwender beschränkt Gewährleistungsrecht auf die Nacherfüllung. cc) Verwender schließt die mit der Nacherfüllung verbundenen Kosten (z. B. Transport, Arbeitskosten) aus. ee) Verwender verkürzt die Rügefrist für versteckte Mängel unter die gesetzliche Gewährleistungsfrist. ff) Verwender verkürzt die gesetzliche Gewährleistungsfrist
Abs. 12	**Beweislast**	Verkäufer schließt im Falle seines Lieferungsverzuges aus, dass die andere Partei vom Vertrag zurücktreten kann.

8.2.3 Sondervorschriften des BGB für Verbraucherverträge

8.2.3.1 Überblick

Im Gegensatz zu alltäglich abgeschlossenen Verbraucherverträgen (Kauf von Lebensmitteln im Supermarkt) ist der Verbraucher bei Anwendung der nachfolgend dargestellten Vertriebsformen in besonderem Maße schutzbedürftig.

Art der Vertriebsform	Grund der Schutzbedürftigkeit
Haustürgeschäfte (§§ 312, 312a BGB)	Für den Verbraucher besteht die Gefahr, besonders leicht überrumpelt zu werden, weil diese Verträge u. U. an einem ihm unvertrauten Ort abgeschlossen werden oder ihm nicht genügend Zeit bleibt, den Entschluss zu überdenken.
Fernabsatzverträge (§§ 312b–d BGB)	Es fehlt der persönliche Kontakt zum Verkäufer; der Verbraucher kauft eine Ware, die er zuvor noch nicht gesehen hat.

Beide Gesetze haben **charakteristische Merkmale:**

- Der Verbraucher hat ein **Widerrufsrecht** innerhalb einer bestimmten, kurzen Frist. Der Unternehmer kann an dessen Stelle dem Verbraucher auch ein **Rückgaberecht** einräumen.
- **Fehlt die Belehrung** über das Widerrufsrecht, dann **beginnt die Frist nicht zu laufen.**
- Der Unternehmer hat im Falle eines Fernabsatzvertrages eine **Informationspflicht** gegenüber dem Verbraucher. Erfüllt er diese nicht, hat dies die **Nichtigkeit des Vertrages zur Folge.**

Üblicherweise gilt in der Rechtsprechung der Grundsatz, dass Verträge einzuhalten sind. Die oben bezeichneten Pflichten des Unternehmers (Informationspflicht, Belehrung des Verbrauchers über Rechte) bzw. die Rechte des Verbrauchers (Widerrufsrecht, Rückgaberecht) sind daher Ausnahmen, die nur bei Vorliegen der gesetzlich genau bestimmten Voraussetzungen wirksam werden.

8.2.3.2 Haustürgeschäfte

§§ 312, 312a BGB: Der Begriff „Haustürgeschäft" ist nicht wörtlich zu nehmen. Von solchen Verträgen wird gesprochen, wenn bestimmte Voraussetzungen über den Ort des Zustandekommens erfüllt sind, z. B. wenn der Vertrag zustande kam durch Verhandlungen ...

- am **Arbeitsplatz**,
- in der **Privatwohnung** (auch „Partyverkäufe" in einer anderen Wohnung),
- auf der **Straße** (überraschendes Ansprechen in einem öffentlichen Raum),
- bei einer **„Kaffeefahrt"** durch ein Reiseunternehmen.

Ausnahmen

- bei **Versicherungsverträgen**
- bei **Bargeschäften bis 40,00 EUR**
- wenn der Kunde den **Verkäufer selbst in die Wohnung bestellt** hat
- wenn die Willenserklärung des Verbrauchers **von einem Notar beurkundet** wurde

Folgen

Der Verbraucher hat aufgrund von § 312 Abs. 1 BGB ein **Widerrufsrecht**, dessen Ausübung und Folgen in § 355 ff. BGB geregelt sind. **Der Unternehmer kann anstelle des Widerrufsrechts** dem Verbraucher (ein für den Unternehmer günstigeres) **Rückgaberecht** nach § 356 BGB einräumen (siehe Ausführungen in Kapitel 8.2.3.4).

8.2.3.3 Fernabsatzverträge (§§ 312b–d BGB)

Fernabsatzverträge sind Verträge

- über die Lieferung von Waren oder die Erbringung von Dienstleistungen,
- die unter **ausschließlicher Verwendung von Fernkommunikationsmitteln** abgeschlossen wurden.

Antrag und Annahme kamen also unter Abwesenden zustande. Zu den Fernkommunikationsmitteln gehört nicht nur das Internet, sondern auch Telefon und Brief. Damit ist also auch der traditionelle Versandhandel erfasst.

Ausnahmen

unter anderem Fernunterricht, Versicherungen

Folgen

1) Fernabsatzverträge unterliegen einer **strengen Verpflichtung zur Transparenz**, d. h., der Unternehmer hat gegenüber dem Verbraucher bestimmte Informationspflichten (§ 312c).
   - (§ 312c Abs. 1 BGB) Informationen **<u>vor</u> Abschluss des Vertrages**
     Der Unternehmer muss den Verbraucher in einer dem eingesetzten Fernkommunikationsmittel entsprechenden Weise klar und verständlich informieren über:
     1. seine Identität, d. h. exakte Angaben über die Firma (Bezeichnung, Gesellschaftsform),

2. seine Anschrift,
3. wesentliche Merkmale der Ware oder Dienstleistung sowie darüber, wie der Vertrag zustande kommt,
4. die Mindestlaufzeit des Vertrags, wenn dieser eine dauernde oder regelmäßig wiederkehrende Leistung zum Inhalt hat,
5. einen Vorbehalt, eine in Qualität und Preis gleichwertige Leistung (Ware oder Dienstleistung) zu erbringen,
6. den Preis der Ware oder Dienstleistung,
7. gegebenenfalls zusätzlich anfallende Liefer- und Versandkosten,
8. das Bestehen eines Widerrufs- oder Rückgaberechts,
9. die Gültigkeitsdauer befristeter Angebote, insbesondere hinsichtlich des Preises.

- (§ 312c Abs. 2) Informationen <u>**nach**</u> **Abschluss des Vertrages** (spätestens bis zur vollständigen Erfüllung) in **Textform:**
  1. die obigen Positionen 1.–9.,
  2. Informationen über die Bedingungen, Einzelheiten der Ausübung und Rechtsfolgen des Widerrufs- oder Rückgaberechts sowie über den Ausschluss des Widerrufs- oder Rückgaberechts,
  3. die Anschrift der Niederlassung des Unternehmers, bei der der Verbraucher Beanstandungen vorbringen kann,
  4. Informationen über Kundendienst und geltende Garantiebedingungen und
  5. die Kündigungsbedingungen bei Verträgen, die ein Dauerschuldverhältnis betreffen ...

2) Der Verbraucher hat – analog zu den Haustürgeschäften – aufgrund von § 312d BGB ein **Widerrufsrecht**, dessen Ausübung und Folgen in § 355 ff. BGB geregelt sind. **Der Unternehmer kann anstelle des Widerrufsrechts** dem Verbraucher (ein für den Unternehmer günstigeres) **Rückgaberecht** nach § 356 BGB einräumen (siehe Ausführungen in Kapitel 5.8.2.5.). Beachte dort auch insbesondere die Sonderregelungen für die Widerrufsfrist bei Fernabsatzverträgen.

8.2.3.4 Widerrufs- und Rückgaberecht des Verbrauchers

Die Vorschriften zum Verbraucherschutz in den
- §§ 312, 312a (Haustürgeschäfte) und
- §§ 312b–d BGB (Fernabsatzverträge)

regeln nur die **Voraussetzungen**, unter denen der Verbraucher ein Widerrufsrecht hat bzw. unter denen der Unternehmer ein Rückgaberecht einräumen kann.

Die **Durchführung** des Widerrufs- und des Rückgaberechts ist in § 355 und § 356 BGB geregelt.

8.2.3.4.1 Widerrufsrecht (§ 355 BGB)

Zur Ermittlung der Widerrufsfrist enthält § 355 Abs. 1, Abs. 2 allgemeine Regeln, die in den speziellen Vorschriften zum Fernabsatzgesetz abgeändert werden. Solange das Widerrufsrecht nicht ausgeübt wird, ist der Vertrag (schwebend) wirksam. Ein rechtzeitiger, berechtigter Widerruf beendet die vorläufige Vertragsbindung. Ein erfolgreicher Widerruf setzt also voraus, dass

1) nach den Vorschriften des § 312 ff. überhaupt ein **Widerrufsrecht** besteht,
2) der **Widerruf erklärt** wurde und
3) die Erklärung **rechtzeitig** erfolgte.

Zu 2) Erklärung des Widerrufs

Der Widerruf kann in Textform oder durch Rücksendung der Sache erklärt werden. Eine Begründung ist nicht erforderlich. Der Widerruf muss eindeutig erklärt werden. Die Angabe „Rücksendung" genügt nicht, da dies vom Verkäufer auch als Umtauschverlangen gedeutet werden könnte.

Zu 3) Widerrufsfrist

	Haustürgeschäft	Fernabsatzvertrag
Dauer der Frist	Grundsätzlich **14 Tage,** rechtzeitige Absendung des Widerrufs genügt.	
Beginn der Frist	• mit Erhalt einer deutlich gestalteten **Belehrung** des Verbrauchers in Textform über sein Widerrufsrecht • Wird die Belehrung nach Vertragsschluss mitgeteilt, beträgt die Widerrufsfrist einen Monat. • Die Belehrung ist vom Verbraucher gesondert zu unterschreiben oder zu signieren. • Ist der Vertrag schriftlich abzuschließen, beginnt die Frist erst zu laufen, nachdem der Verbraucher eine Vertragsurkunde oder eine Durchschrift erhalten hat. • Der Unternehmer muss den Beginn der Frist beweisen.	Bei Fernabsatzverträgen beginnt die Widerrufsfrist des Verbrauchers erst nach persönlichem Erhalt der Ware zu laufen.
Erlöschen des Widerrufsrechts	• sechs Monate nach Vertragsabschluss, bei Warenlieferung sechs Monate ab Wareneingang • Es erlischt vorzeitig, wenn der Vertrag von beiden Seiten auf ausdrücklichen Wunsch des Käufers erfüllt wurde, bevor dieser das Widerrufsrecht ausgeübt hat. • Fehlt die Widerrufsbelehrung oder ist sie fehlerhaft, dann verlängert sich die Frist auf maximal zwölf Monate nach Ablauf der eigentlichen Widerrufsfrist (längstens also ein Jahr und 14 Tage).	

8.2.3.4.2 Rückgaberecht (§ 356 BGB)

Der Unternehmer kann in bestimmten Fällen das Widerrufsrecht des Verbrauchers durch ein **Rückgaberecht** ersetzen. Dies ist für ihn deshalb günstiger, weil dieses Recht nur durch Rücksendung der Ware (auf Kosten und Gefahr des Unternehmers) innerhalb der Widerspruchsfrist ausgeübt werden kann und nicht bereits durch eine schriftliche Erklärung. Ist eine Versendung als Paket nicht möglich, kann der Verbraucher vom Unternehmer die Rücknahme verlangen.

Voraussetzungen des Rückgaberechts

- Die Rücknahme muss **ausdrücklich durch Gesetz zugelassen** sein (§ 312 ff. BGB).
- Im Verkaufsprospekt muss der **Verbraucher deutlich** über das Rückgaberecht **belehrt** worden sein.
- Der Verbraucher konnte den Verbrauchsprospekt **in Abwesenheit des Unternehmers eingehend zur Kenntnis nehmen.**
- Dem Verbraucher wurde das **Rückgaberecht in Textform** eingeräumt.

8.2.3.4.3 Rechtsfolgen des Widerrufs- und Rückgaberechts (§§ 357, 346 ff. BGB)

Für die Abwicklung des Widerrufs- und des Rückgaberechts gelten die Vorschriften des gesetzlichen Rücktritts (§ 346 ff. BGB) entsprechend. Die empfangenen Leistungen sind zurückzugewähren.

Dies bedeutet für ...

Unternehmer	Verbraucher
Herausgabe des empfangenen Entgelts innerhalb von 14 Tagen.	• Rücksendung der Ware, falls die Sache durch Paket versandt werden kann. • Kosten und Gefahr der Rücksendung trägt der Unternehmer. • Macht ein Käufer von seinem Widerrufs- oder Rückgaberecht Gebrauch, dann darf er nicht mit den Kosten der Hinsendung belastet werden. • Im Falle des Widerrufsrechts dürfen dem Verbraucher die Kosten der Rücksendung vertraglich auferlegt werden (Ausnahme: die gelieferte Sache entsprach nicht der bestellten). • Hat der Verbraucher die Sache bestimmungsgemäß in Gebrauch genommen und ist dadurch eine Verschlechterung eingetreten, dann muss er dem Unternehmer hierfür einen Wertersatz leisten, falls der Verbraucher spätestens bei Vertragsabschluss schriftlich auf diese Rechtsfolge und auf eine Möglichkeit hingewiesen wurde, diese Rechtsfolge zu vermeiden.

AUFGABEN

1. Weshalb sind Vorschriften zum Schutz der Verbraucher notwendig?
2. Klären Sie kurz die Begriffe Unternehmer, Verbraucher und Verbrauchsgüterkauf und bilden Sie jeweils ein Beispiel.
3. In welchen Themenbereichen finden die Vorschriften zum Verbraucherschutz in besonderem Maße ihren Niederschlag?
4. a) Was sind AGB?
   b) Vor- und Nachteile der AGB?
   c) Hauptzweck dieser Vorschriften?
5. Überprüfen Sie, ob die folgenden Klauseln der Allgemeinen Geschäftsbedingungen gegenüber Verbrauchern rechtswirksam sind.
   a) „Zugesagte Liefertermine sind für uns nicht bindend." (§ 308 Abs. 1 BGB)
   b) „Im Falle einer verspäteten Lieferung ist der Käufer berechtigt, eine Nachfrist zu setzen, nach deren erfolglosem Ablauf er zum Rücktritt berechtigt ist. Die Nachfrist beträgt mindestens vier Monate." (§ 308 Abs. 2 BGB)
   c) „Verursacht der Mieter einen Schaden an dem gemieteten Kraftfahrzeug, ist – unabhängig von der Höhe des tatsächlichen Schadens – ein Mindestentgelt von 1.000,00 EUR zu bezahlen." (§ 309 Abs. 5 BGB)
   d) „Im Falle einer mangelhaften Lieferung hat der Käufer nur das Recht, Nachbesserung zu verlangen. Andere Ansprüche sind ausgeschlossen." (§ 309 Abs. 8 b) bb) BGB)
   e) „Versteckte Mängel werden nur anerkannt, wenn diese spätestens innerhalb von 4 Wochen gerügt werden." (§ 309 Abs. 8 b) ee) BGB)

6. Wodurch unterscheiden sich bei der Inhaltskontrolle die Klauselverbote mit Wertungsmöglichkeit von den Klauselverboten ohne Wertungsmöglichkeit?

7. a) Wodurch kommt ein *„Haustürgeschäft"* zustande?
   b) Welche Folge ergibt sich hieraus?

8. Versuchen Sie, die Vorschriften der §§ 312 ff., 355 und 346 BGB in einen strukturellen Zusammenhang zu bringen. Eine Tabelle gemäß nachfolgendem Muster kann Sie dabei unterstützen.

Rechtsgrundlage	**§ 312 Abs. 1 BGB Haustürgeschäft**	**§ 312c, d BGB Fernabsatzgeschäft**
Gültigkeit		
Pflichten des Unternehmers vor Vertragsabschluss		
Pflichten des Unternehmers nach Vertragsabschluss		
Folgen		
Ablauf des Widerrufsrechts, § 355 BGB		
Beginn der Frist		
Erlöschen des Widerrufsrechts		
Abwicklung, § 346 BGB		

9. Die Vorschriften des BGB beschränken den Gedanken der Vertragsfreiheit, indem sie Vorschriften beinhalten in Bezug auf die Gestaltung und den Vertragsinhalt. Worin wird der Verbraucher geschützt
   a) bei den Vorschriften über die Informationspflicht im Rahmen eines Fernabsatzvertrages (§ 312c Abs. 1 BGB),
   b) bei den Vorschriften über das Widerrufsrecht?

9 Anlagegüter

9.1 Kauf von Anlagegütern

Stofftelegramm

Kaufpreis (ohne Umsatzsteuer)

+ Anschaffungsnebenkosten → einmalige Ausgaben im Zusammenhang mit der Anschaffung, z. B.:

- Montagekosten
- Transportkosten
- Verpackungskosten
- Zölle
- Notariatskosten
- Grund**erwerb**steuer (nicht Grundsteuer)

– Anschaffungskostenminderungen → Skonti, Rabatte, Boni

= Anschaffungskosten → Aktivierungsbetrag (= gebuchter Betrag auf dem Aktivkonto)

Merke! Generell gilt: Was nicht aktiviert wird, ist Aufwand!

AUFGABEN

Buchen Sie:

1. Kauf einer Maschine auf Ziel: netto 30.000,00 EUR + 19 % USt., Transportkosten 700,00 EUR netto + 19 % USt., Montagekosten 1.500,00 EUR + 19 % USt.

   a) Buchen Sie die Eingangsrechnung.
   b) Buchen Sie die Zahlung unter Abzug von 2 % Skonto (nur auf den Maschinenwert).

2. Kauf eines Lkw: Kaufpreis netto 120.000,00 EUR, Spezialaufbau 11.000,00 EUR netto, Anhängerkupplung 1.200,00 EUR netto, Überführungskosten 1.000,00 EUR netto, Zulassungskosten 400,00 EUR netto.

   Wir überweisen die Kfz-Steuer in Höhe von 1.600,00 EUR sowie die Haftpflichtversicherung in Höhe von 2.300,00 EUR. Tankfüllung: 500,00 EUR + 19 % USt.
   a) Ermitteln Sie die Anschaffungskosten.
   b) Buchen Sie den Kauf auf Ziel sowie die Nebenkosten.
   c) Buchen Sie die Zahlung des Lkw unter Abzug von 2 % Skonto.

3. Was versteht man unter Aktivierung?

4. Wie wird der aktivierungspflichtige Betrag beim Kauf von Anlagen ermittelt?

5. Erklären Sie den Begriff ***„Anschaffungsnebenkosten“***. Nennen Sie fünf Beispiele.

6. Nennen Sie drei Beispiele für Anschaffungskostenminderungen.

7. Welche der folgenden Kosten sind ***nicht*** Bestandteil der Anschaffungskosten, also nicht aktivierungsfähig? (Begründung)
   a) Kfz-Versicherung
   b) Kfz-Steuer
   c) Transportversicherung
   d) Finanzierungskosten im Zusammenhang mit der Anschaffung

9.2 Abschreibung zur Erfassung der Wertminderung

Stofftelegramm

9.2.1 Gründe für die Abschreibung

Langfristig nutzbare Vermögensgegenstände verlieren an Wert. Gründe: Wertminderung durch Nutzung, Verderb, Verschleiß; technischer Fortschritt; außergewöhnliche technische oder wirtschaftliche Nutzung.

Abschreibungsbeträge werden bei der Ermittlung des Verkaufspreises berücksichtigt und fließen somit über die Umsatzerlöse als flüssige Mittel in das Unternehmen zurück, wo sie für weitere Neuanschaffungen zur Verfügung stehen.

9.2.2 Lineare Abschreibung

9.2.2.1 Ermittlung des Abschreibungsbetrags

jährlicher Abschreibungsbetrag = Anschaffungswert : Nutzungsdauer

Abschreibungssatz in % = 100 : Nutzungsdauer

9.2.2.2 Der Buchungssatz

6500 Abschreibungen	an	xxx Anlagenkonto

Die Abschreibung erfasst:

- durch die **Soll-Buchung** (auf **Aufwandskonto**) den **Vermögensverzehr**.
- durch die **Haben-Buchung** (auf **aktivem Bestandskonto**) die **Wertminderung des betreffenden Vermögensgegenstandes**. Dadurch wird das Anlagevermögen richtig ausgewiesen.

AUFGABEN

Buchen Sie:

1. Abschreibung (linear) auf Betriebsausstattung: 10.000,00 EUR.
2. Am Jahresende ist noch folgende lineare Abschreibung zu berücksichtigen (Gegenstand wird noch betrieblich genutzt):

Vermögensgegenstand	Lkw	Anschaffungswert	200.000,00
Abschreibungssatz	20 %	Restbuchwert	80.000,00

Lösen Sie bitte folgende Aufgaben:

3. Begründen Sie die Notwendigkeit von Abschreibungen.

4. Wie wirken sich Abschreibungen erfolgsmäßig aus?

5. Weshalb schreibt die Finanzverwaltung Höchstsätze für die jährliche Abschreibung vor?

6. Die Eingangsrechnung für drei Registrierkassen lautet über 4.641,00 EUR einschließlich 19 % USt. Wir zahlen unter Abzug von 2 % Skonto. Nutzungsdauer: 6 Jahre. Ermitteln Sie den Abschreibungsbetrag für die drei Kassen.

Siehe auch Kapitel „Prüfungsaufgaben“, 1: Kapitelübergreifende Aufgaben.

Existenzgründung

1 Marketing

1.1 Notwendigkeit der Marktorientierung

Stofftelegramm

1.1.1 Vom Verkäufermarkt zum Käufermarkt

Markt

Früher	Heute
Verkäufermarkt	**Käufermarkt**
Merkmale: • Nachfrage größer als Angebot • produktionsorientiert • Denkrichtung: beschaffen → produzieren → so gut wie möglich verkaufen	Merkmale: • Angebot größer als Nachfrage (Markt = gesättigt) • Orientierung aller Entscheidungen (Produktionsprogramm, Design, Werbebotschaft) am Kundennutzen • Kundennutzen muss daher erforscht werden. • Kundenorientierung wird zur herausragenden Richtlinie unternehmerischen Handelns. **Fazit:** Marketing ist notwendig.

1.1.2 Begriff Absatzmarketing

= **Steuerung des Betriebes vom Markt her** = alle unternehmerischen Maßnahmen mit dem Ziel, einen Markt zu erschließen, zu erhalten und zu erweitern

Beispiele für Ansätze zu kundenorientiertem Handeln im Unternehmen:
- Entwicklung der Produkte in Kooperation mit den Kunden
- regelmäßige und systematische Erforschung der Kundenbedürfnisse und deren Umsetzung in neue Produkte

AUFGABEN

1. Wie ist die Wandlung von der traditionellen Denkrichtung (Beschaffung – Produktion – Absatz) zur kundenorientierten Denkrichtung (Denken vom Markt her) zu erklären?
2. Welche Merkmale kennzeichnen den Käufermarkt?
3. Skizzieren Sie Ansätze, durch welche kundenorientiertes Handeln im Unternehmen umgesetzt werden kann.

1.2 Die Marktforschung

Stofftelegramm

1.2.1 Begriff und Gegenstand der Marktforschung

Marktforschung = Instrument zur Informationsbeschaffung
Was wird erforscht (Forschungsgegenstand)?

Eigene Abnehmer	Gesamtheit aller Abnehmer	Gesamtwirtschaftliche Entwicklung	Konkurrenz
• Alter, Geschlecht • Einkommen • Freizeitverhalten • Kaufgewohnheit	(siehe eigene Abnehmer)	• Struktur der Bevölkerung • Einkommensentwicklung • technische Entwicklung	• Anzahl • Marktstellung • Angebot

1.2.2 Methoden der Marktforschung

Marktbeobachtung
- laufend
- zeitraumbezogen

Marktanalyse
- einmalig
- zeitpunktbezogen

führt zu

Marktprognose

mit Aussagen über die Entscheidungsfelder

Produktpolitik
- Produktsortiment
- Design

Distributionspolitik
- direkt – indirekt
- zentral – dezentral

Preispolitik
- kostenorientiert
- nachfrageorientiert
- Preisdifferenzierung

Kommunikationspolitik
- Werbebotschaft
- Zielgruppe
- Etat

1.2.3 Methoden der Informationsgewinnung

Primärforschung (= field research)	Sekundärforschung (= desk research)
Neue, bisher noch nicht erfasste Daten werden eigens erhoben, z. B. durch: • Befragung = Gewinnung von Meinungen, Einstellungen usw. durch mündliches, schriftl., telefonisches Interview • Beobachtung = Erfassung beobachtbarer Tatbestände ohne direkten Kontakt zum Marktteilnehmer • Experiment: Ermittelt die Abhängigkeit einer Produkteigenschaft (z. B. rasches Erkennen der Produktart) von der Veränderung einer anderen Produkteigenschaft (z. B. Verpackungsform oder Farbe der Verpackung bei Weichspüler). • Panelerhebung: Eine feste Anzahl von Haushalten/Geschäften wird zu gleichen Sachverhalten in regelmäßigen Zeitabständen befragt.	Rückgriff auf vorhandenes Datenmaterial aus früheren Erhebungen • unternehmensintern, z. B. Absatzstatistik, Außendienstberichte • unternehmensextern, z. B. Statistisches Bundesamt, Bundesbank, IHK, Prognos-Reports

AUFGABEN

1. Erklären Sie kurz folgende Begriffe:
   a) Absatzmarketing
   b) Marktforschung
   c) Marktbeobachtung
   d) Marktanalyse
   e) Marktprognose
   f) Primärforschung
   g) Sekundärforschung

2. Welche Datenquellen werden bei der Sekundärforschung verwendet?

3. Nennen und erklären Sie kurz die Methoden, mit denen im Rahmen der Primärforschung (field research) die Daten erhoben werden.

1.3 Marketinginstrumente

1.3.1 Produktlebenszyklus

Stofftelegramm

1.3.1.1 Begriff Produktlebenszyklus

= Umsatzentwicklung eines Produktes zwischen Markteinführung und Ausscheiden aus dem Markt

1.3.1.2 Phasen des Produktlebenszyklus

Jedes Produkt steht jeweils in einer ganz bestimmten Phase des Lebenszyklus. Der Beitrag eines Produktes zum wirtschaftlichen Erfolg eines Unternehmens wird bestimmt durch die Phase, in welcher es sich jeweils befindet. Die Kenntnis darüber, an welcher

Stelle seines Lebenszyklus sich ein Produkt befindet, ist wichtig. Damit können rechtzeitig die erforderlichen Marketingmaßnahmen (z. B. Weiterentwicklung, gezielte Aufgabe ...) ergriffen werden.

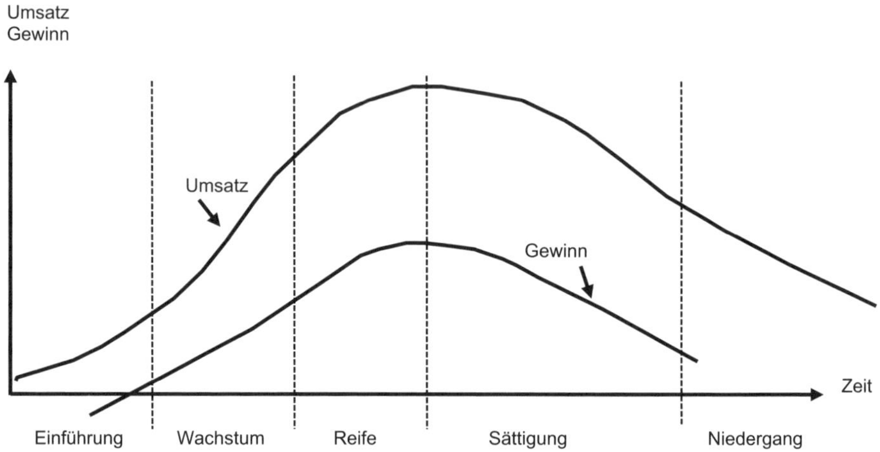

Einführung	• intensive Einführungswerbung zur Überwindung der Marktwiderstände • hoher Aufwand für den Vertrieb des Produktes (Werbung, Gewinnung von Händlern, Preisausschreiben usw.) • wegen hoher Anlaufkosten insgesamt Verluste • möglichst viele Probierkäufer • Ausbau der Absatzwege und der Produktionskapazität
Wachstum	• verstärkte Nachfrage • stark steigende Umsätze und Gewinne • Bildung einer Stammkundschaft • Das Produkt findet seine Kernzielgruppe. Die Mitglieder dieser Gruppe fühlen sich der Marke verbunden und zeigen dies auch. • ggf. Auftauchen der ersten Nachahmer
Reife	• volle Ausschöpfung des Marktpotenzials • Umsatz- und Gewinnmaximum • Der Kreis der Kunden wird insgesamt nicht mehr größer, weil die Zahl der Abwanderungen in etwa gleich groß ist wie die Zahl der Neukunden. • Stammkundschaft ist gefestigt und markentreu. • Produktdifferenzierung zur Abdeckung von Sonderwünschen • Aufbau des Nachfolgeproduktes
Sättigung	• Umsatz und Gewinn sinken. • Abgänger können durch Neukunden nicht mehr ausgeglichen werden. • Neue Marken gewinnen an Aktualität. • Überlegungen über weitere Strategie (Markenbelebung oder geplantes Aufgeben)
Niedergang	• starker Rückgang des Absatzes • „Auslaufmodelle" werden zu günstigen Preisen angeboten. • Das Produkt wird letztlich vom Markt genommen.

AUFGABEN

1. Erklären Sie den Begriff Produktlebenszyklus.
2. Warum ist es für ein Unternehmen wichtig, den Standort seiner Erzeugnisse innerhalb des Produktlebenszyklus zu kennen?
3. Zeichnen Sie die Lebenszykluskurve für
   a) ein Modeprodukt, b) ein langlebiges Konsumgut.
4. a) Nennen Sie die Phasen eines Produktlebenszyklus.
   b) Beschreiben Sie die Merkmale, durch welche sich die einzelnen Phasen auszeichnen.

1.3.2 Kommunikationspolitik

Stofftelegramm

Aufgaben der Werbung

- neue Bedürfnisse wecken
- neue Produkte bekannt machen
- neue Kunden gewinnen
- Kundenstamm erhalten

Grundsätze der Werbung

- Wirksamkeit
- Wahrheit
- Klarheit
- Wirtschaftlichkeit

Werbearten

Nach Anzahl der Adressaten

- **Direktwerbung** (durch Brief/Gespräch an einen Einzelnen)
- **Massenwerbung** (durch Rundfunk, Zeitung, Postwurfsendungen an die Allgemeinheit oder Zielgruppe)

Nach Anzahl der Werbenden

- **Alleinwerbung**
- **Verbundwerbung** (mehrere Unternehmen werben gemeinsam, z. B. Hersteller von Sportgeräten + Hersteller von Sportbekleidung)
- **Gemeinschaftswerbung** (Werbung für eine ganze Branche, z. B. Fleischerhandwerk)

Werbeplan

Er legt fest,
- wer
- wo
- wie
- wann und
- mit welchen Mitteln (Etat)

wirbt.

Werbedurchführung

- **Streukreis** (Welche Personen werden umworben?)
- **Streugebiet** (Wo werben?)
- **Streuzeit** (Wann werben?)
- **antizyklische Werbung** (sinkender Umsatz – vermehrte Werbung und umgekehrt)

Werbemittel

- Zeitungsanzeige
- Werbespot
- Kostprobe
- Schaufenster

Werbeträger	Kennzeichen
Tageszeitung	• Werbung des Einzelhandels für tagesaktuelle Produkte • keine Zielgruppen • geringer Streukreis • einfache Gestaltung des Werbemittels
TV-Zeitschrift	• großer Streukreis • emotionale Werbegestaltung durch bunte Bilder möglich • Die Leserschaft interessiert sich eher für das Fernsehprogramm und weniger für den redaktionellen Teil mit den Werbeanzeigen.
Fachzeitschrift	• ideal für Spezialprodukte einer bestimmten Zielgruppe • Tendenz zu informativer Werbung mit Fachbegriffen
Rundfunk	• geringer Streukreis bei lokalen Sendern • Dauerberieselung mit geringem Aufmerksamkeitswert des Zuhörers
Fernsehen	• hoher Streukreis • akustische und optische Wirkung gleichzeitig • große Fluchtmöglichkeit mit Fernbedienung (Lösung: Die Werbung wird in den Handlungsablauf der Fernsehserie eingebaut, z. B. der Tourist in der Sendung „Traumschiff" fotografiert mit einer Canon-Kamera = Product-Placement.)

Vorteile der Werbung	Nachteile der Werbung
• Kostensenkung durch erhöhten Absatz • Die Verbraucher sind besser informiert und haben dadurch einen besseren Überblick über den Markt für ein bestimmtes Produkt. • Werbung verbessert Absatz, sichert damit Arbeitsplätze und trägt letztlich zum Wohlstand bei.	• Werbungskosten verteuern die Produkte. • Großunternehmen können sich Werbungskosten eher leisten und haben dadurch Wettbewerbsvorteile. • Verbraucher wird manipuliert und zum Verbrauch verführt.

Werbeerfolgskontrolle

= Vergleich zwischen Werbeaufwand und Werbeerfolg nach Abschluss einer Werbeaktion

Ökonomischer Werbeerfolg	Psychologischer Werbeerfolg
Im werbenden Unternehmen selbst in Geld oder Stückzahlen messbar, z. B. Zuwachs an Umsatz, Erhöhung des Marktanteils.	Lässt sich **nicht** im Unternehmen, sondern nur am Umworbenen selbst messen (Änderung in der Haltung gegenüber Produkt oder Hersteller). Hierzu werden spezielle Verfahren eingesetzt, wie z. B. Satzergänzungstests (An meinem Handy gefällt mir, dass ...).

Absatzfördernde Maßnahmen

Salespromotion	Werbung wendet sich an den Verbraucher, um ihn an das Produkt heranzuführen. Salespromotion hingegen soll den **Verkaufsvorgang selbst** verbessern. Zielgruppen daher: • **eigene Vertriebsmannschaft,** z. B. Einstimmung auf neue Produktlinie • **Handel**, z. B. Verkäuferschulung, Beratung, Schaufensterdekorationen durch Hersteller, Displaymaterial • **Kunde**, z. B. Aktionswoche, Produktproben, Preisausschreiben

Public Relations	Maßnahmen zur Imagepflege, z. B. Tag der offenen Tür, Betriebsbesichtigungen
Product-Placement	Unterbringung der Erzeugnisse im Rahmen von Fernsehserien bzw. Spielfilmen (z. B. BMW-Roadster bei James Bond)
Sponsoring	Unterstützung einzelner Sportler, Künstler oder von Sport- bzw. kulturellen Veranstaltungen

AUFGABEN

1. Nennen Sie die Aufgaben und die Grundsätze der Werbung.
2. Unterscheiden Sie die Begriffe:
   a) Direktwerbung – Massenwerbung b) Allein-, Verbund-, Gemeinschaftswerbung
3. Nennen Sie je drei Werbemittel und Werbeträger.
4. Was versteht man unter antizyklischer Werbung?
5. Welche Vor- und Nachteile sind mit der Werbung verbunden?
6. Wie kann der Werbeerfolg kontrolliert werden?
7. Wodurch unterscheidet sich Werbung von Salespromotion?
8. Erklären Sie die Begriffe:
   Public Relations, Product-Placement und Sponsoring.

1.3.3 Preispolitik

Stofftelegramm

Oberziel jeglicher Preispolitik = **Gewinnmaximierung**

1.3.3.1 Einflussgrößen der Preisfindung

Käuferseite	Verkäuferseite
Kauffähigkeit • Vermögen, Einkommen • Verschuldungsmöglichkeit	**Produktpreis** • Kosten • Gewinnerwartung
+	+
Selbstimage des Käufers • Preisbereitschaft • Bedürfnisdruck • Preisvorstellung	**Produktimage** • Konkurrenzpreis • Preiswürdigkeit • Grund- und Zusatznutzen (Beispiel: Ein Mantel hält warm [= Grundnutzen]. Ein Mantel ist schick oder vermittelt Wohlstand [= Zusatznutzen].)

1.3.3.2 Kostenorientierte Preisgestaltung

Der Verkaufspreis ergibt sich mithilfe der Vollkostenrechnung. Ausgehend vom Einstandspreis werden im Rahmen einer Verkaufskalkulation stufenweise Handlungskosten, Gewinn, Skonto, Vertreterprovision und Rabatt als jeweils prozentualer Aufschlag hinzugerechnet. (Beispiel + Übungsaufgaben siehe Kapitel „Geschäftsprozess Verkauf“, Nr. 6.3.1)

1.3.3.3 Konkurrenz- und branchenorientierte Preisgestaltung

Der eigene Preis hängt nicht von Kosten- oder Nachfrageänderungen ab, sondern steht in fester Beziehung zu den Preisen der Konkurrenz. In dieser Situation muss das eigene Unternehmen in der Kalkulation seine Denkrichtung umkehren und rückwärts kalkulieren. Die Preise der Mitbewerber gelten als Datum. Ausgehend von diesem festen Wert lautet die Fragestellung: *„Wie hoch darf der Einstandspreis höchstens sein, damit noch der angestrebte Gewinn erzielt wird?“* (Beispiel + Übungsaufgaben siehe Kapitel „Geschäftsprozess Verkauf“ Nr. 6.3.2)

1.3.3.4 Nachfrageorientierte Preisgestaltung

Im Vordergrund der Preisbildung steht die Stärke der Nachfrage. Der Preis schwankt je nach Verhandlungsmacht und -willen der Nachfrager. Das Verhalten der Kunden zeichnet sich dadurch ab, dass sie in beide Richtungen stark reagieren, indem sie einerseits z. B. strenge Kaufzurückhaltung üben oder zur Konkurrenz abwandern, andererseits aber auch wie in einem „Kaufrausch“ überhöhte Preise bezahlen.
(Populäre Beispiele: starker Verfall der Preise für Rindfleisch nach Information der Konsumenten über BSE, Nachfrage nach Fan-Artikeln während der Fußball-Weltmeisterschaft.)

Für den Unternehmer hängt in dieser Zeit das Überleben davon ab, dass er seine Kostenstruktur sehr genau kennt und seine Preise nach Möglichkeit gezielt auf bestimmte Kundengruppen ausrichten kann. Als Instrument eignet sich hierfür die **Preisdifferenzierung**.

1.3.3.5 Preisdifferenzierung

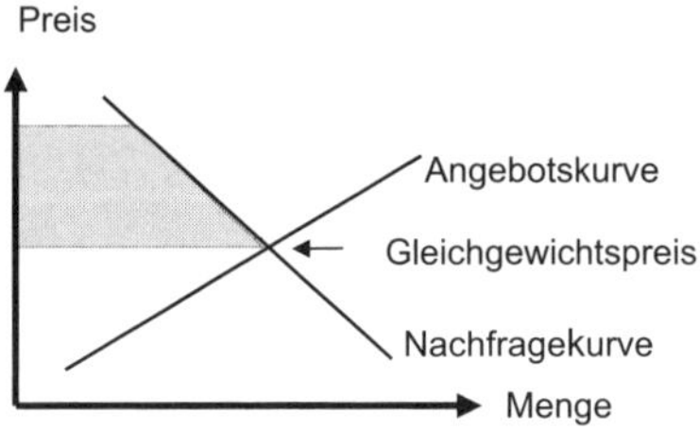

Im Normalfall kommt für ein bestimmtes Produkt ein Gleichgewichtspreis zustande. Ein Teil der Konsumenten wäre jedoch bereit gewesen, mehr auszugeben (grau schraffierte Fläche).

Ziel der Preisdifferenzierung = Abschöpfung der höheren Ausgabebereitschaft jener Konsumenten, die bereit waren, mehr zu bezahlen.

Voraussetzungen:

- **Bildung von abgegrenzten Teilmärkten**, auf denen jeweils unterschiedliche Preise verlangt werden.
- Ein **Übergang** von einem zum anderen Markt darf für den Kunden **nicht möglich** sein.

Art der Preisdifferenzierung	Ziel	Beispiele
Räumliche Preisdifferenzierung	Je nach Ort der Nachfrage werden unterschiedliche Preise verlangt.	• Benzin an Autobahntankstellen • geringere Preise für Pkws in Ländern mit Luxussteuern (z. B. Dänemark)
Zeitliche Preisdifferenzierung	Je nach Zeitpunkt der Nachfrage werden unterschiedliche Preise verlangt.	• Preise für Urlaubsreisen je nach Ferienterminen in den einzelnen Bundesländern • Telefongebühren
Preisdifferenzierung in Verbindung mit Produktdifferenzierung	Verschiedene Varianten eines Grunderzeugnisses verursachen relativ geringe Zusatzkosten. Die Varianten werden jedoch zu erheblich höheren Preisen verkauft.	Pkw mit Sonderlackierungen, verschiedenen Motorvarianten und Zusatzkennzeichnungen (G, GL, GLX)
Preisdifferenzierung nach Verwendungszweck bzw. Abnehmergruppen	Die unterschiedlichen Preise ergeben sich daraus, dass ein bestimmtes Erzeugnis zu unterschiedlichen Zwecken genutzt werden kann bzw. dass die Verwender unterschiedlichen Gruppen angehören.	Alkohol – Spiritus Dieselöl – Heizöl Normalfahrkarten – Schülerfahrkarten

1.3.3.6 Wirkung von Konditionen

Mengenrabatt	Führt zur Abnahme größerer Mengen.
Treuerabatt	langfristige Bindung des Kunden (Stammkunde)
Skonto	Sorgt für raschen Rückfluss der Gelder.
Bonus	nachträglich gewährter Rabatt, vergleichbare Wirkung
Lieferantenkredit	langfristige Bindung des Kunden häufig in Form von Geschäftsausstattung in Verbindung mit Liefervertrag (Gaststätten)

AUFGABEN

1. Worin liegt das Oberziel jeglicher Preispolitik?
2. a) Welche Einflussgrößen spielen bei der Preisfindung eine Rolle?
   b) Ordnen Sie diese der Verkäufer- bzw. der Käuferseite zu.
3. Unterscheiden Sie zwischen kostenorientierter und nachfrageorientierter Preisgestaltung.
4. Worin besteht das Ziel der Preisdifferenzierung?
5. Welche Voraussetzungen müssen erfüllt sein, damit von den Konsumenten unterschiedliche Preise für ein und dasselbe Erzeugnis erhoben werden können?
6. Nennen Sie drei Arten der Preisdifferenzierung und belegen Sie diese jeweils durch ein Beispiel.
7. Welche Wirkung haben
   - Treuerabatt,
   - Mengenrabatt,
   - Skonto,
   - Lieferantenkredite?

1.3.4 Sortimentspolitik

Stofftelegramm

1.3.4.1 Produktgestaltung

Formgestaltung (beim Auto z. B.) unter Berücksichtigung der Ästhetik, Aerodynamik, Sicherheit	**Verpackung** Ziele z. B.: sicherer Transport, platzsparend, weiterverwendbar, wiederverwendbar	**Markierung** z. B. durch Zeichen (DB-Stern), Worte (NIVEA), Buchstaben (BASF)	**Namensgebung** z. B. Boxter, Golf

1.3.4.2 Erzeugnispolitik

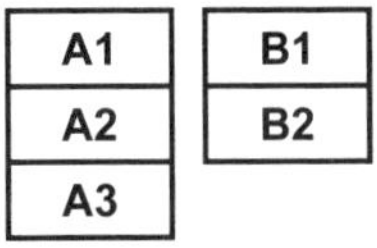

Ausgangssituation: Ein Unternehmer bietet zwei Erzeugnisse an (A und B), von denen es jeweils noch Varianten gibt.

1.3.4.2.1 Produktdiversifikation

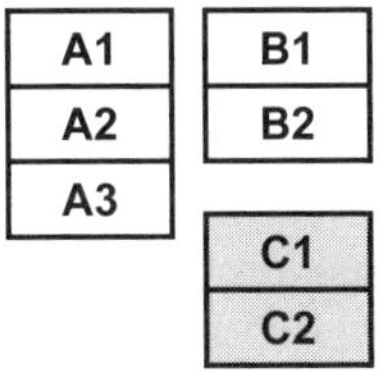

- Sortiment wird um ein weiteres Erzeugnis (C) erweitert.
- Unternehmen hat weiteres „Standbein am Markt".
- hohe Kosten für neue Produktentwicklung, Maschinen, Vertrieb usw.
- größeres Risiko des Misserfolges
- Unternehmensrisiko wird gestreut.

1.3.4.2.2 Produktdifferenzierung

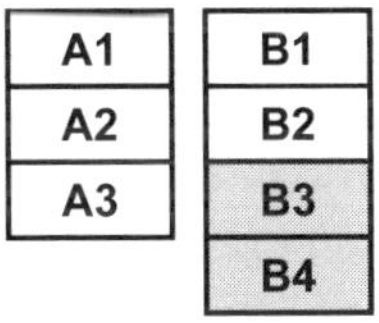

- Varianten eines bereits bestehenden Produktes
- geringere Kosten
- in der Regel auf derselben Fertigungsanlage herzustellen
- verbesserte Marktstellung
- geringeres Einführungsrisiko

1.3.4.2.3 Produktvariation

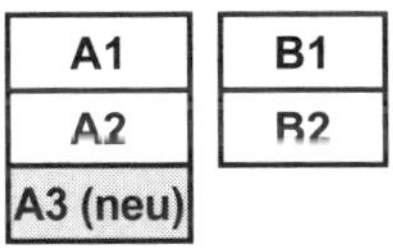

- Ein bereits am Markt eingeführtes Erzeugnis wird verändert.
- Beseitigung festgestellter Mängel
- Anpassung an technischen Standard (z. B. Kopf-Airbag), Veränderung von Design, Verpackung, Qualität ...
- (Bisheriges) Produktimage wird übernommen.
- Teure Einführungswerbung entfällt.

1.3.4.2.4 Produkteliminierung

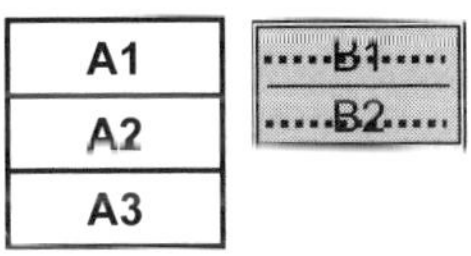

- Herausnahme von Erzeugnissen aus dem Sortiment
- Bringt Vorteile in der Produktherstellung, da weniger Produktvarianten hergestellt werden müssen (weniger Umstellungskosten).
- Nachteile auf der Absatzseite, da sich für den Konsumenten die Produktauswahl verringert.

1.3.4.3 Sortimentspolitik

Sortimentspolitik	Entscheidungsfelder eines **Handelsbetriebes**
Breites Sortiment	viele verschiedene Artikel unter einem Dach; typisch: Einkaufszentrum
Tiefes Sortiment	wenige verschiedene Artikel, diese jedoch in sehr vielen Varianten; typisch: Parfümerie

1.3.4.4 Servicepolitik (Kundendienst)

Aufgaben

- **1. Vorleistung**
  z. B. technische Beratung, Preisgestaltung, Finanzierung
- **2. Nebenleistung**
  z. B. Überführung, Montage, Schulung
- **3. Folgeleistung**
  z. B. Wartung, Reparatur

Vorteil für Unternehmen:

- wichtiges Instrument zur Informationsbeschaffung (z. B. Aufdeckung von „Kinderkrankheiten" in einer neuen Pkw-Serie)
- Der bessere Kundendienst führt dazu, dass die Kunden Produkte dieses Herstellers bevorzugen (= Bildung von Herstellerpräferenzen).
- Das Unternehmen hat dadurch die Möglichkeit, höhere Preise zu verlangen.

AUFGABEN

1. Welche Entscheidungsfelder gehören zur Produktgestaltung?
2. a) Nennen Sie die Möglichkeiten zur Gestaltung des Produktionsprogramms.
   b) Kennzeichnen Sie diese Möglichkeiten.
   c) Bilden Sie jeweils ein Beispiel aus Ihrem Erfahrungsbereich.
3. a) Unterscheiden Sie „breites Sortiment" und „tiefes Sortiment".
   b) Welche dieser Sortimentsformen finden wir in einem Fachgeschäft für Damenoberbekleidung bzw. in einem Supermarkt?
4. a) Welche Aufgaben übernimmt der Kundendienst?
   b) Welche Wettbewerbsvorteile hat ein Unternehmen durch den Aufbau eines Kundendienstes?

1.3.5 Distributionspolitik

Stofftelegramm

Behandelt die Frage des **Absatzweges** und der **Absatzmittler**.

1.3.5.1 Absatzwege

1.3.5.1.1 Überblick

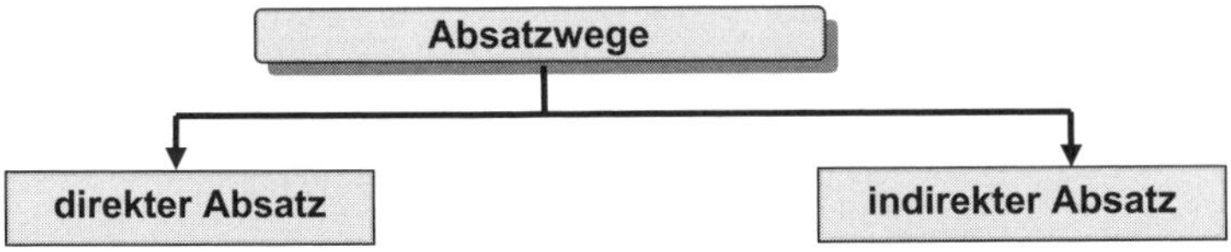

1.3.5.1.2 Direkter Absatz

Der Hersteller übernimmt die Aufgaben des Vertriebs bis zum Verbraucher in eigener Regie.

Vorteile des direkten Absatzes	Nachteile des direkten Absatzes
• kürzere Vertriebswege • Gewinnanteil des Handels entfällt. • unmittelbarer Kundenkontakt • bessere Durchsetzung der Unternehmensziele, z. B. Preisniveau	• hohe Vertriebskosten • hohe Lagerkosten • hoher Verwaltungsaufwand durch Abwicklung von Kleinaufträgen • hohes Absatzrisiko

1.3.5.1.3 Indirekter Absatz

Rechtlich, wirtschaftlich und organisatorisch selbstständige Absatzvermittler sind zwischen Hersteller und Konsumenten eingeschaltet (Vertreter, Groß- und Einzelhandel).

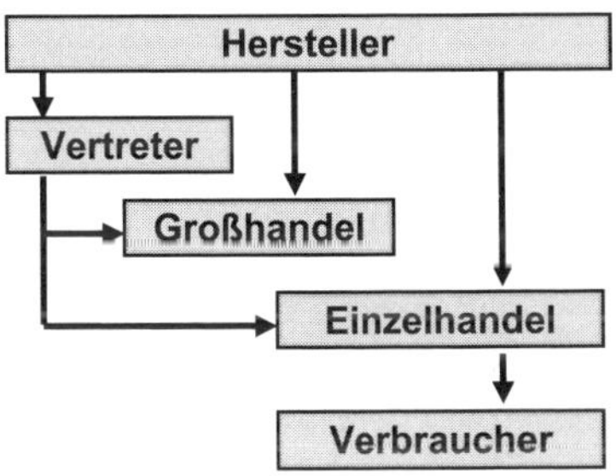

Vorteile durch die Einschaltung des Handels für Hersteller:

- Handel übernimmt Teil der Lagerhaltung.
- Frühzeitige Bestellung größerer Mengen durch den Handel führt zu
  - höherer Planungssicherheit in der Produktion,
  - höheren Bestell- und Liefereinheiten,
  - umfangreicheren Seriengrößen in der Produktion und damit sinkenden Kosten bei der Umstellung von Serie zu Serie,
  - günstigeren Transporteinheiten.
- weniger Reisende/Vertreter
- weniger Buchungen/Forderungsausfall

1.3.5.2 Absatzmittler

	Reisender	Handelsvertreter
Rechtsgrundlage	Arbeitsvertrag	Agenturvertrag
Rechtsstellung	Angestellter mit Handlungsvollmacht	selbstständig
Tätigkeit	im Namen und auf Rechnung seines Auftraggebers	in fremdem Namen und auf fremde Rechnung
Absatzweg	direkt	indirekt
Vergütung	Fixum, Provision, Spesen	Provision (Abschluss-, Delkredere-, Inkassoprovision), Auslagenerstattung
Rechte	vergleichbar den Rechten eines Angestellten mit Handlungsvollmacht (Artvollmacht)	Provision, Benachrichtigung, Unterlagen; Recht auf angemessenen finanziellen Ausgleich nach Beendigung des Vertragsverhältnisses, falls der Unternehmer weiterhin von den vermittelten Kunden profitiert. Maximal eine Jahresprovision (= Ausgleichsanspruch)
Pflichten	Pflichten eines Angestellten	Bemühung, Benachrichtigung, Wettbewerbsverbot, Sorgfalt, Verschwiegenheit, Befolgungspflicht

Vorteile	
Reisender	**Vertreter**
• bei guter Absatzlage billiger • weisungsgebunden • Tätigkeit kann besser kontrolliert werden. • flexibler einsetzbar • Übernahme von verkaufsvor- und verkaufsnachbereitenden Aufgaben	• bei geringen Umsätzen (Produkteinführung) kostengünstiger • provisionsorientiert, daher verstärkter Einsatz

AUFGABEN

1. a) Unterscheiden Sie: direkter – indirekter Absatz.
   b) Nennen Sie Vor- und Nachteile des direkten Absatzes.
   c) Welche Vorteile hat der Hersteller durch die Einschaltung des Handels?
2. Unterscheiden Sie den Reisenden und den Handelsvertreter in Bezug auf:
   - Rechtsgrundlage der Geschäftsbeziehung zum Hersteller
   - Rechtsstellung gegenüber dem Hersteller
   - Art der Tätigkeit
   - Absatzweg
   - Vergütung
   - Rechte und Pflichten

3. Vergleichen Sie die Vorteile zwischen Reisendem und Vertreter.

4. Nennen und beschreiben Sie kurz drei Provisionsarten beim Handelsvertreter.

5. a) Was versteht man unter Ausgleichsanspruch des Handelsvertreters?
   b) Warum wird der Ausgleichsanspruch dem Handelsvertreter gewährt?

6. Welchen Vorteil hat die Vereinbarung einer Delkredereprovision?

7. Unter welchen Voraussetzungen darf ein Handelsvertreter mit verschiedenen Firmen Agenturverträge abschließen?

8. Kosten Reisender: jährliche Personalkosten 40.000,00 EUR, 2 % Umsatzprovision
   Kosten Handelsvertreter: 6 % Umsatzprovision

   a) Welcher Absatzmittler wäre kostenmäßig am günstigsten bei einem geschätzten Jahresumsatz von 2 Mio. EUR?
   b) Bei welchem Umsatz sind die Kosten von Reisendem und Handelsvertreter gleich hoch?
   c) Skizzieren Sie obigen Sachverhalt im Koordinatensystem.
      y-Achse: 10.000,00 EUR Kosten = 1 cm
      x-Achse: 200.000,00 EUR Umsatz = 1 cm

9. Ein Reisender verursacht folgende Kosten:
   Fixum: 4.200,00 EUR pro Monat bei 13 Gehältern, zusätzlich 2 % Umsatzprovision.
   Der Vertreter erhält ein monatliches Fixum von 1.200,00 EUR zuzüglich 5 % Umsatzprovision.
   a) Berechnen Sie den kritischen Monatsumsatz.
   b) Angenommen, das Unternehmen erzielt einen Monatsumsatz von 150.000,00 EUR. Derzeit hat das Unternehmen Reisende als Absatzmittler eingestellt. In Zukunft soll der Vertrieb über Vertreter erfolgen. Wie hoch darf die Provision eines Vertreters maximal sein, damit er monatlich keine höheren Kosten verursacht als ein Reisender?

2 Unternehmensformen

2.1 Rahmenbedingungen für eine Existenzgründung

2.1.1 Handelsrechtliche Rahmenbedingungen

Stofftelegramm

2.1.1.1 Kaufmann im Sinne des HGB

Das HGB enthält die rechtlichen Vorschriften für Kaufleute.
Wer ist Kaufmann im Sinne des HGB? → Wer ein Handelsgewerbe betreibt.

Ein Handelsgewerbe ist jeder Gewerbebetrieb, der nach Art oder Umfang einen in kaufmännischer Weise eingerichteten Geschäftsbetrieb erfordert.

Gewerbe = Tätigkeit, die

- selbstständig,
- auf Dauer angelegt und
- planmäßig betrieben wird,
- auf dem Markt erkennbar nach außen hervortritt und
- nicht gesetzes- oder sittenwidrig ist.

- Es ist rechtlich umstritten, ob die Absicht, Gewinn zu erzielen, eine Voraussetzung dafür ist, dass ein Gewerbe vorliegt.

Die Abgrenzung zwischen Kaufleuten und Nichtkaufleuten erfolgt danach, ob das Unternehmen nach Art oder Umfang einen in kaufmännischer Weise eingerichteten Geschäftsbetrieb erfordert.

Merkmale hierfür:

- Umsatz
- Höhe des Vermögens
- Mitarbeiterzahl
- grenzüberschreitende Tätigkeit
- Gewinn
- Höhe der Forderungen
- Vielfalt der Erzeugnisse
- Zahl der Betriebsstätten

Nach der Definition des Handelsgewerbes sollen alle **Kleinbetriebe** vom Handelsrecht ausgenommen werden. Sie werden dem Bürgerlichen Recht unterstellt, haben aber die Möglichkeit, sich in das Handelsregister eintragen zu lassen und erwerben damit die Kaufmannseigenschaft (**Kannkaufmann**, konstitutive Wirkung der Eintragung). Sie können auch die Rechtsform einer OHG oder KG wählen.

Kapitalgesellschaften wie GmbHs und AGs sind immer Kaufleute nach HGB (**Formkaufleute**, konstitutive Wirkung der Eintragung).

Land- und forstwirtschaftliche Betriebe haben den Status eines „**Kannkaufmanns**“.

Kaufmann nach HGB

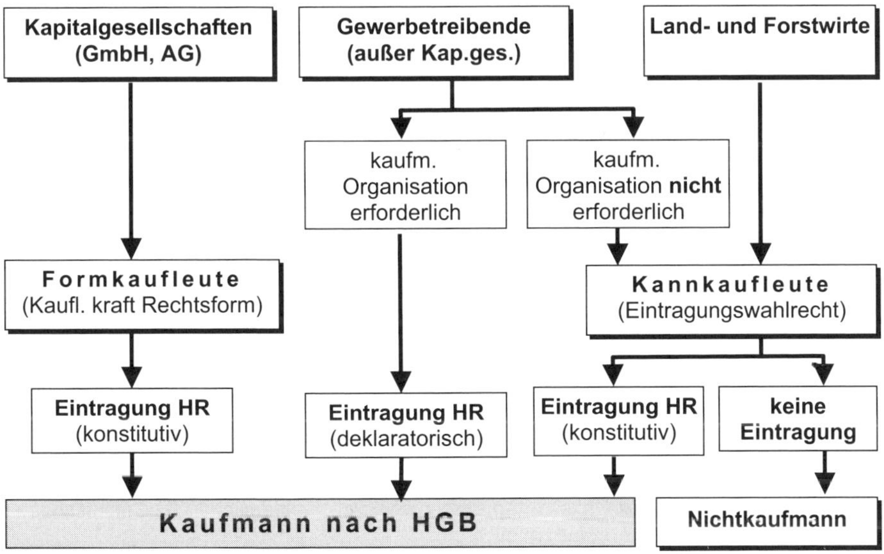

2.1.1.2 Handelsregister

2.1.1.2.1 Begriff

= **öffentliches Verzeichnis aller Kaufleute nach HGB**. Es wird vom Registergericht vollelektronisch geführt.

2.1.1.2.2 Inhalt

- Firma
- Inhaber
- Kapital
- Gegenstand des Unternehmens
- Geschäftssitz
- Mitglieder der Geschäftsführung bzw. des Vorstandes
- Prokura

2.1.1.2.3 Öffentlichkeit des Handelsregisters

§ 9 HGB Einsicht für jeden

§ 10 HGB Die HR-Einträge können in dem Internetportal der Landesjustizverwaltung (www.handelsregister.de) eingesehen werden.

§ 15 HGB „Öffentlicher Glaube“, d. h., eingetragene und bekannt gemachte Tatsachen gelten gegenüber jedermann als wahr (dieser muss sie gegen sich gelten lassen).

Abteilung HRA: Einzelunternehmen und Personengesellschaften
Abteilung HRB: Kapitalgesellschaften

2.1.1.2.4 Beginn der rechtlichen Wirkung der Eintragung

1. **Deklaratorisch** (rechts**be**zeugend): Die Tatsachen waren schon vor ihrer Eintragung rechtsgültig, z. B. Prokura.
2. **Konstitutiv** (rechts**er**zeugend): Die Tatsache wird erst durch die Eintragung rechtswirksam, z. B. Kapitalgesellschaften, Kannkaufleute.

Kleingewerbetreibende sollten durchaus eine Eintragung ins HR überprüfen, da diese mit einer Reihe von Vorteilen verbunden ist.

Kriterium	Kaufmann nach HGB	Nichtkaufmann
Rechtliche Grundlage für Geschäftstätigkeit	HGB	BGB
Firma	• Besteht bei Tod des Inhabers fort. • Bei Verpachtung/Verkauf kann Firma beibehalten werden.	• Keine Firma! Sie kann somit auch nicht übertragen werden. • Stirbt Unternehmer, stirbt auch Name des Gewerbebetriebes.
Buchführung	volle Buchführungspflicht	vereinfachte Aufzeichnungspflichten
Unternehmensform	Alle Unternehmensformen sind möglich.	lediglich BGB-Gesellschaft möglich
Bürgschaft	Auch mündlich erlaubt.	Schriftform notwendig
Erteilung einer Prokura	möglich	nicht möglich
Prüfungs- und Rügepflicht	unverzüglich	• innerhalb sechs Monaten • nach Lieferung

2.1.1.3 Firma

2.1.1.3.1 Begriff

= **Name**, unter dem der Kaufmann seine Geschäfte betreibt und unterschreibt. Er kann unter seiner Firma klagen und verklagt werden. Kurz: Handelsname

2.1.1.3.2 Arten

- **Personenfirma:** z. B. Alf Moll, eingetragener Kaufmann
- **Sachfirma:** Metallgesellschaft AG, Industriewerke Karlsruhe AG
- **Fantasienamen:** AIXTRON AG

2.1.1.3.3 Firmenbildung

Eintragungsfähig ist jede Firma, die folgende Funktionen erfüllt:
1. Unterscheidungskraft gegenüber anderen Unternehmen.
2. Bezeichnung der Rechtsform muss Teil der Firma sein.
3. Haftungsverhältnisse müssen offengelegt werden.

Sind die drei Voraussetzungen erfüllt, können die Einzutragenden wählen zwischen Personen-, Sach- oder Fantasiefirma.

2.1.1.3.4 Irreführungsverbot

Eine Firma soll von der Eintragung in das Handelsregister ausgeschlossen sein, wenn sie Angaben enthält, die geeignet sind, den Lesenden über die geschäftlichen Verhältnisse der Firma in die Irre zu führen (ein Händler für Baumaschinen darf sich nicht Baumaschinenfabrik nennen).

2.1.1.3.5 Zwingender Rechtsformzusatz

Unternehmensform	Vorschrift	Beispiele
Einzelkaufmann	eingetragener Kaufmann bzw. eingetragene Kauffrau oder allgemein verständliche Abkürzung dieser Bezeichnung, z. B. e. K.; e. Kfm.; e. Kffr.	• Ingo Schopf e. K. • Lulu Internet Services e. K.
Gesellschaft mit beschränkter Haftung	Sie müssen die Bezeichnung „Gesellschaft mit beschränkter Haftung" enthalten oder allgemein verständliche Abkürzung dieser Bezeichnung, z. B. GmbH.	• Waldmann GmbH • Allgäuer Heiztechnik GmbH

2.1.1.3.6 Pflichtangaben auf Geschäftsbriefen

Für sämtliche kaufmännische Unternehmen sind folgende Angaben auf Geschäftsbriefen, die an einen bestimmten Empfänger gerichtet sind, verpflichtend vorgeschrieben:

- Firma
- Rechtsformzusatz
- Ort der Handelsniederlassung
- Registergericht
- Nummer, unter der die Firma in das Handelsregister eingetragen ist
- Umsatzsteuer-Ident-Nr.

2.1.1.4 Anmeldepflicht des Existenzgründers

Ein neu gegründetes Unternehmen ist bei folgenden Stellen anzumelden:
- Anmeldung bei zuständigem Amtsgericht zur Eintragung ins Handelsregister
- Gewerbeamt der Gemeinde. Diese Behörde leitet die Anmeldung weiter an:
  - Finanzamt,
  - Industrie- und Handelskammer bzw. Handwerkskammer,
  - Berufsgenossenschaft,
  - Gewerbeaufsichtsamt.
- Träger der Sozialversicherung, falls Arbeitnehmer beschäftigt werden.

AUFGABEN

1. Für wen gilt das HGB?

2. Unterscheiden Sie hinsichtlich Handelsregistereintragung: Gewerbetreibende **mit** bzw. **ohne** kaufmännischem(n) Geschäftsbetrieb.

3. Welche Kaufleute sind immer Kaufleute nach HGB?

4. Nennen Sie vier Merkmale für die Beurteilung, ob für einen Gewerbetreibenden ein in kaufmännischer Weise eingerichteter Geschäftsbetrieb erforderlich ist.

5. Unterscheiden Sie die Begriffe Kann- und Formkaufmann und nennen Sie je zwei Beispiele.

6. Ingo Schopf ist alleiniger Gesellschafter und Geschäftsführer der Schopf GmbH. Ist er Kaufmann im Sinne des HGB?

7. Welche Kaufmannsart(en) liegt (liegen) jeweils vor?
   a) Opf & Co. KG, Kunststoffverarbeitung, 70 Beschäftigte
   b) Großkino in Hamburg, 15 Beschäftigte, 3 Mio. EUR Jahresumsatz
   c) Rechtsanwaltspraxis Dr. Para
   d) Würstchenbude in der Innenstadt
   e) Teehandels-GmbH, ein Gesellschafter, keine weiteren Mitarbeiter
   f) EDV-Beratung ***„Daty e. K."*** ohne weitere Mitarbeiter, Jahresumsatz 150.000,00 EUR
   g) Poppe e. K.; 2-Mann-Betrieb; Jahresumsatz 60.000,00 EUR
   h) Ravensburger Spiele AG
   i) Industriekaufmann Sebastian Schaufel
   j) landwirtschaftlicher Großbetrieb des Bauern Gerster

8. Erklären Sie den Begriff „Handelsregister".

9. Wer ist im Handelsregister eingetragen?

10. Inwiefern unterscheidet sich die rechtliche Wirkung der Handelsregistereintragung bei Formkaufleuten von den sonstigen Gewerbetreibenden mit kaufmännischem Geschäftsbetrieb?

11. Sie erhalten eine Bestellung in größerem Umfang von einer Ihnen unbekannten Firma. Daher wollen Sie sich über das Handelsregister über diese Firma informieren.
    a) An wen müssen Sie sich wenden?
    b) Erlaubt man Ihnen den Einblick? Begründung.

12. Nennen Sie sechs wesentliche Eintragungen im Handelsregister.

13. a) Welche Rechtsformen werden in welchen Abteilungen des Handelsregisters geführt?
    b) Welche rechtliche Wirkung hat bei diesen Rechtsformen die Eintragung ins Handelsregister? Verwenden Sie die üblichen Fachausdrücke und erklären Sie diese kurz.

14. Ein Bekannter von Ihnen hat einen Surf-Shop eröffnet und behauptet, er sei Nichtkaufmann. Was bedeutet das?

15. Welche Besonderheiten gelten für gewerbetreibende Nichtkaufleute?

16. Welche Nachteile haben eingetragene Kaufleute im Vergleich zu Nichtkaufleuten?

17. Die Auszubildende Sandra fragt ihren Arbeitskollegen Sepp, was man unter dem Begriff Firma verstehe. Sepp antwortet: *„Ob Firma oder Betrieb oder Unternehmung – das ist doch alles das Gleiche!"* Sind Sie in Bezug auf den Begriff „Firma" derselben Meinung? Begründung.

18. Kreuzen Sie die richtigen Antworten an.
    a) Anmeldungen zur Eintragung im Handelsregister müssen notariell beurkundet sein.
    b) Eine neu zu gründende Gesellschaft entsteht rechtlich immer erst mit Handelsregistereintrag.
    c) Die Maschinenfabrik Meyer & Söhne KG ist stets ein Kaufmann nach HGB.
    d) Die Eintragung ins Handelsregister ist bei Kannkaufleuten konstitutiv.
    e) Bei der Steuerberatungsgesellschaft Wurm GmbH ist Max Wurm alleiniger Gesellschafter. Folgende Begriffe treffen auf diese Unternehmungsform zu: Eintragung ist konstitutiv, Kaufmann nach HGB, Formkaufmann.
    f) Die Firma muss stets Auskunft geben über den Gegenstand des Unternehmens.
    g) Die Firma ist der Name, unter dem der Kaufmann seine Geschäfte betreibt.
    h) Die Unternehmung „Deutsche Leasing AG" ist eine Mischfirma.

19. Welche Firmenart liegt in den folgenden Fällen jeweils vor?
    a) Sportgroßhandel KG
    b) Schneider-Video-GmbH
    c) Holzapfel OHG
    d) Bingo AG
    e) Müller e. Kfr.
    f) Schulbuchverlag Anne Pfeffer KG

20. Anke Strupp, Inhaberin des Modegeschäftes „Anke Strupp e. Kffr." in Bonn, verkauft das Geschäft an Evi Pfau. Unter welchen Voraussetzungen darf die bisherige Firma beibehalten werden?

21. Franz Maier möchte in Wittenberg/Lutherstadt eine Firma mit der Bezeichnung „Franz Maier e. K." gründen, obwohl bereits eine andere gleichnamige Firma in Wittenberg existiert. Ist dies möglich? Begründung.

22. Die Schulbuchverlag GmbH ändert den Unternehmensgegenstand und verkauft nur noch DVDs an Videotheken. Darf die Firma beibehalten werden?

23. Welche Angaben auf seinen Geschäftsbriefen sind für einen Kaufmann zwingend vorgeschrieben?

24. Bei welchen Stellen muss ein Existenzgründer sein Unternehmen anmelden?

2.1.2 Betriebswirtschaftliche Rahmenbedingungen

Stofftelegramm

2.1.2.1 Standort

Die richtige Standortwahl ist wichtig, weil der Standort entscheidend sein kann für:

- Marktzugang auf Beschaffungs- und Absatzseite
- Höhe des Umsatzes
- Möglichkeit zur Reduzierung der Kosten (insbes. Personal- und Personalnebenkosten, Transportkosten)

2.1.2.2 Gründungshilfen

Drei Schritte für eine erfolgreiche Selbstständigkeit:

(1) Ehrliche Selbsteinschätzung in Bezug auf Belastbarkeit der eigenen Person und der Familie, der persönlichen und der fachlichen Voraussetzungen

Einige **Schlüsselfragen** zur Analyse der **persönlichen Stärken und Schwächen** sind z. B.
- Setze ich in der Regel durch, was ich mir vorgenommen habe?
- Habe ich in meiner Familie den Rückhalt zum Einstieg in die Selbstständigkeit?
- Kann und will ich über einen längeren Zeitraum 60 Stunden pro Woche in meine Geschäftsidee investieren?
- Spielt meine Gesundheit mit?
- Kann ich für zwei bis drei Jahre auf ein geregeltes Einkommen verzichten?
- Kann ich vorübergehend auf Urlaub und Hobbys verzichten?
- Kann ich Stress aushalten?
- Habe ich die erforderlichen beruflichen Qualifikationen und auch die notwendigen kaufmännischen Kenntnisse?

(2) Umfassende Informationen beschaffen über die Geschäftsidee, den Markt, die Konkurrenz, eigene Finanzmittel, Möglichkeiten zur Beschaffung von Fördermitteln und Bankkrediten (Sicherheiten notwendig!)

Gute Dienste leistet hierbei die Erstellung eines **Business-Planes.** Seine Erstellung zwingt den Gründer zu einer systematischen Analyse seines Unternehmenskonzeptes in Bezug auf

- die angebotene Leistung (Produkt oder Dienstleistung),
- die vorhandene Konkurrenzsituation auf dem Markt,
- die anvisierte Zielgruppe der Kunden,
- die Wahl des Unternehmensstandortes,
- die Beschaffungs- und Absatzlogistik,
- die Wahl der Unternehmensform und der innerbetrieblichen Organisation,
- die Finanzplanung mit einer Ermittlung des Kapitalbedarfs, der vorhandenen Sicherheiten und einer Liquiditätsvorausschau mit einer Gegenüberstellung der erwarteten Einnahmen und Ausgaben.

Beispielhafte Schlüsselfragen zur Analyse ...		
... der angebotenen Leistung	... der Konkurrenzsituation	... der Kunden
• Ist der Produktvorsprung durch Patente gesichert? • Löst das Produkt für den Kunden ein Problem? • Hat das Produkt Chancen in der Zukunft? • Kann durch Produktdifferenzierung eine Produktpalette aufgebaut werden? • Lassen sich die Haftungsrisiken ausschließen?	• Sind die Angebote der Konkurrenz bekannt? • Haben diese Schwächen? • Wie groß sind das Marktvolumen und das Marktpotenzial? • Besitzt der Markt noch Wachstumschancen?	• Ist die Hauptzielgruppe klar erkannt? • Sind die Verhaltensgewohnheiten der Zielgruppe bekannt? • Wächst diese Hauptzielgruppe in den kommenden Jahren? • Werden zusätzliche Serviceleistungen (z. B. 24-h-Reparaturservice, Hotline) angeboten? • Ist Ihr Unternehmen für die Kunden leicht zu finden?

(3) Planvolles Vorgehen und Hilfen beanspruchen

AUFGABEN

1. *„Auf jede Tellerwäscher-Story kommen 100 Flops.“* Es gibt keine Patentrezepte und keine Garantien für eine erfolgreiche Existenzgründung. Das Risiko lässt sich jedoch verringern, wenn man in systematischen Schritten vorgeht. Nennen Sie diese Schritte.

2. Formulieren Sie fünf Fragen, mit denen ein Existenzgründer einer realistischeren Selbsteinschätzung näher kommt.

3. Was ist ein Business-Plan? Nennen Sie fünf Themen, zu denen in einem Business-Plan Stellung bezogen werden muss.

3 Ausgewählte Unternehmensformen

3.1 Überblick über die Unternehmensformen

Stofftelegramm

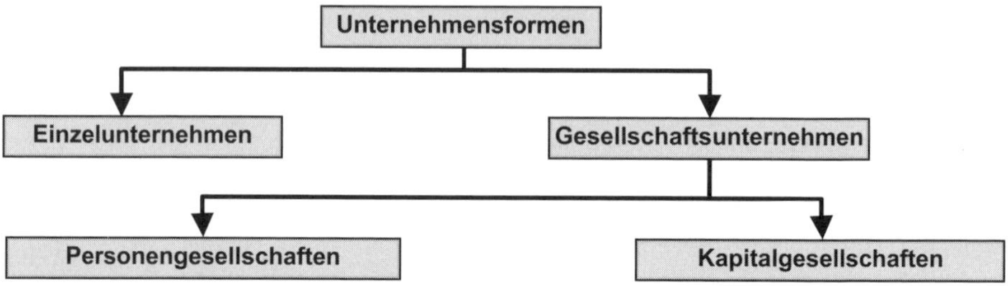

- offene Handelsgesellschaft (OHG)
- Kommanditgesellschaft (KG)
- GmbH & Co. KG
- Gesellschaft des bürgerlichen Rechts (GbR)

- Aktiengesellschaft (AG)
- Gesellschaft mit beschränkter Haftung (GmbH)

Anmerkung: Der Lehrplan sieht nur die Behandlung von Einzelunternehmung, GbR und GmbH vor.

AUFGABE

Kreuzen Sie an, ob es sich bei den angegebenen Gesellschaftsunternehmen um eine Personengesellschaft bzw. um eine Kapitalgesellschaft handelt.

	AG	KG	OHG	GmbH	e. K.
Personengesellschaft					
Kapitalgesellschaft					

3.2 Entscheidungskriterien bei der Wahl der Unternehmensform

Stofftelegramm

Gründungsvoraussetzungen	Manche Unternehmensformen setzen bei ihrer Gründung eine bestimmte Mindesteinlage oder auch eine Mindestanzahl an Gründern voraus.
Firma	Name, unter dem der Vollkaufmann seine Geschäfte betreibt und unterschreibt. Er kann unter seiner Firma klagen und verklagt werden. Personenfirma, Sachfirma, Fantasienamen.

Geschäfts-führung	**Leitung** des Betriebes im **Innenverhältnis,** z. B. Mitarbeiter beurteilen, Anweisungen erteilen, Vollmachten einräumen • **Einzelgeschäftsführungsbefugnis:** Ist jemand hierzu berechtigt, so kann er Entscheidungen allein treffen. • **Gesamtgeschäftsführungsbefugnis:** Damit eine Entscheidung wirksam wird, müssen alle Berechtigten am Beschluss beteiligt sein.
Vertretung	Recht, bindende Willenserklärungen gegenüber Dritten abzugeben. **Außenverhältnis.** • **Einzelvertretung:** Der Inhaber dieses Rechtes kann die Unternehmung **allein** gegenüber Dritten vertreten. • **Gesamtvertretung:** Alle oder mehrere Gesellschafter sind **nur gemeinsam** zur Vertretung der Unternehmung berechtigt.
Haftung	Legt fest, in welchem Maße die Gesellschafter für die Verbindlichkeiten der Gesellschaft einzustehen haben. • **unbeschränkt** = Haftung auch mit vollem Privatvermögen • **unmittelbar =** Gläubiger kann sich an jeden wenden, der zur Haftung verpflichtet ist. • **solidarisch =** Haftung für alle Schulden, also auch für jene, die bereits beim Eintritt des Gesellschafters bestanden (gesamtschuldnerische Haftung).
Gewinn- und Verlustverteilung	Fehlen vertragliche Vereinbarungen, dann gelten Vorschriften des Gesetzes, z. B. bei GmbH. Vertragliche Vereinbarungen haben jedoch Vorrang vor gesetzlichen Regelungen.
Publizitäts-vorschriften	Kapitalgesellschaften sind verpflichtet, ihren Jahresabschluss (Bilanz, GuV) + Anhang + Lagebericht offenzulegen. Ziel: Information der Eigentümer, der Gläubiger, der Finanzbehörden und der Öffentlichkeit (Medien, Kommunen) über Vermögen, Schulden, Ertragslage.

AUFGABE

Klären Sie kurz folgende Begriffe:

a) Firma
b) Personenfirma
c) Sachfirma
d) Geschäftsführung
e) Einzelgeschäftsführungsbefugnis
f) Gesamtgeschäftsführungsbefugnis
g) Vertretung
h) Einzelvertretung
i) Gesamtvertretung
j) Haftung
k) unbeschränkte Haftung
l) unmittelbare Haftung
m) solidarische Haftung
n) Publizitätspflicht

3.3 Die Einzelunternehmung

Stofftelegramm

Kapitalaufbringung, Gründungsvoraus-setzungen	keine Mindesteinlage; ggf. persönliche Voraussetzungen notwendig, z. B. bei Apotheker
Firma	(fast) beliebiger Firmenkern (also Personenfirma, Sachfirma, Fantasienamen) + Rechtsformzusatz **e. K./e. Kfm./e. Kffr.** für eingetragener Kaufmann, eingetragene Kauffrau
Haftung	unbeschränkte Haftung mit Privat- und Geschäftsvermögen
Vorteile	• schnelle Entscheidung, da keine Abstimmung notwendig • klare Zuständigkeiten • keine Streitigkeiten in der Unternehmensführung • keine Gewinnaufteilung
Nachteile	• Die Möglichkeit, Eigenkapital aufzubringen, ist auf das Vermögen des Einzelunternehmers begrenzt. • Inhaber trägt Risiko allein. • Haftung mit ganzem Privatvermögen • Erfolg des Unternehmens ausschließlich an Person des Inhabers gebunden (fachliche Fähigkeit, Einkommensausfall während einer Krankheit)
Bedeutung	• häufigste Unternehmensform • Geeignet für kleinere und mittlere Betriebe.

AUFGABE

Im SÜDKURIER ist folgende Anzeige zu lesen:

> *Am Donnerstag, 01.07..., eröffne ich mein neues*
>
> **Kosmetikstudio**
>
> *Barbara Lederle, Rosenstraße 14, 78465 Konstanz*

a) Welche Vorteile könnten Barbara Lederle, die bisher angestellte Kosmetikerin war, dazu bewogen haben, sich selbstständig zu machen?

b) Welche Nachteile sind damit verbunden?

c) Machen Sie Vorschläge, wie die Firma lauten könnte.

3.4 Wesen einer Gesellschaftsunternehmung

Stofftelegramm

- Mehrere Gesellschafter haben Rechte und Pflichten.
- Regelungen über Geschäftsführung/Vertretung, Verlust, Gewinnverteilung, Haftung im Rahmen eines Gesellschaftsvertrags

Vorteile	Nachteile
• Erhöhung der Kreditwürdigkeit • Einbindung von Fachleuten • Durch zusätzlichen Gesellschafter wird das Eigenkapital gestärkt. • Aufteilung des Unternehmerrisikos • Verteilung der Arbeitslast	• Einschränkung der Entscheidungsfreiheit (Geschäftsführung und Vertretung in mehreren Händen) • Verzögerung der Entscheidung bei Meinungsverschiedenheiten • Aufteilung des Gewinns

AUFGABE

Barbaras Geschäfte gehen gut. Sie möchte ihr Kosmetikstudio um ein Sonnenstudio und einige Fitnessgeräte und ihr Produktsortiment um ein Schlankheitsprogramm erweitern. Ihre Freundin Uschi Sonntag, eine frühere Arbeitskollegin, wäre daran interessiert, sich an Barbaras Unternehmen zu beteiligen. Darüber hinaus verfügt sie über 50.000,00 EUR Ersparnisse, die sie ebenfalls einbringen könnte. Nennen Sie die Vor- und Nachteile für Barbara, wenn sie Uschi als gleichberechtigte Partnerin in ihr Kosmetikstudio aufnimmt.

3.5 Gesellschaft des bürgerlichen Rechts (BGB-Gesellschaft oder GbR)

Stofftelegramm

Kapitalaufbringung, Gründung	• kein Mindestkapital • Zusammenschluss mehrerer Personen, die sich vertraglich zur Förderung eines gemeinsamen Zwecks verpflichten • weitestgehende Vertragsfreiheit • keine Formvorschrift, sogar mündliche Vereinbarung möglich • Gesellschaft endet mit Erfüllung des beabsichtigten Zwecks.
Firma	Gesellschaft führt keine Firma, sondern tritt unter dem Namen der Gesellschafter auf.
Haftung	Jeder Gesellschafter haftet wie Einzelunternehmer, also unmittelbar, solidarisch und unbeschränkt.
Geschäftsführung	• Gesamtgeschäftsführungsbefugnis, d. h., die Zustimmung aller Gesellschafter ist notwendig. • meistens jedoch einem Gesellschafter übertragen
Vertretung	• Einzelvertretung • I. d. R. wird die Vertretungsmacht jenem Gesellschafter übertragen, der auch die Geschäftsführungsbefugnis hat. • Hierzu ist die Vollmacht der übrigen Gesellschafter erforderlich.

Bedeutung	• einfachste und überschaubarste Gesellschaftsform • geeignet als Arbeitsgemeinschaft im Baugewerbe (Arge) zur Erstellung eines größeren Projektes (z. B. Autobahnbrücke)

AUFGABE

a) Charakterisieren Sie in Stichworten die Gesellschaft des bürgerlichen Rechts in Bezug auf Gründung, Haftung, Geschäftsführung und Vertretung.
b) Welche Vorteile können Sie in dieser Gesellschaftsform erkennen?

3.6 Die Gesellschaft mit beschränkter Haftung (GmbH)

Stofftelegramm

Kapitalaufbringung – Gründungsvoraussetzung

- GmbH = **juristische Person** (eigene Rechtspersönlichkeit)
- **mindestens ein** Gesellschafter
- Errichtung durch **notariell beurkundeten Gesellschaftsvertrag**. Hat die Gesellschaft höchstens drei Gesellschafter und nur einen Geschäftsführer, dann kann für die Gründung ein notariell beurkundetes Musterprotokoll (Zusammenfassung aus Gesellschaftsvertrag, Bestellung des Geschäftsführers und Liste der Gesellschafter) aus dem Anhang des GmbH-Gesetzes verwendet werden.
- Das Stammkapital muss mindestens **25.000,00 EUR** betragen.
- Der **Geschäftsanteil ist mit einem Nennbetrag** versehen und muss auf volle Euro lauten. Dies ist der nominelle Anteil eines Gesellschafters am Stammkapital einer GmbH.
- Die **Summe der Nennbeträge** aller Geschäftsanteile muss daher mit dem Stammkapital (= gezeichnetes Kapital) übereinstimmen.
- Ein Gesellschafter kann bei der Errichtung der Gesellschaft **mehrere Geschäftsanteile** übernehmen.
- **Mindesteinzahlung pro Einlage = 25 %, insgesamt mindestens 12.500,00 EUR**.
- Geschäftsanteile können veräußert und vererbt werden. Zur Übertragung ist notarielle Beurkundung notwendig.
- Entstehung durch Handelsregistereintragung (= konstitutiv)

Firma	Rechte und Pflichten der Gesellschafter
Sach-, Personen-, Mischfirma, Fantasienamen + Zusatz *„mit beschränkter Haftung“*	• Leistung seines Geschäftsanteils • ggf. Nachschusspflicht • Die Höhe des Gewinnanteils bemisst sich nach der Höhe des Geschäftsanteils eines Gesellschafters. • Mitverwaltungsrecht (siehe Organe, Gesellschafterversammlung) • Auskunftsrecht gegenüber den Geschäftsführern

Geschäftsführung und Vertretung

- **durch Geschäftsführer** = Gesellschafter oder Angestellter
- **Gesamtgeschäftsführungsbefugnis** und **Gesamtvertretungsmacht**
- Die Bestellung erfolgt
  – im Gesellschaftsvertrag (sinnvoll, falls Geschäftsführer = Gesellschafter)
  – oder durch Gesellschafterversammlung.
- Widerruf jederzeit möglich.
- Geschäftsführer dürfen bestimmte Aufgaben nicht wahrnehmen (z. B. Feststellung des Jahresabschlusses, Ergebnisverwendung, Prokura und Handlungsvollmacht erteilen). Darüber hinaus haben die Gesellschafter ein fast unbegrenztes Einsichts- und Auskunftsrecht gegenüber den Geschäftsführern.
  Folge: intensivere Bindung zwischen Anteilseigner und Geschäftsführung (noch keine 100%ige Kapitalgesellschaft)
- Kontrolle durch Gesellschafterversammlung, bei größeren GmbHs durch Aufsichtsrat

Organe

Geschäftsführer
Gesellschafter oder Angestellter.

Aufsichtsrat

Er kann...
(1) im Gesellschaftsvertrag vorgesehen sein.
(2) gem. Betriebsverfassungsgesetz vorgeschrieben sein (bei mehr als 500 Mitarbeitern).
(3) gem. Mitbestimmungsgesetz vorgeschrieben sein (bei mehr als 2.000 Arbeitnehmern).

Aufgaben (z. B.): Bestellung, Überwachung und Abberufung des Geschäftsführers

Gesellschafterversammlung
oberstes Organ der GmbH
jeder Euro des Geschäftsanteils = eine Stimme
Aufgaben u. a.:
- **Feststellung des Jahresabschlusses + Verwendung des Gewinns**
- **Einforderung von Einzahlungen auf die Stammeinlage**
- **Bestellung und Abberufung von Geschäftsf.** (bei GmbHs mit max. 500 AN)
- Bestellung von **Prokuristen und Handlungsbevollmächtigten**

Haftung

- **Nur Gesellschaftsvermögen haftet.**
- **keine persönliche Haftung**
- Satzung kann eine beschränkte oder unbeschränkte Nachschusspflicht vorsehen.

Bedeutung

- In Deutschland rd. 1 Mio. GmbHs (darunter viele Komplementär-GmbHs bei der GmbH & Co. KG)
- mit **wenig Kapital gründbar**
- attraktiv durch **Haftungsbeschränkung** (keine persönliche Haftung)
- **niedrige Gründungskosten**
- typische Rechtsform für kleinere, mittlere und z. T. auch größere Unternehmen

Haftungsbeschränkte Unternehmergesellschaft („Mini-GmbH")

- **keine eigene Rechtsform,** sondern eine besondere Variante (Vorstufe) der GmbH
- Stammkapital **zwischen 1,00 EUR und 24.999,00 EUR**
- Firmenzusatz: Unternehmergesellschaft bzw. **UG** (haftungsbeschränkt)
- Anmeldung zur Eintragung in das Handelsregister erst nach Einzahlung des Stammkapitals in voller Höhe
- **Sacheinlagen sind ausgeschlossen.**
- Einstellung von $\frac{1}{4}$ des Jahresüberschusses in gesetzliche Rücklage, bis Mindestkapital von 25.000,00 EUR erreicht ist. Erst dann ist Umwandlung in „gewöhnliche" GmbH möglich.
- **Gründung durch Musterprotokoll** (notarielle Beurkundung) möglich.

AUFGABEN X

1. Eine GmbH soll gegründet werden.
   a) Wie viele Gründer sind mindestens notwendig?
   b) Wie ist die Kapitalaufbringung gesetzlich geregelt?

2. Unterscheiden Sie Stammkapital von Geschäftsanteil.

3. Fuchs, Wolf und Hase gründen eine GmbH mit einem Stammkapital von 100.000,00 EUR. Fuchs ist mit 40.000,00 EUR, Wolf mit 30.000,00 EUR und Hase mit 30.000,00 EUR beteiligt.
   a) Wäre die Firma *„Fuchs & Hase GmbH"* zulässig?
   b) Wie hoch sind die Nennbeträge der Geschäftsanteile der Gesellschafter?
   c) Wie viele Stimmen haben Fuchs, Wolf und Hase jeweils bei Abstimmungen in der Gesellschafterversammlung?
   d) Besteht die Möglichkeit, dass Fuchs Geschäftsführer wird?
   e) Fuchs kauft als Geschäftsführer eine Lagerhalle für 30.000,00 EUR, ohne die Gesellschafter Wolf und Hase zu fragen. Rechtsgültig? Begründung.
   f) Wie ist e) zu beantworten, wenn auch Wolf und Hase Geschäftsführer wären?
   g) Geschäftsführer Fuchs ernennt den Angestellten Bär zum Prokuristen. Rechtsgültig? Begründung.
   h) Geschäftsführer Fuchs möchte einen Teil des Gewinnes in die Rücklagen einstellen. Können die Gesellschafter Wolf und Hase dies verhindern? Begründung.
   i) Hase vereinbart mit seinem Kegelbruder Hecht schriftlich, dass er ihm seinen Geschäftsanteil veräußert. Rechtsgültig? Begründung.

Siehe auch Kapitel „Prüfungsaufgaben", 1: Kapitelübergreifende Aufgaben.

1 Wirtschaftsordnungen

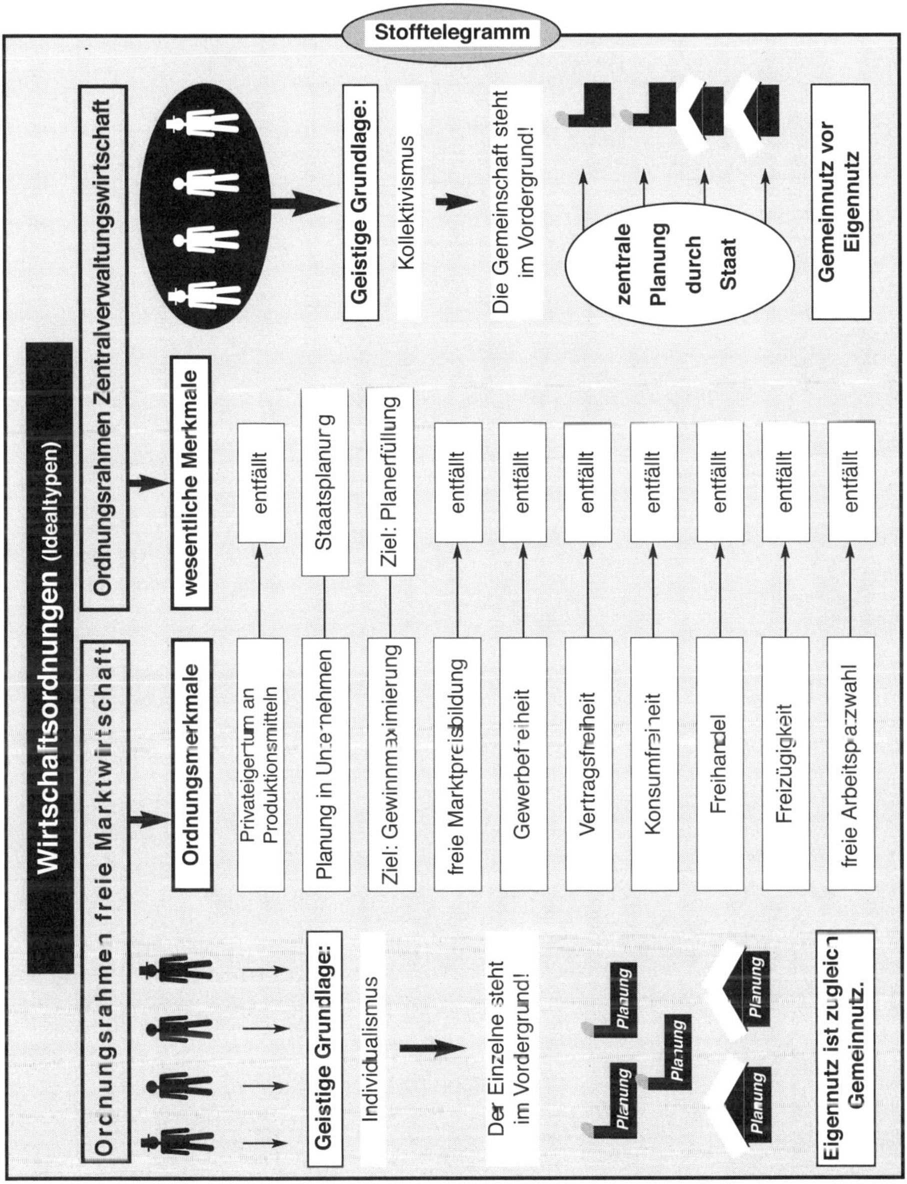

Beurteilung der Wirtschaftsordnungen

Freie Marktwirtschaft

+
- Gewinnchancen = Leistungsmotivation
- freie Entfaltungsmöglichkeiten
- optimale Güterversorgung
- Weckung schöpferischer Kräfte

–
- Konzentration (Wettbewerbsausschaltung durch Kartell- und Konzernbildung)
- Privilegien einer Oberschicht
- niedrige Löhne bei Arbeitskräfteüberschuss
- lange Arbeitszeiten, Kinderarbeit
- Risiko der Arbeitslosigkeit
- fehlende Sicherheit bei Krankheit und Alter
- evtl. „Ausbeutung“ (z. B. Wucher)

Zentralverwaltungswirtschaft

+ Beseitigung einiger Nachteile der freien MW

– Beseitigung der Vorteile der freien MW

Soziale Marktwirtschaft

GEGENMASSNAHMEN (Beseitigung der Nachteile)

- Wettbewerb erhalten (Gesetz gegen Wettbewerbsbeschränkungen „GWB“)
- Förderung von Eigentumsbildung (Arbeitnehmer), BAföG
- Tarifverträge (Mindestlöhne), Steuerprogression
- Tarifverträge; Jugendarbeitsschutzgesetz
- Arbeitslosenvers., Kündigungsschutz, Umschulungen
- Sozialversicherung (Kranken-, Rentenversicherung)
- Verbot von Wucher ... (nichtige Rechtsgeschäfte)

Soziale Marktwirtschaft = Marktwirtschaft unter Verhinderung unsozialer Auswirkungen

Grundgesetz:
- schreibt keine bestimmte Wirtschaftsordnung vor.
- enthält einige freiheitliche und soziale Ordnungsvorstellungen, z. B.:
  - Art. 2 Abs. 1: Recht auf freie Entfaltung der Persönlichkeit
  - Art. 12 Abs. 1: freie Berufs- und Arbeitsplatzwahl
  - Art. 14 Abs. 1: Gewährleistung von Eigentum und Erbrecht
  - Art. 14 Abs. 2: Eigentum verpflichtet (Gebrauch i. S. des Gemeinwohls).
  - Art. 20 Abs. 1: Die Bundesrepublik Deutschland ist ein demokratischer und sozialer Bundesstaat.
  - Art. 28 Abs. 1: Verfassungsmäßige Ordnung der Länder muss den Grundsätzen des sozialen Rechtsstaates i. S. des Grundgesetzes entsprechen.

Ordnungsmerkmale der freien Marktwirtschaft	**Einschränkungen der Ordnungsmerkmale in der sozialen Marktwirtschaft (= Realtyp)**
1. Privateigentum an Produktionsmitteln	• Mitbestimmung • Art. 14 GG: Eigentum verpflichtet. • z. T. öffentliches Eigentum
2. Vertragsfreiheit	• nichtige und anfechtbare Rechtsgeschäfte • Verbraucherschutz • Kartellverbot ... (GWB = Gesetz gegen Wettbewerbsbeschränkungen)
3. Gewerbefreiheit	Umwelt- und Verbraucherschutz, Zulassungsvorschriften ...
4. freie Berufswahl	Befähigungsnachweise in bestimmten Berufen
5. Konsumfreiheit	Verbot bestimmter Güter (z. B. Rauschgift)
6. Freihandel	z. B. Verbot von Waffenexporten
7. freie Lohn- und Preisbildung	• marktkonträre Staatsmaßnahmen (Höchst-, Mindestpreise) • Mindestlöhne laut Tarifverträgen
8. keine staatlichen Eingriffe in die Wirtschaft	Eingriffe des Staates (Verhinderung sozialer Härten oder Förderung wirtschaftspolitischer Ziele)

Maßnahmen zum Schutz sozial Schwacher

- Erreichung des **Gleichheitsgrundsatzes** gemäß Art. 3 Grundgesetz: „Alle Menschen sind gleich." (Männer/Frauen, Inländer/Ausländer, religiös, politisch) → Chancengleichheit für alle
- **gerechte Einkommens- und Vermögensverteilung**
- Erhaltung der sozialen Sicherheit durch **Sozialgesetze,** z. B.
  - **Sozialversicherung** (u. a. Zahlung von Arbeitslosengeld, Sozialgeld ...)
  - **Steuervorteile, staatliche Zuschüsse** an sozial Schwächere (z. B. Ausbildungsförderung)
  - Festlegung von **Höchstpreisen** (z. B. für Grundnahrungsmittel) = Ausnahme
  - Festlegung von **Mindestpreisen** (z. B. Mindestlöhne)
- **Arbeitsschutzgesetze** (Jugendarbeitsschutz, Mutterschutz, Unfallschutz ...)
- Gesetze zur **Beseitigung der Arbeitslosigkeit**

Aufgaben

1. Welcher allgemeine Zusammenhang besteht zwischen den Ordnungsrahmen der freien und jenen der sozialen Marktwirtschaft?

2. Zeigen Sie anhand von je drei Beispielen, wie in einer sozialen Marktwirtschaft folgende Ordnungsmerkmale einer freien Marktwirtschaft eingeschränkt werden:

   a) Privateigentum

   b) Vertragsfreiheit

   c) Gewerbefreiheit

3. Inwiefern unterscheidet sich die Rolle des Staates in der sozialen Marktwirtschaft von jener in der freien Marktwirtschaft?

4. Nennen Sie vier Maßnahmen zum Schutz sozial Schwacher in der sozialen Marktwirtschaft.

2 Wirtschaftspolitische Ziele

Stofftelegramm

Träger der Wirtschaftspolitik: Parlament + Regierung, Europäische Zentralbank, Tarifpartner, Verbände, internationale Organisationen

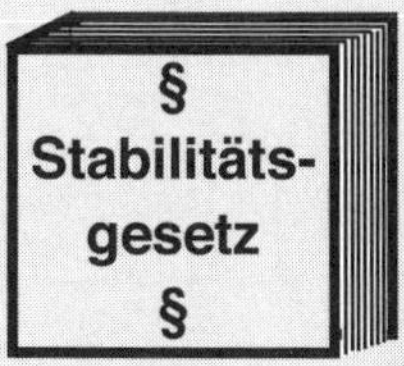

„Bund und Länder haben bei ihren wirtschafts- und finanzpolitischen Maßnahmen die Erfordernisse des gesamtwirtschaftlichen Gleichgewichts zu beachten. Die Maßnahmen sind so zu treffen, dass sie im Rahmen der marktwirtschaftlichen Ordnung gleichzeitig zur Stabilität des Preisniveaus, zu einem hohen Beschäftigungsstand und außenwirtschaftlichem Gleichgewicht bei stetigem und angemessenem Wirtschaftswachstum beitragen.“

Oberziel: gesamtwirtschaftliches Gleichgewicht

Unterziele: das magische Viereck

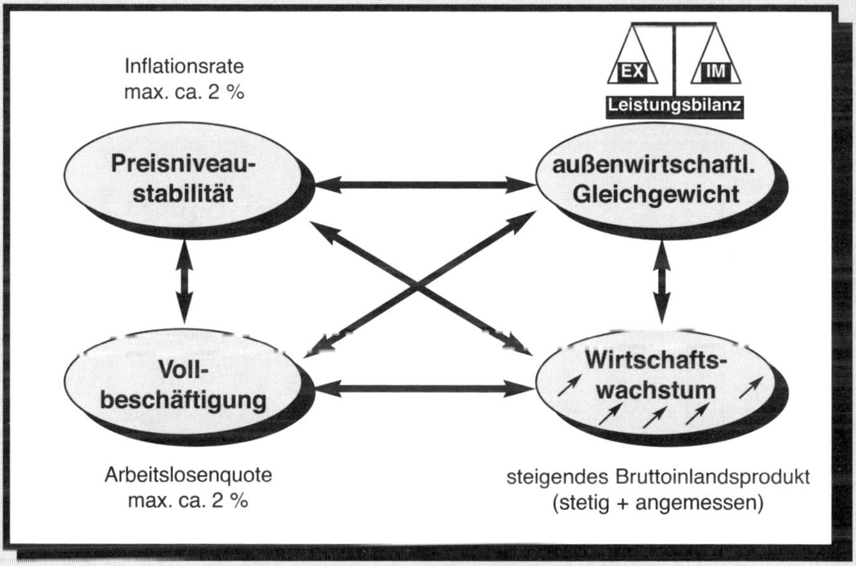

Weitere Ziele:
- **gerechte Einkommens- und Vermögensverteilung**
- **Erhaltung einer lebenswerten Umwelt**

Zielkonflikt: Das Anstreben eines Zieles beeinträchtigt das Erreichen anderer Ziele.

Zielharmonie: Das Anstreben eines Zieles fördert gleichzeitig das Erreichen anderer Ziele.

Zielindifferenz: Das Anstreben eines Zieles beeinflusst das andere Ziel in keiner Weise.

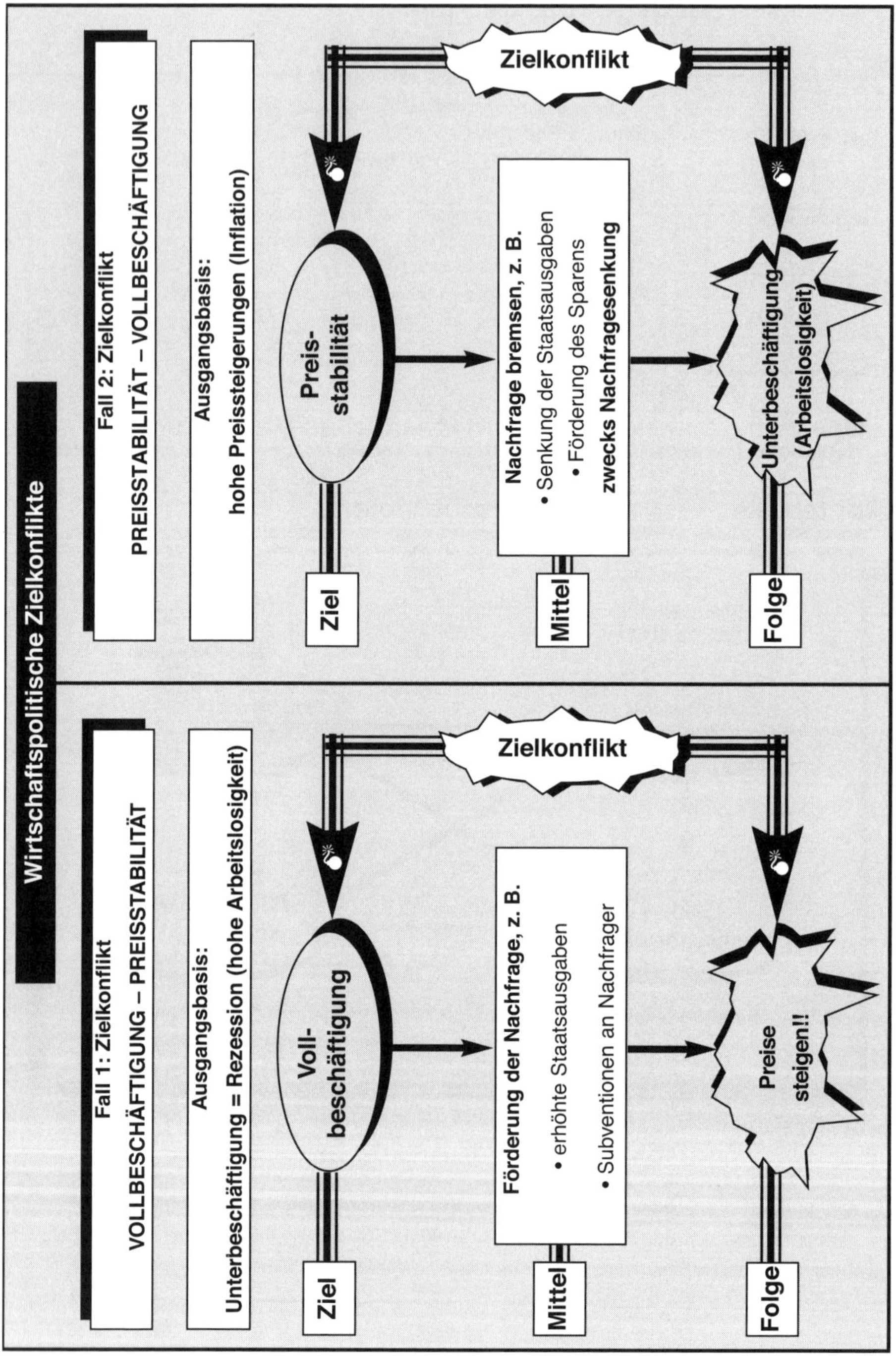
Wirtschaftspolitische Zielkonflikte
Fall 1: Zielkonflikt
VOLLBESCHÄFTIGUNG – PREISSTABILITÄT
Ausgangsbasis:
Unterbeschäftigung = Rezession (hohe Arbeitslosigkeit)
Ziel
Voll-
beschäftigung
Zielkonflikt
Mittel
Förderung der Nachfrage, z. B.
• erhöhte Staatsausgaben
• Subventionen an Nachfrager
Folge
Preise
steigen!!
Fall 2: Zielkonflikt
PREISSTABILITÄT – VOLLBESCHÄFTIGUNG
Ausgangsbasis:
hohe Preissteigerungen (Inflation)
Ziel
Preis-
stabilität
Zielkonflikt
Mittel
Nachfrage bremsen, z. B.
• Senkung der Staatsausgaben
• Förderung des Sparens
zwecks Nachfragesenkung
Folge
Unterbeschäftigung
(Arbeitslosigkeit)

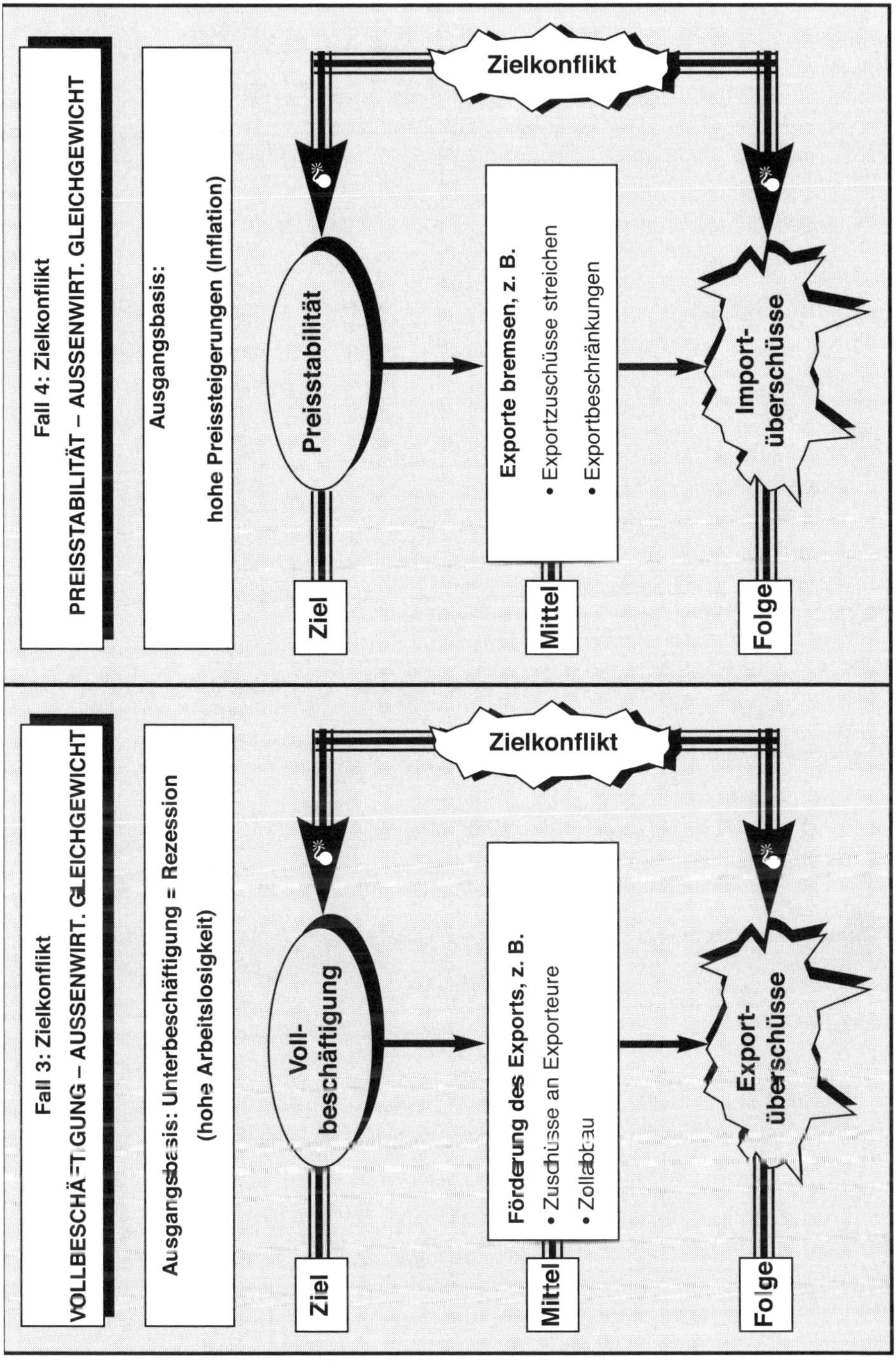
Fall 3: Zielkonflikt
VOLLBESCHÄFTIGUNG – AUSSENWIRT. GLEICHGEWICHT
Ausgangsbasis: Unterbeschäftigung = Rezession
(hohe Arbeitslosigkeit)
Ziel
Voll-
beschäftigung
Zielkonflikt
Mittel
Förderung des Exports, z. B.
• Zuschüsse an Exporteure
• Zollabbau
Folge
Export-
überschüsse
Fall 4: Zielkonflikt
PREISSTABILITÄT – AUSSENWIRT. GLEICHGEWICHT
Ausgangsbasis:
hohe Preissteigerungen (Inflation)
Ziel
Preisstabilität
Zielkonflikt
Mittel
Exporte bremsen, z. B.
• Exportzuschüsse streichen
• Exportbeschränkungen
Folge
Import-
überschüsse

Inflation (= Verletzung des Zieles Preisniveaustabilität)

= anhaltendes Steigen des Preisniveaus = Geldentwertung

Ursachen	Wirkungen
• Nachfrageinflation	• sinkende Kaufkraft
• sinkendes Angebot	• Schuldner begünstigt
• Kosteninflation	• Gläubiger benachteiligt
• Lohn-Preis-Spirale	• sinkendes Vertrauen in die Währung
• zunehmende Konzentration	• Geldeigentümer: Flucht in Sachwerte
• Gewinninflation (Monopole, Oligopole erhöhen die Preise)	• evtl. **Stagflation** (= Inflation bei Stagnation): evtl. Arbeitslosigkeit
• übermäßige Geldschöpfung der Kreditbanken und der Zentralbank	

Wirtschaftliche Grundprobleme der modernen Industriegesellschaft

Quantitatives Wachstum: rein zahlenmäßiges Wachstum

Grenzen:
- Abbau von Rohstoff- und Energiequellen (Gegenmaßnahme: Einsatz alternativer Energien)
- Abfallproblematik (Gegenmaßnahme: z. B. Recycling)
- Erwerbstätigenzahl
- volkswirtschaftliche Kapazität
- Zerstörung der Umwelt

Qualitatives Wachstum: Wachstum bei gleichzeitiger Förderung qualitativer Ziele (Umwelt ...)

- Alternativenergien
- Recycling
- verkehrspolitische Maßnahmen

Strukturelle Arbeitslosigkeit: Arbeitslosigkeit in bestimmten Regionen, Branchen oder Berufen durch strukturellen Wandel (langfristige Diskrepanz zwischen Nachfrage und Kapazität einer Branche, z. B. der Landwirtschaft)

Einkommens- und Vermögensverteilung:

Ungleichheiten durch

- Leistungsfähigkeit
- Marktmacht
- Vermögensbasis (Erbe ...)

- **„Gerechte" Einkommens- und Vermögensverteilung:** Subjektiv zu beantworten!

  Stichworte: Leistungsfähigkeit, Unternehmerrisiko, Kinderzahl ...

- **Instrumente der Verteilungspolitik:**

  – Steuerpolitik (Progression, Erbschaft-, Vermögensteuer ...)

  – Sozialpolitik

  – Bildungspolitik

Aufgaben

1. In welchem **Gesetz** sind die von Bund und Ländern zu beachtenden grundlegenden wirtschaftspolitischen Ziele formuliert?
2. Welches **Oberziel** ist seitens des Staates bei wirtschaftspolitischen Maßnahmen zu beachten?
3. Nennen und beschreiben Sie die Ziele des **magischen Vierecks**.
4. Wie wird die **Arbeitslosenquote** ermittelt?
5. Warum signalisiert eine Arbeitslosigkeit von 1,5 % immer noch eine vollbeschäftigte Wirtschaft?
6. Nennen Sie zwei gesetzlich nicht fixierte wirtschaftspolitische Ziele.
7. Erläutern Sie drei mögliche **Zielkonflikte**.
8. Nennen Sie fünf volkswirtschaftliche Folgen hoher **Arbeitslosigkeit**.
9. Nennen Sie Ursachen hoher **Preissteigerungsraten**.
10. Nennen Sie Ursachen der **Arbeitslosigkeit**.
11. Nennen Sie – abgesehen von Wechselkursänderungen – fünf Ursachen für **Exportüberschüsse**.
12. Was versteht man unter **Inflation**?
13. Erklären Sie den Begriff **importierte Inflation**.
14. Erklären Sie den Begriff **Lohn-Preis-Spirale**.
15. Welche Auswirkungen hat die **Inflation**?

16. a) Was versteht man unter **Stagflation**?

    b) Warum ist die Stagflation wirtschaftspolitisch schwer zu bekämpfen?

17. a) Wie würden Sie die **Geldwertschwankungen** in der Bundesrepublik bezeichnen?

    b) Woher rühren Ihrer Ansicht nach diese Schwankungen?

18. Nennen Sie vier **Grundprobleme** der modernen Industriegesellschaft.

19. Was versteht man unter quantitativem und qualitativem **Wachstum?**

20. Nennen Sie Grenzen des quantitativen Wachstums.

21. Welche Gefahren sind mit quantitativem Wachstum verbunden?

22. Welchen wirtschaftspolitischen Zielkonflikt versucht das qualitative Wachstumsziel zu beseitigen bzw. zu mildern?

23. Erklären Sie im Zusammenhang mit dem **Umweltschutz** die Begriffe:

    a) Alternativenergien

    b) Recycling

    c) verkehrspolitische Alternativen

24. Nennen Sie fünf Maßnahmen, die die Gefahren des **quantitativen Wachstums** mindern.

25. Wie wirken Umweltschutzmaßnahmen auf das quantitative Wachstum?

26. a) Was versteht man unter struktureller Arbeitslosigkeit?

    b) Welche Probleme bereitet die **strukturelle Arbeitslosigkeit?**

    c) Welche Gegenmaßnahmen kann der Staat treffen?

27. Nennen Sie Bereiche der Wirtschaft, in denen ein strukturelles Ungleichgewicht in der Form von Überkapazitäten vorherrscht.

28. Nennen Sie Ursachen ungleicher **Einkommens- und Vermögensverteilung.**

29. Welcher Zusammenhang besteht zwischen Einkommens- und Vermögensverteilung?

30. Wäre eine gleiche Einkommensverteilung Ihrer Ansicht nach eine gerechte Einkommensverteilung?

    Welche Prinzipien sollten Ihrer Ansicht nach beachtet werden?

Test → **Ziele der Wirtschaftspolitik I**

Punkte

1 In welchem Gesetz sind die von Bund und Ländern zu beachtenden grundlegenden wirtschaftspolitischen Ziele formuliert? — 1

2 Welches Oberziel ist seitens des Staates bei wirtschaftspolitischen Maßnahmen zu beachten? — 1

3 Nennen und beschreiben Sie die Ziele des magischen Vierecks — 8

4 Warum signalisiert eine Arbeitslosigkeit von 1,5 % immer noch eine vollbeschäftigte Wirtschaft? — 2

Punktesumme → 12

Notenermittlung: Kreuzen Sie Ihr Ergebnis an (Korrekturanleitung: siehe Lösung).

Punkte ➤	12	11	10	9	8	7	6	5	4	3	2	1
Note ➤	1,0	1,5	2,0	2,5	3,0	3,5	4,0	4,5	5,0	5,5	6,0	6,0
1. Versuch ➤												
2. Versuch ➤												
3. Versuch ➤												

Test → Ziele der Wirtschaftspolitik II

Punkte

1 Nennen Sie zwei gesetzlich nicht fixierte wirtschaftspolitische Ziele. — 2

2 Erläutern Sie zwei mögliche wirtschaftspolitische Zielkonflikte. — 4

3 Was versteht man unter quantitativem und qualitativem Wachstum? — 2

4 Nennen Sie Grenzen des quantitativen Wachstums (zwei Gesichtspunkte). — 2

5 Welche Gefahren sind mit quantitativem Wachstum verbunden (zwei Gesichtspunkte)? — 2

Punktesumme → 12

Notenermittlung: Kreuzen Sie Ihr Ergebnis an (Korrekturanleitung: siehe Lösung).

Punkte ➤	12	11	10	9	8	7	6	5	4	3	2	1
Note ➤	1,0	1,5	2,0	2,5	3,0	3,5	4,0	4,5	5,0	5,5	6,0	6,0
1. Versuch ➤												
2. Versuch ➤												
3. Versuch ➤												

3 Konjunktur und Konjunkturpolitik

3.1 Die Beschäftigung einer Volkswirtschaft

Stofftelegramm

Beschäftigung →

- = Grad der Kapazitätsauslastung einer Volkswirtschaft
- Messung insbesondere anhand der **Arbeitslosenquote**

$$\textbf{Arbeitslosenquote} = \frac{\textbf{Arbeitslose} \cdot \textbf{100}}{\textbf{(abhängige) Erwerbspersonen}}$$

Beschäftigungsstand der Volkswirtschaft

Vollbeschäftigung →

- Arbeitslosenquote bis ca. 4 % („Sockelarbeitslosigkeit")
- volle Auslastung der Produktionskapazitäten

Unterbeschäftigung →

- Arbeitslosenquote über 4 %
- nur teilweise Auslastung der Produktionskapazitäten

Überbeschäftigung →

- offene Stellen > Arbeitslose
- Überstunden, Sonderschichten, Überbeanspruchungen ...

Aufgaben → siehe Kapitel 3.5

3.2 Der Konjunkturzyklus

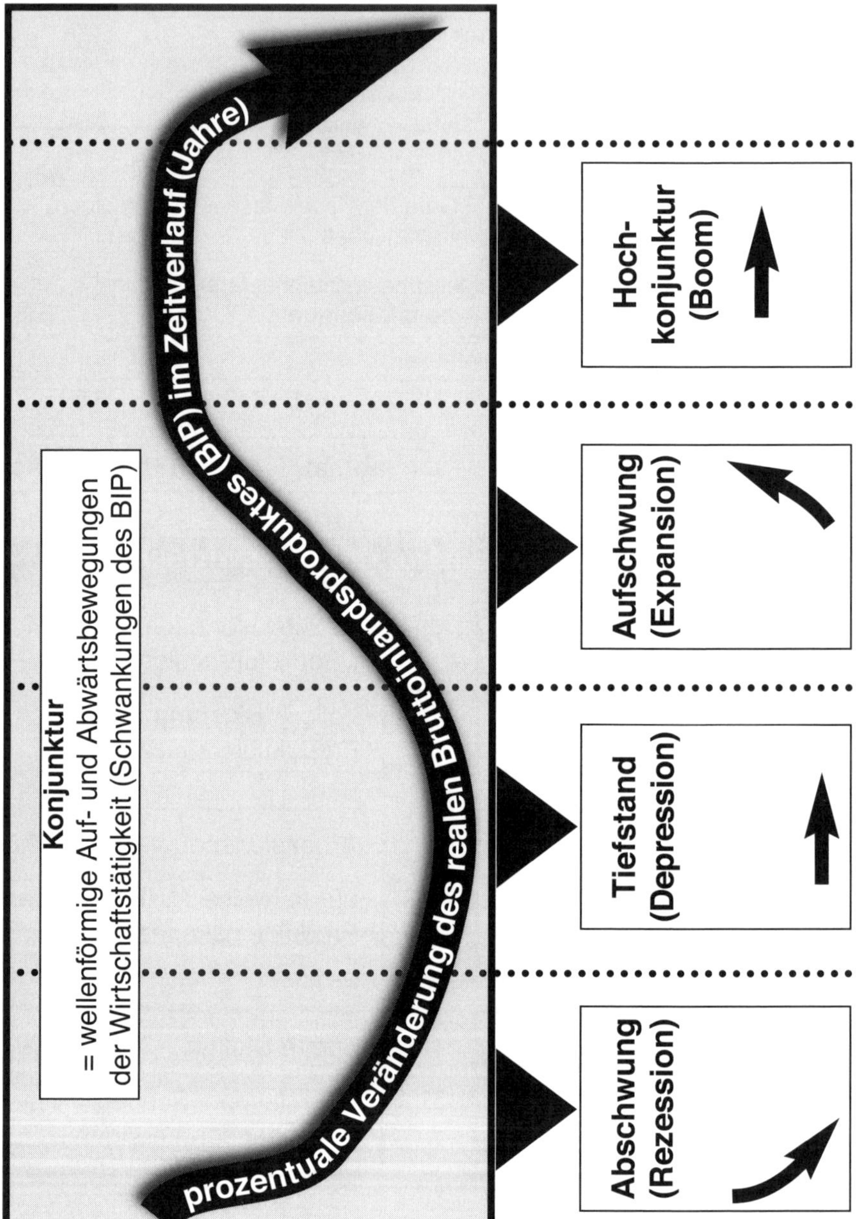

Aufgaben

siehe Kapitel 3.5

Der Konjunkturzyklus (Merkmale)

Konjunkturzyklus → / Merkmale ↓	Abschwung (Rezession)	Tiefstand (Depression)	Aufschwung (Expansion)	Hochkonjunktur (Boom)
Beschäftigungsstand	zunehmende Unterbeschäftigung (Kurzarbeit + Entlassungen)	Unterbeschäftigung	Tendenz zur Vollbeschäftigung	Voll- bzw. Überbeschäftigung (Konjunkturüberhitzung)
Arbeitslosenzahl	steigend	hoch	sinkend	minimal
Nachfrage	sinkend	niedrig	steigend	hoch
Investitionsbereitschaft	sinkend	niedrig	steigend	hoch
„Stimmung“	pessimistisch	pessimistisch	optimistisch	optimistisch
Preissteigerungsrate	mäßig, evtl. negativ	evtl. negativ	konstant (Kostenvorteil)	hoch
Löhne	mäßig steigend bzw. konstant	konstant, evtl. sinkend	mäßig steigend	stark steigend
Zinsen	sinkend	niedrig	mäßig steigend	stark steigend
Gewinne	sinkend	niedrig, evtl. Verluste	steigend	hoch
Wachstum	minimal	negativ	steigend	stark steigend
Aktienkurse	sinkend	sinkend	steigend	steigend

Aufgaben → siehe Kapitel 3.5

3.3 Konjunkturindikatoren

Stofftelegramm

Konjunkturindikatoren

= Anzeiger für den Konjunkturverlauf;

Konjunkturindikatoren charakterisieren Zustand + Entwicklung der Konjunktur.

Aufgaben → siehe Kapitel 3.5

3.4 Monetarismus und Fiskalismus

Stofftelegramm

Angebotsorientierte Wirtschaftspolitik (Monetarismus)

- wirtschaftspolitische Konzeption, die auf der **Angebotsseite** der Wirtschaft ansetzt und eine Belebung der wirtschaftlichen Aktivitäten anstrebt
- Verbesserung der wirtschaftspolitischen Rahmenbedingungen für Unternehmen
- Erhöhung des freien Entscheidungsspielraums der Wirtschaftssubjekte
- kostenmäßige Entlastung der Unternehmertätigkeit
- Beispiele:
  - Senkung der Lohnnebenkosten
  - Steuererleichterungen
  - Abbau staatlicher Regulierungen
  - Re-/Privatisierungen
- Folgen:
  - Motivationssteigerung bei den Unternehmen
  - Verbesserung des Investitionsklimas
  - Steigerung der gesamtwirtschaftlichen Produktivität
  - steigender Wohlstand
  - steigende soziale Sicherheit
  - Verringerung des Wachstums der Schattenwirtschaft (z. B. Schwarzarbeit)

Nachfrageorientierte Wirtschaftspolitik (Fiskalismus)

- Korrektur konjunktureller Fehlentwicklungen durch Beeinflussung der Nachfrage
- Mithilfe steuerpolitischer Maßnahmen soll die Nachfrage verändert werden.
- Beispiele:
  - Steuererhöhungen (Nachfragebremse)
  - Steuersenkungen (Nachfragebelebung)
  - Antizyklisches Nachfrageverhalten des Staates (= Beitrag des Staates zur Beeinflussung der gesamtwirtschaftlichen Nachfrage):

    → Erhöhung der Staatsnachfrage bei Rezession
    → Verringerung der Staatsnachfrage bei Hochkonjunktur (Boom)

3.5 Aufgaben zu 3.1–3.4

Aufgaben

1. Erklären Sie den Begriff **Konjunktur.**

2. Was versteht man unter **Beschäftigung** im volkswirtschaftlichen Sinn?

   Wie wird sie üblicherweise gemessen?

3. Wie wird die **Arbeitslosenquote** ermittelt?

4. Erklären Sie die drei möglichen **Beschäftigungslagen** einer Volkswirtschaft.

5. Warum signalisiert eine Arbeitslosenquote von 1,5 % bis 2 % immer noch eine vollbeschäftigte Wirtschaft?

6. Was versteht man unter **Konjunkturzyklen?**

7. Kennzeichnen Sie stichpunktartig die einzelnen **Konjunkturphasen** hinsichtlich:

   a) Beschäftigungsstand

   b) Arbeitslosenzahl

   c) Nachfrage

   d) Investitionsbereitschaft

   e) „Stimmung" der Marktteilnehmer

   f) Preissteigerungsrate

   g) Löhne

   h) Zinsen

   i) Gewinne

   j) Wachstum

8. Welche Ursachen führen zu einem a) Konjunkturabschwung, b) Konjunkturaufschwung?

9. Zeigen Sie den **Konjunkturzyklus** anhand einer Skizze.

10. Nennen Sie mögliche negative Auswirkungen der **Hochkonjunktur.**

11. Definieren Sie den Begriff und nennen Sie fünf **Konjunkturindikatoren.**

12. Warum ist das reale **Bruttoinlandsprodukt** zur Messung des Wachstums einer Wirtschaft besser geeignet als das nominale Bruttoinlandsprodukt?

13. Unterscheiden Sie saisonale und konjunkturelle Schwankungen.

14. Welche **Konjunkturphase** ist in folgenden Situationen anzunehmen?

    a) hohe Preissteigerungsraten

    b) hohe Arbeitslosenquote

    c) stark steigendes Sozialprodukt

    d) sinkende Arbeitslosigkeit

    e) pessimistische Zukunftserwartungen

    f) stark steigende Löhne

    g) stark steigende Zinsen

15. Erklären Sie die Begriffe:

    a) saisonale **Arbeitslosigkeit**

    b) strukturelle Arbeitslosigkeit

    c) konjunkturelle Arbeitslosigkeit

    d) friktionelle Arbeitslosigkeit

16. Wie beeinflusst eine Rezessionsphase die Staatskasse?

Test → Konjunktur I

Punkte

1 Erklären Sie den Begriff „Konjunktur". — 1

2 Welche Phasen umfasst ein Konjunkturzyklus? — 2

3 Was sind Konjunkturindikatoren? — 1

4 Wozu dienen Konjunkturindikatoren? — 2

5 In welche drei Gruppen werden die Konjunkturindikatoren nach ihrer zeitlichen Erscheinungsform eingeteilt? — 3

6 Ordnen Sie jeder Gruppe der Konjunkturindikatoren zwei Beispiele zu. — 3

Punktesumme → 12

Notenermittlung: Kreuzen Sie Ihr Ergebnis an (Korrekturanleitung: siehe Lösung).

Punkte ➤	12	11	10	9	8	7	6	5	4	3	2	1
Note ➤	1,0	1,5	2,0	2,5	3,0	3,5	4,0	4,5	5,0	5,5	6,0	6,0
1. Versuch ➤												
2. Versuch ➤												
3. Versuch ➤												

Test → Konjunktur II

Punkte

1 Was versteht man unter Beschäftigung? — 1

2 Was wird mit der Arbeitslosenquote ausgedrückt? — 2

3 Warum wird die Arbeitslosenquote eines Landes nie 0 % betragen? — 2

4 Nennen Sie die drei möglichen Beschäftigungslagen einer Volkswirtschaft. — 3

5 Beschreiben Sie die Formen der Arbeitslosigkeit, die traditionell unterschieden werden. — 4

Punktesumme → 12

Notenermittlung: Kreuzen Sie Ihr Ergebnis an (Korrekturanleitung: siehe Lösung).

Punkte ➤	12	11	10	9	8	7	6	5	4	3	2	1
Note ➤	1,0	1,5	2,0	2,5	3,0	3,5	4,0	4,5	5,0	5,5	6,0	6,0
1. Versuch ➤												
2. Versuch ➤												
3. Versuch ➤												

4 Globalisierung

Stofftelegramm

- Globalisierung = zunehmende **Internationalisierung** des Wettbewerbs
- Wirkungen:
  - zunehmender Wettbewerbsdruck (ausländische Billiganbieter)
  - Verlagerung von Arbeitsplätzen und Produktionsstätten ins kostengünstigere Ausland = Diskussionsthema „**Wirtschaftsstandort Deutschland**"
  - zunehmend **multinationale (grenzüberschreitende) Unternehmen**
- Ursachen:
  - Trend in Richtung Liberalisierung des Welthandels
  - technische Innovationen (Produktions-, Verkehrs-, Kommunikationstechnik)
- **Vorteile der Globalisierung:**
  - weltweite Konkurrenz → günstige Einkaufspreise
  - kostengünstigere Produktion im Ausland
  - Förderung der Wirtschaft in Entwicklungsländern
  - Kulturaustausch, Verflechtung steigt → Kriegsgefahr sinkt
  - wachstumsfördernd → steigender Wohlstand
  - steigende Warenvielfalt
  - Produktionsfaktoren weltweit effizienter eingesetzt
  - Steigerung der weltweiten Produktivität und des Wohlstands der beteiligten Produzenten
  - Beschleunigung der technischen Entwicklung
- **Kritik an der Globalisierung:**
  - steigende Arbeitslosigkeit in Ländern mit hohem Lohnniveau
  - steigender Kostendruck in bisherigen Industrieländern
  - sinkender Lebensstandard in bisherigen Industrieländern
  - Konzentration auf Märkte und Geschäftsbeziehungen – die Globalisierung von Menschenrechten, ökologischen Standards usw. bleiben evtl. unberücksichtigt.
  - zunehmende Umweltzerstörung (Flugzeuge, Fabriken ...)

5 Die WTO

Stofftelegramm

WTO

- = World Trade Organization (Welthandelsorganisation); seit 1995; Sitz: Genf
- Mitglieder: 164 Staaten (Stand: April 2017)
- Überwachung der Einhaltung der internationalen Handelsregeln
- Schlichtungsinstanz bei Rechtsstreitigkeiten zwischen den Mitgliedsländern

Wesentliche Bereiche: Handel mit Waren, Dienstleistungen und geistigen Eigentumsrechten:

Handel mit Waren	**G**eneral **A**greement on **T**ariffs and **T**rade (**GATT** = Allgemeines Zoll- und Handelsabkommen)

Ziele des GATT:

- Zollabbau
- **Meistbegünstigungsklausel** zur Verhinderung der Benachteiligung einzelner Länder:

  Alle ausgehandelten Zollzugeständnisse, die ein Land seinem Partnerland in einem sonstigen Handelsvertrag gewährt, gelten sofort und ohne Gegenleistung für alle anderen GATT-Mitglieder auch.
- Abschaffung der Diskriminierung einzelner Länder
- Abschaffung der Einfuhrkontingente (Einfuhrbeschränkungen)
- Verhinderung von Dumpingmethoden (Warenexporte zu Preisen, die niedriger als die Inlandspreise sind; Zweck: Verdrängung von Konkurrenz bzw. Verteidigung eigener Marktanteile)

Handel mit Dienstleistungen	Banken, Versicherungen, Tourismus
Geistige Eigentumsrechte	Patentrechte

6 Nachhaltigkeit

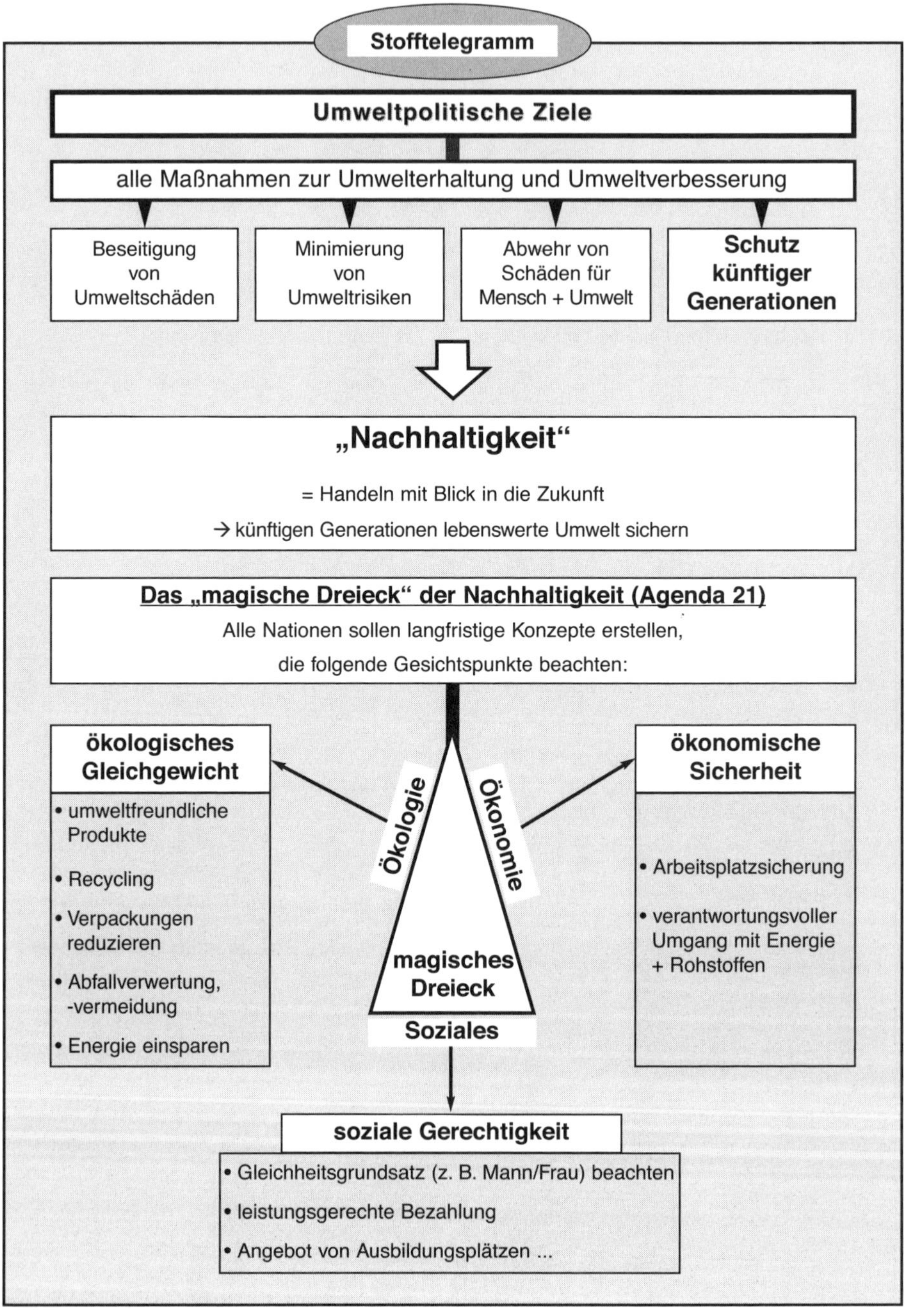

7 Prüfungsaufgaben

Prüfungsaufgaben 2007 (Aufgabe 1, teilweise)

1.3 Susanne trifft sich in der Mittagspause mit ihrer Freundin Emily Schneider, die als Auszubildende bei dem Tennisschlägerhersteller Swing GmbH arbeitet. Folgendes Gespräch ergibt sich:

Susanne: *„Hast du schon gehört, euer Konkurrent, der Tennisschlägerhersteller Netz GmbH, entlässt 100 Mitarbeiter.“*

Emily: *„Ja, da habe ich Glück, dass ich bei Swing arbeite. Wir Azubis werden alle nach der Ausbildung übernommen. Leider müssen wir aber zukünftig bei gleichem Lohn statt 38,5 Stunden 40 Stunden pro Woche arbeiten.“*

Susanne: *„Das kommt alles durch die Globalisierung.“*

Emily: *„Das kann schon sein, aber die Globalisierung bringt auch Gutes. Schließlich ist Deutschland Exportweltmeister und auch unsere Firma trägt dazu bei.“*

1.3.1 Erklären Sie die unterstrichenen Begriffe.

1.3.2 Nennen Sie zwei Vor- und zwei Nachteile der Globalisierung.

1.3.3 Welche zwei wirtschaftspolitischen Ziele werden in dem Gespräch angesprochen? Erläutern Sie diese.

1.3.4 Zwei weitere wirtschaftspolitische Ziele sind stetiges Wirtschaftswachstum und lebenswerte Umwelt. Es wird behauptet, diese beiden Ziele stünden im Konflikt miteinander. Nehmen Sie dazu Stellung.

Prüfungsaufgaben 2008 (Aufgabe 2, teilweise)

2. Luca Cavallo, Ulmer Str. 25, 70188 Stuttgart, ist gelernter Einzelhandelskaufmann und zurzeit als Angestellter in der Lebensmittelbranche tätig. In seiner ehemaligen kaufmännischen Berufsschule in Stuttgart hört der bisherige Pächter des Pizzastandes altershalber auf. Luca Cavallo überlegt, ob er sich selbstständig machen und den Pizzastand übernehmen soll. Die Pizzas werden tiefgekühlt eingekauft und in einem Spezialbackofen in wenigen Minuten frisch aufgebacken.

2.5 Als Unternehmer interessiert sich Luca Cavallo auch für die wirtschaftliche Situation in Deutschland. In der Zeitung findet er die Grafik „Das Gutachten der Wirtschaftsweisen“ (**Anlage 7**).

2.5.1 Welche beiden wirtschaftspolitischen Ziele nach § 1 des Stabilitätsgesetzes werden in der Grafik dargestellt?

2.5.2 Ergänzen Sie die fehlenden wirtschaftspolitischen Ziele des magischen Vierecks.

2.5.3 Worauf lässt sich die Entwicklung der Arbeitslosigkeit zurückführen?

Anlage 7 zu Aufgabe 2.5

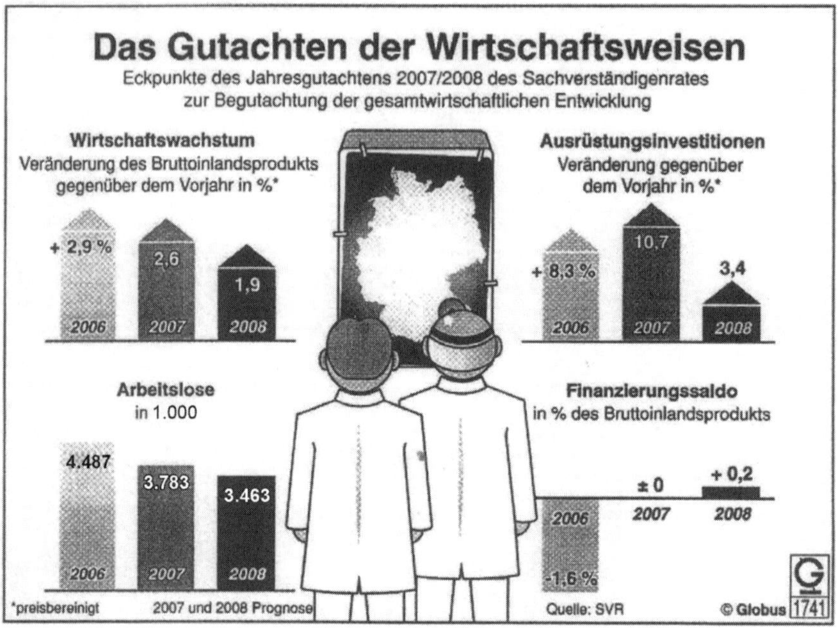

Prüfungsaufgaben 2012 (Aufgabe 2, teilweise)

2.6 Heike möchte wissen, woher die Produkte stammen. Frau Akin erklärt ihr, dass das Currypulver aus Indien und das Paprikapulver aus Ungarn kommen. Die Petersilie wurde auf der Insel Reichenau im Bodensee angebaut.
Nennen Sie je zwei Vor- und Nachteile des internationalen Warenverkehrs.

2.7 Aufgeschreckt durch Zeitungsberichte über die Arbeitsbedingungen in Entwicklungsländern möchte Herr Renner künftig verstärkt das Ziel der Nachhaltigkeit in seinem Unternehmen verwirklichen.

2.7.1 Was versteht man unter nachhaltigem Wirtschaften?

2.7.2 Erläutern Sie vier Möglichkeiten, wie Herr Renner nachhaltiges Handeln in seinem Unternehmen fördern kann.

Prüfungsaufgaben 2013 (Aufgabe 2, teilweise)

2.6 Der typische Verlauf einer Konjunkturwelle liegt Ihnen in der **Anlage 6** (Lösungsblatt) vor.

2.6.1 Beschriften Sie die Konjunkturphasen im Schaubild auf dem Lösungsblatt.

2.6.2 In **Anlage 6** sind Vorgänge aufgezählt, die in den vier Konjunkturphasen stattfinden.

Anlage 6 zu Aufgabe 2.6

Hinweis zur Aufgabe 2.6.2: Sie sehen fünf grau markierte Felder. Zu diesen Feldern passen acht Vorgänge aus der unten stehenden Liste. Wählen Sie die richtigen Vorgänge aus und tragen Sie deren Nummern in die grauen Felder ein. Doppelbelegungen kommen vor.

2.6.1

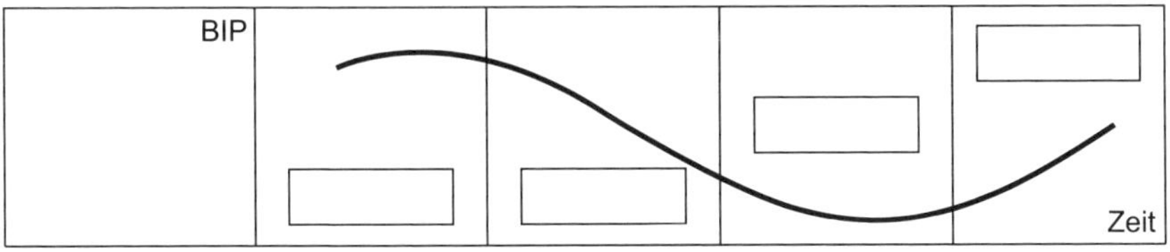

2.6.2

Indikatoren	**Konjunkturphasen**			
Arbeitsmarkt				
Industrie				
Konsumgüter				
Kapitalmarkt				
Staat				

Auswahl:

1 Steuereinnahmen sprudeln
2 Konsumgüternachfrage bricht ein
3 Lagerbestände bei Industriebetrieben sind hoch
4 Löhne steigen
5 Preise für Konsumgüter steigen
6 schlechte Auftragslage in den Unternehmen
7 Arbeitskräfte werden entlassen
8 Steuereinnahmen fallen
9 Zinsen beginnen zu sinken
10 Kreditnachfrage steigt
11 es kommt zu Kurzarbeit
12 sinkende Gewinne in den Unternehmen
13 viele freie Stellen am Arbeitsmarkt
14 weniger Kredite werden nachgefragt

Prüfungsaufgaben 2014 (Aufgabe 2, teilweise)

2.5 Die Auszubildende Sophia Huber löst ein Preisrätsel der Bundeszentrale für politische Bildung zur Wirtschaftsordnung der Bundesrepublik Deutschland.

Überprüfen Sie die folgenden Aussagen zur sozialen Marktwirtschaft auf ihre Richtigkeit. Begründen Sie jeweils Ihre Antwort.

1. Jeder darf Verträge abschließen.
2. Dem Staat gehören die Maschinen und Werkzeuge, mit denen Produkte hergestellt werden.
3. Der Staat bestimmt, wer welchen Beruf ausüben soll.
4. Preise bilden sich durch Angebot und Nachfrage.

Prüfungsaufgaben 2015 (Aufgabe 2, teilweise)

2.8 Hauptbestandteil des Sortiments der Natur Pur GmbH sind heimische Obst- und Gemüsesorten. Zusätzlich verkaufen Maier und Hägele exotische Früchte und Gemüse aus Übersee.

2.8.1 Beschreiben Sie zwei Ursachen der Globalisierung.

2.8.2 Erläutern Sie einen Vorteil, der sich aus der Globalisierung für die Natur Pur GmbH ergibt.

2.8.3 Maier und Hägele überlegen sich, in Zukunft auch Fair-Trade-Produkte anzubieten. Erläutern Sie, inwieweit solche Produkte zu nachhaltigem Wirtschaften beitragen.

Weitere Prüfungsaufgaben siehe auch Kapitel „Prüfungsaufgaben", 1: Kapitelübergreifende Prüfungsaufgaben.

Prüfungsaufgaben

1 Kapitelübergreifende Prüfungsaufgaben

Die nachfolgend aufgeführten Aufgaben erstrecken sich thematisch über mehrere Kapitel und könnten daher nur unter Verlust des Gesamtbildes zerlegt und auf die einzelnen Kapitel verteilt werden. Die davon berührten Themenstellungen sind jeweils im Aufgabenkopf angegeben.

Prüfungsaufgaben 2013 (Aufgabe 1)

1. Meike Bender hat vor drei Jahren ihre Ausbildung zur Sport- und Fitnesskauffrau abgeschlossen. Sie überlegt, sich mit einem eigenen Fitness-Studio in Stuttgart-Zuffenhausen selbstständig zu machen.

   Meikes Zielgruppe sind Berufstätige, die vor und nach der Arbeit bzw. in der Mittagspause zum Trainieren kommen. Sie hat daher vor, geeignete Räumlichkeiten in einem Industriegebiet in der Nähe eines großen Autoherstellers zu pachten. Zusätzlich zum Training will Meike gesunde Getränke sowie ein kleines Sortiment an Fitnesskleidung und Pulsuhren anbieten.

1.1 Vor der Existenzgründung führt Meike eine Befragung in einigen großen Unternehmen im umliegenden Industriegebiet durch. Sie möchte erfahren, welche Ansprüche die Mitarbeiter an ein in der Nähe befindliches Fitness-Studio stellen würden.

Formulieren Sie je eine geschlossene und eine offene Frage für diesen Fragebogen.

1.2 Meike Bender erstellt einen Business- bzw. Geschäftsplan.

1.2.1 Worüber gibt der Business-/Geschäftsplan Auskunft? Erläutern Sie drei erforderliche Inhaltspunkte.

1.2.2 Erläutern Sie, wofür Meike Bender diesen Business-/Geschäftsplan erstellt hat.

1.3 Einige Wochen später hat die Existenzgründerin Meike Bender ihr Unternehmen SevenEleven e. K. gegründet. Begründen Sie mit zwei Argumenten, warum sie sich für die Rechtsform der Einzelunternehmung entschieden hat.

1.4 Meike Bender hat für die Grundausstattung ihres Fitness-Studios SevenEleven e. K. einen Kapitalbedarf von 300.000,00 EUR. Sie möchte unter anderem hochwertige Fitnessgeräte anschaffen.

Diesen Betrag könnte sie über ihre Bank, die Zuffenhausener Volksbank e. G., finanzieren.

Alternativ dazu könnte Meike die Geräte beim Hersteller leasen.

1.4.1 Erläutern Sie zwei Vorteile des Leasings für SevenEleven e. K.

1.4.2 Aufgrund eines günstigen Angebots hat sich Meike für den Kauf der Geräte und deren Finanzierung über die Zuffenhausener Volksbank e. G. entschieden.

Die Bank möchte ihren Kredit durch eine Sicherungsübereignung absichern. Erläutern Sie diese auf den vorliegenden Fall bezogen.

1.5 Meike bietet ihren Kunden modische und funktionale Fitnesskleidung an. Am 20.04.2013 erhält sie eine Lieferung mit Fitness-Shirts für Damen und Herren.

1.5.1 Buchen Sie die Rechnung (**Anlage 1**) aus Sicht der SevenEleven e. K. im Kontierungsstempel.

1.5.2 Worin unterscheidet sich die Eigentumsübertragung in diesem Fall von der gesetzlichen Regelung?

1.5.3 Um das Skonto ausnutzen zu können, muss Meike Bender das Kontokorrentkonto der SevenEleven e. K. überziehen. Berechnen Sie den finanziellen Vorteil, der ihr trotz der Überziehung entsteht. Berücksichtigen Sie folgende Bedingungen:

Konditionen für den Kontokorrentkredit: 13 % pro Jahr; die Überziehung wird 30 Tage nach Ausstellung der Rechnung ausgeglichen.

1.5.4 Buchen Sie die Zahlung der Rechnung am 04.05.2013 im Kontierungsstempel (**Anlage 2**).

1.6 Meike Bender arbeitet gerade an einer Kalkulation für zehn hochwertige Pulsuhren. Bisher liegen folgende Zahlen vor: Der Einstandspreis für zehn Uhren beträgt 589,60 EUR, die Selbstkosten 943,36 EUR, der Gewinn 188,67 EUR, es wurden 23,10 EUR Kundenskonto gewährt und der Zielverkaufspreis beträgt 1.155,13 EUR.

1.6.1 Ermitteln Sie die Handlungskosten in Euro und in Prozent, den Barverkaufspreis in Euro und den Kundenskontosatz in Prozent.

1.6.2 Nennen Sie vier Beispiele für Handlungskosten im Fitness-Studio SevenEleven e. K.

Anlage 1 zu Aufgabe 1.5.1

Muskelplanet

Muskelplanet GmbH, In der Spöck 18, 77652 Offenburg

SevenEleven e. K.
Meike Bender
Zahn-Nopper-Str. 42
70435 Stuttgart

Name: Tobias Vielhauer

Telefon: +49 781 520-00
Telefax: +49 781 520-10
E-Mail: info@muskelplanet.de
Internet: www.muskelplanet.de

Liefer-/Rechnungsdatum: 20.04.2013

Rechnung Nr. 245/2013

Wir berechnen Ihnen folgende Artikel:

Menge	Artikel	Einzelpreis	Gesamtpreis
20	**Fitness-Shirts Herren**	15,00 EUR	**300,00 EUR**
30	**Fitness-Shirts Damen**	18,00 EUR	**540,00 EUR**
		Gesamtpreis netto	840,00 EUR
		+ 19 % Umsatzsteuer	159,60 EUR
		Rechnungsbetrag	**999,60 EUR**

Die Rechnung ist zahlbar innerhalb von 14 Tagen unter Abzug von 2 % Skonto, 30 Tage rein netto. Die Ware bleibt bis zur vollständigen Bezahlung unser Eigentum.

Vielen Dank für Ihren Auftrag.

Muskelplanet GmbH
In der Spöck 18
77652 Offenburg

Geschäftsführung:
Tobias Vielhauer

Sparkasse Freiburg – Nördlicher Breisgau
BLZ: 680 501 01 Kto.: 13 456 889
Steuernr. 87663/2342

Konto-Nr.	Kontobezeichnung	Soll Wertezufluss (+)	Haben Werteabfluss (–)

Anlage 2 zu Aufgabe 1.5.4

Konto-Nr.	Kontobezeichnung	Soll Wertezufluss (+)	Haben Werteabfluss (–)

Prüfungsaufgaben 2013 (Aufgabe 2, teilweise)

2. Das Geschäftsmodell des Fitness-Studios SevenEleven e. K. von Meike Bender hat sich bewährt: Drei Jahre nach der Eröffnung freut sich Meike über viele zufriedene Kunden. Sie hat mittlerweile drei Mitarbeiter eingestellt. An drei Tagen der Woche ist das Fitness-Studio bis 22:00 Uhr geöffnet.

2.1 Meike schließt ihr drittes Geschäftsjahr mit einem Umsatz von 72.500,40 EUR ab. Die Umsatzsteigerung vom 1. zum 2. Jahr betrug 50 %. Im dritten Jahr stieg der Umsatz nochmals um 20 %.

Wie hoch war der Umsatz im Gründungsjahr? Geben Sie den genauen Rechenweg an.

2.2 Ein Automobilhersteller in Stuttgart-Zuffenhausen, die Fernando Forsch AG, hat für zehn Mitarbeiter das Präventionsprogramm AKTIV im Abonnement gebucht. Für diese Mitarbeiter hat das Unternehmen eine Sammelbestellung über zehn hochwertige Pulsuhren getätigt.

2.2.1 Buchen Sie die Rechnung in **Anlage 1** im Kontierungsstempel aus Sicht von SevenEleven e. K.

2.2.2 Einige Tage nach Lieferung erhält SevenEleven e. K. ein Schreiben vom Automobilhersteller Fernando Forsch AG (**Anlage 2**).

Formulieren Sie den Entwurf einer Antwort auf dem in **Anlage 3** bereitgestellten Notizzettel. Gehen Sie davon aus, dass wir mit dem Vorschlag des Automobilherstellers Fernando Forsch AG einverstanden sind.

2.2.3 Buchen Sie den Vorgang aus 2.2.2 im Kontierungsstempel **Anlage 4** am 25.05.2013.

2.3 Meike Bender hat vor einem halben Jahr einen Mitarbeiter, Paul Schmitt, als Trainer eingestellt.

2.3.1 Meike Bender erstellt gerade die Gehaltsabrechnungen und hat für Paul Schmitt bisher folgende Zahlen ermittelt:

Zahlung an das Finanzamt	277,02 EUR
Bruttogehalt	1.940,00 EUR
AG-Anteil zur Sozialversicherung	404,49 EUR
AN-Anteil zur Sozialversicherung	426,80 EUR

Berechnen Sie den Betrag, den Paul Schmitt ausbezahlt bekommt.

2.3.2 Welche Bestandteile können sich hinter dem Betrag „Zahlung an das Finanzamt" verbergen?

2.3.3 Begründen Sie, warum die Beiträge zur Sozialversicherung von Paul Schmitt und seiner Arbeitgeberin unterschiedlich hoch sind.

2.3.4 In den Beiträgen zur Sozialversicherung ist die Rentenversicherung enthalten. Da die Zahl der Rentenbezieher bei sinkender Zahl der Beitragszahler steigt, ist die Höhe der gesetzlichen Rente für Paul Schmitt sehr unsicher zu kalkulieren.

Beschreiben Sie zwei Möglichkeiten, wie Paul Schmitt im Alter trotzdem seine wirtschaftliche Existenz absichern kann.

2.4 Der alleinstehende Paul Schmitt ist leidenschaftlicher Hobbykoch. Um künftig seine Freunde optimal bekochen zu können, trägt er sich mit dem Gedanken, eine neue Küche mit Dampfgarer, Kochinsel mit Induktionskochfeld und weiterer hochwertiger Ausstattung anzuschaffen.

Nehmen Sie an, dass Paul Schmitt die Küche über das örtliche Möbelhaus finanzieren will. Berechnen Sie, ob er sich eine Küche im Wert von 15.000,00 EUR leisten kann, wenn folgende Bedingungen gelten sollen:

- Nettogehalt aus 2.3.1 (falls Sie kein Ergebnis ermitteln konnten, rechnen Sie mit 1.200,00 EUR monatlich)
- Ausgaben für Lebenshaltung (Kosten für Lebensmittel, Kleidung, Pkw, Versicherungsbeiträge, Miete, Urlaub, Telekommunikation etc.) monatlich 900,00 EUR
- Konditionen für die Finanzierung eines Ratenkredites:
  Zinssatz: 6 % p. a. aus dem vollen Darlehensbetrag
  Einmalige Bearbeitungsgebühr: 100,00 EUR
  Laufzeit: 36 Monate

2.5 Silke Fein, 30, arbeitet seit einem guten Jahr im Fitness-Studio SevenEleven e. K. als Trainerin und Kursleiterin sowie zur Unterstützung in der Verwaltung. Am 28.04.2013 hat Frau Fein mitgeteilt, dass sie schwanger ist. Der voraussichtliche Entbindungstermin ist der 14.10.2013. Erläutern Sie anhand von zwei Vorschriften, was Meike Bender als Arbeitgeberin bei der schwangeren Frau Fein beachten muss (**Anlage 5**).

Anlage 1 zu Aufgabe 2.2.1

SevenEleven

SevenEleven e. K., Zahn-Nopper-Str. 42, 70435 Stuttgart

Fernando Forsch AG
Adestr. 1009
70435 Stuttgart

Name: Meike Bender

Telefon: +49 711 2987-65
Telefax: +49 711 2987-66
E-Mail: info@seveneleven.com
Internet: www.seveneleven.com

Liefer-/Rechnungsdatum: 10.05.2013

Rechnung Nr. 1311/2013

Vielen Dank für Ihren Auftrag. Wir freuen uns, Ihnen als Abonnenten des Präventionsprogramms AKTIV folgende Artikel zum Sonderpreis liefern zu können, und berechnen Ihnen:

Menge	Artikel	Einzelpreis	Gesamtpreis
10	Pulsuhren PM 3000	113,00 EUR	1.130,00 EUR
		+ 19 % Umsatzsteuer	214,70 EUR
		Rechnungsbetrag	**1.344,70 EUR**

Die Rechnung ist zahlbar innerhalb von 10 Tagen unter Abzug von 3 % Skonto bzw. innerhalb von 30 Tagen rein netto.

SevenEleven e. K.
Zahn-Nopper-Str. 42
77652 Offenburg

Geschäftsführung:
Meike Bender

Volksbank Zuffenhausen e.G.
BLZ: 600 901 00 Kto.: 28 999 877
Steuernr. 214/6990

Konto-Nr.	Kontobezeichnung	Soll Wertezufluss (+)	Haben Werteabfluss (–)

Anlage 2 zu Aufgabe 2.2.2

Fernando Forsch

Fernando Forsch AG, Adestr. 1009, 70435 Stuttgart

Name: Friederike Flott

SevenEleven e. K.
Meike Bender
Zahn-Nopper-Str. 42
70435 Stuttgart

Telefon: +49 711 00911
Telefax: +49 711 00911-0
E-Mail: info@forsch-automobil.com
Internet.: www.forsch-automobil.com

Liefer-/Rechnungsdatum: 17.05.2013

Falschlieferung, Rechnung 1311/2013

Sehr geehrte Frau Bender,

leider mussten wir feststellen, dass die von Ihnen gelieferten Pulsuhren PM 3000 nicht den Ansprüchen unserer Mitarbeiter genügen und nicht die gewünschten Funktionen aufweisen.

Wir bitten Sie, die Pulsuhren wieder zurückzunehmen und uns den Rechnungsbetrag gutzuschreiben.

Vielen Dank.

Mit freundlichen Grüßen

Friederike Flott
Fernando Forsch AG

Fernando Forsch AG
Adestr. 1009
70435 Stuttgart

Geschäftsführung:
Fernando Forsch

Baden-Württembergische Bank
BLZ: 600 501 01 Kto.: 911 911
Steuernr. 315852/62

Anlage 3 zu Aufgabe 2.2.2

Notizzettel, Antwortschreiben an Fernando Forsch AG, 19.05.2013

Anlage 4 zu Aufgabe 2.2.3

Konto-Nr.	Kontobezeichnung	Soll Wertezufluss (+)	Haben Werteabfluss (–)

Anlage 5 zu Aufgabe 2.5 (Auszüge aus dem Mutterschutzgesetz)

§ 3 Beschäftigungsverbote für werdende Mütter

(1) Werdende Mütter dürfen nicht beschäftigt werden, soweit nach ärztlichem Zeugnis Leben oder Gesundheit von Mutter oder Kind bei Fortdauer der Beschäftigung gefährdet ist.

(2) Werdende Mütter dürfen in den letzten sechs Wochen vor der Entbindung nicht beschäftigt werden, es sei denn, dass sie sich zur Arbeitsleistung ausdrücklich bereit erklären; die Erklärung kann jederzeit widerrufen werden.

§ 4 Weitere Beschäftigungsverbote

(1) Werdende Mütter dürfen nicht mit schweren körperlichen Arbeiten und nicht mit Arbeiten beschäftigt werden, bei denen sie schädlichen Einwirkungen von gesundheitsgefährdenden Stoffen oder Strahlen, von Staub, Gasen oder Dämpfen, von Hitze, Kälte oder Nässe, von Erschütterungen oder Lärm ausgesetzt sind.

(2) Werdende Mütter dürfen insbesondere nicht beschäftigt werden

1. mit Arbeiten, bei denen regelmäßig Lasten von mehr als fünf Kilogramm Gewicht oder gelegentlich Lasten von mehr als zehn Kilogramm Gewicht ohne mechanische Hilfsmittel von Hand gehoben, bewegt oder befördert werden. Sollen größere Lasten mit mechanischen Hilfsmitteln von Hand gehoben, bewegt oder befördert werden, so darf die körperliche Beanspruchung der werdenden Mutter nicht größer sein als bei Arbeiten nach Satz 1,
2. nach Ablauf des fünften Monats der Schwangerschaft mit Arbeiten, bei denen sie ständig stehen müssen, soweit diese Beschäftigung täglich vier Stunden überschreitet,
3. mit Arbeiten, bei denen sie sich häufig erheblich strecken oder beugen oder bei denen sie dauernd hocken oder sich gebückt halten müssen,
4. mit der Bedienung von Geräten und Maschinen aller Art mit hoher Fußbeanspruchung, insbesondere von solchen mit Fußantrieb,
5. mit dem Schälen von Holz,
6. mit Arbeiten, bei denen sie infolge ihrer Schwangerschaft in besonderem Maße der Gefahr, an einer Berufskrankheit zu erkranken, ausgesetzt sind oder bei denen durch das Risiko der Entstehung einer Berufskrankheit eine erhöhte Gefährdung für die werdende Mutter oder eine Gefahr für die Leibesfrucht besteht,
7. nach Ablauf des dritten Monats der Schwangerschaft auf Beförderungsmitteln,
8. mit Arbeiten, bei denen sie erhöhten Unfallgefahren, insbesondere der Gefahr auszugleiten, zu fallen oder abzustürzen, ausgesetzt sind.

§ 8 Mehrarbeit, Nacht- und Sonntagsarbeit

(1) Werdende und stillende Mütter dürfen nicht mit Mehrarbeit, nicht in der Nacht zwischen 20 und 6 Uhr und nicht an Sonn- und Feiertagen beschäftigt werden.

(2) Mehrarbeit im Sinne des Absatzes 1 ist jede Arbeit, die

1. von Frauen unter 18 Jahren über 8 Stunden täglich oder 80 Stunden in der Doppelwoche,
2. von sonstigen Frauen über 8 1/2 Stunden täglich oder 90 Stunden in der Doppelwoche hinaus geleistet wird. In die Doppelwoche werden die Sonntage eingerechnet.

Prüfungsaufgaben 2014 (Aufgabe 1)

1. Der Großhändler BeautyHairExpress e. Kfm. aus Bietigheim-Bissingen verkauft Haarkosmetik, Friseurbedarf und andere Produkte rund um das Haar an Friseure im süddeutschen Raum.

1.1 Bei einer Abteilungssitzung informiert die Inhaberin Emilia Stein ihre Mitarbeiter im Bereich Beschaffung/Einkauf darüber, dass die hohe Anzahl der Lieferanten reduziert werden soll.

1.1.1 Nennen Sie einen Grund, der zu dieser Entscheidung geführt haben könnte.

1.1.2 Im Produktbereich „Kämme und Bürsten" soll es künftig nur noch einen Hauptlieferanten geben. Folgende Informationen stehen Ihnen zur Verfügung:

Lieferant 1: Haircare GmbH

Die Haircare GmbH hat ihren Sitz in Bremen und beschäftigt 70 Mitarbeiter. Aufträge wurden in der Vergangenheit zuverlässig und pünktlich ausgeführt, die bisher bezogene Ware war von guter Qualität. Der Anbieter ist meist kurzfristig lieferfähig. Reklamationen benötigen längere Zeit zur Bearbeitung. Die Verkaufsabteilung ist telefonisch nicht immer erreichbar.

Lieferant 2: Powerbrush KG

Die Powerbrush KG beschäftigt an ihrem Sitz in Leipzig 20 Mitarbeiter, Service und Beratung sind hervorragend, Reklamationen werden zügig bearbeitet. Die Qualität der Ware ist sehr gut, allerdings benötigten die Lieferungen der Aufträge in letzter Zeit im Schnitt eine Woche länger als in der Auftragsbestätigung angegeben.

Vervollständigen Sie die Entscheidungsbewertungstabelle auf dem Lösungsblatt in **Anlage 1**. Entscheiden Sie sich für einen der beiden Lieferanten und begründen Sie Ihre Entscheidung.

1.2 Von ihrem Kunden Haar-Werk in Heilbronn erhält die Abteilung „Verkauf" bei BeautyHairExpress e. Kfm. heute, am 22.05.2014, folgende E-Mail:

Sehr geehrte Damen und Herren,

unsere Bestellung über 15 Profi-Hair-Styler von Ella-Look vom 15.05.2014, in der wir sofortige Lieferung vereinbart hatten, ist bis heute noch nicht bei uns eingetroffen.

Wir treten hiermit vom Vertrag zurück. Weil wir die Haartrockner dringend im Laden benötigen, haben wir gestern 15 Stück bei Ihrem Konkurrenten gekauft. Diese Haartrockner waren viel teurer und wir stellen Ihnen die Mehrkosten in Höhe von 200,00 EUR in Rechnung.

Mit freundlichen Grüßen
Sibylle Schneider
Haar-Werk Heilbronn

Schreiben Sie als Mitarbeiter/-in der BeautyHairExpress e. Kfm. eine E-Mail als Antwort an Frau Schneider. Gehen Sie dabei auf die Forderungen des Kunden ein.

1.3 Die Umsätze bei der BeautyHairExpress e. Kfm. mit den Friseurkunden gehen seit mehreren Monaten deutlich zurück.

Die Inhaberin Emilia Stein beschließt, den Kundenkreis zu erweitern und neben Friseuren auch Endverbrauchern ihr Sortiment in einem neuen Onlineshop anzubieten.

1.3.1 Welche Vorteile verspricht sich die BeautyHairExpress e. Kfm. davon (zwei Nennungen)?

1.3.2 Welche Nachteile können sich für die BeautyHairExpress e. Kfm. aus der Erweiterung des Verkaufs an Endverbraucher im Internet ergeben (zwei Nennungen)?

1.4 Im Rahmen der Erweiterung des Vertriebs durch den Onlineshop überlegt Emilia Stein, in absehbarer Zeit die Rechtsform zu ändern.

1.4.1 Unterscheiden Sie die beiden Rechtsformen e. Kfm. und GmbH hinsichtlich Kapitalaufbringung, Haftung, Leitung und Gewinn-/Verlustverteilung. Tragen Sie Ihre Lösung in die Tabelle in **Anlage 2** im Lösungsblatt ein.

1.4.2 Sollte die BeautyHairExpress e. Kfm. ihre Rechtsform in eine GmbH umwandeln (mit Begründung)?

1.5 Die BeautyHairExpress e. Kfm. erwartet durch den Onlineshop Veränderungen bei der Lagerhaltung. Deshalb möchte die Inhaberin Frau Stein die Wirtschaftlichkeit des Lagers überprüfen. In **Anlage 3** finden Sie die Lagerkarte des Artikels „Bonacura Repair Shampoo".

1.5.1 Berechnen Sie für den Artikel „Bonacura Repair Shampoo" den durchschnittlichen Lagerbestand in Stück und in Euro aus der Lagerfachkarte (monatsgenaue Berechnung, Rechenweg angeben).

1.5.2 Berechnen Sie die Jahresumschlagshäufigkeit des Artikels 200034.

1.5.3 Wie lange liegt der Artikel „Bonacura Repair Shampoo" im Durchschnitt auf Lager?

1.5.4 Vergleichen Sie die errechneten Kennzahlen Jahresumschlagshäufigkeit und durchschnittliche Lagerdauer mit dem Branchendurchschnitt (siehe Lagerfachkarte) und leiten Sie daraus für die BeautyHairExpress e. Kfm. eine Empfehlung ab.

1.5.5 Durch den Onlineverkauf erhöht sich der Absatz um 20 %. Beschreiben Sie, wie sich die drei Lagerkennziffern verändern (rechnerischer Nachweis nicht erforderlich).

Anlage 1 zu Aufgabe 1.1.2

Kriterien	Gewichtung der Kriterien	Haircare GmbH		Powerbrush KG	
		Punkte	gewichtete Punkte	Punkte	gewichtete Punkte
Qualität	40				
Lieferfähigkeit	30				
Reklamations-bearbeitung	10				
Service					
Summe					

Bei der Bewertung der Kriterien können Punkte von 0 (= nicht akzeptabel) bis 5 (= sehr gut) vergeben werden.

Anlage 2 zu Aufgabe 1.4.1

	e. Kfm.	GmbH
Kapitalaufbringung		
Haftung		
Geschäftsführung/ Vertretung		
Gewinn-/ Verlustverteilung		

Anlage 3 zu Aufgabe 1.5

BeautyHairExpress e. Kfm. **Lagerfachkarte**
Artikel Nr. 200034: **Shampoo „Bonacura Repair Shampoo"**

Mindestbestand: 80 Stück Einstandspreis: 6,50 EUR pro Stück

Datum		Waren-eingang in Stück	Waren-ausgang in Stück	Bestand in Stück
01.01.	Anfangsbestand			85
25.01.			10	75
16.02.		50	20	105
03.04.			30	75
10.05.		50	10	115
05.06.			25	90
21.07.			30	60
19.08.		100	15	145
23.09.			40	105
07.10.			5	100
19.11.			40	60
10.12.		55		115
31.12.	Endbestand			115

Hinweis zu Aufgabe 1.5.4:

Branchendurchschnitt:

durchschnittliche Lagerdauer 80 Tage
Jahresumschlagshäufigkeit 4,5

Prüfungsaufgaben 2014 (Aufgabe 2, teilweise)

2. Heinrich Bode, der Steuerberater der BeautyHairExpress e. Kfm., hat die Inhaberin Emilia Stein darauf hingewiesen, dass in letzter Zeit hohe Aufwendungen für Zinsen beim Kontokorrentkonto bei der Volksbank Bietigheim-Bissingen angefallen sind. Emilia Stein ist beunruhigt.

2.1 Erklären Sie, was man unter einem Kontokorrentkonto versteht.

2.2 Emilia Stein beauftragt Ingo Dannhorn, Mitarbeiter in der Buchhaltung, damit, den Monat April genau zu überprüfen.

In **Anlage 1** finden Sie die Daten und Kontobewegungen, die sich aus den Unterlagen ergeben.

2.2.1 Berechnen Sie die Tagesendbestände (Salden). Füllen Sie dazu die Tabelle auf dem Lösungsblatt in **Anlage 1** aus.

2.2.2 Stellen Sie die Tagesendbestände zeichnerisch dar. Vervollständigen Sie hierzu das Diagramm auf dem Lösungsblatt in **Anlage 2**.

Kennzeichnen Sie im Diagramm das Kreditlimit und markieren Sie den jeweils in Anspruch genommenen Kontokorrentkredit.

2.2.3 Berechnen Sie die Kreditzinsen für den 29.04.

2.3 Heute, am 22.05.2014, wird Ingo Dannhorn beauftragt, Belege zu buchen. Versetzen Sie sich in seine Lage und tragen Sie die Buchungen in die jeweiligen Kontierungsstempel auf dem Lösungsblatt in **Anlage 3–5** ein.

2.3.1 Buchung der Rechnung in **Anlage 3**.

2.3.2 Buchung des ersten Postens im Kontoauszug in **Anlage 4**.

2.3.3 Buchung des zweiten Postens im Kontoauszug in **Anlage 4**.

2.3.4 Buchung der Rechnung in **Anlage 5**.

2.4 Ingo Dannhorn beantwortet der Auszubildenden Sophia Huber Fragen zu einigen Belegen.

2.4.1 Wer ist Eigentümer bzw. Besitzer der Airstyling-Sets, solange die Ware nicht bezahlt ist (Beleg in **Anlage 3**)?

2.4.2 Welche Vorteile hat das Leasing des Kopierers für die BeautyHairExpress e. Kfm. im Vergleich zum Kauf?

Anlage 1 zu Aufgabe 2.2

Kontokorrentkonto bei der Volksbank Bietigheim-Bissingen: Kreditlimit 3.000,00 EUR, Soll-Zinssatz 12 %, Haben-Zinssatz 0 %, Zinssatz für geduldete Überziehung 16 %

Datum	Text	Betrag	Saldo/Tagesend-bestand
01.04.	Kontostand		2.400,00 EUR
02.04.	Lastschrift des Lieferanten Schmidt	3.000,00 EUR	
04.04.	Gutschrift von Kunde Maier	1.000,00 EUR	
08.04.	Umsatzsteuervorauszahlung	500,00 EUR	
10.04.	Gutschrift von Friseur Braun	980,00 EUR	
14.04.	Lastschrift des Lieferanten Weise	1.500,00 EUR	
16.04.	Lastschrift des Lieferanten Schmidt	880,00 EUR	
17.04.	Gutschrift von Kunde Haar-Werk	2.000,00 EUR	
20.04.	Abbuchung der Gebäudebrandversicherung	1.000,00 EUR	
26.04.	Gutschrift von Friseur Braun	200,00 EUR	
29.04.	Gehaltszahlung an Mitarbeiter	2.400,00 EUR	

Anlage 2 zu Aufgabe 2.2.2

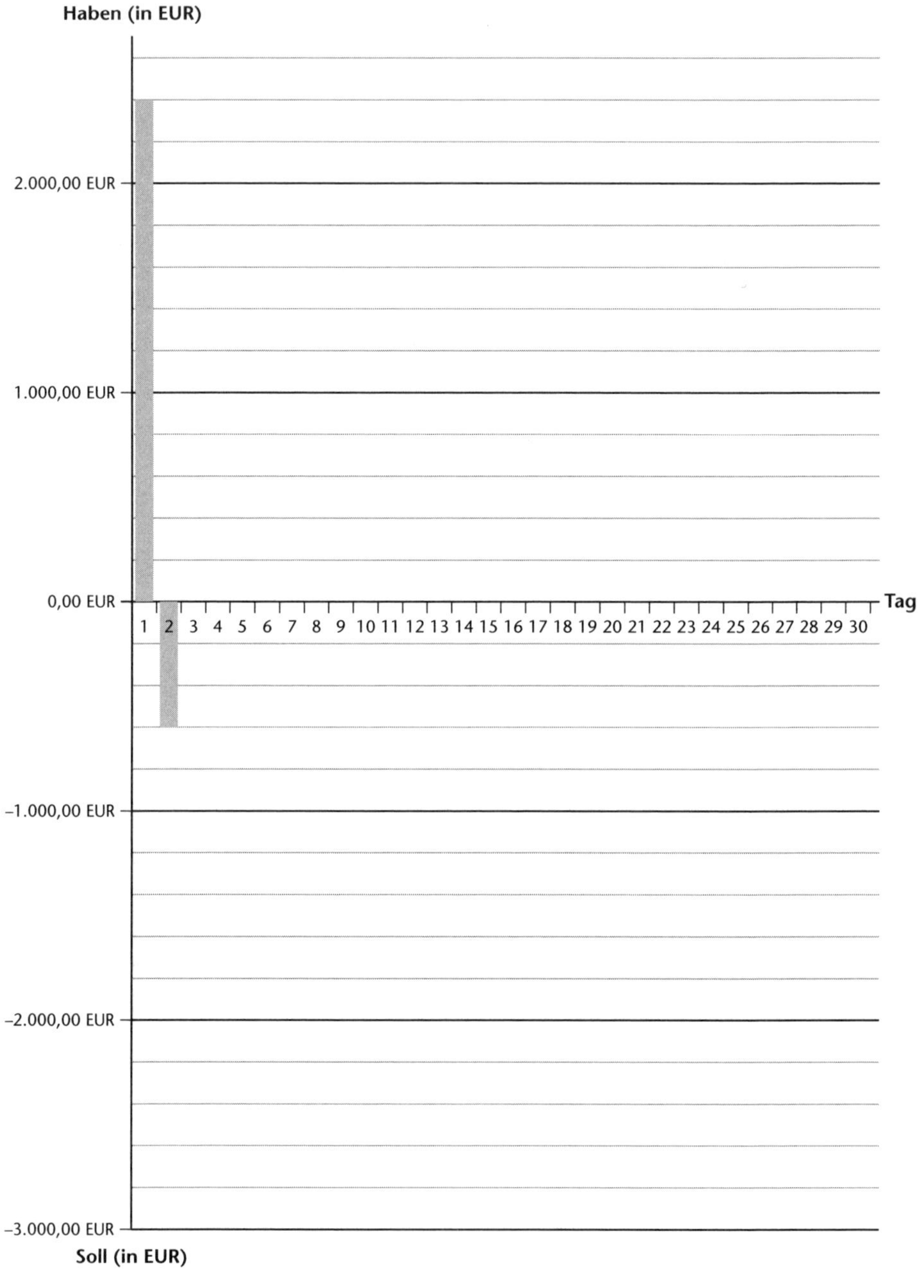

Anlage 3 zu Aufgabe 2.3.1

BeautyHairExpress

BeautyHairExpress e. Kfm., Bremer Str. 28 – 30, 74321 Bietigheim-Bissingen

Haar2oh!
Friseursalon
Mainhardter Str. 18
73642 Welzheim

Name: Ingo Dannhorn

Telefon: +49 7142 8899-0
Telefax: +49 7142 8899-100
E-Mail: info@beautyhairexpress.de
Internet: www.beautyhairexpress.de

Liefer-/Rechnungsdatum: 22.05.2014

Rechnung Nr. 677/2014

Wir berechnen Ihnen folgende Artikel:

Menge	Artikel	Einzelpreis	Gesamtpreis
10	Airstyling-Sets Top Hair	49,00 EUR	490,00 EUR
50	Weißkopf Repair Mousse	25,00 EUR	1.250,00 EUR
		Gesamtpreis netto	1.740,00 EUR
		+ 19 % Umsatzsteuer	330,60 EUR
		Rechnungsbetrag	**2.070,60 EUR**

Die Rechnung ist zahlbar innerhalb von 14 Tagen unter Abzug von 2 % Skonto, 30 Tage rein netto. Die Ware bleibt bis zur vollständigen Bezahlung unser Eigentum.

Vielen Dank für Ihren Auftrag.

BeautyHairExpress e. Kfm.
Bremer Str. 28 – 30
74321 Bietigheim-Bissingen

Inhaberin:
Emilia Stein
Steuernr. 10533/1998

Kreissparkasse Ludwigsburg
IBAN: DE64 6045 0050 1000 5696 29
BIC: SOLADES1LBG

Kontonr.	Kontobezeichnung	Soll Wertezufluss (+)	Haben Werteabfluss (–)

Anlage 4 zu Aufgabe 2.3.2 und 2.3.3

				Kontokorrentkonto 1000569629
19.05.2014	Kontostand in EUR			5.648,90
Datum	**Informationen zu den Buchungen**	**Wert**	**Lastschrift**	**Gutschrift**
20.05.2014	Frisur Pur, Rechnung 645/2014, Abzug von 2 % Skonto	20.05.		932,96
20.05.2014	Leasing Kopierer 50,00 EUR + 19 % MwSt., Mai 2014, Bürokonzept GmbH	20.05.	59,50	
	Kontostand in EUR			**6.522,36**
BeautyHairExpress e. Kfm.				
Bremer Str. 28 – 30				
74321 Bietigheim-Bissingen				
	Kreissparkasse Ludwigsburg			
22.05.2014 9:16 Druckdatum/Uhrzeit	07141 148-0 Ihr Servicetelefon/Fax	12 Auszug	1 Blatt	IBAN: DE64 6045 0050 1000 5696 29 BIC: SOLADES1LBG

zu 2.3.2

Kontonr.	Kontobezeichnung	Soll Wertezufluss (+)	Haben Werteabfluss (–)

zu 2.3.3

Kontonr.	Kontobezeichnung	Soll Wertezufluss (+)	Haben Werteabfluss (–)

Anlage 5 zu Aufgabe 2.3.4

Goodwell Hair Company

Goodwell Hair Company GmbH, Simmerberger Str. 54, 88161 Lindenberg

BeautyHairExpress e. Kfm.
Bremer Str. 28 – 30
74321 Bietigheim-Bissingen

Name: Mareike Karle

Telefon: +49 8381 98865
Telefax: +49 8381 98866
E-Mail: info@goodwellhair.com
Internet: www.goodwellhair.com

Liefer-/Rechnungsdatum: 10.05.2014

Rechnung Nr. 541/2014

Vielen Dank für Ihren Auftrag.
Wir berechnen Ihnen folgende Artikel:

Menge	Artikel	Einzelpreis	Gesamtpreis
10	Topchic Hair Color 60 ml, schwarz	9,80 EUR	98,00 EUR
30	Fashion Lights 50 ml, braun	12,50 EUR	125,00 EUR
		Gesamtbetrag netto	223,00 EUR
		+ 19 % Umsatzsteuer	42,37 EUR
		Rechnungsbetrag	**265,37 EUR**

Die Rechnung ist zahlbar innerhalb von 10 Tagen unter Abzug von 3 % Skonto bzw. innerhalb von 30 Tagen rein netto.

Goodwell Hair Company GmbH
Simmerberger Str. 54
88161 Lindenberg

Geschäftsführung:
Mareike Karle
Steuernr. 523/4587

Volksbank Lindenberg e. G.
IBAN: DE87 3074 0088 2589 5050 22
BIC: GORAMAS5VBG

Kontonr.	Kontobezeichnung	Soll Wertezufluss (+)	Haben Werteabfluss (–)

Prüfungsaufgaben 2015 (Aufgabe 1)

1. Mona Müller ist Geschäftsführerin der FunSport GmbH in Aalen.

1.1 Zum 01.09. möchte sie eine/-n Auszubildende/-n zur/zum Kauffrau/-mann für Groß- und Außenhandel einstellen.

1.1.1 Aus den vorliegenden 30 Onlinebewerbungen möchte sie eine Vorauswahl treffen. Nennen Sie zwei Kriterien, die Mona Müller heranziehen kann, um die geeigneten Kandidaten/Kandidatinnen herauszufinden.

1.1.2 Nennen Sie zwei Verfahren, mit denen die Eignung der Bewerber/-innen der engeren Wahl festgestellt werden kann.

1.1.3 Den Ausbildungsplatz erhält der 17-jährige Paul Graf.
Erstellen Sie eine Mindmap zu den Rechten und Pflichten, die sich für Paul aus diesem Ausbildungsverhältnis ergeben. Die Mindmap soll zwei Hauptäste und insgesamt sechs Unteräste enthalten.

1.2 Paul erzählt seinem Freund Tom, dass er nun einen festen Ausbildungsplatz hat und die Zukunft für ihn gesichert sei.

1.2.1 Beschreiben und erklären Sie die unten stehende Karikatur.

Quelle: obs/Union Investment

1.2.2 Was kann Paul tun, um nicht in dieselbe Situation wie die dargestellte Person zu kommen?

1.3 Paul wird im Rahmen seiner Ausbildung im Einkauf eingesetzt. Er soll fünf neue Gleitschirme für Anfänger beschaffen.

1.3.1 Er erhält am 15.05.2015 ein schriftliches Angebot der Outdoor GmbH per Post mit u. a. folgendem Inhalt:

Listeneinkaufspreis: 1.500,00 EUR/Stück *Bei einer Abnahme von mindestens 5 Stück erhalten Sie einen Rabatt von 10 %. Die Lieferung erfolgt frei Haus. Bei Zahlung innerhalb von 10 Tagen gewähren wir 3 % Skonto bzw. innerhalb von 30 Tagen rein netto.* *Das Angebot gilt 10 Tage nach Erstellung.*

Berechnen Sie den Einstandspreis für fünf Gleitschirme.

1.3.2 Der Listeneinkaufspreis für einen Gleitschirm ist bei der Outdoor GmbH im Vergleich zum Vorjahr um 6 % gestiegen. Berechnen Sie den Vorjahrespreis.

1.3.3 Am 20.05.2015 erhält Paul die Anweisung zur Bestellung der fünf Gleitschirme bei der Outdoor GmbH. Begründen Sie, ob mit der Bestellung ein rechtsgültiger Kaufvertrag zustande kommt.

1.3.4 Paul erhält die Auftragsbestätigung von der Outdoor GmbH. Beim Lesen erschrickt er: „Oh, was ist denn da los?" Paul greift zum Telefon:

Frau Stern:	„Outdoor GmbH, mein Name ist Stern. Was kann ich für Sie tun?"
Paul:	„Mein Name ist Paul Graf von der FunSport GmbH. Ich habe heute eine Auftragsbestätigung über 15 Gleitschirme bekommen. Ich verstehe das nicht, ich habe doch fünf bestellt!"
Frau Stern:	„Sagen Sie mir bitte die Auftragsnummer, Herr Graf."
Paul:	„207342."
Frau Stern:	„Vielen Dank. Ah ja, hier habe ich Ihre Bestellung. Sie haben wirklich 15 Stück bestellt."
Paul:	„Das kann nicht sein – unmöglich. So viele brauchen wir doch gar nicht."
Frau Stern:	„Zur Überprüfung faxe ich Ihnen Ihre Bestellung zu."

Beurteilen Sie die Rechtslage mithilfe des Gesetzesauszugs (**Anlage 1**) und machen Sie einen begründeten Lösungsvorschlag.

1.4 Am 31.05.2015 erhält Paul die Lieferung und die Rechnung über fünf Gleitschirme (**Anlage 2**).

1.4.1 Berechnen Sie den Steueranteil und den Bruttorechnungsbetrag und tragen Sie die Beträge in die leeren Felder ein (**Anlage 2**).

1.4.2 Buchen Sie die Rechnung aus Sicht der FunSport GmbH im Kontierungsstempel (**Anlage 3**).

1.4.3 Um das Skonto ausnutzen zu können, muss die FunSport GmbH den Kontokorrentkredit in Anspruch nehmen.
Der Zinssatz für den Kontokorrentkredit beträgt 12 % pro Jahr. Der Kredit wird 30 Tage nach Ausstellung der Rechnung zurückgezahlt werden.

Ist die Zahlung mit Skontoabzug wirtschaftlich sinnvoll (rechnerischer Nachweis)?

1.4.4 Buchen Sie die Zahlung der Rechnung am 09.06.2015 (**Anlage 4**).

Anlage 1 zu Aufgabe 1.3.4

Auszug aus dem Bürgerlichen Gesetzbuch:

§ 119 Anfechtbarkeit wegen Irrtums

(1) Wer bei der Abgabe einer Willenserklärung über deren Inhalt im Irrtum war oder eine Erklärung dieses Inhalts überhaupt nicht abgeben wollte, kann die Erklärung anfechten, wenn anzunehmen ist, dass er sie bei Kenntnis der Sachlage und bei verständiger Würdigung des Falles nicht abgegeben haben würde.

(2) Als Irrtum über den Inhalt der Erklärung gilt auch der Irrtum über solche Eigenschaften der Person oder der Sache, die im Verkehr als wesentlich angesehen werden.

§ 121 Anfechtungsfrist

(1) Die Anfechtung muss in den Fällen der §§ 119, 120 ohne schuldhaftes Zögern (unverzüglich) erfolgen, nachdem der Anfechtungsberechtigte von dem Anfechtungsgrund Kenntnis erlangt hat. Die einem Abwesenden gegenüber erfolgte Anfechtung gilt als rechtzeitig erfolgt, wenn die Anfechtungserklärung unverzüglich abgesendet worden ist.

(2) Die Anfechtung ist ausgeschlossen, wenn seit der Abgabe der Willenserklärung zehn Jahre verstrichen sind.

§ 142 Wirkung der Anfechtung

(1) Wird ein anfechtbares Rechtsgeschäft angefochten, so ist es als von Anfang an nichtig anzusehen.

(2) Wer die Anfechtbarkeit kannte oder kennen musste, wird, wenn die Anfechtung erfolgt, so behandelt, wie wenn er die Nichtigkeit des Rechtsgeschäfts gekannt hätte oder hätte kennen müssen.

Anlage 2 zu Aufgabe 1.4

Outdoor GmbH – Max-Eyth-Str. 9 – 73479 Ellwangen

FunSport GmbH
z. H. Paul Graf
Stuttgarter Str. 13
73434 Aalen

		Telefax	E-Mail
		07961 341248	info@outdoor.de
Ihr Zeichen/Ihre Nachricht vom	Unser Zeichen/unsere Nachricht vom	Telefon/Name	Datum
	Out-st	07961 341240	31.05.2015

RECHNUNG 2488-31052015

Wir berechnen Ihnen folgende Artikel:

Menge	Artikel	Einzelpreis	Gesamtpreis
5	Gleitschirme Swing 1	1.350,00 EUR	6.750,00 EUR
		netto	6.750,00 EUR
		19 % MwSt.	
		Rechnungsbetrag	

Zahlungsbedingungen: 3 % Skonto innerhalb 10 Tage oder 30 Tage Ziel

Anlage 3 zu Aufgabe 1.4.2

Kontonr.	Kontobezeichnung	Soll Wertezufluss (+)	Haben Werteabfluss (–)

Anlage 4 zu Aufgabe 1.4.4

Kontonr.	Kontobezeichnung	Soll Wertezufluss (+)	Haben Werteabfluss (–)

Prüfungsaufgaben 2015 (Aufgabe 2, teilweise)

2. Stefan Maier absolvierte eine Ausbildung zum Einzelhandelskaufmann in der Lebensmittelbranche. Nun macht er sich zusammen mit seinem Freund, dem Obstbauern Carl Hägele, mit einem Fachgeschäft für Obst, Gemüse und Fruchtsäfte in der Heidenheimer Innenstadt selbstständig.

   Aus einer Erbschaft hat Stefan Maier zur Unternehmensgründung 20.000,00 EUR zur Verfügung. Carl Hägele hat 8.000,00 EUR angespart, die er in das neue Unternehmen investiert.

2.1 Maier und Hägele überlegen, ob sie sich bei der Wahl der Rechtsform für eine Gesellschaft des Bürgerlichen Rechts (BGB-Gesellschaft) oder für eine Gesellschaft mit beschränkter Haftung (GmbH) entscheiden sollen.

2.1.1 Helfen Sie den beiden bei der Entscheidungsfindung, indem Sie die beiden Rechtsformen hinsichtlich Mindestkapital, Haftung und Formvorschriften vergleichen.

2.1.2 Begründen Sie, welche Rechtsform Maier und Hägele Ihrer Meinung nach wählen sollten.

2.2 Stefan Maier und Carl Hägele entscheiden sich für die Gründung einer Gesellschaft mit beschränkter Haftung.

Sie möchten unter „Süddeutsches Fruchthandelszentrum" firmieren. Begründen Sie, warum diese Namensgebung aus zwei Gründen rechtlich nicht möglich ist.

2.3 Bevor die Unternehmensgründer nun ihr Fachgeschäft eröffnen, möchten sie sich Informationen über den Absatzmarkt in Heidenheim beschaffen.

Welche Möglichkeiten bestehen, sich diese Informationen zu beschaffen?
Nennen Sie zwei.

2.4 Ein wichtiger Bereich des Sortiments werden Fruchtsäfte sein. Geben Sie Anregungen für ein tiefes Sortiment am Beispiel des Produkts „Apfelsaft".

2.5 Die Jungunternehmer haben sich entschieden, ihr Obst- und Gemüsegeschäft „Natur Pur GmbH" zu nennen. Sie möchten nun ihr Unternehmen bekannt machen.

2.5.1 Schlagen Sie für die Zielgruppe der örtlichen Kunden ein sinnvolles Werbemittel mit dem passenden Werbeträger vor.

2.5.2 Erläutern Sie das AIDA-Prinzip am von Ihnen vorgeschlagenen Beispiel (Aufgabe 2.5.1).

2.5.3 Neben der Werbung möchten Maier und Hägele auch Verkaufsförderung (Salespromotion) einsetzen. Schlagen Sie ihnen eine Maßnahme vor.

2.6 Für die Renovierung der neu angemieteten Räumlichkeiten der Natur Pur GmbH sind bisher vier Helfer mit jeweils 7,5 Arbeitsstunden eingeplant. Kurzfristig sagt eine Person ab. Berechnen Sie, wie lange die verbleibenden Helfer nun beschäftigt sein werden.

2.7 Zur Ausstattung des frisch renovierten Büros erwerben Maier und Hägele Büromöbel bei der Firma BüMö GmbH (siehe **Anlage 1**).

2.7.1 Buchen Sie den Kauf der Büromöbel im Kontierungsstempel in **Anlage 2**.

2.7.2 Füllen Sie heute für die Natur Pur GmbH den SEPA-Überweisungsvordruck in **Anlage 3** für die Bezahlung der Büromöbel aus.

Unsere Kontoverbindung lautet:
IBAN: DE57 6005 0101 7496 5081 33;
BIC: SOLADEST600.

2.7.3 Im Jahr 2015 beträgt die Abschreibung für die Büromöbel 370,00 EUR. Buchen Sie die Abschreibung im Kontierungsstempel in **Anlage 4**.

Anlage 1 zu Aufgabe 2.7

BüMö GmbH – Fachhandel für Büroausstattung

BüMö GmbH, Carl-Zeiss-Str. 89, 73431 Aalen

Name: Schmidt

Natur Pur GmbH
Gustav-Schweizer-Str. 15
89518 Heidenheim

Telefon: +49 (0)7361 201505
Telefax: +49 (0)7361 201510
E-Mail: info@buemoe.de
Internet: www.buemoe.de

Liefer-/Rechnungsdatum: 31.05.2015

Rechnung Nr. BM-07-1256-68

Vielen Dank für Ihren Auftrag. Wir berechnen Ihnen

Menge	Artikel	Einzelpreis	Gesamtpreis
1	Büromöbel BM 6970	8.708,05 EUR	8.708,05 EUR
	Sonderrabatt		1.740,00 EUR
	Transport und Montage		250,00 EUR
			7.218,05 EUR
		+ 19 % Umsatzsteuer	1.371,43 EUR
		Rechnungsbetrag	**8.589,48 EUR**

Die Rechnung ist zahlbar innerhalb von 10 Tagen mit 2 % Skonto, 30 Tage rein netto.

Fachhandel für Büroausstattung
BüMö GmbH
Carl-Zeiss-Str. 89
73431 Aalen

Geschäftsführung
Matthias Burgmeister

VR Volksbank Aalen
IBAN DE32 6149 0150 0141 4750 05
BIC GENODES1AAV

Steuernr. 337696/31598

Anlage 2 zu Aufgabe 2.7.1

Kontonr.	Kontobezeichnung	Soll Wertezufluss (+)	Haben Werteabfluss (–)

Anlage 3 zu Aufgabe 2.7.2

€uro-Überweisung (SEPA)

Für Überweisungen in Deutschland, in andere EU-/EWR-Staaten und in die Schweiz in Euro.

Kontoinhaber trägt Entgelte bei seinem Kreditinstitut; Zahlungsempfänger trägt die übrigen Entgelte.

Angaben zum Zahlungsempfänger: Name, Vorname/Firma (max. 27 Stellen, bei maschineller Beschriftung max. 35 Stellen)

IBAN

BIC des Kreditinstituts/Zahlungsdienstleisters (8 oder 11 Stellen)

SEPA-Überweisung €

Betrag: Euro, Cent

Kunden-Referenznummer - Verwendungszweck, ggf. Name und Anschrift des Zahlers - (nur für Zahlungsempfänger)

noch Verwendungszweck (insgesamt max. 2 Zeilen à 27 Stellen, bei maschineller Beschriftung max. 2 Zeilen à 35 Stellen)

Angaben zum Kontoinhaber: Name, Vorname/Firma, Ort (max. 27 Stellen, keine Straßen- oder Postfachangaben)

IBAN
D E

16

SEPA-Überweisung €uro

Datum

Unterschrift(en)

Anlage 4 zu Aufgabe 2.7.3

Kontonr.	Kontobezeichnung	Soll Wertezufluss (+)	Haben Werteabfluss (–)

Prüfungsaufgaben 2016 (Aufgabe 1)

1. Die 21-jährige Selma Ünlü, wohnhaft in Ludwigsburg, hat nach dem Abschluss der Wirtschaftsschule erfolgreich eine Ausbildung zur Groß- und Außenhandelskauffrau abgeschlossen. Schon während ihrer Ausbildung hat sie mit großer Freude als Nageldesignerin gearbeitet. Sie möchte sich jetzt mit einem eigenen Nagelstudio selbstständig machen. Im Haus ihrer Eltern in der Ludwigsburger Innenstadt steht zurzeit ein 85 m^2 großes Büro leer, das sie nutzen könnte. Zunächst möchte sich Selma einen Überblick verschaffen, was sie bei der Existenzgründung zu beachten hat.

1.1 Erstellen Sie eine Übersicht über die Anmeldepflichten sowie die persönlichen und sachlichen Voraussetzungen bei einer Existenzgründung (je zwei Nennungen).

1.2 Selma Ünlü hat sich für die Firma „Ünlü-Nagelstyle e. K." entschieden. Sie hat festgestellt, dass ihr vorhandenes Eigenkapital nicht ausreicht, um die Räume zu renovieren und auszustatten. Sie benötigt noch einen Kredit über 5.000,00 EUR. Ihr Bankberater hat einen Businessplan angefordert, um die Kreditanfrage bearbeiten zu können.

1.2.1 Im Businessplan sind Angaben zur Person des Gründers enthalten. Erläutern Sie vier weitere Inhaltspunkte eines Businessplans.

1.2.2 Der Kredit wurde von Selmas Hausbank als Abzahlungsdarlehen (Ratentilgungsdarlehen) genehmigt. Kredithöhe 5.000,00 EUR, Laufzeit vier Jahre, Zinssatz 2,8 % p. a. Erstellen Sie einen Zins- und Tilgungsplan für das Abzahlungsdarlehen. Nutzen Sie für Ihre Lösung die **Anlage 1**.

1.3 Selma Ünlü überlegt, ihre Freundin Tanja Stadtmüller zu fragen, ob sie nicht in ihr Unternehmen mit einsteigen möchte. Tanja Stadtmüller ist gelernte Kosmetikerin und arbeitet zurzeit im Spa-Bereich eines Fünfsternehotels.

1.3.1 Welche zwei Vorteile und welchen Nachteil hätte die Aufnahme ihrer Freundin in ihr Unternehmen?

1.3.2 Selma und Tanja informieren sich über die beiden Gesellschaftsformen GbR und GmbH. Stellen Sie mithilfe von zwei Kriterien die beiden Rechtsformen gegenüber.

1.4 Die beiden Frauen gründen die „SPA & Wellness GmbH" und erweitern das Leistungsangebot um Kosmetikbehandlungen. Dafür kaufen sie eine hochwertige Kosmetikliege (**Anlage 2**).

1.4.1 Wie hoch sind die Anschaffungskosten der Kosmetikliege?

1.4.2 Buchen Sie die Eingangsrechnung im Kontierungsstempel in **Anlage 3**.

1.4.3 Laut AfA-Tabelle hat eine Kosmetikliege eine betriebsgewöhnliche Nutzungsdauer von zehn Jahren. Berechnen Sie den linearen Abschreibungsbetrag der Kosmetikliege für das Jahr der Anschaffung.

1.4.4 Buchen Sie die Abschreibung am Ende des ersten Jahres im Kontierungsstempel in **Anlage 4**.

1.5 Der Steuerberater klärt Selma und Tanja darüber auf, dass wegen der Eurokrise die Zinssätze für Kredite momentan sehr niedrig seien. Gleichzeitig bedeute das aber auch, dass man für seine Ersparnisse kaum noch oder gar keine Guthabenzinsen von den Banken bekommt.

1.5.1 Weshalb ist es für junge Leute dennoch wichtig zu sparen? Erläutern Sie zwei Gründe.

1.5.2 Erläutern Sie die staatliche Förderung von zwei Sparmöglichkeiten.

Anlage 1

Jahre	Darlehen (Jahresanfang)	Zinsen	Tilgung	Gesamtzahlung	Darlehen (Jahresende)
1					
2					
3					
4					

Anlage 2

Sole & SPAradies GmbH

Stuttgarter Str. 23, Postfach 124987, 74072 Heilbronn

SPA & Wellness GmbH
Schlossstr. 126
71634 Ludwigsburg

Bearbeiterin: Frau Knoll
Telefon: +49 (0)7131 55789
Fax: +49 (0)7161 69875
E-Mail: info@solesparadies.com
Internet: www.solesparadies.com

Lieferungs-/Rechnungsdatum: 10.01.2016

Rechnung Nr. 1087/2016

Vielen Dank für Ihren Auftrag. Wir berechnen Ihnen folgende Artikel/Leistungen:

Menge	Artikel	Einzelpreis	Gesamtpreis
1	Kosmetikliege „Princess“	2.149,00 EUR	2.149,00 EUR
		– 10 % Rabatt	214,90 EUR
		Zwischensumme	1.934,10 EUR
		+ Zufuhr und Montage	350,00 EUR
		Zwischensumme	2.284,10 EUR
		+ 19 % Umsatzsteuer	433,98 EUR
		Rechnungsbetrag brutto	2.718,08 EUR

Die Rechnung ist zahlbar innerhalb von 14 Tagen ohne Abzug.

Sole & SPAradies GmbH
Stuttgarter Str. 23
74072 Heilbronn

Geschäftsführung
Carmen Knoll
Steuer-Nr. 894/1234
HRA 24698 Heilbronn

Bankverbindung
IBAN: DE45 4028 0061 5234 2333 33
BIC: GENOSDEVGA

Anlage 3

Kontonr.	Kontobezeichnung	Soll Wertezufluss (+)	Haben Werteabfluss (–)

Anlage 4

Kontonr.	Kontobezeichnung	Soll Wertezufluss (+)	Haben Werteabfluss (–)

Prüfungsaufgaben 2016 (Aufgabe 2)

2. Die Outside GmbH ist ein Großhandelsunternehmen für Camping und Outdoor-Artikel mit Sitz in Wiesloch. Zu ihrem Sortiment gehören neben Zelten, Schlafsäcken und Camping-Zubehör auch Outdoor-Schuhe und Funktionsbekleidung. Die Outside GmbH beschäftigt insgesamt 28 Mitarbeiter. Der 17-jährige Peter Merkle hat im vergangenen September seine Ausbildung bei der Outside GmbH zum Kaufmann im Groß- und Außenhandel begonnen. Peter wohnt noch zu Hause bei seinen Eltern und gibt monatlich 600,00 EUR von seiner Ausbildungsvergütung für Wohnen und Essen ab.

2.1 Nennen Sie drei Pflichten, die Peter als Auszubildender laut Berufsbildungsgesetz hat, und drei Pflichten, die sein Ausbildungsbetrieb erfüllen muss.

2.2 Im ersten Ausbildungsjahr verdient Peter 840,00 EUR, im zweiten Ausbildungsjahr 880,00 EUR. Berechnen Sie die prozentuale Steigerung der Ausbildungsvergütung.

2.3 Kurz nach Ausbildungsbeginn erfüllt Peter sich einen langersehnten Traum: Er kauft sich in einem Sportgeschäft ein Profi-Fitness-Gerät, das von 2.500,00 EUR auf 1.998,00 EUR reduziert wurde. Seine Eltern sind entsetzt über das teure Gerät. Peters Vater bringt es in den Laden zurück und verlangt die Erstattung des Kaufpreises. Entscheiden Sie, ob das Sportgeschäft das Fitnessgerät zurücknehmen und den Kaufpreis erstatten muss. Begründen Sie Ihre Entscheidung ausführlich.

2.4 In seinem Ausbildungsunternehmen ist Peter gerade in der Einkaufsabteilung eingesetzt. Ihm liegen zwei Angebote für GPS-Navigationsgeräte vor (**Anlage 1**). Qualitativ sind die Angebote gleichwertig und die Lieferfristen sehr ähnlich. Deshalb soll beim günstigsten Anbieter bestellt werden. Führen Sie einen quantitativen Angebotsvergleich für 100 Geräte durch und entscheiden Sie mithilfe von **Anlage 2**, bei welchem Anbieter bestellt werden soll.

2.5 Am gleichen Tag trifft eine Lieferung Rucksäcke von der Pack & Sack OHG bei der Outside GmbH ein.

2.5.1 Buchen Sie die Eingangsrechnung im Kontierungsstempel (**Anlage 3**).

2.5.2 Bei der Wareneingangskontrolle stellt sich heraus, dass fünf Rucksäcke schlecht eingefärbt sind. Peters Kollege meint: „Mit 30 % Rabatt können wir die Rucksäcke noch gut verkaufen. Schicke eine E-Mail und schreibe dem Lieferanten, dass wir vom Rechnungsbetrag 30 % abziehen." Peter zögert. In der Schule hat der Lehrer von vor- und nachrangigen Rechten bei der Schlechtleistung gesprochen. Beurteilen Sie ausführlich die Reaktion von Peters Kollegen unter Berücksichtigung der gesetzlichen Regelungen.

2.5.3 Der Lieferant Pack & Sack gewährt schließlich einen Nachlass von 25 % auf den Rechnungsbetrag.
Buchen Sie die Gutschrift im Kontierungsstempel in **Anlage 4**.

2.6 In der Fachzeitschrift Outdoor-Handel liest Peters Ausbilder, Paul Pfeiffer, dass die Umschlagshäufigkeit im Branchendurchschnitt bei 16 liegt. „Oh je", stöhnt Herr Pfeiffer, „im vergangenen Jahr lag unsere Umschlagshäufigkeit bei zwölf."

2.6.1 Erklären Sie den Begriff Umschlagshäufigkeit.

2.6.2 Begründen Sie Paul Pfeiffers Reaktion.

2.7 Insbesondere der Artikel „Schlauchboot" verursacht hohe Lagerkosten. Die Beschaffung und Lagerhaltung sollten daher optimiert werden.
Berechnen Sie die optimale Bestellmenge für diesen Artikel mithilfe der Tabelle in **Anlage 5**.

Legen Sie folgende Daten zugrunde:
- Jahresbedarf 1.000 Stück
- Lagerhaltungskosten 3,00 EUR/Stück
- Bestellkosten pro Bestellung 60,00 EUR

Anlage 1

Angebot 1 von der Philipp Mack KG:

Philipp Mack KG
Johann-Sebastian-Bach-Str. 33
68199 Mannheim

Outside GmbH
Abteilung Einkauf
Robert-Bosch-Str. 27
69168 Wiesloch

Angebot zu Ihrer Anfrage Nr. 28500 28.05.2016

Sehr geehrter Herr Gruber,
der Listenverkaufspreis für die angefragten GPS-Navigationsgeräte beträgt 142,80 EUR brutto pro Stück. Ab einer Bestellmenge von 200 Stück geben wir einen Mengenrabatt von 3,5 %. Bei Zahlung innerhalb von 14 Tagen gewähren wir 2 % Skonto.

Die Lieferung wird mit 150,00 EUR berechnet.

Mit freundlichen Grüßen

i. V. Sebastian Kuhn

Anlage 2

Angebot 2 von der Max Fux OHG:

Max Fux OHG
Luisenstr. 16
70173 Stuttgart

Outside GmbH
Abteilung Einkauf
Robert-Bosch-Str. 27
69168 Wiesloch

29.05.2016

Sehr geehrter Herr Gruber,
Bezug nehmend auf Ihre Anfrage Nr. 28500: Der Nettoverkaufspreis pro Stück liegt bei 132,00 EUR. Zusätzlich gewähren wir einen Sonderrabatt von 5 % und 3 % Skonto bei Barzahlung. Die Lieferung erfolgt frei Haus.

Mit freundlichen Grüßen

i. A. Victoria Blum

Anlage 3

PACK & SACK OHG

Bremer Str. 14
69181 Leimen

Pack und Sack OHG - Bremer Str. 14 - 69181 Leimen

Outside GmbH
Abteilung Einkauf
Robert-Bosch-Str. 27
69168 Wiesloch

Kundennummer:	02-87ou
Auftrags-Nr.	35-15935
Ihre Zeichen	PfG
Ihre Nachricht vom	2016-05-08
Name	Rödel
Unsere Zeichen	Rö
Telefonnummer	06224 255-01
E-Mail	roedel@packsack.de
Unsere Nachricht vom	2016-04-28
Datum	2016-05-10

Rechnung Nr. 47-15935

Vielen Dank für Ihren Auftrag. Wir erlauben uns zu berechnen:

Menge	Beschreibung	Einzelpreis lt. Liste	Rabatt	Einzelpreis netto	Gesamtpreis netto
10 Stück	Rucksack Trailfinder	89,00 EUR	5 %	84,55 EUR	845,00 EUR
				+ 19 % Umsatzsteuer	160,65
				Rechnungsbetrag brutto	1.006,15 EUR

Zahlung innerhalb von 14 Tagen unter Abzug von 2 % Skonto. Zahlungsziel 30 Tage.

Pack und Sack OHG	Geschäftsführung	Bankverbindung
Bremer Str. 14	Frieder Stein	Sparkasse Heidelberg
69181 Leimen	Steuer-Nr. 29/73255	IBAN: DE14 6725 0020 0358 9957
www.packsack.de	HRA 24698 Heilbronn	BIC: SOLADES1HDB

Kontonr.	Kontobezeichnung	Soll Wertezufluss (+)	Haben Werteabfluss (-)

Kontenplan			
	AKTIVA		**GEWINN- UND VERLUSTRECHNUNG**
	ANLAGEVERMÖGEN		**ERTRÄGE**
0510	Grundstücke	5000	Umsatzerlöse
0520	Gebäude	5001	Preisnachlässe und Rücksendungen
0700	Technische Anlagen und Maschinen	5002	Kundenskonti
0840	Fuhrpark	5400	Mieterträge
0870	Betriebs-/Geschäftsausstattung	5600	Erträge aus Anlagenabgang
		5610	Erlöse aus Anlagenabgang
	UMLAUFVERMÖGEN	5700	Zinserträge
2000	Waren	5800	Außerordentliche Erträge
2001	Bezugskosten		
2002	Preisnachlässe und Rücksendungen		**AUFWENDUNGEN**
2003	Liefererskonti	6000	Aufwendungen f. Waren (Wareneinsatz)
2400	Forderungen aus Liefer. u. Leistungen	6050	Aufwendungen für Energie
2600	Vorsteuer	6130	Instandhaltung und Reparaturen
2800	Bank	6140	Frachten/Transport
2820	Kasse	6300	Gehälter
		6400	AG-Anteil zur Sozialversicherung
	PASSIVA	6420	Beiträge zur Berufsgenossenschaft
3000	Eigenkapital	6500	Abschreibungen auf Sachanlagen
4200	Verbindlichkeiten ggü. Kreditinstituten	6600	Sonstige Personalaufwendungen
4400	Verbindlichkeiten aus Lief. und Leist.	6700	Mieten und Pachten
4800	Umsatzsteuer	6710	Leasing
4830	Verbindlichkeiten ggü. Finanzbehörden	6800	Büromaterial
4840	Verbindlichkeiten ggü. Sozialvers. trägern	6820	Postgebühren
4860	Verbindlichkeiten a. vermögensw. Leist.	6870	Werbung
		6900	Versicherungsbeiträge
		7000	Betriebliche Steuern
		7030	Kraftfahrzeugsteuer
		7510	Zinsaufwendungen

2 Prüfungsaufgaben Aufgabe 3 – Wahlaufgaben

Hinweis: In der Abschlussprüfung wird bei jeder Prüfung die IUS (Navision) geprüft und Datenbanken (z. B. Access) oder Tabellenkalkulation (z. B. Excel).

Prüfungsaufgaben Sommer 2013 (Aufgabe 3)

Wahlaufgabe 1

3. Sie sind als kaufmännische Sachbearbeiterin/kaufmännischer Sachbearbeiter in der Sportgroßhandlung Limes Sport GmbH in Stuttgart tätig. Sie haben Vorgänge aus dem Verkaufs- und Einkaufsprozess zu bearbeiten. Ihre Arbeit wird durch den Einsatz von Integrierter Unternehmenssoftware (IUS), Textverarbeitungs- und Tabellenkalkulationssoftware auf Ihrem PC erleichtert.

3.1 Heute, am 04.06.2013, liegen auf Ihrem Schreibtisch die **Belege 1 und 2** zur Bearbeitung bereit.

3.1.1 Ergänzen Sie die Daten aus den beiden Kundenaufträgen in der Tabelle auf dem Lösungsblatt.

3.1.2 Überprüfen Sie, ob wir, Limes Sport, die beiden Kundenaufträge (**Beleg 1 und 2**) sofort problemlos ausführen können.
Begründen Sie Ihr Ergebnis mit zwei Argumenten.

3.1.3 Berechnen Sie für jeden Kundenauftrag den Stückgewinn und den Gesamtgewinn unter Beachtung eines Handlungskostenzuschlags von 30 %. Aus der Vergangenheit ist bekannt, dass jeder der Kunden seine Rechnung mit Skontoabzug bezahlt.

3.1.4 Begründen Sie mit drei Argumenten, welcher Kundenauftrag zuerst erfüllt werden soll. Nehmen Sie dazu die Daten aus der Tabelle (3.1.1) und Ihrer Kalkulation (3.1.3.) zu Hilfe.

3.1.5 Berechnen Sie für diesen in 3.1.4 ermittelten Kundenauftrag den zu gewährenden Rabatt (rechnerischer Nachweis)
Erstellen Sie eine vollständige Auftragsbestätigung an den Kunden (mit Rabattabzug) und drucken Sie diese mit dem heutigen Datum aus.

3.2 Sie haben die Geschäftsleitung über das Lieferproblem bei den beiden Kundenaufträgen informiert. Die Geschäftsleitung wünscht, dass Sie heute noch den Artikel beim Stammlieferanten nachbestellen.

3.2.1 Ermitteln Sie die Bestellmenge so, dass nach dem erfolgreichen Verkauf an die Kunden „Sportbörse GmbH“ und „Krüger Sport KG“ vom Artikel 200040 noch 15 Stück auf Lager sind (rechnerischer Nachweis).

3.2.2 Erstellen Sie die Bestellung mit dem frühestmöglichen Liefertermin und drucken Sie diese mit dem heutigen Datum aus.

3.3 Ein Auszubildender bei der Limes Sport GmbH bittet Sie um Hilfe. Tragen Sie den fehlenden Belegnamen in die Tabelle auf dem Lösungsblatt ein.

Beleg 1

Krüger Sport KG
Welt des Skisports

Krüger Sport KG • Goethestr. 23 • 72336 Balingen

Limes Sport GmbH
Sportgroßhandlung
Im Industriegebiet 11

70173 Stuttgart

Ihr Zeichen:
Ihre Nachricht vom:
Unser Zeichen:
Unsere Nachricht vom:

Name:	Henne
Telefon:	07433 46998
Telefax:	07433 46999
E-Mail:	krueger-sport@web.de
Internet:	www.krueger-sport.de
Datum:	03.06.2013

Bestellung

Sehr geehrte Damen und Herren,

hiermit bestellen wir

Menge	**Artikelnummer**	**Artikel**	**Preis/St. in EUR netto**
10	200040	Race-Carver 165	240,00

Liefertermin: 15.06.2013

Mit freundlichen Grüßen

Krüger Sport KG

i. A. Henne

Kreissparkasse Zollernalb	Geschäftsführer	Gerichtsstand:	Amtsgericht Balingen
Konto-Nr. 123 654 987 BLZ 635 008 70	Michael Krüger	Handelsregister:	HR-B 5566
BIC SOLADES1BAL		USt-IdNr.:	DE657857857
IBAN DE78 6350 0870 0012 3654 98			

Beleg 2

Sportbörse GmbH
Sportausstatter Nr. 1

SKI

Sportbörse GmbH • Ernst-Abbe-Str. 62 a • 75217 Birkenfeld

Limes Sport GmbH
Sportgroßhandlung
Im Industriegebiet 11

70173 Stuttgart

Ihr Zeichen:	
Ihre Nachricht vom:	03.06.2013
Unser Zeichen:	br
Unsere Nachricht vom:	
Name:	Frau Braun
Telefon:	07231 47566
Telefax:	07231 47565
E-Mail:	einkauf@sportboerse.de
Internet:	www.sportboerse.de
Datum:	03.06.2013

Bestellung SB-2215-6

Sehr geehrte Damen und Herren,

wir bestellen

Artikelnummer	**Artikel**	**Menge**	**Preis/St. in EUR netto**
200040	Race-Carver 165	20	228,00

Wir erwarten die Lieferung innerhalb von 8 Tagen.

Mit freundlichen Grüßen

Sportbörse GmbH

i. A. Braun

Volksbank Birkenfeld
Konto-Nr. 9 321 455 BLZ 630 300 30
BIC VBBIDEBI
IBAN DE55 6303 0030 0009 3214 55

Geschäftsführer
Klaus Eberhardt

Gerichtsstand: Amtsgericht Rastatt
Handelsregister: HR-B 2045
USt-IdNr.: DE955245532

Lösungen von Aufgabe 3.1.1

Artikelnummer		
Lagerbestand		
Einstandspreis laut IUS		
Verkaufspreis laut IUS		
Lieferant		
Beschaffungszeit		
Kunden-Nr.		240008
Kundenname		Sport Krüger
Auftragsmenge		10 Paar
gewünschter Preis		240,00 EUR
gewünschtes Lieferdatum		15.06.13
Kundenskontosatz		2 %
bisheriger Kundenumsatz		
nach der TOP-10-Liste		

Lösungen von Aufgabe 3.3

Gegebene Merkmale	**Beleg**
Prozessart	Einkauf
rechtliche Wirkung	nein
Lagerbuchhaltung	nicht gebucht
Finanzbuchhaltung	nicht gebucht
gesuchter Beleg	

Wahlaufgabe 2

Sie sind Mitarbeiter/-in in der IT-Abteilung der Limes Sport GmbH. In einer relationalen Datenbank werden die Lieferanten-, Artikel- und Personaldaten verwaltet.

3.1 In der Datenbank sind u. a. die folgenden Tabellen enthalten.

tabAuftrag			
AuftragsNr	*Auftragsdatum*	*DebitorenNr*	*PersonalNr*

tabMitarbeiter (Auszug)					
PersonalNr	*Name*	*Vorname*	*Einstellungs-datum*	*GehaltsgruppeNr*	*AbteilungsNr*

3.1.1 Geben Sie die Primärschlüssel in den beiden Tabellen an und erklären Sie die Aufgabe des Primärschlüssels.

3.1.2 Zählen Sie alle Fremdschlüssel in den beiden Tabellen auf.

3.1.3 Beschreiben Sie, wie die beiden Tabellen miteinander verknüpft sind.

3.2 Die Geschäftsleitung der Limes Sport GmbH benötigt einige Informationen. Sie werden beauftragt, die entsprechenden Daten aus der Ihnen zur Verfügung stehenden Datenbank abzufragen.

Dokumentieren Sie für jede Abfrage Ihren Entwurf (QBE), indem Sie die Abfragetabellen im Lösungsblatt ausfüllen. Tragen Sie in der dazugehörigen Ergebnisliste die Überschriften und die gefundenen Daten ein. Achten Sie auf vollständige Beschriftung.

3.2.1 Bei welchen Mitarbeitern (Personalnummer, Name) liegt das Bruttogehalt unter 3.000,00 EUR?

3.2.2 Erstellen Sie eine Liste mit den vollständigen Anschriften der Mitarbeiter, die ihren Wohnsitz in Ludwigsburg haben, sortiert absteigend nach dem Namen.

3.2.3 Bei welchen Artikeln (Artikelnummer, Lagerbestand) aus der Warengruppe Wintersport ist der Lagerbestand größer als das Zehnfache des Sicherheitsbestandes?

3.2.4 Stellen Sie zusammen, welche Kreditoren (Kreditorennummer, Kreditorenname) von unserem Mitarbeiter Pessoa betreut werden.

3.2.5 Wie hoch ist der kleinste Meldebestand?

3.2.6 Bestimmen Sie die Anzahl der Mitarbeiter mit der Steuerklasse III.

3.2.7 Der Sicherheitsbestand sollte nicht unterschritten werden. Ermitteln Sie, wie viel Kapital diese Regel erforderlich macht.

3.3 Bei Limes Sport sind die 35 Rechnerarbeitsplätze über ein Intranet verbunden. Der Zugang zu den einzelnen Rechnern erfolgt über ein individuelles Mitarbeiterpasswort.

3.3.1 Erklären Sie den Begriff Intranet.

3.3.2 Geben Sie drei Gründe für die Vernetzung an.

3.3.3 Welche zwei Kriterien muss ein sicheres Passwort mindestens erfüllen?

zu Aufgabe 3.2.1

Abfrageentwurf:

Feld			
Tabelle			
Funktion			
Sortierung			
Kriterium			

Ergebnisliste:

zu Aufgabe 3.2.2

Abfrageentwurf:

Feld					
Tabelle					
Funktion					
Sortierung					
Kriterium					

Ergebnisliste:

zu Aufgabe 3.2.3

Abfrageentwurf:

Feld				
Tabelle				
Funktion				
Sortierung				
Kriterium				

Ergebnisliste:

zu Aufgabe 3.2.4

Abfrageentwurf:

Feld				
Tabelle				
Funktion				
Sortierung				
Kriterium				

Ergebnisliste:

zu Aufgabe 3.2.5

Abfrageentwurf:

Feld	
Tabelle	
Funktion	
Sortierung	
Kriterium	

Ergebnis: .... Stück

zu Aufgabe 3.2.6

Abfrageentwurf:

Feld		
Tabelle		
Funktion		
Sortierung		
Kriterium		

Ergebnisliste:

zu Aufgabe 3.2.7

Abfrageentwurf:

Feld	
Tabelle	
Funktion	
Sortierung	
Kriterium	

Ergebnis: Kapitaleinsatz für den Sicherheitsbestand: .... EUR

Prüfungsaufgaben 2014 (Aufgabe 3)

Wahlaufgabe 1

3. Sie sind als kaufmännische Sachbearbeiterin/kaufmännischer Sachbearbeiter in der Sportgroßhandlung Limes Sport GmbH in Stuttgart tätig. Sie haben Vorgänge aus dem Verkaufs- und Einkaufsprozess zu bearbeiten. Ihre Arbeit wird durch den Einsatz von Integrierter Unternehmenssoftware (IUS), Textverarbeitungs- und Tabellenkalkulationssoftware auf Ihrem PC erleichtert.

   Sie haben heute, am 22.05.2014, verschiedene Tätigkeiten zu erledigen, u. a. den **Beleg 1** weiter zu bearbeiten.

3.1 Die Geschäftsleitung beauftragt Sie telefonisch, Informationen über den Artikel mit der Nummer 200008 zusammenzustellen.

3.1.1 Füllen Sie dazu die Tabelle auf dem Lösungsblatt mit den folgenden Daten aus.
- Wie hoch ist der Meldebestand?
- Welche Anzahl ist in „Menge in Auftrag" eingetragen?
- Welche Anzahl ist in „Menge in Bestellung" eingetragen?
- Welche Belege mussten für die „Menge in Auftrag" bzw. „Menge in Bestellung" in der IUS erstellt werden?
- An wen waren die Belege jeweils adressiert?
- Zu welcher Prozessart gehören die Belege?

3.1.2 Wie hoch ist der Lagerbestand, wenn die beiden Prozesse abgewickelt sind?

3.2 Bearbeiten Sie **Beleg 1**.

3.2.1 Überprüfen Sie, ob ein Kaufvertag zustande gekommen ist.

3.2.2 Überprüfen Sie, ob wir bis zum gewünschten Liefertermin liefern könnten.

3.2.3 Überprüfen Sie, ob wir mit dem Auftrag noch einen Gewinn erzielen können, wenn zurzeit mit einen Handlungskostenzuschlag von 32,5 % kalkuliert wird und die Kunden sehr oft mit Skontoabzug ihre Rechnungen bezahlen (rechnerischer Nachweis).

3.3 Sie haben die Geschäftsleitung mündlich über die Schwierigkeiten bei dem Auftrag von Berger-Sport informiert. Daraufhin erhalten Sie diese E-Mail:

Wir können den Artikel 200020 bei einer Mindestabnahme von 30 Stück zum Preis von 28,00 EUR ohne jeden Abzug nachbestellen.
Bearbeiten Sie den Kundenauftrag entsprechend weiter.

Geschäftsleitung

3.3.1 Berechnen Sie den vom Lieferanten gewährten Rabatt auf unseren Listeneinkaufspreis (rechnerischer Nachweis, auf eine Nachkommastelle gerundet).

3.3.2 Ermitteln Sie die Bestellmenge. Berücksichtigen Sie dabei die Mindestbestellmenge und beachten Sie, dass der Sicherheitsbestand nicht unterschritten werden darf (rechnerischer Nachweis).

3.3.3 Erstellen Sie die vollständige Bestellung an den Stammlieferanten mit Rabattangaben und Liefertermin.
Drucken Sie diese aus.

3.3.4 Nutzen Sie das vorhandene Angebot 21008 und erstellen Sie mit einem Rabattsatz von 16,7 % eine vollständige Auftragsbestätigung an den Kunden.
Drucken Sie diese aus.

Beleg 1

Von: ek@berger-sport.de
An: service@limes-sport.de
Gesendet: 21.05.2014
Betreff: Angebot 21008 vom 19.05.2014

Sehr geehrte Damen und Herren,

wir bestellen
45 St. Schutzhelm M Artikelnummer 200020 zum Preis von 40,00 EUR/St.
Lieferung: spätestens bis 30.05.2014

Mit freundlichem Gruß

Berger-Sport GmbH
Schillerstr. 7
80997 München
Telefon 089 564464

Das beste Sporthaus am Ort immer erreichbar unter www.berger-sport.de.

Lösungen von Aufgabe 3.1.1

Artikelnummer	200008	
Meldebestand		
	Menge in Auftrag	Menge in Bestellung
Anzahl		
auslösender Beleg		
Belegadressat		
Prozessart		

Wahlaufgabe 2

Sie sind Mitarbeiter/-in in der IT-Abteilung der Limes Sport GmbH. In einer relationalen Datenbank werden unter anderem Personaldaten verwaltet.

3.1 Die Geschäftsleitung der Limes Sport GmbH benötigt einige Informationen über ihre Mitarbeiter. Sie werden beauftragt, die entsprechenden Daten aus der Ihnen zur Verfügung stehenden Datenbank abzufragen.

Dokumentieren Sie für jede Abfrage Ihren Entwurf (QBE), indem Sie die Abfragetabellen im Lösungsblatt ausfüllen. Tragen Sie in der dazugehörigen Ergebnisliste die Überschriften und die gefundenen Daten ein. Achten Sie auf vollständige Beschriftung.

3.1.1 Welche Mitarbeiter (Personalnummer, Name) sind in der Gehaltsgruppe TG3 eingruppiert?

3.1.2 Erstellen Sie eine Mitarbeiterliste (Personalnummer, Name, Geburtsdatum) für die Abteilung EDV, sortiert absteigend nach dem Geburtsdatum.

3.1.3 Das Bruttogehalt bei Limes Sport setzt sich aus Tarifgehalt und persönlicher Zulage zusammen.

Ermitteln Sie das Bruttogehalt für Frau Dettinger (Personalnummer, Name, Zulage, Tarifgehalt).

3.1.4 Bestimmen Sie die Anzahl der Mitarbeiter ohne persönliche Zulage.

3.1.5 Berechnen Sie die Summe der monatlichen Bruttogehälter der Abteilung Verkauf.

3.2 Die Geschäftsleitung wünscht, dass die Datenbank für eine automatisierte Gehaltsüberweisung nach SEPA weiterentwickelt werden soll.

In der Datenbank sind deshalb folgende Änderungen bzw. Erweiterungen geplant.

tabBank (Auszug)						
BIC	*Name*	*Straße*	*PLZ*	*Telefonnummer*		

tabMitarbeiter (Auszug)						
PersonalNr	*Name*	*Vorname*	*Gehalts-gruppen Nr*	*AbteilungsNr*	*BIC*	*IBAN*

BIC = Bank Identifier Code (Ersatz für die Bankleitzahl)
IBAN = International Bank Account Number (Ersatz für die Kontonummer)

3.2.1 Geben Sie die Primärschlüssel in den beiden Tabellen an.

3.2.2 Zählen Sie alle Fremdschlüssel in der Tabelle tabMitarbeiter auf und erklären Sie die Bedeutung des Fremdschlüssels.

3.3 Die IT-Abteilung hat in einem Rundschreiben auf die Beachtung von Sicherheitsrichtlinien im internen und externen Datenaustausch hingewiesen. Erklären Sie dem Auszubildenden Mike die Gründe für die Sicherheitsrichtlinien.

3.3.1 Warum soll das eigene Passwort jedes Vierteljahr geändert werden?

3.3.2 Warum wird empfohlen, E-Mails zu verschlüsseln?

3.3.3 Woran erkennt man eine (relativ) sichere Internetverbindung?

zu Aufgabe 3.1.1

Abfrageentwurf:

Feld			
Tabelle			
Funktion			
Sortierung			
Kriterium			

Ergebnisliste:

zu Aufgabe 3.1.2

Abfrageentwurf:

Feld				
Tabelle				
Funktion				
Sortierung				
Kriterium				

Ergebnisliste:

zu Aufgabe 3.1.3

Abfrageentwurf:

Feld				
Tabelle				
Funktion				
Sortierung				
Kriterium				

Ergebnisliste:

zu Aufgabe 3.1.4

Abfrageentwurf:

Feld				
Tabelle				
Funktion				
Sortierung				
Kriterium				

Ergebnisliste:

zu Aufgabe 3.1.5

Abfrageentwurf:

Feld				
Tabelle				
Funktion				
Sortierung				
Kriterium				

Ergebnisliste:

Prüfungsaufgaben 2015 (Aufgabe 3)

Wahlaufgabe 1

3. Als kaufmännische Sachbearbeiterin/kaufmännischer Sachbearbeiter der Stuttgarter Limes Sport GmbH bearbeiten Sie Vorgänge des Verkaufs- und Einkaufsprozesses. Sie verwenden hierbei eine Integrierte Unternehmenssoftware (IUS). Ihre Arbeit wird durch den Einsatz von Textverarbeitungs- und Tabellenkalkulationssoftware erleichtert.

   Heute, am 09.06.2015, liegen auf Ihrem Schreibtisch die **Belege 1** und **2** zur Bearbeitung bereit.

3.1 Bearbeiten Sie den **Beleg 1**.

3.1.1 Ist mit dem Kundenauftrag der Sportbörse GmbH ein gültiger Kaufvertrag zustande gekommen? Begründen Sie.

3.1.2 Erläutern Sie, welche zwei allgemeinen Fragen zu beantworten sind, bevor eine Auftragsbestätigung an den Kunden erstellt werden kann.

3.1.3 Können wir den Kundenauftrag termingerecht ausführen, wenn mit einer internen Bearbeitungszeit von zwei Tagen gerechnet werden muss? Verwenden Sie dazu die Daten aus der IUS. Begründen Sie Ihre Antwort.

3.1.4 Ermitteln Sie die erforderliche Bestellmenge für den Artikel 200013, wenn nach Abwicklung des Kundenauftrages noch 10 Stück auf Lager sein sollen (rechnerischer Nachweis).

3.1.5 Erstellen Sie die vollständige Bestellung (einschließlich Lieferdatum) für den Artikel 200013 beim Stammlieferanten und drucken Sie diese mit dem heutigen Datum aus.

3.1.6 Berechnen Sie für den Artikel 200013 den Rabattsatz (auf drei Nachkommastellen gerundet), der für die Ausführung des Kundenauftrags nötig ist. Geben Sie den Rechenweg an.

Können Sie diesen Rabatt ohne Rückfrage bei der Geschäftsleitung gewähren, wenn in Ihrer Stellenbeschreibung vorgesehen ist, dass Sie selbstständig bis zu 5 % Kundenrabatt geben dürfen? Kurze Antwort.

3.1.7 Erstellen Sie anschließend eine vollständige Auftragsbestätigung an den Kunden Sportbörse GmbH unter Angabe des Rabattsatzes (für Artikel 200013) aus 3.1.6 und des in 3.1.3 errechneten Liefertermins.

Drucken Sie die Auftragsbestätigung mit dem heutigen Datum aus.

3.2 Bearbeiten Sie **Beleg 2**.

3.2.1 Auf dem Kontoauszug finden Sie den Betrag, den der Kunde Profisport uns überwiesen hat. Prüfen Sie mithilfe der Ausgangsrechnung Nr. 26011 nach, ob der Skontoabzug berechtigt war (rechnerischer Nachweis).

3.2.2 Zur Vorbereitung der Buchung von **Beleg 2** in der IUS tragen Sie die notwendigen Daten in der Tabelle auf dem Lösungsblatt ein.

Beleg 1

Sportbörse GmbH
Sportausstatter Nr. 1

Sportbörse GmbH • Ernst-Abbe-Str. 62 a • 75217 Birkenfeld

Limes Sport GmbH
Sportgroßhandlung
Im Industriegebiet 11
70173 Stuttgart

Ihr Zeichen:
Ihre Nachricht vom:
Unser Zeichen:
Unsere Nachricht vom:

Name: Frau Braun
Telefon: 07231 47566
Telefax: 07231 47565
E-Mail: einkauf@sportboerse.de
Internet: www.sportboerse.de

Datum: 05.06.2015

Bestellung SB-1501-1

Sehr geehrte Damen und Herren,

hiermit bestellen wir folgende Artikel:

Artikelnummer	Artikel	Menge	Preis/St. in EUR netto
200013	Inliner Größe 43–45	20	92,00
200017	Schutzset groß	20	16,00

Wir benötigen die Ware bis spätestens 20.06.2015.

Mit freundlichen Grüßen

Sportbörse GmbH

i. A. Braun

Volksbank Birkenfeld
BIC: VBBIDEBI
IBAN: DE65 6303 0030 0009 3214 65

Geschäftsführer
Klaus Eberhardt

Gerichtsstand: Amtsgericht Rastatt
Handelsregister: HR-B 2345
USt-IdNr.: DE 955245632

Beleg 2

Datum 08.06.2015	Auszug für **Girokonto**		Kontostand alt 105.886,31 EUR	
Buchungstag	**Informationen zu den Buchungen**	**Wert**	**Lastschrift**	**Gutschrift**
.				
.				
01.06.2015	Überweisung Rechnungsnr. 26011	01.06.		653,07
	Profisport AG			
.				
.				
.				
Baden-Württembergische Bank Kleiner Schlossplatz 11 – 70173 Stuttgart			Kontostand neu 106.539,38 EUR	

Limes Sport GmbH	IBAN:	DE97 6005 0000 0002 1000 11
Sportgroßhandlung	BIC:	BAWUSTXXX
Im Industriegebiet 11		
70173 Stuttgart		

BW-Bank

08.06.2015 18:00 Druckdatum//Uhrzeit	0711 123-2985/-5780 Ihr Servicetelefon/Fax	6 Auszug	1 Blatt	IBAN: DE29 6005 0101 0031 5065 89 BIC: SOLADEST600

Lösungen von Aufgabe 3.2.2

Buchungsdatum ① Belegart ② Belegnr. ③ Externe Belegnr. ④ Kontoart Kontonr. ⑤ Gegenkontoart Gegenkontonr. ⑥ Ausgleich-Belegnr. ⑦ Betrag ⑧

Feld 1	
Feld 2	
Feld 3	10037
Feld 4	KA 6/1
Feld 5	
Feld 6	
Feld 7	
Feld 8	

Wahlaufgabe 2

3. Hugo Schnell, der Inhaber des Müllheimer Fahrradlädele e. K., möchte für das kommende Geschäftsjahr das bisherige Sortiment an Fahrrädern und Zubehör neu planen.

3.1 Im abgelaufenen Geschäftsjahr 2014 wurden von den meistverkauften Modellen folgende Mengen abgesetzt:

Modell	Jahresabsatz	Durchschnittliche Verkaufspreise
Kinderfahrräder	900	200,00 EUR
Mountainbikes	1.200	950,00 EUR
Trekkingfahrräder	1.200	800,00 EUR

3.1.1 Übertragen Sie die oben aufgeführten Daten in Ihr Tabellenkalkulationsprogramm unter der Überschrift „Fahrradlädele – Auswertung 2014".
Benutzen Sie dazu die Tabelle „Aufgabe 3.1" in der Ihnen zur Verfügung gestellten Arbeitsmappe *HP15-A3-TAB-S.*

3.1.2 Berechnen Sie den Jahresumsatz für jedes Modell und den gesamten Jahresumsatz für alle Modelle zusammen in Euro. Verwenden Sie kopierfähige Formeln.

Geben Sie die Formel für den Jahresumsatz der Kinderfahrräder und für den gesamten Jahresumsatz auf dem Lösungsblatt in der Anlage an.

3.1.3 Berechnen Sie den prozentualen Anteil des jeweiligen Modells am gesamten Jahresumsatz. Verwenden Sie kopierfähige Formeln. Formatieren Sie auf zwei Dezimalstellen.

Geben Sie die Formel für die Kinderfahrräder auf dem Lösungsblatt in der **Anlage** an.

3.1.4 Erstellen Sie ein geeignetes Diagramm, welches den prozentualen Jahresumsatz je Modell darstellt, das Sie unter der Tabelle einfügen. Achten Sie auf eine vollständige Beschriftung.

3.1.5 Drucken Sie die von Ihnen erstellte Tabelle mit Diagramm und mit Ihrem Namen auf einer DIN-A4-Seite aus.

3.2 Das Fahrradlädele e. K. hat einen Jahresbedarf an Fahrradmänteln in der Zollgröße 28 von 2.400 Stück. Hugo Schnell überlegt, ob er einmal im Jahr die gesamte Menge bestellen soll. Alternativ könnte er auch halbjährlich, vierteljährlich oder monatlich bestellen. Der Einkaufspreis für einen Fahrradmantel beträgt 10,00 EUR.

3.2.1 In der Arbeitsmappe *HP15-A3-TAB-S* steht Ihnen die unvollständige Tabelle „Aufgabe 3.2" zur Verfügung. Ergänzen Sie die fehlenden Elemente gemäß der unten stehenden Tabelle und ersetzen Sie die Fragezeichen durch die Angaben aus dem Sachverhalt in Aufgabe 3.2.

	A	B	C	D	E	F	G
1	**Optimale Bestellmenge für Fahrradmantel Zollgröße 28**						
2							
3	Jahresbedarf in Stück:		?		Einstandspreis pro Stück:		?
4	Lagerkostensatz in %:		10		Bestellkosten je Bestellung:		50,00 €
5							
6	Bestell-häufigkeit je Jahr	Bestellmenge in Stück	Durchschnitt-licher Lager-bestand in Stück	Durchschnitt-licher Lager-bestand in €	Lagerhaltungs-kosten in €	Bestellkosten in €	Gesamtkosten in €
7	1				1.200	50	
8	2				600	100	
9	4				300	200	
10	12				100	600	

3.2.2 Berechnen Sie die Bestellmenge in Stück, den durchschnittlichen Lagerbestand in Stück, den durchschnittlichen Lagerbestand in Euro und die Gesamtkosten in Euro. Verwenden Sie kopierfähige Formeln.

Geben Sie die Formeln in Zeile 9 (für die Bestellhäufigkeit je Jahr von 4) auf dem Lösungsblatt in der Anlage an.

3.2.3 Wie hoch ist die optimale Bestellmenge? Begründen Sie mithilfe der Ergebnisse in Ihrer Tabelle, wie häufig Herr Schnell im Jahr bestellen sollte.

3.2.4 Drucken Sie die von Ihnen erstellte Tabelle mit Ihrem Namen auf einer DIN-A4-Seite aus.

3.3 Hugo Schnell ist schockiert, wie unsachgemäß und unbedacht seine Kinder und Auszubildenden ihre Smartphones und Tablets nutzen. Welchen Gefahren sehen Sie sich als Jugendliche durch die neuen Medien ausgesetzt? Erläutern Sie drei Risiken.

Anlage

Lösungen von den Aufgaben 3.1.2 und 3.1.3

Formel für den Jahresumsatz der Kinderfahrräder	
Formel für den gesamten Jahresumsatz	
Formel für den Anteil der Kinderfahrräder am gesamten Jahresumsatz in %	

Lösungen von Aufgabe 3.2.2

Formel für die Bestellmenge in Stück (bei einer Bestellhäufigkeit im Jahr von 4)	
Formel für den durchschnittlichen Lagerbestand in Stück (bei einer Bestellhäufigkeit im Jahr von 4)	
Formel für den durchschnittlichen Lagerbestand in Euro (bei einer Bestellhäufigkeit im Jahr von 4)	
Formel für die Gesamtkosten in Euro (bei einer Bestellhäufigkeit im Jahr von 4)	

Prüfungsaufgaben 2016 (Aufgabe 3)

3. Als kaufmännische Sachbearbeiterin/kaufmännischer Sachbearbeiter der Stuttgarter Limes Sport GmbH bearbeiten Sie Vorgänge des Verkaufs- und Einkaufsprozesses. Sie verwenden hierbei eine Integrierte Unternehmenssoftware (IUS). Ihre Arbeit wird durch die Nutzung von Textverarbeitungs- und Tabellenkalkulationssoftware erleichtert.

Heute, am 31.05.2016, liegen auf Ihrem Schreibtisch die **Belege 1, 2 und 3** zur Bearbeitung bereit.

3.1 Bearbeiten Sie den **Beleg 2**.

3.1.1 Drucken Sie die entsprechenden Warenbegleitpapiere zu **Beleg 2** mit dem heutigen Datum aus.

3.1.2 Erklären Sie, welche vorausgehenden Belege für das Zustandekommen des Kaufvertrages mit der Auftragsnummer 22012 notwendig waren.

3.1.3 Errechnen Sie nachträglich mithilfe der Daten aus Ihrer IUS, welcher Gewinn mit diesem Auftrag erzielt wurde, wenn

- der Kunde Skonto abzieht,
- der derzeitige verwendete Handlungskostenzuschlag 33 % beträgt und
- Limes Sport den Liefererskonto immer in Anspruch nimmt.

Verwenden Sie dazu als Hilfsmittel die Tabelle (**Anlage 1**; rechnerischer Nachweis).

3.1.4 Wie viel Prozent beträgt der Gewinn vom Umsatz (Nettorechnungsbetrag) des Auftrages 22012?

3.2 Bearbeiten Sie den **Beleg 1**.

3.2.1 Kann der Auftrag mengenmäßig ausgeführt werden (Antwort begründen)?

3.2.2 Kann der Auftrag termingerecht ausgeführt werden?
Verwenden Sie dazu die Daten aus der IUS mit Berücksichtigung einer internen Bearbeitungszeit von zwei Tagen (Antwort begründen).

3.2.3 Bei der Erstellung der Nachkalkulation (siehe **Beleg 3**), um den Gewinn/Verlust für den Auftrag zu errechnen, hat sich ein Tippfehler eingeschlichen.
Stellen Sie den Tippfehler fest und ermitteln Sie den richtigen Gewinn/Verlust des Auftrages.

Beachten Sie dabei die folgenden Informationen für die Nachkalkulation:

- Der heutige aktuelle Einkaufspreis beträgt 62,50 EUR.
- Der Kunde zieht Skonto ab.
- Der derzeitige Handlungskostenzuschlag beträgt 33 %.
- Der Liefererskonto wird ausgenutzt.

3.2.4 Berechnen Sie den Rabattsatz, der für die Ausführung des Kundenauftrags nötig ist. Geben Sie den Rechenweg auf drei Nachkommastellen gerundet an.

3.2.5 Drucken Sie heute eine vollständige Auftragsbestätigung an den Kunden Sportbörse GmbH einschließlich Rabattsatz und Liefertermin aus.

3.3 Bei welchem dieser zwei heute bearbeiteten Kundenaufträge war die Limes Sport GmbH wirtschaftlich am erfolgreichsten? Begründen Sie Ihre Antwort.

3.4 Begründen Sie, warum die Anweisung für die vorgegebene Arbeitsreihenfolge, zuerst den **Beleg 2** und nicht **Beleg 1** zu bearbeiten, sinnvoll war.

3.5 Ein normaler Einkaufsprozess besteht aus einer Vielzahl von Belegen, wie z. B. Bedarfsmeldung, Angebot, Lieferschein. Tragen Sie diese Belege ein und vervollständigen Sie die Liste (**Anlage 2**) in der richtigen zeitlichen und logischen Reihenfolge.

Beleg 1

Von: einkauf@sportboerse.de
An: service@limes-sport.de
Gesendet: 31.05.2016
Betreff: **Bestellung**

Sehr geehrte Damen und Herren,

wir bestellen
15 Inliner Größe 43–45,
Artikelnummer 200013 zum Preis von 85,00 EUR/St.
Lieferung: spätestens bis 09.06.2016

Mit freundlichem Gruß

Sportbörse GmbH
Ernst-Abbe-Str. 62 a
75217 Birkenfeld
Telefon: 07231 17566

Das Sporthaus mit den aktuellen Börsenpreisen immer erreichbar unter www.sportboerse.de

Beleg 2

Limes-Sport

Nachricht
–Versand
☒ **Lager**
☐ **Verkauf**

Datum: 31.05.2016 Sachbearbeiter: Michelski

Kundenauftrags-Nr.: **22012**

☒ **versandfertig** ☐ **teilweise versandfertig**

Artikel-Nr.	Artikelbezeichnung	Fehlmenge

Nächste Arbeitsschritte:

☒ **Lieferschein**
☒ **Ausgangsrechnung**
☒ **Versenden** ☐ **DHL** ☐ **UPS** ☐ **Lieferwagen** ☐ **Sonstiges**

Beleg 3

Nr.	200013
Beschreibung	Inliner Größe 43-45
EK-Preis (neuester)	60,00
VK-Preis	96,00

Differenzkalkulation

vorwärts	%	EUR
Listeneinkaufspreis (netto)		62,50
– Liefererrabatt	0,00	0,00
= Zieleinkaufspreis		62,50
– Liefererskonto	2,00	1,25
= Bareinkaufspreis		61,25
+ Bezugskosten		0,00
= Einstandspreis		61,25
+ Handlungskosten	35,00	21,44
= Selbstkosten		82,69

(Differenz-)Gewinn 0,74 %
0,61 **EUR**

rückwärts	%	EUR
= Barverkaufspreis		83,30
+ Kundenskonto	2,00	1,70
+ Vertreterprovision	0,00	0,00
= Zielverkaufspreis		85,00
+ Kundenrabatt	0,00	0,00
= Listenverkaufspreis (netto)		85,00

Anlage 1

	Daten aus der IUS für Artikel 200013
Listeneinkaufspreis	
Liefererskontosatz	
Kundenskontosatz	
Verkaufspreis	
Verkaufspreis aus Kundenauftrag	

Anlage 2

Reihenfolge	Belegname
1	**Bedarfsmeldung**
2	
3	
4	
5	
6	
7	
8	

Wahlaufgabe 2

3. Sie sind Mitarbeiter/-in in der IT-Abteilung der Limes Sport GmbH. In einer relationalen Datenbank werden unter anderem Personaldaten und Geschäftswagen verwaltet.

3.1 In diesem Monat ist ein Auszubildender bei Ihnen in der Abteilung. Nach einer kurzen Einarbeitungszeit lassen Sie sich von ihm Fragen zu einigen Grundelementen der eingesetzten Datenbank beantworten.

3.1.1

tabPKW					
Kennzeichen	*Modell*	*Kaufdatum*	*Anschaffungs-kosten*	*Versicherungs-tarifgruppe*	*PersonalNr*

Welchem Attribut ist der Primärschlüssel in der Tabelle tabPKW zugeteilt und welche Aufgabe hat dieser?

3.1.2 Welche Attribute sind in der Tabelle tabPKW Fremdschlüssel und welchen Zweck haben diese?

3.2 Die Geschäftsleitung der Limes Sport GmbH benötigt einige Auswertungen und beauftragt Sie, die entsprechenden Daten aus der Ihnen zur Verfügung stehenden Datenbank HP_2016-A3-RDB-S abzufragen. Sie lösen die Aufgaben zusammen mit dem Auszubildenden.

Dokumentieren Sie für jede Abfrage Ihren Entwurf (QBE), indem Sie die Abfragetabellen im Lösungsblatt ausfüllen. Tragen Sie in der dazugehörigen Ergebnisliste die Überschriften und die gefundenen Daten ein. Achten Sie auf vollständige Beschriftung.

3.2.1 Wie heißen die Mitarbeiter (Name, Vorname), die in der Abteilung mit der AbteilungsNr 100 beschäftigt sind?

3.2.2 Welche Mitarbeiter sind in der Abteilung mit der AbteilungsNr 200 beschäftigt und in GehaltsgruppeNR TG6 eingestuft?

3.2.3 Neuwagen müssen nach drei Jahren erstmalig zur Hauptuntersuchung (z. B. zu TÜV, Dekra). Welches Kennzeichen hat das Modell, das 2016 erstmalig zur Hauptuntersuchung muss?

3.2.4 Welches Modell fährt welcher Mitarbeiter (Name, Modell)?

3.2.5 Ermitteln Sie den Mittelwert der Anschaffungskosten der Modelle für die Geschäftsleitung.

3.2.6 Wie hoch ist die jährliche Versicherungsprämie für alle Geschäftswagen?

3.3 Die Überweisungen der Versicherungsprämien für die Geschäftswagen werden über Onlinebanking durchgeführt.

3.3.1 Nennen Sie zwei Vorteile, die das Onlinebanking bietet.

3.3.2 Erläutern Sie am Beispiel von drei Sicherheitsmaßnahmen, wie diese die Gefahren des Onlinebankings verringern bzw. vermeiden sollen.

Aufgabe 3.2.1

Abfrageentwurf:

Feld			
Tabelle			
Funktion			
Sortierung			
Kriterien			

Ergebnisliste:

Aufgabe 3.2.2

Abfrageentwurf:

Feld			
Tabelle			
Funktion			
Sortierung			
Kriterien			

Ergebnisliste:

Aufgabe 3.2.3

Abfrageentwurf:

Feld		
Tabelle		
Funktion		
Sortierung		
Kriterien		

Ergebnisliste:

Aufgabe 3.2.4

Abfrageentwurf:

Feld		
Tabelle		
Funktion		
Sortierung		
Kriterien		

Ergebnisliste:

Aufgabe 3.2.5

Abfrageentwurf:

Feld		
Tabelle		
Funktion		
Sortierung		
Kriterien		

Ergebnisliste:

Aufgabe 3.2.6

Abfrageentwurf:

Feld	
Tabelle	
Funktion	
Sortierung	
Kriterien	

Ergebnisliste:

3 Prüfungsaufgaben Englisch

Vorwort

Die Prüfungssammlung im Fach Englisch an der Wirtschaftsschule besteht aus zwei Prüfungsaufgaben alter Form aus den Jahren 2010 und 2011 und insgesamt fünf Prüfungsaufgaben in neuer Form aus den Jahren 2012 bis 2016.
Zusätzlich finden Sie die aktuellste Prüfung des Jahres 2017 am Ende des Buches.

Anmerkung zu den Prüfungsaufgaben alter Form:

- **Die mit (*) markierten Aufgabenstellungen sind in den neuen Prüfungen in ähnlicher Form enthalten. Somit sind sie eine sehr gute Vorbereitung für die Prüfung.**
- **Die mit (**) markierten Aufgabenstellungen sind so in den aktuellen Prüfungen nicht mehr enthalten.**
- **Die Aufgabenstellungen ohne Markierung sind identisch mit den aktuell möglichen Prüfungsaufgaben.**

Prüfungsaufgaben 2010: Alternative 1

Special wing takes pilot to new heights

Flying isn't just for the birds anymore! A Swiss man with a special wing tied to his back recently flew high above the Alps. Yves Rossy flew straight into the history books as the first person to fly under a single jet-powered wing.

Rossy uses an 8-foot-long wing that is powered by four small jet engines. The engines work the same way as larger engines that power airplanes. They "make noise, but not too much, like a small plane," Rossy told Weekly Reader. With the wing strapped to his back, Rossy can speed through the air as fast as 186 miles per hour. He wears a special suit to protect himself from the hot engines.

During Rossy's recent flight over the Swiss Alps, he showed off his high-flying talents. With the wing strapped to his back, he jumped out of a plane from a height of over 8,000 feet. Then he unfolded the wing and started flying. Using his body to steer, Rossy did loops, dives, and figure eights. During some loops, he flew about 2,600 feet in the air. He even did a 360-degree roll. Rossy's bird-like adventure lasted about five minutes. Then he folded in the wing tips and parachuted to land.

The flight was "an unbelievable feeling of freedom and satisfaction," Rossy told Weekly Reader. "I felt as if I were a bird!"

The flight may have been short, but Rossy and his team spent a lot of time preparing for it. The wing cost about $285,000 to engineer, and Rossy trained for five years to be able to fly it. He has been a pilot for more than twenty years. He has also had a lot of practice in other air sports, including hang-gliding and skydiving. Rossy has made more than 1,100 parachute jumps.

His Alps adventure is just the beginning, Rossy says. He plans to use his special wing to fly across the English Channel later this year. The longer trip will require more fuel, so Rossy and his team are busy finding out how to add more fuel to the engines without making the wing too heavy for Rossy to balance. Once Rossy crosses the Channel, he hopes to manage a much more difficult challenge – the Grand Canyon!

(385 words)

Adapted from: www.weeklyreader.com, May 2008

Annotations:

to steer	– steuern
loops	– Schleifen
to parachute	– Fallschirm springen
the parachute	– der Fallschirm
fuel	– Treibstoff

1. Text-based tasks

1.1 Finish the sentences using information from the text. Find your own words. (**)

a) The first man who ...
b) History books ...

1.2 Beantworten Sie folgende Fragen auf Deutsch:

a) What kind of equipment did Rossy use?
b) Describe Rossy's flying experiment.
c) How did Rossy and his team prepare for the flight?
d) Why is Rossy not a beginner?
e) What is said about his future plans?

1.3 Give your opinion. Write about 30 words. (*)

If you could use Yves Rossy's special wing, would you try to fly? Say why or why not?

2. Use of language

2.1 Asking questions (*)

You have got the chance to interview Yves Rossy and his team for your school magazine. Ask them three questions. Use different question forms.

2.2 Fill in the correct form of the verbs in brackets. (*)

a) Pilot Chesley Sullenberger almost .... (crash) into the City of New York last year, but fortunately nobody .... (hurt) because the pilot did an excellent job.
b) This emergency landing is the most spectacular one New York .... (see) so far.
c) Passengers .... (not/forget) this experience for the rest of their lives.

2.3 Find a proper translation for the German words in brackets. (*)

a) Hang-gliding is .... (gefährlicher als) hiking
b) Adding more fuel to the engines will make the wings .... (schwerer).
c) Because of this experiments, Rossy has become .... (einer der berühmtesten) men in Switzerland.

2.4 Fill in some, any or a compound. (*)

a) Rossy and his team had to find .... to pay for the costs of engineering the wings.

b) People hadn't seen .... like this before.

2.5 Fill in a suitable pronoun. (*)

a) A lot of people watched Yves Rossy .... was very proud of his success.

b) A trip .... is much longer will need a lot more fuel.

2.6 Work with the dictionary. (**)

Translate these sentences with the help of the dictionary entries of the underlined words.

a) My friend was invited for a coffee morning.

b) My friend made a right cock-up of our party.

c) Ich kann keine Eintrittskarte kaufen. Ich bin knapp bei Kasse.

d) Die Regierung sollte mehr Geld für karitative Zwecke ausgeben.

3. Creative writing

Choose task a) or b). Write about 120 words in complete sentences.

a) You have got a new mobile phone. Write an email to your friend in an English speaking country and tell him what you can do with it.

b) A class from the UK stayed at your school for one week. Write a report for your school magazine about the things you did with them.

4. Managing situations

Sie sind mit Ihrer Klasse auf Klassenfahrt in Großbritannien. Sie unterhalten sich nach Ihrer Ankunft in der Jugendherberge in Bristol mit John, einem englischen Jugendlichen.

John: a) Hi, nice to meet you. Oh, I see you have just arrived. Where do you come from?

You: (Sie kommen aus Süddeutschland, 25 Schüler und zwei Lehrer von einer beruflichen Schule.)

John: Did you have a nice journey? You have come quite a long way!

You: b) (Sie sind früh aufgestanden, haben acht Stunden Busfahrt nach Dunkerque hinter sich, dann nahmen Sie die Fähre nach Dover und dann wieder mit dem Bus nach Bristol.)

John: You must be really tired then.

You: c) (Eigentlich nicht, im Bus von Dover nach Bristol haben Sie etwa zwei Stunden geschlafen.)

John: How long are you going to stay here?

You: d) (Ihr Aufenthalt in Bristol wird vier Tage dauern, danach sind Sie noch zwei Tage in London.)

John: That sounds great! By the way, what do you think about the youth hostel?

You: e) (Sagen Sie, dass die Schlafzimmer etwas klein sind, aber dass es lustig ist, sich mit Klassenkameraden das Zimmer zu teilen.)

John: What are you going to do in Bristol tomorrow?

You: f) (Sie werden morgens die Sehenswürdigkeiten anschauen und nachmittags im Park ausruhen.)

John: That seems to be an interesting programme. Have you also planned a boat trip along the harbour?

You: g) (Sie sind sich nicht sicher. Am Mittwoch wird Ihre Klasse die Clifton Suspension Bridge besichtigen.)

John: Great! We've already been there, too. It's an amazing bridge.

You: h) (Fragen Sie, ob es in der Nähe gute Kneipen und Clubs gibt, vielleicht mit Livemusik.)

John: Sure, there are many of them. Tonight we're going to the Crown's Inn. There will be a local band called The Gangsters. Would you like to join us?

You: i) (Sagen Sie zu und fragen Sie, ob Sie noch drei Freunde aus Ihrer Klasse mitbringen können.)

John: Of course, you can. See you tonight. I'll wait for you at the reception at eight.

You: j) (Verabschieden Sie sich. Sagen Sie, dass Sie sich sehr auf den Abend mit John freuen.)

5. Mediation Englisch – Deutsch

Sie haben in einer englischen Zeitschrift folgenden Artikel gefunden und möchten den Inhalt in einem Bericht für die Schülerzeitung wiedergeben. Übersetzen Sie nicht Wort für Wort. Schreiben Sie ganze Sätze.

Blogging – the big online conversation

A couple of years ago, most people didn't even know what the word "blog" meant. Now there are millions of bloggers all over the world, four million of them in the UK alone according to a recent survey. It found out that 15 per cent of Britain's 26 million internet users kept a blog. Women were the most active bloggers; 23 per cent of them blogged every day compared to 17 per cent of men.

Bloggers can be any age, from teenagers to pensioners.

Some bloggers write about their love lives or just want to keep their friends and family up to date with what they're doing. Others write about their interests: there are travel blogs, fashion blogs, music blogs, blogs for people who like tea and political blogs. Popular blogs can get thousands of visitors and become important sources of information. Not only texts, but also photos, videos and audios can be included in blogs.

In the UK, the blogger Paul Staines, who calls himself Guido Fawkes after the man who tried to blow up the Houses of Parliament in 1606, has become famous for his political gossip. Clever politicians now use blogging as a way of keeping in touch with voters.

People like blogging because it gives them an audience. Before, only journalists could get their information and views published in print or on TV. With a blog, anyone can do it. After the tsunami in Asia in 2004, for example, bloggers from this region put their videos on the internet, letting the world see the terrible destruction there.

Blogging services like WordPress, Blogger and many more make it easy to blog, even if you are not technically minded – if you can use a mouse and a keyboard, you can blog!

(297 words)

Adapted from: Read On, January 2008

Prüfungsaufgaben 2010: Alternative 2

Youth gangs shock Britain

One day at the end of August, 11-year-old Rhys Jones was walking home from playing football in Croxteth, an area of Liverpool, when a teenager, a member of a local gang, rode up on a BMX bike and fired shots from a gun. Rhys was hit and died.

For days, people laid flowers, messages and toys at the spot outside the "Fir Tree" pub where Rhys was killed. The violent death of an innocent child shocked Britain and made clear that gangs, guns and violence are a problem in the UK. Rhys himself had nothing to do with gangs, but his case shows how dangerous gang culture is, even for those who are not directly involved.

Liverpool is not the only city with a gang problem. In London alone, six teenagers have been killed in shootings this year. London police estimate that there are 169 gangs in the capital, and that more than a quarter of them have been involved in murders. Gangs are responsible for more than a fifth of the crimes committed by young people in London according to a police report.

What makes young people join gangs? Experts say that the main reason is bad social care. Many children come from homes where they are abused, and where they often see violence. Children from these homes get no support from their parents – so they turn to gangs for protection and a feeling of belonging. Being a member of a dangerous gang also gives its members a kind of respect.

Drugs play an important part in the spread of gangs. According to Professor John Pitts, an expert on gang membership, drug dealing has had a big effect on gang culture. Drugs are big business, and dealers need a "workforce" of people – the gangs – to deliver drugs and protect their territory. Professor Pitts says that some young people are scared to leave gangs, as they fear violent attacks if they do.

Answers to the problem of youth violence are not easy to find. Some say the solution is to fight problems like poverty, family breakdown and poor education. Others say that young people should be punished for small crimes like spraying graffiti to stop them going on to bigger crimes.

(374 words)

Adapted from Read On, 2007

Annotations:

to estimate	– schätzen
to abuse	– misshandeln
spread	– Ausbreitung

1. Text-based tasks

1.1 Finish the sentences using information from the text. Find your own words. (**)

a) Rhys Jones died because ...

b) In Liverpool as well as in London ...

1.2 Beantworten Sie folgende Fragen auf Deutsch:

a) Why do young people join gangs?
b) What might happen if a young person decides to leave his or her gang?
c) How can the problem of youth violence be solved?

1.3 Give your opinion. Write about 40 words. (*)

Many people think it's the violence on TV and in online games that turns young people into killers – what do you think?

2. Use of language

2.1 Asking questions (*)

Pete Fisher is a member of a youth gang. Ask him three questions. Use different question forms.

2.2 Fill in the correct forms of the verbs in brackets. (*)

a) In 2006 there .... (be) 58 murders of all ages where guns were involved.
b) Since the start of 2007, eight young people .... (die) in shootings.
c) An 11-year-old child .... (shoot) by a gang member in the middle of the day.
d) If difficult children got more support from their parents, they .... (not/look) for protection in gangs.

2.3 Fill in the correct form of the German words in brackets. (*)

a) A good education helps you find a job .... (leichter).
b) Making imitation guns that look like real ones is .... (so schlimm wie) selling them.
c) Although the UK has .... (eines der strengsten) gun laws, the number of murders has risen.

2.4 Fill in a suitable pronoun. (*)

a) People .... watch too much TV often lose contact to .... friends.
b) Gang members often can't help .... They need the help of others.

2.5 Fill in some, any or one of their compounds. (*)

A lot of children don't have .... to talk to.

2.6 Work with the dictionary: (**)

Translate these sentences with the help of the dictionary entries of the underlined words.

a) When he saw the blood, he <u>passed</u> out.
b) The parliament passed a law against smoking in pubs.
c) Die Frau <u>kam</u> gestern ums Leben.
d) Ich <u>komme</u> nicht darauf, wer der Mann ist.

3. Creative writing

Choose task a) or b). Write about 120 words in complete sentences.

a) Write an email to your friend and tell him about an exciting holiday in an English speaking country.
b) Write an article for your school magazine about computer games and their effects on young people.

4. Managing situations

Sie haben gerade mit Ihrer Partnerin/Ihrem Partner einen zweitägigen Kurzurlaub in London verbracht und wollen mit dem Taxi zum Flughafen fahren.

a) Sagen Sie dem Taxifahrer, dass Sie zum Flughafen Heathrow möchten, und fragen Sie, wie lange es um diese Uhrzeit dauert, dorthin zu kommen.
b) Der Taxifahrer antwortet, dass es etwa 15 Minuten sein werden, wenn nicht zu viel Verkehr ist.
c) Der Taxifahrer fragt Sie, ob Sie eine gute Zeit in London hatten und was Sie unternommen haben.
d) Sie sagen, dass es toll war und dass Sie viel gemacht haben. Sie waren einkaufen, haben ein Musical gesehen und Westminster besucht.
e) Sie erzählen, dass Sie gestern einen netten Australier in einer Bar im Stadtzentrum getroffen haben und sie alle eine Bootsfahrt gemacht haben.
f) Der Taxifahrer sagt, dass er das toll findet und dass er schon zwanzig Jahre in London wohne, aber noch nie die Stadt von der Themse aus gesehen habe.
g) Sie sagen dem Taxifahrer, dass Sie hoffen, bald nach London zurückzukehren, da es vieles gibt, das Sie noch nicht gesehen haben.
h) Der Taxifahrer fragt Sie, wann Ihr Flugzeug abfliegt und zu welchem Terminal Sie müssen.
i) Sie antworten, dass Sie um halb 12 vom Terminal 3 wegfliegen.
j) Nach dem Bezahlen sagt der Taxifahrer, dass Terminal 3 direkt dort drüben sei. Er verabschiedet sich und wünscht Ihnen einen angenehmen Flug.

5. Mediation Englisch – Deutsch

Sie haben folgenden Text in einem englischen Tiermagazin gefunden und möchten den Inhalt für einen Bericht in einer Schülerzeitschrift wiedergeben. Schreiben Sie einen fortlaufenden Text und gehen Sie dabei auf folgende Punkte ein:

- Wie und warum hat sich die Haustierhaltung in Großbritannien verändert?
- Worauf muss man bei der Pflege von Reptilien achten?
- Worüber macht sich die britische Tierorganisation RSPCA Sorgen?

Snakes, spiders and lizards – exotic pets are in

Lizards, snakes, tortoises and even huge, hairy spiders are becoming more and more popular as pets. Research last year found that in Britain reptiles, not dogs, are now man's best friend. It is assumed that there are as many as 8 million pet reptiles, compared to about 6.5 million dogs. There are several reasons why people keep reptiles. Some people can't keep a dog or a cat because they are allergic to animal hair, and for them, a reptile is the ideal pet. Reptiles fit in better with modern lifestyles, too. Dogs, for example, need a lot of attention. You have to take them for walks, play with them and just be around to give them company. In today's households, where both parents work and children are at school during the day, a dog is often out of the question. Dogs and cats also need a lot of space to exercise – difficult if you live in a town.

Reptiles solve all these problems. They only need a heated tank, can easily be left alone all day and don't have to be taken for walks.

That doesn't mean that they don't need special care of course. Their food can be a problem. Some eat fruit and vegetables, other need living animals for food. Snakes like

mice – still alive if possible. Exotic pets also need the right habitat. They come from warm, sunny countries, and need special lamps to give them the UV light and heat that keeps them healthy.
Britain's leading animal welfare organisation, the RSPCA, is worried that many people do not look after their exotic pets properly. Pet owners sometimes even try to get rid of them when they grow too big or aren't interesting for their owners anymore. A spokesman says:
"I think these types of pets are seen as a status symbol by some people."
However, responsible owners who look after their pets properly get a lot of pleasure from them.

(320 words)

Adapted from: Read On, March 2009

Annotations:

tank – (Wasser-)Behälter
habitat – Lebensraum

Prüfungsaufgaben 2011: Alternative 1

The reality of being a teenage mum

Britain has the highest number of teenage pregnancies in Europe and they cost the country about £ 63 million a year. Teenage pregnancy rates are particularly worrying in North Wales. Recent research for the Joseph Rowntree Foundation suggests that many young girls even think that having a baby is better than a low-paid "dead-end" job.
40,000 teenagers are giving birth in Britain every year. They are having babies when they are children themselves. What is the reality for young mothers? What challenges do young mothers face and how do they cope?
One big challenge is school. Young girls who are getting pregnant are often forced to quit school before they can take their final exams. Teresa Foster Evans, a former teacher, wants to give young mothers a chance to finish their education. So she set up Cyfle, a special school for pregnant teenagers, in Wrexham, North Wales. Cyfle provides support, so the girls can continue with their education, while looking after their babies.
The girls are sent to Cyfle in the later stages of pregnancy and usually return two weeks after the birth. There is a nursery, so the girls can bring their babies with them. They are usually taught at Cyfle for three months, before returning to their normal schools.
Zoe, from Wrexham, for example, was just 14 when she got pregnant. With the help of her identical twin, Gemma, she managed to hide her pregnancy until just two weeks before giving birth. At school her sister stepped into her place when it came to sports lessons, and at home the youngsters managed to fool their parents and younger sister.
"I didn't want anyone to force me into an abortion and I felt sorry for my Mum – she always tries so hard and I didn't want to disappoint her by telling her I was pregnant," Zoe says. "I was scared – we were both scared. The longer you go on without saying anything, the harder it is to tell someone."
Zoe's mother, Collette, finally realised what was happening during a family holiday in Spain, when it became impossible for Zoe to hide her pregnancy with baggy clothes. Just two weeks later she gave birth to Georgia and went to Cyfle to study for her final exams.

Teresa Foster Evens says that a large part of the work going on at Cyfle concentrates on helping teenage mothers to lead more fulfilling lives so their children can be given more choices as they grow up.
"Education is the key to it," she says. "If we can get them through their final exams and help them finish school we can give them and their children far better lives."

(457 words)

Adapted from: www.news.bbc.co.uk/2/hi/uk news/magazine/5217634.stm

Annotation:
"dead-end" job – Beruf ohne Zukunft

1. Text-based tasks

1.1 Finish the sentences using information from the text. Find your own words. (**)

a) Britain is special in Europe ...
b) According to some researchers, there are ...

1.2 Beantworten Sie folgende Fragen auf Deutsch:

a) Which big challenge do many young mothers have to face?
b) How does Cyfle work?
c) How did Gemma support her pregnant twin sister?
d) What happened when Zoe and her family were on holiday in Spain?

1.3 Give your opinion. Write about 30 words. (*)

Should teenage mums try to do their final exams or only concentrate on the baby? What do you think?

2. Use of language

2.1 Asking questions (*)

Write three questions you would like to ask Zoe about her life with a baby. Use three different question forms.

2.2 Fill in the correct form of the verbs in brackets. (*)

David Smith .... (be)16 when he became a teenage dad.
His son, Tom, ... (celebrate) his fifth birthday next year.
Two years ago, Dave .... (break up) with Tom's mum, Anne.
David .... (see) his son every weekend.
David: "If I didn't have so much to do, I .... (spend) more time with Tom."

2.3 Find a proper translation for the German words in brackets. (*)

a) Raising a child without a father is .... (schwieriger als) raising a child in a family.
b) Life as a teenage mum is .... (nicht so leicht wie) some people think.

2.4 Fill in some, any or one of their compounds. (*)

a) Do you have .... idea how to reduce the number of teenage pregnancies?

b) Some girls don't know .... who might help them.

2.5 Work with the dictionary. (**)

Translate the following sentences with the help of the dictionary entries.

a) Good friends should look out for each other.

b) Don't tell him what to do. It's his own lookout.

c) Die Band brachte die Party in Schwung.

d) Die Band spielte mit viel Schwung.

3. Creative writing

Choose task a) or b). Write about 130 words in complete sentences.

a) You celebrated your birthday last Sunday. Write an email to your friend and tell him what the day was like.

b) Write an article for your school magazine about tattoos and piercings and why some people love them and others don't.

4. Managing situations

1) Sie wollen in den Sommerferien mit Ihrer Familie nach London reisen. Im Internet hat Ihr Vater ein schönes Hotel gefunden. Sie sollen dort anrufen und genauere Informationen herausfinden. Fragen Sie, ...
   a) ob das Hotel Zimmer für eine Familie mit vier Personen anbietet und wie viel es kostet.
   b) um wie viel Uhr es Frühstück gibt und ob man ein typisch englisches Frühstück mit Schinken und Eiern bestellen kann.
   c) ob man im Hotel Geld wechseln und mit Kreditkarte bezahlen kann.
   d) wie weit das Hotel vom Zentrum entfernt ist und ob es eine U-Bahn-Station in der Nähe gibt.

2) Nach Ihrer Ankunft lernen Sie abends im Hotel einen netten Jungen kennen. Erzählen Sie ihm, dass dies Ihr erster Aufenthalt in England ist und Sie sich darauf freuen, London zu sehen.

3) Sie finden heraus, dass die Eltern des Jungen von Indien nach Großbritannien ausgewandert sind. Fragen Sie, wie lange seine Familie schon in Großbritannien lebt und ob er noch Verwandte in Indien hat.

4) Der Junge hat Sie gefragt, was Sie nach Ihrer Prüfung vorhaben. Antworten Sie, dass Sie zuerst eine Lehre machen und dann vielleicht im Ausland als Freiwilliger arbeiten wollen.

5) Fragen Sie ihn nach seiner Handynummer, damit Sie ihn morgen anrufen können.

6) Sie gehen gemeinsam in ein Schnellrestaurant. Bestellen Sie für sich eine große Portion Pommes frites, eine kleine Cola, einen gemischten Salat und ein Eis.

7) Am nächsten Tag berichten Sie am Telefon, dass Sie eine tolle Stadtrundfahrt mit dem Bus gemacht und viel fotografiert haben.

5. Mediation Englisch – Deutsch

Ihre Freundin will sich um eine Stelle bei Amazon bewerben und möchte von Ihnen mehr über die Firma erfahren. Im Internet haben Sie folgenden Artikel gefunden. Fassen Sie den Inhalt des Textes auf Deutsch zusammen und formulieren Sie in ganzen Sätzen.

- Berücksichtigen Sie dabei die folgenden Aspekte:
- wirtschaftliche Bedeutung von Amazon
- Gründe für den Erfolg von Internetkaufhäusern
- negative Seiten von Amazon

Amazon is the world's shopping mall

More and more people buy goods on the Internet.

Amazon.com started as an online bookshop in 1995. Today it is the world's biggest Internet mall – its turnover increased by more than 20% last year, and even giant supermarkets are worried that it will take business away from them. WalMart, for example, sold more than $400 billion worth of goods last year compared to Amazon's $20 billion, but the „little" online shop is a dangerous rival.

Why? Because online shops like Amazon and Ebay can offer excellent value for cheap prices. They can sell goods all over the world without having to rent much space in shopping centres, and they can reduce their risks because they already know what their customers want.

Here's a good example: In July 2007, Amazon sold two million pre-ordered copies of Harry Potter and the Deathly Hallows in just one day! Mass orders like these mean better discounts from producers. The savings are then passed on to customers, so everybody wins. Besides, Internet businesses offer a huge choice of everything from books to watches, and even the biggest mega malls cannot compete.

Some modern websites even do same-day delivery, which is great news for shopaholics. However, most new concepts also have a negative side. In Amazon's case it's the permanent race against time. Some company workers have to do $10\frac{1}{2}$ hours per day with only two short breaks, and others have to walk 14 miles per shift to fetch products. Some of the managers admit that the workload is enormous, but their employees do not complain because they know this before they start. Many come from Eastern Europe, and they need the money – a few pennies more than the minimum wage – to feed their families. "Every single member of the Amazon.co.uk workforce is working extremely hard to ensure that our millions of customers receive the products that they have ordered in time," Amazon's European executive Alan Lyall said in 2009.

(360 words)

Adapted from: Read On, February 2010

Annotation:

turnover – Umsatz

Prüfungsaufgaben 2011: Alternative 2

Six hours a day in front of a screen

Nona, 15, is in her room, logged on to the social networking site Bebo' while watching the latest episode of EastEnders, her favourite soap. In the room next to her, her older brother Ian, 16, switches between doing research for his history homework on Wikipedia and chatting with friends. Their brother Owen, 12, is downstairs in the sitting room, clicking through video clips on his dad's laptop while watching a DVD of Mission Impossible II.

It's a typical evening in a British family today. A new study has found that young people spend nearly six hours a day in front of a screen.

The survey, carried out by the research agency ChildWise in the autumn of last year, asked 1,800 kids between five and 16 at 92 British schools about their media consumption, leisure activities and spending habits. The researchers found that on average, young people spend 2.7 hours a day watching television, 1.5 hours on the internet and 1.3 hours on games consoles.

Media use dominates young people's lives. Many start the day with breakfast TV, watched from bed, go to and from school with their MP3 player plugged into their ears, switch on a computer as soon as they get home to chat, watch video clips on YouTube or play online games, and fall asleep with their consoles.

Not surprisingly, books are far less popular with young people than they used to be. Only 74% in the age group said they read for pleasure, compared with 80% in 2007 and 84% in 2006. The survey found that older boys don't read that much, with 42% in the 11–16 age group saying they never read books for pleasure. Once young people took a good book to bed and read before going to sleep. Now, 38% of girls take a console to bed.

Television is another loser as more and more young people use the Internet for entertainment. One in three young people said they couldn't live without a computer, compared with one in five who said a television was the most important thing.

More than a third of children have Internet access in their own rooms – probably because many parents hoped they would use it for doing homework. But young people spend much more time surfing the net, chatting, watching video clips and playing games on their computers. Many, like Nona, Ian and Owen multitask – carrying out several activities at the same time.

Rosemary Duff of ChildWise told the Guardian newspaper: "The internet has moved to a whole new level. Young people are still watching a lot of TV but there is a change in the way children communicate and get their information."

(452 words)

Abridged from: Read On, May 2009

Annotation:

social networking site Bebo – soziales Netzwerk (vergleichbar mit Facebook)

1. Text-based tasks

1.1 Finish the sentences using information from the text. (**)

a) On a typical evening in a British family ...
b) Today books and TV ...

1.2 Beantworten Sie folgende Fragen auf Deutsch:

a) Why can you say that Nona and her brothers are using the media very intensively?
b) How does media use dominate young people's daily routine?
c) Why do parents give their children Internet access?

1.3 Give your opinion. Write about 30 words. (*)

Many people say that two hours a day on the internet are enough.
What do you think?

2. Use of language

2.1 Asking questions (*)

Ask Nona three questions about her computer habits.
Use three different question forms.

2.2 Fill in the correct forms of the verbs in brackets. (*)

a) When Nona's parents were her age they .... (not have) a computer.
b) PCs .... (be) on the market for only about 25 years.
c) Nowadays computers can .... (find) in almost every family.
d) If the government had enough money, every student .... (work) on a computer of his own in school.

2.3 Find a proper translation of the words in brackets. (*)

a) Getting information from the Internet is .... (schneller als) looking for it in books or magazines.
b) But sometimes it is .... (weniger wichtig) for providers of websites to give correct information than to attract lots of Internet users.

2.4 Fill in a suitable pronoun. (*)

a) In the survey youngsters were asked about .... leisure activities.
b) Children .... spend too much time in front of a screen are often tired in the morning.

2.5 Fill in some, any or one of their compounds. (*)

a) I can't find my MP3 player. I must have lost it ....
b) Do you know .... who is addicted to video games?

2.6 Fill in the correct preposition. (*)

a) Young people are usually interested .... the latest technologies.
b) Parents are worried .... the dangers of chat rooms.

2.7 Work with the dictionary (**)

Translate the sentences with the help of the dictionary entries.

a) My friends set up a computer store in London.
b) It's time to start the lesson. Settle down!
c) Wir haben nächste Woche einen Tag frei.
d) In unserer Firma ist eine Stelle frei.

3. Creative writing

Choose task a) or b). Write about 130 words in complete sentences.

a) Your English teacher has asked you to prepare a short presentation about the advantages and disadvantages of spending a year in a foreign country. Write down in full sentences what you are going to say.
b) Write an email to your English-speaking friend telling him/her how you can get your driving licence in Germany.

4. Managing situations

Sie nehmen den englischen Austauschschüler Wayne für zwei Wochen in Ihrer Familie auf. Da er sehr wenig Deutsch spricht, unterhalten Sie sich nach seiner Ankunft zunächst auf Englisch.

a) Fragen Sie, wie die Reise war und ob er sehr müde ist.
b) Fragen Sie, ob er schon einmal in Deutschland war und ob er Deutsch in der Schule lernt.
c) Bitten Sie ihn, etwas langsamer zu sprechen, da Ihr Englisch nicht perfekt ist.
d) Sagen Sie, dass die Schule am Montag um acht Uhr beginnt und Sie sechs Stunden Unterricht haben.
e) Fragen Sie, was er zum Frühstück möchte und ob er typisch deutsches Essen kennt.
f) Sagen Sie, dass Sie normalerweise mit dem Bus fahren, aber Ihr Vater Sie in der nächsten Woche mit dem Auto in die Schule bringen wird.
g) Schlagen Sie vor, sich am nächsten Tag mit einigen Ihrer Freunde zu treffen und eine Stadtbesichtigung zu machen.
h) Erkundigen Sie sich, wie er seine Freizeit normalerweise verbringt und ob es viele Aktivitäten für Jugendliche in seinem Heimatort gibt.
i) Fragen Sie, welche Art von Filmen er mag und wer seine Lieblingsschauspieler sind.
j) Sagen Sie, dass Sie für Freitagabend Kinokarten haben. Anschließend könnten Sie noch etwas trinken gehen.

5. Mediation Englisch – Deutsch

Einer Ihrer Freunde möchte für die Schülerzeitung einen Bericht über die australische Rockgruppe AC/DC schreiben und bittet Sie darum, ein Interview mit AC/DC-Sänger Brian Johnson auf Deutsch zusammenzufassen.
Übersetzen Sie dabei nicht Wort für Wort und schreiben Sie ganze Sätze.
Was wird zu folgenden Aspekten gesagt?

- Hintergründe für den Titel
- Kritik am Stil von AC/DC
- Reaktion des Sängers auf die Kritik

- Online-Downloads, Best-of-Alben
- Welttournee
- Texte und Melodien der neuen Songs

Brian, why is the new AC/DC album called Black Ice?
Brian Johnson: You know, when I was a boy I went to work by motorcycle, and one morning on the radio they said: 'Ladies and gentlemen, today the weather is very cold outside, please be careful of black ice on the roads'. Black ice was dangerous and it couldn't be seen. That was the whole thing about it – it was that mythical ice that you couldn't see that could really kill you. Nasty stuff it was.

What would you say to people who think that all AC/DC albums sound the same?
Why should you do things that you're not sure of? This is it, you know. And those people are the kind of people that are always looking for the next sound, always looking to be hip or always looking to say, 'Yeah' I've discovered a new band and they're just fantastic. And I'm really into them at the moment.' And that's the word that gets you –, at the moment'. So far as I am concerned, you know, they have no loyalties to anyone.

Why are AC/DC so opposed to the idea of digital music and ‚Best-Of' compilations?
We're the only band in the world that hasn't signed in to iTunes. We want people to buy a record, a physical thing, not a number on a download.
And 'Best Ofs' are just a way to make cash when you're out. But we aren't out yet. When I'm dead, alright, then you're going to have the best of me.

Will your upcoming world tour have the usual AC/DC style?
Yeah, we always like to put something special on, and this year is no exception. We've just spent nearly 4.5 million dollars on this new production, which is tip-top secret until it comes out.

This album marks your return to writing lyrics. After 20 long years ...
It's not so much that I wrote the lyrics, it's that I helped with melody and just filling in gaps that I thought needed filling in. But basically the job is done by Malcom and Angus, the guitarists.

(364 words)
Adapted from: Classic Rock, November 2008

Annotations:

black ice	– Glatteis
to have no loyalties	– nicht treu sein
to be opposed to	– gegen etwas sein

Prüfungsaufgaben 2012

Teil I: Leseverstehen

Text 1: Log In to Online Learning

Kids across the U.S. are attending schools online.

For Amakhut Tyehimba getting to school is easy. All she has to do is turn on her computer. That's because Amakhut goes to cyber school.

Her teacher at Ohio Virtual Academy introduces lessons by videocam and answers Amakhut's questions by e-mail or over the phone. With the help from her mom, Amakhut completes her classwork online. She even chats with her classmates throughout the school day – with instant messages and texts, of course. "I do everything a regular kid would do," Amakhut told an American magazine.

Amakhut's school day may not sound typical to most kids, but experts say that could change in the future. "This is one of the fastest-growing innovations in school education," says Susan Patrick, president of the International Association for Online Learning.

Just five years ago, only a handful of states offered full-time online learning. Today, 27 states have public cyber schools, and there are more than 225,000 full-time cyber students in the U.S.

Cyber-school supporters say this growth is a good thing. They say online learning allows kids to learn at their own speed. "If I have a problem with a lesson, I might spend two days on it," says Amakhut. "But if the next lesson is easier, I'll do that plus another one."

Online schools are also popular among students who need a flexible schedule. An athlete training for the Olympics or a young actor who needs to be on set may not be available during regular school hours. Cyber schools allow kids to go to class at whatever time is suitable for them.

Critics say that flexibility has its price. Education researcher Gene Glass worries that cyber-school students could be missing out on important lessons in getting along with others. "What about learning to cooperate and work in groups? Cyber kids are not getting that," he says.

Glass is also concerned about online students' access to teachers. Students can submit questions, but the questions might not be answered until the next day or even later, he says. Cyber school supporters point out that online students can contact their teachers at any time, not just during school hours.

Still, many are not convinced' that online interaction can ever replace face-to-face learning. "Is sitting with a laptop in your bedroom or in the kitchen really the same as going to school?" asks Glass. "I don't think so."

When it comes to the future of online learning, critics and supporters can agree on one thing: Cyber schools are not going away. In fact, experts believe that online learning opportunities will continue to grow.

Of course, that does not mean that cyber school is right for every kid. "It depends on the person," says Amakhut. "It is for me."

(467 words)

Adapted from: www.timeforkids.com/news/log-online-learning/12806

1. **Entscheiden Sie, ob die vorliegenden Aussagen zum Text richtig oder falsch sind. Begründen Sie Ihre Entscheidung auf Deutsch in ganzen Sätzen.**
   a) Amakhut has to do all her work for school without any help.
   b) It is only in the evenings that Amakhut communicates with her friends from school.
   c) Over the last couple of years, the number of public cyber schools has risen.
   d) In the future, there will probably be no normal classroom teaching anymore.
   e) Online learning might be a problem for some students.

2. **Beantworten Sie folgende Fragen auf Deutsch:**
   a) Which arguments do supporters give? List three of them.
   b) Which two arguments do critics give against cyber schools?

Text 2: Mediation

Schreiben Sie eine Antwort-E-Mail an Ihren Freund.

Diese Aufgabe ist auf Deutsch zu erledigen. Schreiben Sie ganze Sätze.

Ihr Freund engagiert sich in Ihrem Heimatort für ein soziales Projekt, das sich um schwierige Jugendliche kümmert. Im Internet hat er einen Artikel über ein ähnliches Projekt in der westenglischen Stadt Bristol gefunden. Leider versteht er nicht alles. Er schreibt Ihnen deshalb eine E-Mail und bittet Sie darin, ihm folgende Fragen zum Text zu beantworten.

1. Was ist in diesem Text eigentlich mit "peer pressure" gemeint und was ist daran so schlecht?
2. Das Projekt in Bristol hat irgendetwas mit Fußball zu tun. Kannst du mir das genauer erklären?
3. Was hat das Projekt tatsächlich gebracht?

Sport Cuts Crime

When teenagers go out and do stupid things, take drugs, or take part in criminal acts, one reason is often "peer pressure" – a strong force, especially among young people. They often do something because their friends are doing it. Without "peer pressure" there would be fewer of today's big problems: drugs, crime and so on. Although peer pressure is usually seen as a bad influence, it can also produce positive results – as a project with young people in the city of Bristol is clearly showing.

Jon Owen and David Morgan, two policemen, have organized a football league for teenagers in Patchway, one of the poorest parts of the city. Police in several parts of Britain organize similar football leagues or competitions, but usually the aim is just to keep teens occupied, and build confidence between teenagers and the police. Jon and David, however, had a better idea.

They have introduced a system in which football results are linked to young people's behavior outside the football field. Teams score points for winning their matches, but lose points if any team-member does anything he shouldn't do, on the football field or anywhere else! Teams get ten points for winning a match, and five if they draw! But if any player is arrested, the team loses ten points! If a member is caught doing an act of vandalism, such as spraying graffiti, the team loses five points. Three points are lost for less serious criminal acts. The teams also lose points if their members behave badly on the football pitch.

The result has been fantastic. Since the football league started, crime and vandalism in the area have fallen by twenty per cent and none of the teenagers who play in the league has been arrested by the police. Instead of causing problems, these teenagers are now encouraging each other to behave well.

If any of the boys loses points for the team, he will certainly be in trouble", says Craig, who plays for one of the teams. "'We're making sure we all avoid problems." The idea is already raising interest in other parts of Britain, and similar programmes may be started in other cities. Social workers will also be looking for other ways in which "peer pressure" can be used to produce positive results.

(391 words)

Adapted from: www.linguapress.com/intermediate/sport-cuts-crime.htm

Teil II: Sprache und Kommunikation

Sprachliche Mittel im Kontext

1. **Schreiben Sie in je einem vollständigen Satz auf Englisch, was erlaubt oder verboten ist, was man tun kann oder nicht tun sollte.**

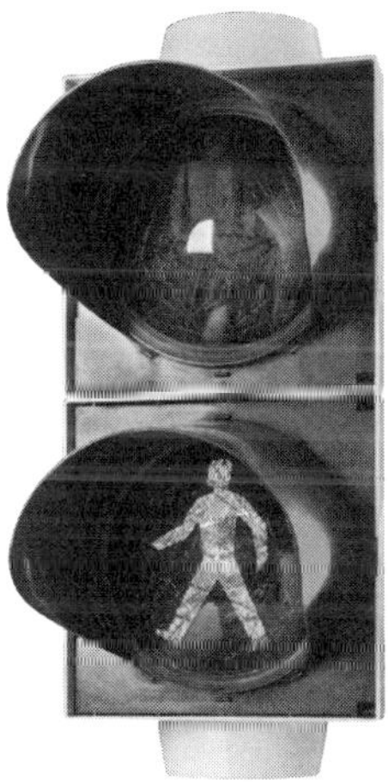

2. Vergleichen Sie folgende Handys miteinander: Tokita 3500, Sumata Milkyway, Berry u-phone. Schreiben Sie vier Sätze auf Englisch. Verwenden Sie dabei unterschiedliche Vergleichsformen.

Name des Handys	Kaufpreis	Handhabung	Gewicht
Tokita 3500	EUR 1,00	leicht zu benutzen	260 g
Sumata Milkyway	EUR 260,00	sehr schwierig zu benutzen	360 g
Berry u-phone	EUR 480,00	schwierig zu benutzen	260 g

3. Übertragen Sie folgende Informationen über Amy Winehouse ins Englische. Schreiben Sie ganze Sätze.

- Sie schrieb schon mit 14 ihre ersten eigenen Lieder.
- Sie wurde behandelt, weil sie Alkoholprobleme hatte.
- Sie musste viele Konzerte absagen.
- Ihre Musik wird immer beliebt bleiben.
- Einige Leute schreiben gerade ein Buch über Amy Winehouse.

4. Fragen Sie den Manager von Amy Winehouse, wie viel Geld Amy für ein Konzert bekam.

5. Managing Situations: Eine Unterhaltung führen

Sie sind mit Ihren Eltern im Urlaub in Australien. Das Hotel bietet verschiedene Tagesausflüge an, z. B. Whalewatching. Sie möchten mehr darüber wissen und sprechen mit Ms Smith, einer Mitarbeiterin an der Rezeption. Da Ihre Eltern kaum Englisch sprechen, übernehmen Sie die Rolle des Übersetzers.
Was würden Sie im Dialog unten jeweils auf Englisch bzw. auf Deutsch sagen? Schreiben Sie Ihre Vorschläge in ganzen Sätzen.

Ihre Mutter:	Sage, dass wir uns für die Whalewatching-Tour interessieren und weitere Informationen brauchen.
Sie:	1) ...
Ihre Mutter:	Frage bitte, wo und wann die Tour beginnt.
Sie:	2) ...
Ms Smith:	The tour starts at quarter past seven in the morning. A bus will pick you up in front of the hotel.
Sie:	3) ...
Ihr Vater:	Das ist ja sehr früh. Können wir vor der Abfahrt hier im Hotel frühstücken?
Sie:	4) ...
Ms Smith:	Certainly, breakfast is served from half past six on.
Sie:	5) ...

Ihre Mutter:	Müssen wir besondere Ausrüstung oder Kleidung mitbringen?
Sie:	6) ...
Ms Smith:	Well, you should bring some things to protect you from the sun like sunglasses, some suntan lotion and a hat.
Sie:	7) ...
Ihr Vater:	Frag mal bitte, ob eine Familienkarte günstiger ist als drei Einzelkarten und ob Mittagessen im Preis inbegriffen ist.
Sie:	8) ...
Ms Smith:	We've got a special offer for our hotel guests this week. It's $280 for the three of you and includes lunch and soft drinks.
Sie:	9) ...
Ihre Mutter:	Das klingt toll, dann reserviere doch bitte gleich die Tour für morgen und sage, dass wir uns darauf freuen.
Sie:	10) ...

Teil III: Schreiben

Wählen Sie aus den folgenden Aufgaben eine aus. Schreiben Sie etwa 150 Wörter.

1. Ihr englischer Freund weiß nicht, ob er mit seinen Eltern oder mit seinen Freunden in Urlaub fahren soll. Schreiben Sie ihm in einer E-Mail, wie Sie sich entscheiden würden, und begründen Sie Ihre Entscheidung.

2. Schreiben Sie zu einem der beiden Bilder eine Geschichte.

Prüfungsaufgaben 2013

Teil I: Leseverstehen

Text 1: What about working for Google?

Google is one of the Internet's biggest success stories. In just a few years, the company, based in California, has become the world's leading search engine. From its beginning in a garage, Google has grown fast and has doubled the number of its employees in each of the last three years. Ten thousand people now work for the company, and it has not stopped growing yet. In fact, Google managers say the company could double in size again over the next year.

That means Google is looking for qualified staff. It only takes the best – people with excellent school and university results. So the company is looking at additional methods of choosing the best applicants.

Google's traditional methods are very tough and competition to work for the company is very intense. There are about 100,000 job applications a month, and Google employs about 100 new employees a week.

Firstly, applicants need very good grades. But that is not enough. Google interviews applicants as many as six times and takes two months to decide whether they want to give them the job or not. Laszlo Bock, one of Google's vice-presidents, told a New York newspaper that grades and interviews do not always help to find the best people. "Interviews cannot tell how well a person will work in the job later", he told the paper. "With the traditional methods we are worried that we will miss out on some of the best candidates".

So nowadays, Google does no longer look at job applicants' grades only, and how they do in interviews, but also at things like personality, behaviour, experiences in life and hobbies. They even want to find out what pets people have, what magazines people read and whether their desk at home and in the office is messy or neat. These things can tell employers a lot about whether or not someone is the right person for the job.

By finding out characteristics of Google employees, the company has worked out an online survey for applicants that is then analysed by computer. A score of 0 – 100 shows how well the applicant will fit in at Google.

People who are accepted by Google can look forward to a very good workplace. On its website, the company lists some of the advantages of a Google job. Firstly, a lot of people dream of working for a company which sells a product that is known and used throughout the world. Then there are very good benefits. Google employees, for example, can go and see the company's own doctors and dentists. Also, the company is family-friendly as parents can leave their children at the Google child care centre. Lastly, there is something that not many companies can offer: up to $500 for take-away meals during the first four weeks after the birth of a new baby.

(480 words)

Adapted from: Read On Update, Modul 1. April 2011, p. 20

1. **Entscheiden Sie, ob die vorliegenden Aussagen zum Text richtig oder falsch sind. Begründen Sie Ihre Entscheidung <u>auf Deutsch</u> in ganzen Sätzen.**

   1) In the last three years, Google has given twice as many jobs to people as before.
   2) With a total number of 10,000 employees, Google cannot grow anymore.
   3) Every month, nearly 400 new employees start to work for Google.
   4) When you have applied to Google, you don't have to wait long before they tell you whether or not you will get the job.
   5) For Google it is not important anymore how well applicants did at school or university.
   6) Google will develop an online questionnaire to find the perfect staff for their company.

2. **Beantworten Sie folgende Frage <u>auf Deutsch</u> in ganzen Sätzen:**

   What are the four advantages that employees have when they work for Google? List them.

Text 2: Mediation

Ihr Freund soll im Deutschunterricht eine bekannte Persönlichkeit vorstellen. Er hat Ihnen unten stehende E-Mail geschrieben.
Schreiben Sie eine Antwort-E-Mail an Ihren Freund und beantworten Sie seine Fragen <u>auf Deutsch</u> in ganzen Sätzen.

Lieber xxxx,

ich muss in der Schule Lionel Messi vorstellen. Aus dem unten angehängten Text weiß ich schon ein wenig über ihn, zum Beispiel wo er geboren ist, wie groß und schwer er ist, wo seine besonderen Fähigkeiten liegen, für welche Vereine er schon gespielt hat und was er schon alles gewonnen hat.
Aber einiges habe ich nicht verstanden:

- *Was wird über seine Kindheit und seine Familie gesagt?*
- *Wann und warum kam er nach Europa?*
- *Wie ist es ihm da ergangen?*
- *Wie behandelten ihn Mitspieler und Trainer?*
- *Warum wird Pele in dem Text erwähnt?*

Bitte antworte schnell.
Liebe Grüße
yyyy

Lionel Messi, football genius

One of the great things about football is that you don't have to be big and strong to be good at it. The world's best footballer is just 169 cm tall and weighs only 67 kg.

We're talking about Barcelona's Lionel Messi of course. He has just won FIFA's prize for the world's best player of 2011 – after winning in 2009 and 2010, too.

Messi was born in Rosario, Argentina, the son of a steel worker and a part-time cleaner. He started playing for a local club, Grandoli, when he was five. Today, Grandoli's president can remember him doing the tricks he is admired for today.

When he was 11, doctors found that Messi, who was unusually small for his age, had a growth hormone deficiency. No club in Argentina had enough money to pay for the talented boy's treatment, which cost about $1,000 a month. However, Barcelona noticed his potential, and offered to pay his medical bills. So, at the age of 13, Messi arrived in Europe with his father and started at the club's famous youth academy.

He was quiet and shy at first, and club officials have said that he was homesick. He missed his mother, and sometimes even cried himself to sleep. A former team mate from the youth academy told the New York Times: He said nothing to us for a month. He was really good, but he was really small and thin. One coach told the other players not to tackle him because he was afraid he could be injured. But the players said, "OK, but don't worry, because we can't catch him." And players of rival teams still can't catch him. One sports journalist commented: "He has the fastest feet in the game, and possibly the fastest brain."

The talented young Argentinian made great progress in Barcelona, and at 16, played his first match for the first team. Since then, there have been medals, trophies and awards. But there's still one award missing in his collection: the World Cup, the greatest prize in football. And some say that as long as he doesn't get that, he won't be the greatest footballer ever. This is exactly what the famous Brazilian football legend Pele thinks about himself. "When Messi has scored 1,283 goals like me, when he's won three World Cups, we'll talk about it," Pele told the French paper Le Monde.

Other football experts see Messi's brilliance more clearly. Arsenal manager Arsene Wenger is one of them. After his team had lost against Barcelona in the Champions League in 2010, in which Messi scored four goals, he said the young player was "like a PlayStation". "He is very young and he can achieve a lot. He has six or seven great years ahead of him and he can become unbelievable if nothing happens to him," Wenger said after the match.

(476 words)

Adapted from: Read On, March 2012

Annotations:

growth hormone deficiency – Mangel an Wachstumshormon

tackle – körperlich angreifen (im Fußball)

Teil II: Sprache und Kommunikation

1. Sprachliche Mittel im Kontext

Diese Aufgaben sind auf Englisch zu bearbeiten.

1) Schreiben Sie, was die Menschen früher tun mussten, was sie jetzt nicht tun dürfen und was in der Zukunft möglich sein wird.
   - viel zu Fuß gehen
   - in öffentlichen Gebäuden rauchen
   - auf den Mond reisen

2) Finden Sie Antworten auf folgende Fragen. Beginnen Sie beide Antworten mit „If …".
   - Was tust du, wenn du dein Handy verlierst?
   - Was hättest du gemacht, wenn du den Unfall gesehen hättest?

3) Fragen Sie einen Klassenkameraden,
   - ob er seinen Führerschein schon bekommen hat.
   - wie viele Sportvereine es in seiner Stadt gibt.

4) Vergleichen Sie die unten abgebildeten Sportarten, Mahlzeiten und Personen. Schreiben Sie drei Sätze und verwenden Sie dabei unterschiedliche Satzformen und unterschiedliche Adjektive oder Adverbien.

1)

2)

3)

2. Managing Situations
Eine Unterhaltung führen

Sie sitzen im Flugzeug nach Amerika neben einem jungen Amerikaner, der eine Unterhaltung mit Ihnen beginnt.

Was würden Sie im folgenden Dialog jeweils auf Englisch sagen?

American boy: Hi, my name is Dave.

Sie: 1) Sie stellen sich vor.

American boy: Nice to meet you, too. Is this your first flight?

Sie: 2) Sie bejahen. Es ist sehr aufregend für Sie. Schon immer haben Sie davon geträumt, einmal nach Amerika zu fliegen.

American boy: What are your plans for your stay in the US? Are you going to tour around?

Sie: 3) Nein, Sie werden Ihre Kusinen treffen. Diese sind vor zwei Jahren nach Chicago gezogen. Ihr Onkel arbeitet dort für eine amerikanische Autofirma.

American boy: Great! I wish I'd have relatives abroad. By the way, your English is quite good. How long have you been learning it?

Sie: 4) Seit etwa sieben Jahren. In Deutschland muss jeder eine Fremdsprache auf der Schule lernen, normalerweise Englisch.

American boy: Are you still at school?

Sie: 5) Sie sind im zweiten Jahr an der Berufsfachschule und werden in ein paar Wochen Ihre Prüfung machen. Daher ist der Urlaub in Amerika eine gute Gelegenheit, nochmals Ihr Englisch zu verbessern. Sie fragen, ob Dave in den USA lebt.

American boy: Yes, I do. I live in New York with my family.

Sie: 6) Sie waren noch nie in New York, aber Sie haben natürlich schon viele Bilder gesehen. Sie würden gerne einmal die 5th Avenue entlanglaufen oder im Central Park joggen gehen.

American boy: Know what? I'm on Facebook. My name there is Dave-the-brave. Why don't you get in touch with me before you fly back home?

Sie: 7) Sie sind begeistert und sagen zu. Dann sagen Sie, dass Sie sehr hungrig sind und hoffen, bald etwas zu essen zu bekommen. Sie sind heute Morgen sehr früh aufgestanden und hatten keine Zeit fürs Frühstück.

American boy: Poor you! Would you like some cookies? I bought them at the airport.

Sie: 8) Sie nehmen dankend an und schlagen vor, bis zum Mittagessen gemeinsam einen Film anzuschauen.

Teil III: Schreiben

Wählen Sie aus den folgenden Aufgaben eine aus. Schreiben Sie etwa 150 Wörter <u>auf Englisch</u>.

1. **Sie haben einige Monate im englischsprachigen Ausland verbracht. Für ein Zeitungsprojekt im Englischunterricht sollen Sie einen Bericht über Ihre Erfahrungen schreiben.**
2. **Schreiben Sie zu <u>einem</u> der beiden Bilder eine Geschichte.**

Prüfungsaufgaben 2014

Teil I: Leseverstehen

Text 1: Malala Yousafzai – youngest candidate for the Nobel Peace Prize ever

Malala Yousafzai, a Pakistani teenager, became internationally known in 2009. At that time, she started writing a blog anonymously for the BBC about her life under the Taliban, who had made a law saying that girls were no longer allowed to go to school.

For the next three years, Malala did not stop fighting for the right of girls to go to school and was therefore shot in the head by the Taliban on 9 October 2012.

The Taliban terrorists thought their bullets would stop Malala from criticizing them in public. But shooting a girl, who had done nothing but spoken out for the right to education for girls, caused protest in Pakistan and around the globe.

Sixteen-year-old Malala was treated in the UK and now lives in Birmingham. She spent months in hospital and needed several operations to repair her head.

In her first interview since the attack, Malala told the *BBC* that discussions with the Taliban were needed to achieve peace. "The best way to solve problems and to fight against war is through dialogue," she said. "It is important that the Taliban discuss their goals. They must do what they want through dialogue. Killing people, hurting people and beating people is totally against Islam. They are misusing the name of Islam," the 16-year-old girl added.

The teenager, who gave a speech to the UN in July, also spoke of her wish to return to Pakistan and become a politician later in her life. She wants to change the future of her country and make education <u>compulsory</u> for everyone.

"I hope that one day the people of Pakistan will be free. Then they will have their rights, there will be peace and every girl and every boy will be going to school." Her message to the children in the world is: "Let us pick up our books and our pens. They are the most powerful weapons. One child, one teacher, one book and one pen can change the world."

Malala wants education for the sons and daughters of the Taliban and all the terrorists and extremists, too. She says she does not hate the terrorist who shot her. Even with a gun in her hand she would not have defended herself.

This philosophy of non-violence is what she has learned from Martin Luther King, Nelson Mandela, Gandhi, Mother Teresa and others. And from her parents she has learned to forgive and be peaceful to everyone.

Malala was not given the *Nobel Peace Prize*, but she won EU's <u>*Sakharov*</u> Prize earlier in 2013. This prize is considered Europe's top human rights award. And she won the *International Children's Peace Prize* in September 2013.

(471 words)

Adapted from: www.bbc.co.uk

Annotations:

compulsory – verpflichtend, vorgeschrieben
Sakharov Prize – EU-Menschenrechtspreis

1. **Entscheiden Sie, ob die vorliegenden Aussagen zum Text richtig oder falsch sind. Begründen Sie Ihre Entscheidung <u>auf Deutsch</u> in ganzen Sätzen.**

   1) Malala was hurt by the Taliban because she didn't go to school.
   2) People worldwide were not really interested in what happened to Malala.
   3) After she had been operated in Birmingham successfully, she returned to Pakistan.
   4) Islam does not allow violence against other people.
   5) Malala thinks that every boy and girl should decide by themselves if they want to go to school or not.
   6) Malala believes that education can make the world a better place.
   7) Malala wouldn't have used a weapon when she was attacked by the Taliban.
   8) Malala has received two international prizes so far.

2. Beantworten Sie folgende Frage auf Deutsch.
Welche Werte sind für Malala besonders wichtig? Nennen Sie vier.

Text 2: Mediation

Sie sind Redaktionsmitglied der Schülerzeitung Ihrer Schule. Für eine Artikelserie zum Thema „Gesund leben" schreiben Sie einen Beitrag auf der Grundlage des vorliegenden Textes.

- **Erklären Sie, um welche Maßnahme es geht.**
- **Führen Sie die im Text genannten Gründe für diese Maßnahme an.**
- **Stellen Sie außerdem die Gegenpositionen dar.**

Schreiben Sie auf Deutsch in ganzen Sätzen.

New York Bans Supersize Soft Drinks

A lot of things seem to be bigger in the United States – the cars, the roads, the buildings, and also the meals and the drinks. In most US fast food restaurants, you can get supersize hamburgers with giant portions of fries and bucket-sized soft drinks to wash them down.

But you won't be able to get the supersize coke in New York for much longer. The city's health office has banned sugary drinks larger than 0.5 litres from restaurants and cinemas. This measure has been introduced because the size of soft drinks has grown and with it the number of overweight people. The disease these people suffer from is called obesity and it is one of America's deadliest problems. Sugary drinks are also considered to be a main reason for diabetes and heart diseases, which are often linked to obesity and account for 10% of US health care costs.

However, not everyone agrees that the link between sugary drinks and overweight is clear, and there is a lot of opposition to the ban. Takeaways, restaurants and fast food chains like McDonald's are organising protests against it. They argue that supersize drinks are not the reason for becoming overweight. Calories from all foods count, they say. And they point out that from 1999 to 2010 sales of soft drinks sweetened with sugar fell by 12.5% while obesity increased. Banning big sugary drinks won't help people to change their behaviour. "Only education, diet and exercise can do that", they say.

The fast food and drinks industry also oppose the ban. Coca-Cola said: "People can make their own choice about what they buy. They know what is best for them."

Not all diet experts are sure that the ban is the best way to fight fatness. Dr. Dubost, for example, argues: "Why focus on fizzy drinks? There are many drinks which have more calories, like milkshakes or smoothies." Another expert said in an interview that obesity was a very complex disease: "It is not simply a disease of people drinking too many sugary drinks," he said. "Just attacking one thing isn't going to do much."

But the ban might do a lot of good because it makes people talk about the dangers of too much sugar, he added. He compared it to warnings about the risks of smoking: it took years to change people's behaviour. And so it may be with sugar, he said. "People talk about it... and suddenly know what's good for them."

(395 words)

Adapted from: Read On, January 2013

Annotations:
bucket – Eimer
to account for – verantwortlich sein für, der Grund sein für
fizzy drinks – Limonade

Teil II: Sprache und Kommunikation

1. Sprachliche Mittel im Kontext

Diese Aufgaben sind auf Englisch zu bearbeiten.

1) Sie möchten von Konstanz nach Ulm fahren. Vergleichen Sie Fahrrad, Auto und Zug. Schreiben Sie drei Sätze auf Englisch und verwenden Sie dabei unterschiedliche Adjektive und Vergleichsformen.

	Fahrtkosten	Umweltfreund-lichkeit	Bequemlichkeit	Fahrtdauer
Fahrrad	0,00 EUR	+++	—	8 Stunden
Auto	30,00 EUR	+	+++	2 Stunden
Zug	30,00 EUR	++	+++	3 Stunden

2) Peter spielt gerne Fußball und verbringt viel Zeit auf dem Fußballplatz. Dadurch vernachlässigt er seine Freundin. Schreiben Sie ganze Sätze auf Englisch.

1. Wenn er mehr Zeit für seine Freundin hätte, würde sie mit ihm zusammenbleiben.
2. Wenn er nicht sein ganzes Geld für neue Fußballschuhe ausgegeben hätte, hätte er ihr ein Geburtstagsgeschenk kaufen können.
3. Wenn er sich nicht ändert, wird sie sich einen neuen Freund suchen.

3) Übertragen Sie folgende Informationen über die Sängerin Adele ins Englische. Schreiben Sie ganze Sätze.

1. Adele hat die meiste Zeit ihres Lebens in London gelebt.
2. Ihr Vater verließ die Familie, als sie drei Jahre alt war.
3. Adele singt nicht nur, sondern schreibt auch ihre Lieder selbst.
4. Viele Leute glauben, dass Adele auch in Zukunft noch erfolgreich sein wird.

2. Managing Situations

Eine Unterhaltung führen/bei einem Gespräch vermitteln

Während eines „Work and Travel"-Aufenthalts in den USA helfen Sie an der Rezeption eines kleinen Hotels in Arizona aus. Keiner Ihrer Kollegen kann Deutsch. Deshalb bittet die Hotelmanagerin (HM) Sie, im Gespräch mit einer aufgeregten deutschen Touristin zu vermitteln.

Was würden Sie im folgenden Dialog jeweils <u>auf Englisch</u> bzw. <u>Deutsch</u> sagen?

Touristin: Könnte mir jemand in diesem Hotel bitte helfen? Ich mache mir große Sorgen. Meine Freundin liegt oben in Zimmer 305. Sie fühlt sich krank.

Sie: ...

HM: Oh, I am so sorry. Hopefully it is nothing serious.

Sie: ...

Touristin: Das hoffe ich auch. Gestern waren wir auf einer Wandertour im Grand Canyon. Es war sehr heiß dort. Wir würden gerne unsere Reise heute fortsetzen. In Las Vegas warten Freunde auf uns.

Sie: ...

HM: Err, I see. But that's a long trip, almost 470 miles. More than seven hours by car.
Too long for someone who doesn't feel well, I think. Please ask her to describe her friend's problems.

Sie: ...

Touristin: Sie hat schreckliche Kopfschmerzen und sie fühlt sich zu schwach, um aufzustehen.

Sie: ...

HM: That sounds as if your friend has been in the sun for too long.

Sie: ...

Touristin: Ja, richtig. Was sollen wir jetzt tun?

Sie: ...

HM: If your friend is suffering from a little sunstroke, she should stay in bed for the day.
She definitely has to drink a lot of water and relax. If you like, I can check if you can stay for another night.

Sie: ...

Touristin: Das klingt gut. Bitten Sie die Hotelmanagerin, das Zimmer für eine weitere Nacht zu reservieren, und fragen Sie, ob sie einen Arzt oder eine Krankenschwester rufen kann.

Sie: ...

Teil III: Schreiben

**Wählen Sie aus den folgenden Aufgaben eine aus.
Schreiben Sie etwa 150 Wörter auf Englisch.**

1. **Setzen Sie folgende Geschichte fort.**

   One day, a man got a cheque in his mail box for $95,000. It wasn't a real cheque, it was just for advertising. But it looked like a real cheque. So, just for a joke, he put the cheque into his bank account. A few days later, he was very surprised to find out that the bank had accepted his cheque, and he ...

2. **Nehmen Sie Stellung zu der Frage, ob junge Leute zu einem halben Jahr Sozialdienst verpflichtet werden sollten.**

   Every school-leaver should have to do social service for six months.
   What advantages and disadvantages do you see?

Prüfungsaufgaben 2015

Teil I: Leseverstehen

Text 1: Your smartphone is watching you

Most of us can't imagine life without the internet and mobile technology. Searching for information has become as easy as typing a word into Google. Keeping up with family and friends is easier than ever too, thanks to Facebook and co.

But these useful sites mean that more and more information can be collected about us. And since details of activities by the National Security Agency (NSA) were made public by Edward Snowden, people have become worried about their data that is being gathered and what it might be used for.

The documents published by Snowden, who had worked for the NSA, showed that the agency collected millions of phone calls in the US. It also monitored servers at nine internet companies including Facebook and Google.

The German newsmagazine *Der Spiegel* said that the US tapped European Union offices and computer systems. The US also monitored the phone calls of 35 world leaders, including Angela Merkel.

The NSA argues that spying is necessary to fight terrorism. Keith Alexander, the director of the NSA, says that its work has helped to prevent more than 50 "potential terrorist events" since 9/11.

The great majority of us have nothing to hide, so we don't worry about the NSA or anyone else looking at our data. However, data protection experts say our online activity can say more about us than we realize. Simply typing certain words into a search engine could make you look suspicious. One family recently had a visit from the police after they had searched the internet for a pressure cooker and backpacks – they were suspected of making bombs.

It isn't only intelligence agencies that want to find out more about us, but businesses, too. One way firms do this is to store browsing information about users with the help of cookies. If you click on a pair of shoes on Zalando, for example, you will probably see footwear marching across your screen for the next weeks.

But firms can now also follow smartphone users through apps to find out more about their shopping habits. If a shop has Wi-Fi, it can see where a smartphone user is in the shop even if they aren't connected to the network. This gives information about which products are the most interesting.
If this information is only used to advertise products, it is relatively harmless. But there might be situations in which the same data and technology can be a danger to personal freedom when it is used to find out about political views or sexual orientation. For many the NSA scandal has been a wake-up call.
Therefore a little-known search engine called DuckDuckGo started getting a lot more users, because it works in a way that people are not only protected from further advertising, but also from misuse of their private data. DuckDuckGo allows people to keep their searches secret – even if they've got nothing to hide.

(484 words)
***Adapted from:** Read on, December 2013*

Annotations:
to monitor – aufzeichnen
to tap – anzapfen
pressure cooker – Schnellkochtopf
intelligence agency – Geheimdienst

1. **Entscheiden Sie, ob die vorliegenden Aussagen zum Text richtig oder falsch sind. Begründen Sie Ihre Entscheidung auf Deutsch in ganzen Sätzen.**
   a) Google and Facebook were helpful for Snowden to publish the NSA activities.
   b) Thirty-five phone calls were monitored by the US.
   c) The work of the NSA is not only seen negatively.
   d) Ordinary people can get into trouble through search engines.
   e) Apart from intelligence agencies, nobody is interested in information about us.
   f) There are two ways how shops find out what their customers like.
2. **Beantworten Sie folgende Fragen auf Deutsch in ganzen Sätzen.**
   a) Why is the collected information not always harmless?
   b) What are the two advantages of search engines like DuckDuckGo?

Text 2: Mediation

In Ihrer Schülerzeitung gibt es eine Informationsreihe „Weg von zu Hause". Schreiben Sie für die nächste Ausgabe einen Artikel und informieren Sie Ihre Mitschüler über die Auslandserfahrungen des 19-jährigen Christoph Becker. Gehen Sie dabei auf folgende Aspekte ein:

- Christophs Mitbewohner
- Wohnverhältnisse/Ausstattung
- Christophs anfängliche Tätigkeit und Gründe für den Wechsel in die Schule
- Probleme am Anfang seiner Unterrichtstätigkeit
- Schwierigkeiten der Kinder im Schulalltag

Diese Aufgabe ist auf Deutsch zu erledigen. Schreiben Sie ganze Sätze.

African Adventure

Last year, Christoph, now 19, took part in a gap year programme organized by Travel-Works. In October, he said goodbye to friends and family to work as a volunteer in a nature conservation project in Ghana, in West Africa – an adventure.

Christoph lived with a host family in a house, which had four rooms. One of them was Christoph's; another two belonged to his host parents and a cousin of the family. A teacher from a neighbouring village, his wife and their two children all shared room number four.

There was no running water – a bucket behind a wooden partition served as a shower. The electricity failed regularly, and everybody cooked together on an open fire. Christoph didn't mind the lack of comforts, but he was happy to have his own room where he could put up a mosquito net.

He was also very glad to have company. "I was almost never alone", he says. "I always had someone to talk to. In the first few weeks, when I didn't know anybody in the village, that was a great help. And I've grown extremely fond of the teacher's family."

Christoph worked at the nearby monkey sanctuary. His job was to collect entrance fees and show visitors around. But there were not many visitors.

Instead of getting bored with nothing to do, he decided to help out at the local school. The school was always short of teachers – and Christoph quickly found himself with his own class to teach.

A few months earlier, he had been a school pupil himself. Now it was him doing the teaching. "It was basically up to me to decide what to teach", he explains. "I'm not sure whether everything I tried really worked. But in maths and English 'my' class made a lot of progress – and I'm really proud of that."

There was, of course, one small difficulty – although English is Ghana's official language and the teaching materials were in English, most of Christoph's pupils only spoke their own local language, called Tiwi. "In the first few weeks, some of the kids in the class translated for me," he says. "Sometimes we all had to gesticulate wildly to get the message across."

Apart from the language barrier, other problems made teaching and learning very difficult. "I was shocked by the conditions my pupils had to study in," says Christoph. "There weren't enough desks or chairs, not enough pens and paper. The classrooms were just open sheds. A lot of the children started school at eight o'clock and had had no breakfast before. After school, they'd go back to working for hours on their parents' farms."

(440 words)

***Adapted from:** Spot On, August 2012*

Annotations:
partition – hier: Trennwand
sanctuary – Schutzgebiet
shed – hier: Hütte

Teil II: Sprache und Kommunikation

1. Sprachliche Mittel im Kontext

Diese Aufgabe ist in vollständigen Sätzen auf Englisch zu erledigen.

1) Geben Sie Ihrer Freundin Tipps, was sie bei der Benutzung von sozialen Netzwerken beachten sollte.
- Sie darf niemanden mobben.
- Sie braucht nichts zu zahlen.

2) Fragen Sie einen Freund,
- ob er schon einmal eine berühmte Persönlichkeit getroffen hat,
- wann er gestern nach Hause gegangen ist.

3) Übertragen Sie folgende Informationen über Johnny Depp ins Englische.
- Er ist einer der bekanntesten Schauspieler unserer Zeit.
- Er spielte als Jugendlicher in mehreren Bands, wollte damals Rock-Musiker werden.
- Er hat bisher schon zahlreiche Preise gewonnen, zum Beispiel den „Golden Globe Award".
- Er lebt nicht mehr mit seiner Familie zusammen.

4) Sagen Sie, dass
- in Afrika die Kleidung oft bunter ist als in Europa.
- das Fernsehen nicht so wichtig ist wie das Internet.

2. Managing Situations
Eine Unterhaltung führen

Sie sind in London und Ihr Smartphone funktioniert nicht mehr. Sie gehen in ein Elektronikfachgeschäft, um zu erfahren, was Sie tun können.

Was würden Sie im folgenden Dialog auf Englisch sagen?

You: **1) Sprechen Sie den Verkäufer höflich an und fragen Sie, ob er Ihnen helfen kann.**

Shop assistant: Certainly! What's your problem?

You: **2) Erklären Sie ihm, dass Ihr Smartphone kaputt ist und Sie es nicht mehr benutzen können, und fragen Sie, ob er es reparieren kann.**

Shop assistant: Let me have a look. What happened?

You: **3) Sagen Sie, dass Sie nicht aufgepasst haben und es Ihnen ins Wasser gefallen ist, während Sie Ihre Zähne geputzt haben.**

Shop assistant: Oh, too bad. But in that case: No chance! You'll have to get a new one.

You: **4) Sie sind entsetzt und fragen, ob es gerade ein Sonderangebot gibt.**

Shop assistant: Yes, there is a nice one for £150.

You: **5) Sagen Sie, dass Sie noch nie so viel Geld für ein Smartphone ausgegeben haben, und fragen Sie, ob er nicht ein günstigeres Smartphone empfehlen kann.**

Shop assistant: I'm afraid that's the only cheap one I've got.

You: **6) Sagen Sie, dass Sie ein Smartphone dringend brauchen und es dann wohl kaufen müssen. Fragen Sie, ob Sie mit Ihrer Kreditkarte bezahlen können, da sie nicht genügend Bargeld bei sich haben.**

Shop assistant: Unfortunately not, sorry. Why don't you go and get some money from the cash machine.

You: **7) Sagen Sie, dass Sie so schnell wie möglich zurück sein werden und hoffen, dass das Smartphone dann noch da ist.**

Shop assistant: Don't worry. I'll reserve it for you.

You: **8) Reagieren Sie angemessen, bevor Sie den Laden verlassen.**

Teil III: Schreiben

Wählen Sie aus den folgenden Aufgaben eine aus.
Schreiben Sie einen Text von etwa 150 Wörtern auf Englisch.

1. **Ihre englische Freundin Sandy möchte für ein Jahr als Gastschülerin nach Deutschland kommen. Schreiben Sie ihr in einer E-Mail, was sie hier im Alltag (Schule, Freizeit, Gastfamilie) erwartet, und geben Sie ihr Tipps für ihren Aufenthalt.**

2. **Schreiben Sie zu einem der beiden Bilder eine Geschichte.**

a)

b)

Prüfungsaufgaben 2016

Teil I: Leseverstehen

Text 1: Real Junk Food – healthy meals from bins

They say that junk food is bad for you … but not when it's made from fresh stuff that comes out of a bin! That's exactly the kind of food that Adam Smith and Johanna Hewitt cook and offer in their restaurants. Their *Real Junk Food Project* has already fed 10,000 people with twenty tonnes of food, which was saved from supermarket waste containers.

In total, around fifteen million tonnes of perfectly good food are thrown away in the UK each year because supermarkets have to remove grocery products from shelves before their sell-by date. These then end up in waste disposals.

The *Real Junk Food Project* is about bringing these products back into the food chain. The plan is to make Britons love and respect food again as people used to do during the hungry years of the Second World War.

Real Junk Food activists, also known as "Freegans", find whatever groceries they need in supermarket waste containers. In most cases food is still eatable days or even months after its sell-by date. Pasta, honey and canned foods, for example, will stay fresh forever as long as they are stored in a cool dry place.

There are now nearly fifty *Real Junk Food* restaurants across Britain, including Smith's own eatery in Leeds, which works on a "pay-as-you-feel" (PAYF) basis. Rich people can pay a little more, while poor people can eat for free and help with the washing up later.

Hygiene and food safety are extremely important for the *Real Junk Food Project*. Although the food may come from a bin, no customer has ever suffered from food poisoning. That's because volunteers help with scrubbing and peeling vegetable. Afterwards they get a tasty meal in return.

One of the big national supermarket chains now wants to work together with the *Real Junk Food* campaign. Other supermarket groups, however, hate the concept and one manager even attacked Smith when he was looking for food in the waste containers outside.

This is hard to understand at a time when 3.5 million Britons suffer food poverty. Prices for groceries in the UK have risen by 47 per cent since 2003.

So far, Smith and his friends have been successful with their campaign. However, they'll have to work hard to stop 1.3 million tonnes of food waste worldwide every year. You can help them by "liking" the *Real Junk Food Project* on Facebook – and by trying not to waste good groceries.

(416 words)

Adapted from: Read On, August 2015

Annotations:
grocery – Lebensmittel
sell-by date – Haltbarkeitsdatum
waste disposal – Müllhalde/Müllkippe
canned – in Konservendosen

1. **Entscheiden Sie, ob die vorliegenden Aussagen zum Text richtig oder falsch sind. Begründen Sie Ihre Entscheidung auf Deutsch in ganzen Sätzen.**
   1) Adam Smith expects to feed 10,000 people in his *Real Junk Food Project*.
   2) In the past, people had a different attitude towards the value of food.
   3) Freegans only eat the food that they have grown themselves.
   4) The sell-by date tells people when food can no longer be eaten.
   5) The menu prices in Smith's restaurant are the same for everyone.
   6) Only few people have become ill after a meal at one of the *Real Junk Food* restaurants.
   7) Not all supermarkets are willing to support Smith's campaign.

2. **Beantworten Sie folgende Frage auf Deutsch in ganzen Sätzen:**
   What does the text say about the following figures?
   a) 3.5
   b) 2003
   c) 1.3

Text 2: Mediation

Im Gemeinschaftskundeunterricht haben Sie über deutsche Muslime gesprochen, die Deutschland verlassen, um der Terrororganisation „Islamischer Staat" beizutreten. Nun sollen Sie aufgrund des vorliegenden Textes einen Kurzvortrag über die Situation in Großbritannien halten.

Gehen Sie auf folgende Informationen ein:

- **wer aus Großbritannien nach Syrien oder den Irak geht (Anzahl, Alter, sozialer und familiärer Hintergrund)**
- **was ISIS mit den Videos bezwecken möchte**
- **was die britische Polizei über die Auswirkungen der Videos denkt**
- **was unschuldige Muslime von den Videos halten und wie ISIS darauf reagiert**

Schreiben Sie auf Deutsch in ganzen Sätzen.

Young British Muslims and the Islamic State

Despite reports about Muslims who have been killed while fighting in the Middle East, about 3,000 Europeans have left countries to join fighters in Syria and Iraq.

Among them are 500 Britons, many of them young people. They are members of the Islamic State, also known as ISIS.

Anti-terrorist experts believe that also about 50 British girls and women, some as young as 15, have joined Islamic State. Many of them are well-educated and come from caring families. One girl, who went to private school and then to university, left Glasgow to marry an Islamic State fighter. Like other young female jihadists, she uses social media to encourage more young people to join the terrorist organization.

Another way of making young people get involved in the conflict is to show them brutal ISIS videos. According to a police expert, however, these videos may be having the opposite effect.

Sir Peter Fahy, the police spokesman on counter-terrorism said:

"The brutality of Islamic State and their extremely violent activities as shown in these videos are discouraging people from going out there. The videos have shown the risks that people face when they get involved in this in any way. Everything shows that it is a very violent and dangerous place and no one should even think about going out there."

On the other hand, Sir Peter said he feared that the shocking videos could lead to more hate crimes against innocent Muslims. He said: "These very emotional, very violent videos create damage to the atmosphere in this country. In the end, they might even lead to Islamophobia."

Haras Rafiy of the Quilliam Foundation, which works to fight extremism and radicalization, agreed with Sir Peter. He said that the videos had been criticized by Muslims around the world, and that Islamic State had meanwhile started to show videos that should help to get more sympathy for Muslims. They now show hostages saying the world will see a series of videos which tell the "truth" about Islamic State.

(333 words)

Adapted from: Read On, November 2014

Annotations:
jihadist – Mitglied einer islamischen Terrororganisation
encourage – ermutigen
Islamophobia – Angst vor dem Islam

Teil II: Sprache und Kommunikation

1. Sprachliche Mittel im Kontext

Bearbeiten Sie diese Aufgaben auf Englisch.

1) **Schreiben Sie je einen vollständigen Satz.**
Beginnen Sie Ihren Satz mit „**If**".
a) Was würden Sie tun, wenn Ihr Freund Sie anlügen würde?
b) Was hätten Sie getan, wenn Sie einen Unfall gesehen hätten?

2) **Sagen Sie,**
a) … dass es in Ihrer Stadt mehrere Berufsschulen gibt.
b) … dass jeder hart arbeitet, um gute Noten zu bekommen.

3) **Sagen Sie einem Austauschschüler, was er in der Schule tun soll, nicht tun darf und nicht tun muss. Schreiben Sie drei vollständige Sätze.**

4) **Vergleichen Sie folgende Artikel miteinander. Schreiben Sie drei Sätze. Verwenden Sie dabei unterschiedliche Vergleichsformen und unterschiedliche Adjektive.**

Produkt	Gewicht	Attraktivität	Preis
Smartphone	600 g	100 Millionen Käufer	600,00 EUR
Tablet	750 g	50 Millionen Käufer	390,00 EUR
Laptop	2.300 g	250 Millionen Käufer	780,00 EUR

2. Managing Situations/Eine Unterhaltung führen

Sie befinden sich in einem Restaurant in London und unterhalten sich mit Alice, einer Austauschschülerin aus Schweden.

Was würden Sie im folgenden Dialog jeweils auf Englisch sagen?

Alice: *How was your day?*

You: 1) **Reagieren Sie angemessen und erzählen Sie, dass Sie heute Morgen Ihren Bus verpasst haben und zu spät in die Schule gekommen sind. Ihr Lehrer war deshalb verärgert.**

____

____

____

Alice: *Oh, that doesn't sound good. Maybe you should have two alarm clocks. Well, I'm hungry now.*

You: **2) Antworten Sie, dass Sie auch Hunger haben und dass Sie seit dem Frühstück nicht viel gegessen haben.**

____

____

Alice: *What would you like to eat? Look, today's special: fish and chips, green beans and tomatoes for 4.90 GBP only. Do you like fish?*

You: **3) Bejahen Sie, aber sagen Sie dann, dass Sie heute keine Lust auf Fisch und Gemüse haben, sondern lieber etwas ganz anderes essen wollen.**

____

____

____

Waiter: *Hello. What can I get you?*

You: **4) Bestellen Sie für sich ein Steak und Pommes, dazu einen Orangensaft.**

____

____

Alice: *And the same for me please. Well, have you been to England before?*

You: **5) Bejahen Sie. Sagen Sie, dass Sie vor drei Jahren mit Ihrer Familie in York waren, um die Tante Ihrer Mutter zu besuchen, aber dass dies das erste Mal ist, dass Sie ohne Ihre Eltern im Ausland sind.**

____

____

____

Alice: *Well, what have you seen of London so far?*

You: **6) Erzählen Sie Alice, dass Sie bereits das London Eye und Big Ben gesehen haben und dass Sie von Ihrer Gastfamilie gestern zu Madame Tussaud's eingeladen wurden.**

____

____

____

Alice: *That's nice. Your host family seems to be very friendly. Tell me something about your host father and your host mother.*

You: **7) Erklären Sie, dass beide sehr höflich und nett sind. Ihr Gastvater kann aber auch ziemlich streng zu seinem Sohn Tim sein, der ein bisschen verrückt ist.**

____

____

Alice: *Seems to be fine for you. – So what are your plans for the weekend?*

You: **8) Sagen Sie, dass Sie am Samstag mit Ihrer Gastfamilie einen Ausflug nach Brighton machen wollen. (Das Essen ist inzwischen auf dem Tisch.) Wünschen Sie Alice einen guten Appetit.**

____

____

____

Teil III: Schreiben

Wählen Sie aus den folgenden Aufgaben eine aus.
Schreiben Sie etwa 150 Wörter auf Englisch.

1. **Schreiben Sie einen Text für die Schülerzeitung Ihrer Schule.**
   Beschreiben Sie, was jeder Einzelne tun kann, um Energie zu sparen.

2. **Setzen Sie folgende Geschichte fort und geben Sie ihr eine Überschrift.**
   Last week my best friend and I decided to go on a shopping trip into town. We arrived at a large department store and went in. It was awfully crowded and we looked around to find out what was going on. We couldn't believe our eyes when we suddenly saw …

4 Prüfungsaufgaben Mathematik

Prüfungsaufgaben 2009

Aufgabe 1

a. Eine Gerade geht durch die Punkte C(2 | 5) und O(0 | 0), eine durch C und A(2 | 0), eine durch C und B(6 | 0) und eine durch C und D(0 | 5).

1. Zeichnen Sie die vier Geraden in ein rechtwinkliges Koordinatensystem.
2. Wie lauten die Gleichungen dieser Geraden?
3. Die Gerade durch B und C und die Gerade durch C und D schließen den Winkel α ein. Berechnen Sie α.
4. Welchen Flächeninhalt hat das Dreieck, das von der Geraden durch O und C, der Geraden durch B und C und der y-Achse gebildet wird?

b. Lösen Sie die Gleichung und führen Sie die Probe durch:
$5x - 3(x^2 + 2x - 4) - 3 = (x - 5)(2 - 3x) - 89$

c. 200.000,00 EUR sollen unter vier Erben folgendermaßen verteilt werden:

A erhält 20.000,00 EUR weniger als B.
C soll doppelt so viel wie A erhalten.
D soll 10.000,00 EUR mehr erhalten als A.

Wie viel Euro erhält jeder?

Aufgabe 2

a. Die Punkte P(2 | 3), Q(4 | 2,5), R(5 | 6) und S(1,5 | 5) bilden ein symmetrisches Viereck.

1. Zeichnen Sie das Viereck und seine Symmetrieachse in ein Koordinatensystem. Platzbedarf: $-1 \leq x \leq 6$; $-1 \leq y \leq 7$; 1 LE = 1 cm.
2. Bestimmen Sie rechnerisch die Gleichung der Symmetrieachse.

b. Der Swimmingpool eines Hotels hat die Form eines Fünfecks (siehe Skizze) mit den Maßen:
a = 5,6 m, b = 11 m, c = 20 m, d = 5 m.

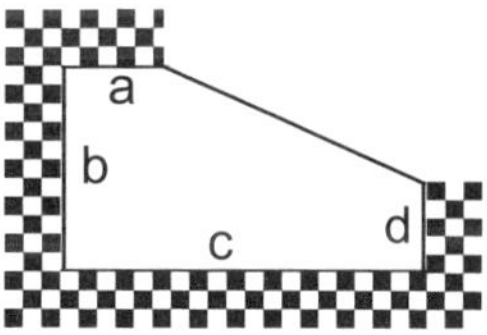

1. Wie viel m³ Wasser fasst der Pool, wenn die Wassertiefe 135 cm beträgt?
2. Berechnen Sie den Umfang des Fünfecks.
3. Um das Becken soll an den Seiten a, b, c und d ein 2,10 m breiter Streifen mit quadratischen Fliesen gelegt werden (siehe Skizze).
Wie viel Quadratmeter Fliesen müssen bestellt werden, wenn mit einem Verschnitt von 4 % gerechnet wird?

c. Bei einem Springbrunnen ist die Wasserdüse in Bodennähe angebracht. Der Wasserstrahl hat die Form einer Parabel mit der Gleichung $y = -\frac{1}{4}x^2 + 2x$.

1. Zeichnen Sie die Parabel in ein Koordinatensystem. Der Wasserstrahl beginnt im Ursprung des Koordinatensystems.
2. Welche maximale Höhe erreicht das Wasser?

Aufgabe 3

a. Gegeben ist der Term: $9a \cdot a^6 - 2a^4\left(a^3 - \frac{3}{a^2}\right) + 3a^2$

1. Vereinfachen Sie den Term so weit wie möglich.
2. Welchen Wert ergibt der Term für $a = -1$?
3. Weshalb darf man 0 nicht für a in den ursprünglichen Term einsetzen?

b. In einem Wohngebiet wird eine zylindrische Plakatanschlagsäule (siehe nebenstehende Skizze) mit aufgesetztem Kegeldach errichtet.

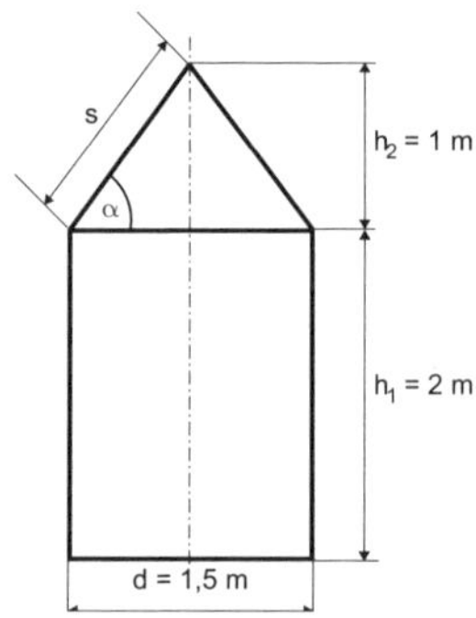

1. Wie groß ist die Werbefläche am Zylinder? Kann dort ein Plakat angebracht werden, das 4,5 m lang ist und eine Fläche von 8,25 m^2 hat?
2. Die Dachneigung α muss aus bautechnischen Gründen zwischen 50° und 60° liegen. Prüfen Sie rechnerisch nach, ob diese Bedingung erfüllt ist.
3. Berechnen Sie die Länge der Mantellinie s.

c. Bei einem Versuch wurden eine Stumpenkerze, eine Kegelkerze und eine Kugelkerze abgebrannt. Während des Versuches wurde zu verschiedenen Zeitpunkten die Höhe der Kerzen gemessen.

Für den Verlauf der Kerzenhöhe in Abhängigkeit von der Zeit ergaben sich folgende Schaubilder:

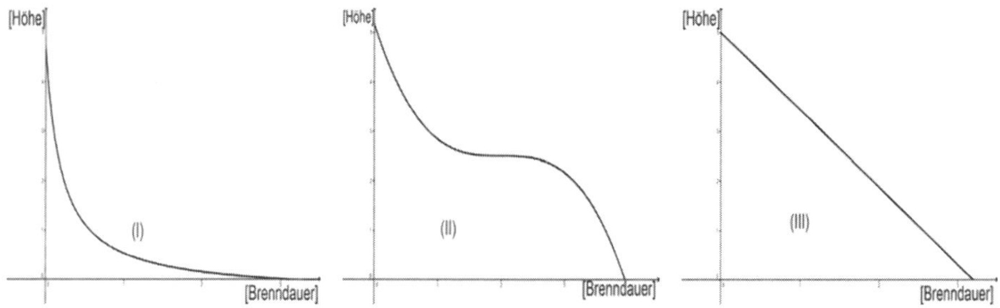

Ordnen Sie jeder Kerze das zugehörige Schaubild zu und begründen Sie Ihre Wahl.

Aufgabe 4

a. Gegeben ist ein symmetrischer Pfeil mit den Seitenlängen a = 7 cm, b = 20 cm und d = 7,8 cm (siehe Skizze).

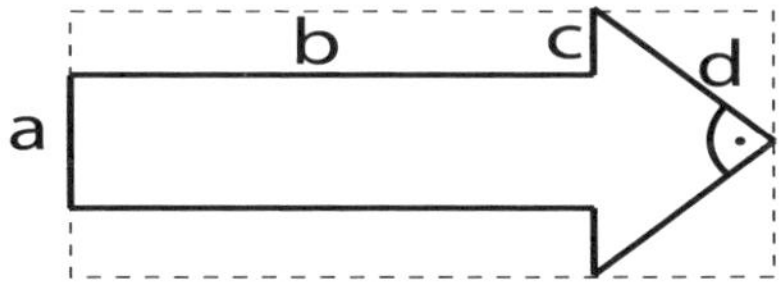

1. Stellen Sie eine Formel für den Umfang des Pfeils auf.
2. Wie groß ist der Flächeninhalt des Pfeils?
3. Der Pfeil soll aus einem rechteckigen Blatt Papier ausgeschnitten werden. Welche Maße muss dieses Blatt mindestens haben?

b. Bestimmen Sie die Lösung des folgenden linearen Gleichungssystems:

$$27x + 8y = 51$$
$$-\frac{1}{2}x + \frac{2}{5}y = \frac{7}{10}$$

c. 1. Ordnen Sie den beiden dargestellten Parabeln jeweils eine der folgenden Gleichungen zu:

$$y = \frac{3}{8}x^2 - 3$$
$$y = -2x^2 + 3$$
$$y = -\frac{1}{2}x^2 + 2x + 3$$

2. Berechnen Sie die Koordinaten der Schnittpunkte von p_1 und p_2.
3. Geben Sie die Scheitel S_1 und S_2 der Parabeln an.
4. Berechnen Sie den Abstand der beiden Scheitelpunkte.

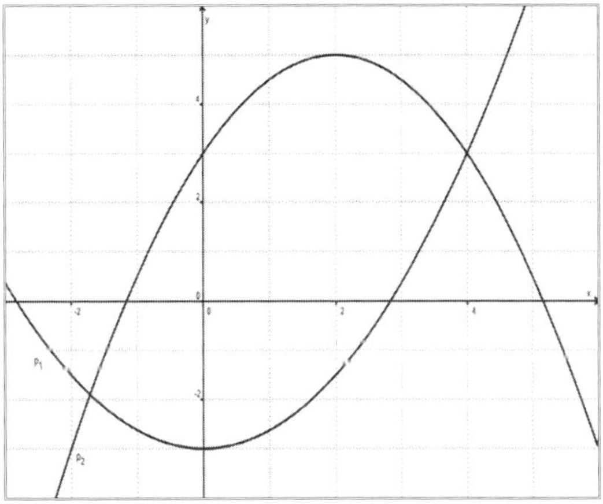

Aufgabe 5

a. Gegeben ist die Parabel p: $y = x^2 + 6x + 5$
1. Bestimmen Sie rechnerisch die Koordinaten der Schnittpunkte von p mit der x-Achse und der y-Achse.
2. Zeichnen Sie die Parabel für die x-Werte von –6 bis 0.

b. Die Telefongesellschaft 4U bietet den Telefontarif SPARWAS an.
Die Grafik rechts zeigt die Kosten für Inlandsgespräche.
   1. Welche Kosten fallen nach einer Stunde bzw. nach zwei, vier und nach fünf Stunden Gesprächsdauer an?
   2. Tarif SPARMEHR kostet 40,00 EUR pro Monat, unabhängig von der Gesprächsdauer.
   Stellen Sie diesen Tarif im Bild rechts grafisch dar.
   3. Ermitteln Sie aus der Zeichnung, welcher Tarif bei einer monatlichen Gesprächsdauer von fünf Stunden günstiger ist, und begründen Sie Ihre Antwort.

Gesprächsgebühren bei Tarif SPARWAS

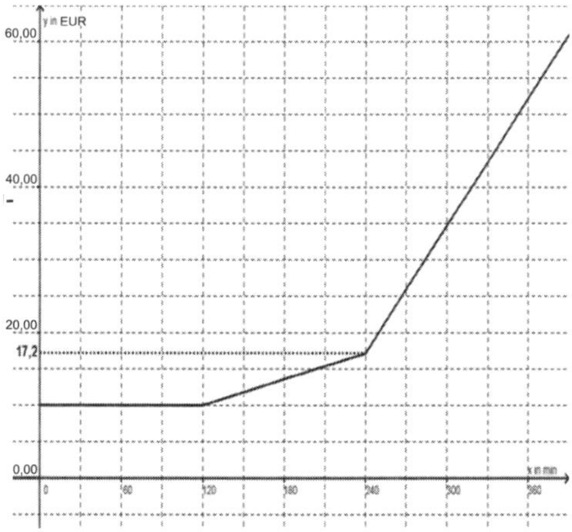

c. Die Formel für den Flächeninhalt eines Drachens ist $A = \frac{e \cdot f}{2}$, die für den Umfang $U = 2(a + b)$.
   1. Lösen Sie die Umfangsformel nach b auf.
   2. Berechnen Sie den Wert für e, wenn $A = 1.500\ cm^2$ und $f = 30$ cm sind.

d. Welche Ziffern müssen in die Kästchen eingesetzt werden, damit die Gleichung stimmt?

1. $\sqrt{\square\, 1} = 9$

2. $\sqrt{\square\,\square} \cdot \sqrt{121} = 55$

Prüfungsaufgaben 2010

Aufgabe 1

a. Die folgenden Gleichungen gehören zu den Abbildungen 1 bis 3:
   (1) $y = -2x^2 - 6x + 2$
   (2) $y = 3x^2 + 6x - 3$
   (3) $y = x^2 - 4x + 1$

Abb. 1

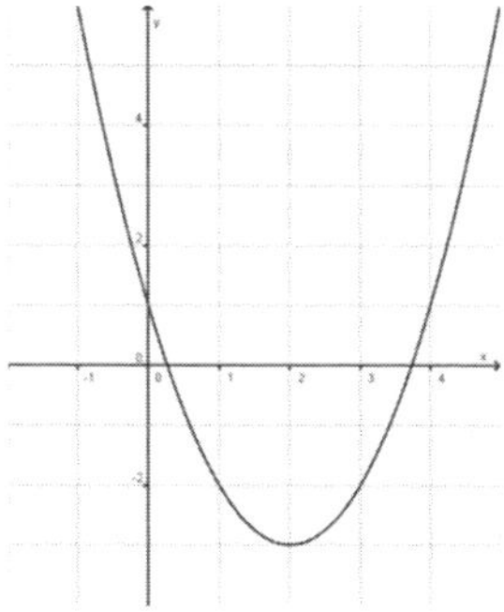

Abb. 2

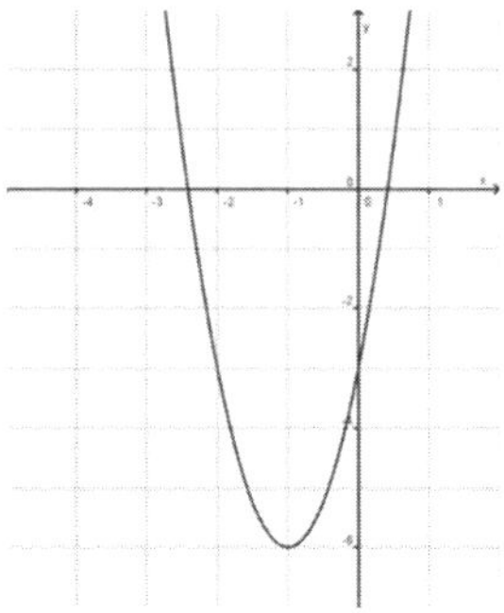

Abb. 3

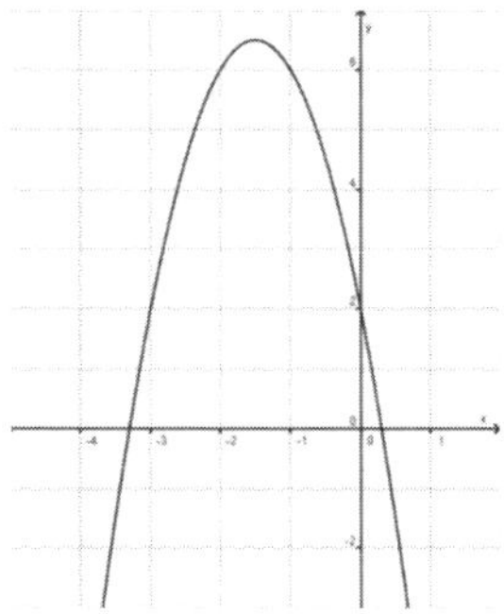

1. Geben Sie an, zu welchem Schaubild die jeweilige Gleichung gehört, und begründen Sie Ihre Antwort durch Angabe einer Eigenschaft.

2. Eine Parabel p hat die Gleichung $y = -2x^2 - 6x + 2$. Berechnen Sie ihre Schnittpunkte mit der x-Achse.

3. Welche der Parabeln wird von der Geraden g mit $y = x - 6$ geschnitten? Begründen Sie ohne weitere Rechnung.

b. Lösen Sie das lineare Gleichungssystem:

$$\frac{2}{5}x - \frac{3}{4}y = 12$$

$$4x + 6y = 12$$

c. Die Punkte A(–2 | –1), B(4 | –1) und C(4 | 4) bilden ein Dreieck im Koordinatensystem.

1. Fertigen Sie ein Schaubild an (1 LE = 1 cm).
2. Berechnen Sie den Umfang des Dreiecks.
3. Berechnen Sie alle Innenwinkel des Dreiecks.

d. Lösen Sie die Gleichung nach b auf:

$$4a + \frac{b}{2} : \frac{c}{8} = 8$$

Aufgabe 2

a. Ihr alter Kühlschrank ist defekt. Die Reparatur soll 200,00 EUR kosten. Die Stromkosten für das alte Gerät betragen pro Jahr 65,00 EUR. Ein neuer Kühlschrank kostet 400,00 EUR und verursacht jährliche Stromkosten von 25,00 EUR.

1. Stellen Sie die Gleichung für die Kosten für das alte zu reparierende Gerät und das neue Gerät auf (y in EUR und x in Jahren).
2. Zeichnen Sie die zugehörigen Schaubilder in ein Koordinatensystem.
   (1 Jahr ≙ 1 cm; 100,00 EUR ≙ 1 cm)
3. Nach wie viel Jahren sind die Kosten in beiden Fällen gleich hoch?

b. Gegeben sind die Parabel p und die Gerade g durch die Gleichungen:
   p: $y = (x - 3)^2 - 1$
   g: $y = x - 3$
   1. Stellen Sie rechnerisch fest, ob die Parabel p von der Geraden g geschnitten wird. Bestimmen Sie gegebenenfalls die Koordinaten der Schnittpunkte auf zwei Stellen nach dem Komma.
   2. Bestimmen Sie den Schnittpunkt der Parabel p mit der y-Achse.

c. Aus den Daten des Fahrtenschreibers eines Lastwagens ergibt sich nebenstehendes Schaubild.

   Machen Sie Aussagen über die Höhe der Geschwindigkeit in den ersten 80 Sekunden.

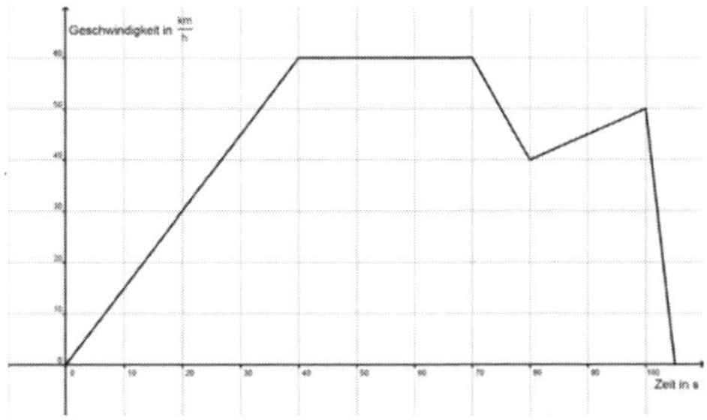

d. Um einen Baumstamm von 80 cm Durchmesser soll eine kreisringförmige Gartenbank mit einer Sitzfläche aus Holz gebaut werden. Der äußere Durchmesser der Bank beträgt 1,80 m. Zwischen Baum und Bankinnenkante soll ein Zwischenraum von 5 cm freigelassen werden.

   Fertigen Sie eine Skizze an und berechnen Sie die Kosten für die Sitzfläche, wenn 1 m^2 Holz 8,00 EUR kostet.

Aufgabe 3

a. Die Gerade g verläuft im Koordinatensystem durch die Punkte P(–2 | –6) und Q(3 | 9).
   1. Bestimmen Sie die Gleichung der Geraden g rechnerisch.
   2. Die Gerade h verläuft parallel zu g und durch R(0 | –3). Bestimmen Sie die Gleichung der Geraden h.

b. Ein Würfel hat die Kantenlänge a = 8 cm. Der Würfel wird entlang der grauen Fläche durchgeschnitten.
   1. Berechnen Sie den Umfang und den Flächeninhalt der grauen Fläche.
   2. Wie groß ist der Winkel, den die Raumdiagonale mit der Flächendiagonalen einschließt?

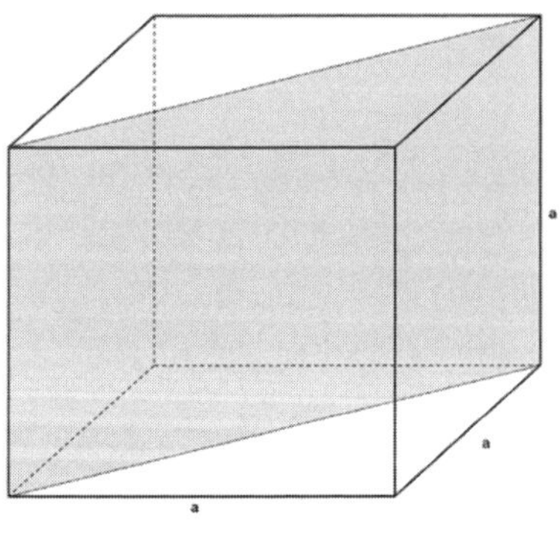

c. Vereinfachen Sie folgenden Term:

$$\frac{12x\,(2x^2 - 2y^2)}{8\,(x^3 - y^2x)}$$

d. Bernd und Sabine sind jetzt zusammen 30 Jahre alt. Vor 6 Jahren war Sabine doppelt so alt wie Bernd.

1. Welche der folgenden Gleichungen können zur Berechnung des aktuellen Alters benutzt werden?

(1)	(2)	(3)	(4)	(5)
$x - y = 24$	$x + y = 30$	$y = x + 30$	$2x - 6 = y - 6$	$2(x - 6) = y - 6$

2. Lösen Sie das zugehörige Gleichungssystem und geben Sie an, wie alt Bernd und Sabine jetzt sind.

Aufgabe 4

a. Gegeben ist die Gerade g mit der Gleichung $y = -\frac{1}{2}x + 1$. Von der Geraden h ist die folgende unvollständige Wertetabelle bekannt.

x	–1	0	1	4
y	–6			4

1. Zeichnen Sie die Geraden g und h in ein Koordinatensystem (1 LE = 1 cm). Übertragen und vervollständigen Sie die Tabelle.
2. Bestimmen Sie die Gleichung der Geraden h.
3. Zeigen Sie rechnerisch, dass sich die Geraden g und h im Punkt S(2 | 0) schneiden.
4. Berechnen Sie die Innenwinkel des Dreiecks, das aus den beiden Geraden und der y-Achse gebildet wird.

b. In einem rechtwinkligen Dreieck ist die längere Kathete um 4 cm größer als die kleinere Kathete und um 4 cm kleiner als die Hypotenuse.

Berechnen Sie die Seitenlängen des rechtwinkligen Dreiecks.

Machen Sie zunächst eine Skizze.

c. Auf einen Würfel mit der Kantenlänge a = 6 cm wird auf jede Seitenfläche eine Pyramide geklebt. Die Seitenflächen des Würfels und die Grundflächen der Pyramiden sind deckungsgleich. Für die Höhe der Pyramiden gilt: h = a. Das Gesamtvolumen der zusammengesetzten Figur beträgt 648 cm^3 und kann mit einer der folgenden Formeln berechnet werden.

(1) $V_g = 18a^2$ (2) $V_g = a^3 + 6a^3$ (3) $V_g = \frac{1}{3}a^3 + a^3$ (4) $V_g = 3a^3$

Welche Formel ist hier richtig und warum?

Aufgabe 5

a. Die Scheitelpunkte der beiden Parabeln liegen im Koordinatensystem punktsymmetrisch zum Ursprung.
   1. Zeichnen Sie entsprechend die Koordinatenachsen in das Schaubild ein.
   2. Wie heißen die Koordinaten der Scheitelpunkte?
   3. Berechnen Sie den Abstand der Scheitelpunkte.

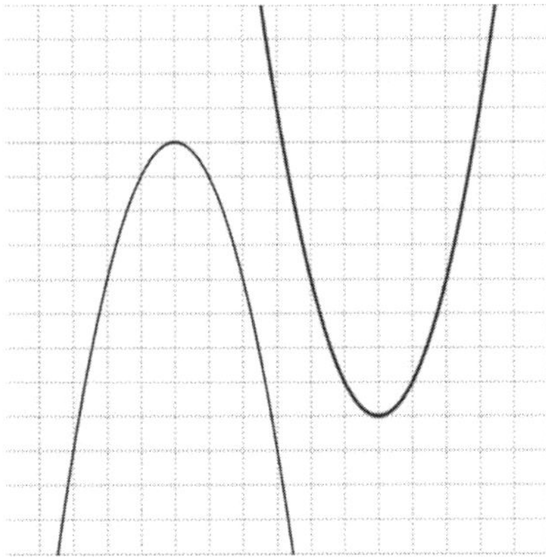

b. Gegeben ist die Gleichung: $(x + 3)^2 + (x + 5)(x - 3) = (x - 5)(x + 3)$
   1. Lösen Sie die Gleichung.
   2. Machen Sie die Probe.

c. Die Mantelfläche einer Pyramide besteht aus vier gleichseitigen Dreiecken mit der Seitenlänge a = 6 cm.
   1. Wie groß ist die Mantelfläche der Pyramide?
   2. Berechnen Sie die Höhe h der Pyramide.

d. Vereinfachen Sie folgenden Term so weit wie möglich.

$$\frac{\sqrt{8y^4} \cdot \sqrt{18y^3}}{\sqrt{4y^3} \cdot \sqrt{9y^2}} + \frac{\sqrt{144y^7}}{\sqrt{36y^5}}$$

Prüfungsaufgaben 2011 (Juni 2011)

Aufgabe 1

a. Gegeben sind die Gleichungen der Parabel p und der Geraden g:

   $p: y = -\frac{1}{4}x^2 - \frac{1}{2}x + 6 \quad g: y = -\frac{3}{2}x + 3$

   Berechnen Sie die Koordinaten der Schnittpunkte der Parabel p mit der Geraden g.

b. Gegeben sind die Geraden g und h mit folgenden Gleichungen:

   $g: y = -\frac{3}{2}x + 3 \qquad h: x = -2$

   1. Zeichnen Sie die beiden Geraden in ein rechtwinkliges Koordinatensystem.
   2. Die beiden Geraden schließen mit den beiden Koordinatenachsen ein Viereck ein. Berechnen Sie dessen Flächeninhalt.

c. Der Körper in unten stehender Zeichnung besteht aus einem Zylinder und einem aufgesetzten Kegel. Der Radius r der kreisförmigen Grundfläche beträgt 3 cm. Die Höhe des Zylinders h_z beträgt 8 cm, die Höhe des Kegels h_k beträgt 5,5 cm.

1. Berechnen Sie das Volumen des gesamten Körpers.
2. Auf den unveränderten Zylinder soll ein anderer Kegel passgenau aufgesetzt werden. Welche Höhe muss der neue Kegel haben, damit das Volumen des gesamten Körpers dann 295 cm^3 beträgt?

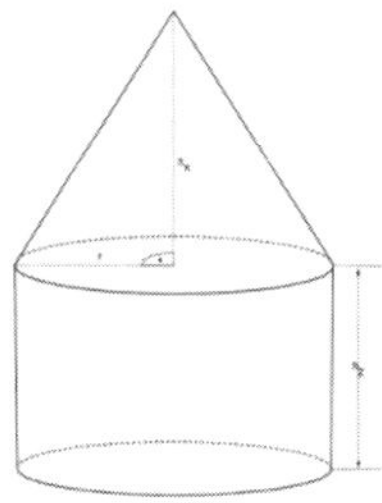

d. Alexander, Sabine und Florian haben bei einem Wettbewerb jeweils einen Geldpreis gewonnen. Sabine hat 200,00 EUR mehr als Alexander gewonnen. Florian hat doppelt so viel wie Sabine gewonnen. Zusammen haben sie 1.320,00 EUR gewonnen.

Berechnen Sie für jede Person, wie viel sie gewonnen hat.

Aufgabe 2

a. Lösen Sie das folgende lineare Gleichungssystem:

$$5x - 2y = 0$$
$$-3y = \frac{1}{2}(2 - 14x)$$

b. Gegeben sind die Schaubilder einer Parabel und einer Geraden und folgende Gleichungen:

$y = x^2 + 4x + 3$

$y = x^2 + 3$

$y = -\frac{1}{4}x + 4$

$y = -4x + 4$

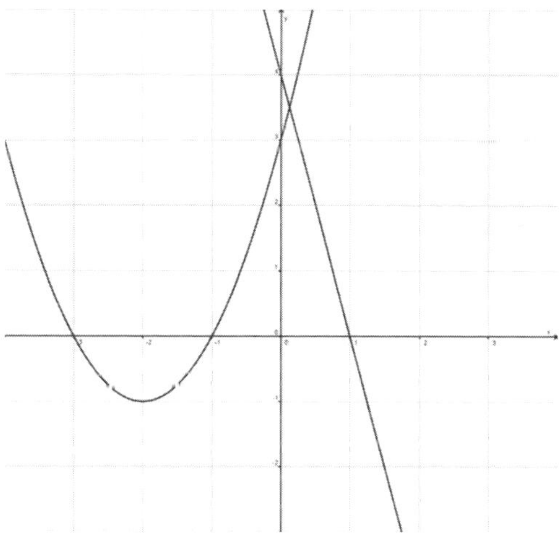

1. Ordnen Sie der Parabel und der Geraden jeweils die richtige Gleichung zu. Begründen Sie Ihre Auswahl
2. Berechnen Sie den Abstand zwischen dem Scheitelpunkt S der Parabel und dem Schnittpunkt N der Geraden mit der x-Achse.

c. Die Diagonale eines Rechtecks ist 53 cm lang. Der Umfang des Rechtecks beträgt 146 cm. Berechnen Sie die Längen der Rechteckseiten.

d. Alexander löst ein Zahlenrätsel und stellt folgende Gleichung auf:

$$2x + \frac{x}{3} = 14$$

1. Formulieren Sie einen Text zu dieser Gleichung.
2. Lösen Sie die Gleichung von Alexander und formulieren Sie einen Antwortsatz.

Aufgabe 3

a. Die Geraden g und h schneiden sich im Punkt P(3 | 2).
Die Gerade g hat den y-Achsenabschnitt –4.

Die Gerade h hat die Steigung $-\frac{2}{3}$.

1. Zeichnen Sie die beiden Geraden in ein rechtwinkliges Koordinatensystem.
2. Bestimmen Sie rechnerisch die Gleichung der beiden Geraden.

b. Ein Quader hat die Grundkante a = 12 cm, die Grundflächendiagonale e = 20 cm und die Raumdiagonale d = 25 cm.

1. Berechnen Sie die zweite Grundkante des Quaders.
2. Berechnen Sie die Höhe des Quaders.
3. Berechnen Sie den Winkel, den die Raumdiagonale d mit der Grundfläche bildet.

c. 1. Tim und Xenia gehen gemeinsam zum Bäcker. Tim kauft 6 Brötchen und 3 Brezeln. Er bezahlt dafür 5,10 EUR. Xenia bezahlt für 4 Brötchen und 2 Brezeln zusammen 3,20 EUR. Xenia vermutet, der Bäcker hat falsch kassiert.
Stellen Sie ein Gleichungssystem auf und zeigen Sie, dass Xenias Vermutung stimmt.

2. Tim und Xenia gehen wieder zum Bäcker. Tim kauft wieder 6 Brötchen und 3 Brezeln (zusammen 5,10 EUR), Xenia kauft 2 Brötchen und 2 Brezeln und bezahlt 2,50 EUR. Diesmal wurde bei beiden richtig kassiert.
Berechnen Sie den Preis für ein Brötchen und eine Brezel.

Aufgabe 4

a. Die Parabeln p_1 und p_2 sind durch folgende Gleichungen bestimmt:

$$p_1\colon y = x^2 - 4x - \frac{9}{4}$$

$$p_2\colon y = -\frac{1}{4}x^2 + 1{,}75$$

1. Zeigen Sie, dass die Parabel p_1 bei $x_1 = -\frac{1}{2}$ und $x_2 = \frac{9}{2}$ die x-Achse schneidet, und bestimmen Sie den Scheitelpunkt.
2. Zeichnen Sie die beiden Parabeln p_1 und p_2 in ein rechtwinkliges Koordinatensystem.

b. Vereinfachen Sie den folgenden Term:

$$\sqrt{\frac{3c^7}{2d}} : \sqrt{\frac{c}{6d^{11}}}$$

c. In der Zeichnung ist der Grundriss einer Kirche abgebildet. Die Grundfläche des Turms ist quadratisch.

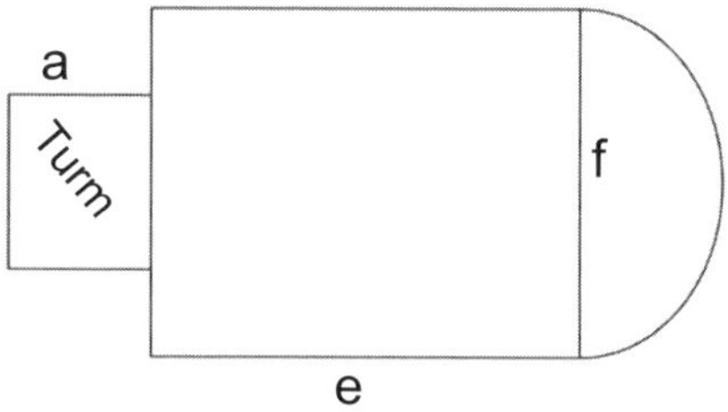

1. Geben Sie eine Formel für die Grundfläche der Kirche mithilfe von a, e und f an.
2. Berechnen Sie die Grundfläche der Kirche für a = 3,20 m, e = 8,10 m und f = 6,40 m.
3. Das Dach des Kirchturms hat die Form einer quadratischen Pyramide. Die Dachflächen stehen im Winkel von 60° zur Grundfläche. Welche Höhe hat der Turm insgesamt, wenn allein seine Mauern schon 12 m hoch sind?

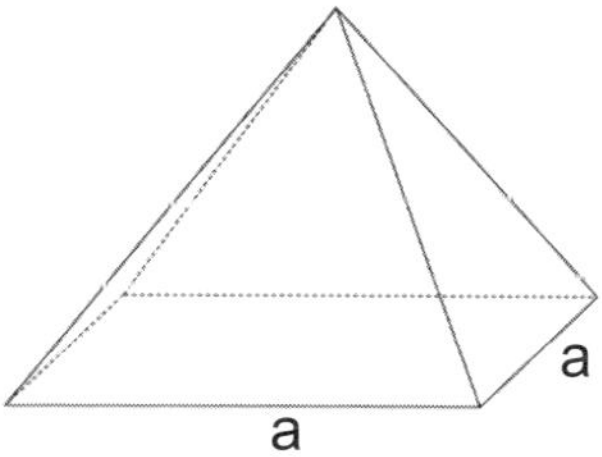

Aufgabe 5

a. Auf einem vollen, 1 m breiten Regal stehen insgesamt 18 Ordner. Ein Teil davon ist 7 cm breit und der andere Teil 5 cm breit.

Wie viele Ordner jeder Sorte sind dort abgestellt?

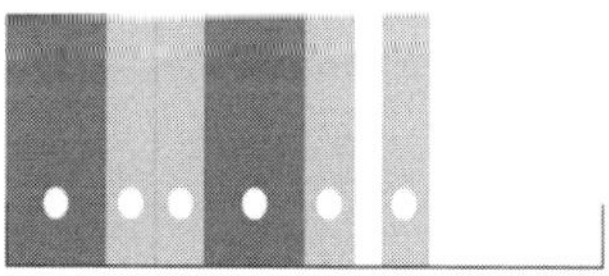

b. 1. Zeichnen Sie das Fünfeck ABCDE mit den Eckpunkten A(– 3| – 1), B(4 | 0), C(5,5 | 3), D(4 | 5) und E(– 3 | 2) in ein rechtwinkliges Koordinatensystem ein.

2. Berechnen Sie den Flächeninhalt des Fünfecks.

c. Füllen Sie die Lücken:

$$\sqrt{\square \cdot x} \cdot \sqrt{98 \cdot \square} = 7x^2$$

d. 1. Gegeben sind die zwei Geraden g_1 und g_2 mit den unten angegebenen Gleichungen. Berechnen Sie den Schnittpunkt der beiden Geraden.

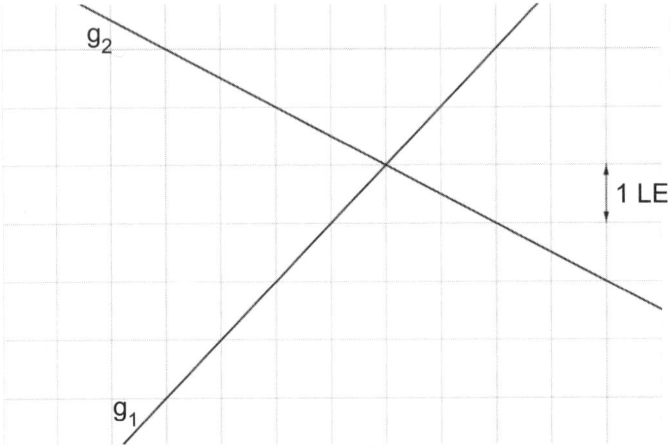

g_1: $y = x - 1$

g_2: $y = -\frac{1}{2}x + 3{,}5$

2. Zeichnen Sie die Koordinatenachsen so in die Zeichnung ein, dass die angegebenen Geradengleichungen stimmen.

Prüfungsaufgaben 2011

Aufgabe 1

a. Gegeben sind die drei Geraden g, h und k.

g: $y = \frac{4}{3}x - 6$

h: $x + 2y = 7$

Die Gerade k verläuft parallel zu g und geht durch den Punkt P(1,5 | 4).

1. Zeichnen Sie die drei Geraden g, h und k in ein Koordinatensystem.
2. Stellen Sie die Gleichung von k auf.
3. Die Gerade g bildet mit den Koordinatenachsen ein Dreieck. Berechnen Sie den Flächeninhalt dieses Dreiecks.

b. Ein Bund Spargel kostet 4,00 EUR, ein Schälchen Erdbeeren 1,50 EUR.

1. Ein Gemüsehändler hat am Montag durch den Verkauf der beiden Produkte 280,00 EUR eingenommen. Er hat doppelt so viele Schälchen Erdbeeren wie Bunde Spargel verkauft.
   Berechnen Sie, wie viele Bunde Spargel und wie viele Schälchen Erdbeeren der Gemüsehändler an diesem Montag verkauft hat.

2. Am Dienstag verkauft er nur noch 30 Bunde Spargel und 50 Schälchen Erdbeeren. Am Mittwoch senkt er deswegen die Preise jeweils um 0,50 EUR und verkauft jeweils 30 % mehr Ware als am Dienstag.
   Wie hoch sind seine Einnahmen am Mittwoch?

c. Ein Hochseilartist will ein Seil zwischen zwei Masten spannen.
Die Masten sind 25 m voneinander entfernt. Die Befestigung erfolgt an dem einen Mast in 3 m Höhe, an dem anderen Mast in 9 m Höhe.

1. Wie groß ist der Abstand zwischen den beiden Befestigungen?
2. In welchem Winkel steigt das straff gespannte Seil?

Aufgabe 2

a. Nebenstehende Abbildung zeigt das Dach eines Turmes in Form einer gleichseitigen Pyramide. Der Boden des Dachstuhls, in der Zeichnung ABCD, ist ein Quadrat. Die Seitenkante des Dachs ist so lang wie die Grundkante.

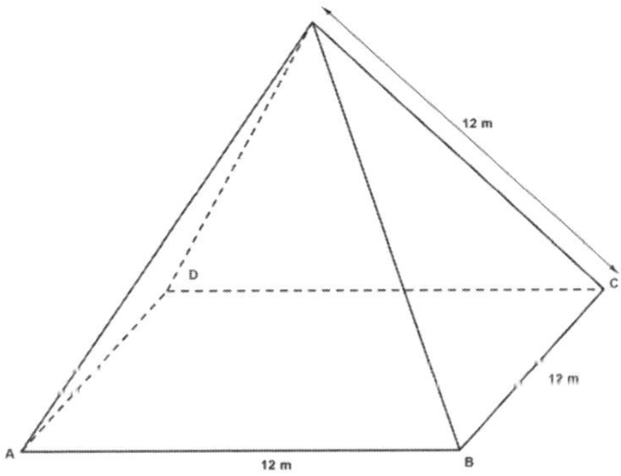

1. Wie groß ist der Abstand der Spitze des Dachs zum Dachboden?
2. Das Dach soll mit einer Blechverkleidung versehen werden.
   Bei der Bestellung des Blechs wird wegen des Verschnitts auf die zu verkleidende Fläche ein Zuschlag von 10 % gerechnet.
   Wie viel Blech wird bestellt?

b. Carla hat einen Handyvertrag. Der Provider verlangt eine monatliche Grundgebühr und einen festen Betrag pro Minute.
Im Juli hat sie für 120 Minuten 27,00 EUR bezahlt. Im August war sie in den Ferien und hat für 30 Minuten 18,00 EUR bezahlt.

1. Bestimmen Sie die Höhe der Grundgebühr und den Preis pro Minute.

2. Carla hat zum Schulanfang im September 370 Minuten telefoniert. Wie viel musste sie bezahlen?

c. Eine Parabel p ist gegeben durch

p: $y = -0{,}01\,x^2 + 5$

1. Beschreiben Sie die Eigenschaften von p im Vergleich zur Normalparabel. Geben Sie die Koordinaten des Scheitelpunktes an.
2. Überprüfen Sie, ob der Punkt Q(4,2 | 4,8) auf der Parabel p liegt.
3. Berechnen Sie die Koordinaten der Schnittpunkte von p mit der x-Achse.

Aufgabe 3

a. Lösen Sie folgende Gleichung: $(2x + 1)^2 + 4(x - 3) = 1$

b. Vereinfachen Sie den folgenden Term so weit wie möglich:

$$\sqrt{\frac{5b}{9a^2}} : \sqrt{\frac{b}{5a^6}} + \frac{1}{3}a^2$$

c. Die Eckpunkte eines Dreiecks ABC sind A(– 2,25 | 0), B(4 | 0) und C(0 | 3).

1. Zeichnen Sie das Dreieck in ein rechtwinkliges Koordinatensystem.
2. Ermitteln Sie die Gleichung der Geraden durch die Punkte B und C.
3. Prüfen Sie rechnerisch, ob bei C ein rechter Winkel vorliegt.

d. Ein Turmdach hat die Form einer senkrechten quadratischen Pyramide.
Sie hat ein Volumen von 86,4 m³.
Die Länge der Grundkante a beträgt 6 m.

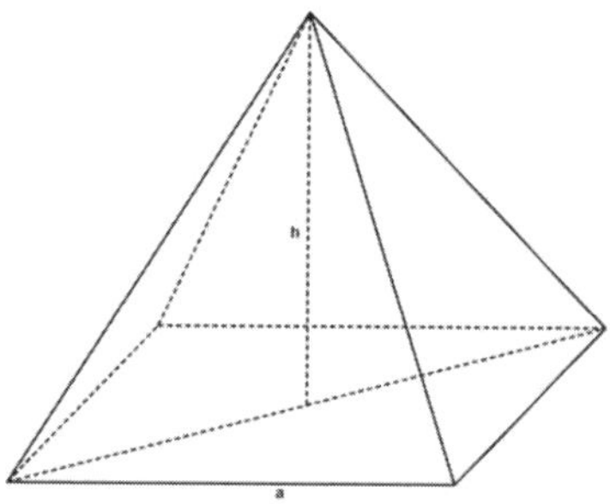

1. Wie hoch ist die Spitze des Pyramidenturmdaches?

Ursprünglich sollte der Turm als Zylinder mit einem senkrechten Kreiskegel als Dach errichtet werden.
Das Dach war mit einem Grundkreisradius $r = 3{,}88$ m und einer Höhe $h_k = 7$ m geplant.

2. Um wie viel Prozent würde das Kegelvolumen vom Pyramidenvolumen abweichen?
3. Mit welchen Kosten müsste beim Kegeldach gerechnet werden, wenn eine Bedachung mit Kupferplatten 75,00 EUR je m^2 kostet?

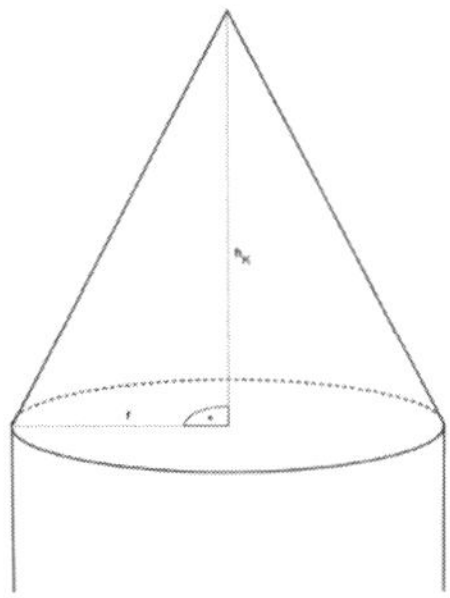

Aufgabe 4

a. Gegeben sind die Schaubilder der Geraden g und h.

1. Zeichnen Sie die x-Achse und die y-Achse so ein, dass die Gerade g durch den Ursprung O(0 | 0) geht und die Gerade h die x-Achse in Q(−3 | 0) schneidet.
2. Geben Sie die Gleichungen der beiden Geraden an.

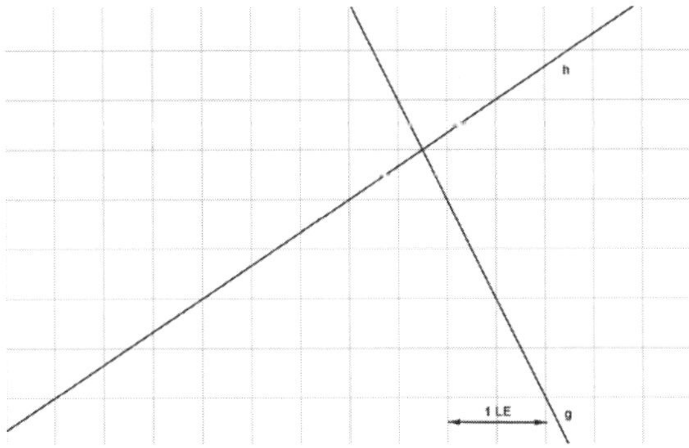

b. Lösen Sie das folgende Gleichungssystem:

$$7x + 3y = 5$$
$$\frac{1}{2}x + \frac{1}{3}y = 0$$

c. In einem rechtwinkligen Dreieck ist eine Kathete 7 cm länger als die andere Kathete. Die Hypotenuse ist 1 cm länger als die größere Kathete. Wie lang sind die Katheten und wie lang ist die Hypotenuse?

d. In der Rheinebene schwebt ein Heißluftballon genau über Altdorf. Von Balldorf aus, das 5,5 km von Altdorf entfernt ist, sieht man den Ballon in einem Winkel von 17° über dem Horizont.

1. Fertigen Sie eine Skizze an. Wie hoch ist der Ballon über Altdorf?
2. Der Ballon steigt nun senkrecht auf bis in eine Höhe von 2.200 m über Altdorf. In welchem Winkel über dem Horizont sieht man den Ballon jetzt von Balldorf aus?

Aufgabe 5

a. Familie Müller gestaltet die Terrasse neu. Bisher ist sie rechteckig, 3 m lang und 2,50 m breit. Nun soll stattdessen eine Terrasse in Form eines Halbkreises mit dem gleichen Flächeninhalt gebaut werden.
Welchen Durchmesser hat dieser Halbkreis?

b. An einer Hauswand werden zwei Leitern aufgestellt. Die eine Leiter ist 5 m lang. Am Erdboden ist sie 1,55 m von der Wand entfernt.
Die andere Leiter ist 3,5 m lang und berührt die Hauswand 3,4 m über dem Boden. Welche Leiter steht steiler?

c. Die Parabeln p_1 und p_2 sind wie folgt festgelegt:

p_1: $y = -x^2 + 6x - 5$

p_2: $y = \frac{1}{2}x^2 + x - \frac{1}{2}$

1. Bestimmen Sie die Schnittpunkte von p_1 mit der x-Achse und die Koordinaten des Scheitelpunktes von p_1.

2. Die Gerade g mit der Gleichung $y = x + 4$ schneidet die Parabel p_2 in den Punkten A und B.
Bestimmen Sie rechnerisch die Koordinaten der beiden Schnittpunkte.

3. Zeichnen Sie p_1, p_2 und g in ein gemeinsames Koordinatensystem.
1 Längeneinheit = 1 cm; Zeichenbereich $-7 \le x \le 7$.

Prüfungsaufgaben 2012

Aufgabe 1

a. Skizze

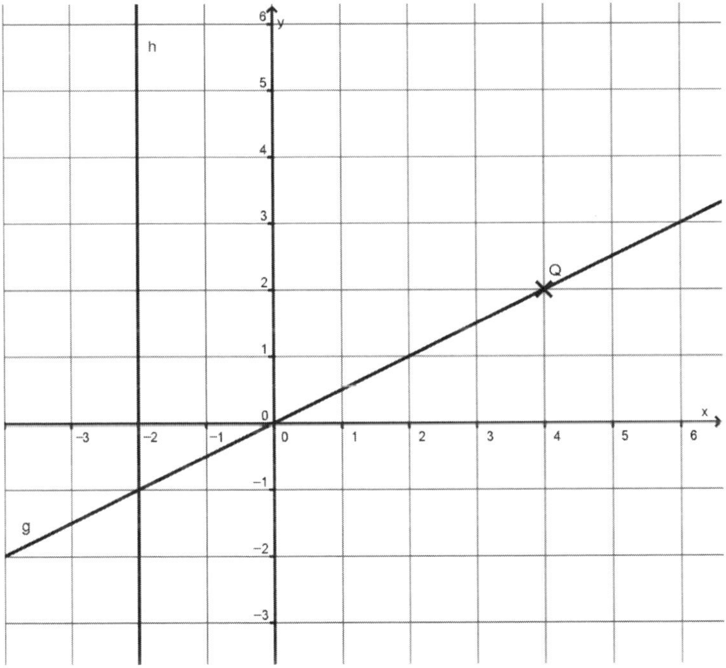

1. Geben Sie die Gleichungen der Geraden g und h an.
   Prüfen Sie, ob der Punkt P(–20 | – 40) auf der Geraden g liegt.
2. Eine dritte Gerade k geht durch den Punkt S(1 | 3).
   Die drei Geraden g, h und k bilden ein Dreieck.
   Bestimmen Sie den Flächeninhalt des Dreiecks.
3. Zeichnen Sie eine Ursprungsgerade ein, die mit der x-Achse einen Winkel von 50° einschließt. Der Punkt B(4 | b) liegt auf dieser Geraden.
   Bestimmen Sie b möglichst genau aus der Zeichnung.
   Berechnen Sie b auf drei Nachkommastellen.

b. Vereinfachen Sie den Term so weit wie möglich: $\frac{\sqrt{12a^3}}{\sqrt{3a}} - \frac{\sqrt{75a^4}}{\sqrt{3a^2}}$

c. Lösen Sie das lineare Gleichungssystem:

(1) $2x - 3y = 80$

(2) $3x - 2y = 70$

Aufgabe 2

a. Das nebenstehende Bild zeigt einen Körper. Er besteht aus zwei aneinander gesetzten Pyramiden, wobei alle Kanten gleich lang sind.
Dies ist ein Oktaeder.

Alle Kanten bei dem nebenstehenden Oktaeder sind 10 cm lang.

1. Berechnen Sie die Höhe S_1S_2 des Oktaeders.
2. Berechnen Sie die Oberfläche des Oktaeders.

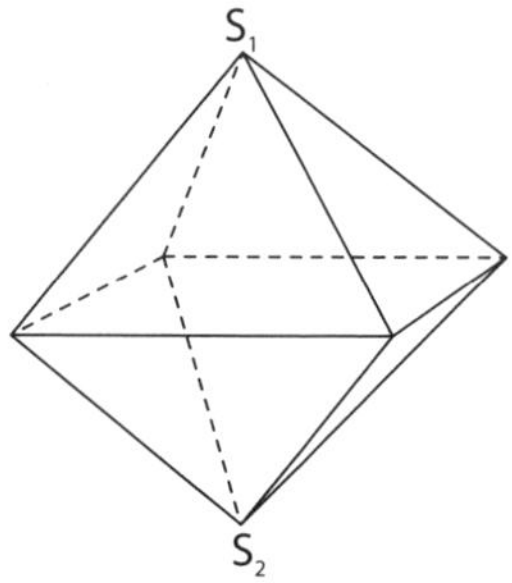

b. Die Zehnerkarte für den Linienbus kostet 16,00 EUR, eine Einzelkarte kostet 2,00 EUR.
Hans sagt: „Die Zehnerkarte ist um 20 % billiger als die Einzelkarte."
Eva sagt: „10 Einzelkarten sind um 25 % teurer als die Zehnerkarte."
Prüfen Sie, ob beide Aussagen zutreffen.

c. Eine Gleichung der Geraden g ist gegeben durch: $y = -\frac{1}{2}x - \frac{3}{2}$.

1. Berechnen Sie den Schnittpunkt von g mit den Koordinatenachsen.
Die Gerade g schließt mit den Koordinatenachsen eine Fläche ein.
Berechnen Sie deren Inhalt.
2. Geben Sie die Gleichung einer Geraden an, die parallel zu der Geraden g ist.
3. Der Punkt P liegt auf g und hat den Wert –5.
Geben Sie die Gleichung einer Geraden an, die die Steigung 2 hat und g im Punkt P schneidet.

Aufgabe 3

a. Die Parabel p und die Gerade g sind durch folgende Gleichung bestimmt:

p: $y = x^2 + 2x + 3$ g: $y = -2x + 7$

1. Berechnen Sie den Schnittpunkt der Parabel mit der y-Achse und die Schnittpunkte der Parabel mit der x-Achse.
2. Ermitteln Sie den Scheitel der Parabel:
Zeichnen Sie die Parabel in ein rechtwinkliges Koordinatensystem (1 LE = 1 cm).
3. Berechnen Sie die Koordinaten des gemeinsamen Punktes von Parabel und Gerade.

b. Eine Jugendherberge hat 6-Bett-Zimmer und 8-Bett-Zimmer.
In insgesamt 22 Zimmern befinden sich 152 Betten.
Wie viele 6-Bett- und wie viele 8-Bett-Zimmer sind vorhanden?

c. Vereinfachen Sie soweit wie möglich:

$$\sqrt{\frac{8a}{b^2}} : \sqrt{\frac{2a^3}{b^4}} + \frac{b}{a}$$

d. Die Fläche eines Trapezes wird berechnet mit der Formel:

$A = \frac{a + c}{2} \cdot h$

1. Formen Sie die Formel um nach c = ...

2. Ein Trapez hat die Fläche 132 cm^2.
   Die Höhe ist 8 cm lang.
   Die beiden parallelen Seiten sind a und c. Die Seite a ist 20 cm lang.

   Wie lang ist die Seite c?

Aufgabe 4

a. (1) $\frac{1}{2}x + 3 = y$

(2) $-2x + \frac{1}{2} = y$

Lösen Sie das Gleichungssystem

1. zeichnerisch,
2. rechnerisch.

b. Bei einer senkrechten quadratischen Pyramide sind die Grundkante 6 cm lang und die Höhe 4 cm.

1. Zeichnen Sie ein Schrägbild der Pyramide.
2. Berechnen Sie das Volumen der Pyramide.
3. Berechnen Sie die Länge der Seitenkante s.
4. Berechnen Sie den Winkel zwischen der Seitenkante s und der Grundfläche.

c. 1. Zeichnen Sie die Parabel mit der Gleichung $y = x^2 - 3x + 1$ in ein geeignetes Koordinatensystem.

5. Berechnen Sie die Schnittpunkte der Parabel mit der x-Achse.
   (2 Nachkommastellen angeben)

6. Gegeben ist die Gleichung der Parabel $y = x^2 - 3x + c$.
   Wählen Sie für c einen Wert so, dass die Parabel die x-Achse nicht schneidet.
   Begründen Sie, warum diese Parabel die x-Achse nicht schneidet.

Aufgabe 5

a. Ein Unternehmen A vermietet einen Pkw einen Tag lang für 200,00 EUR.
Ein anderes Unternehmen B bietet einen Tarif mit 0,40 EUR pro gefahrenen Kilometer an und berechnet eine Grundgebühr von 40,00 EUR.

1. Stellen Sie die Gleichungen für die Tarife von Unternehmen A und B auf.
   (gefahrene Kilometer: x, Preis in EUR: y)

2. Zeichnen Sie die Graphen für die beiden Tarife in ein rechtwinkliges Koordinatensystem. (Hinweis: 1 cm ≙ 100 km, 1 cm ≙ 50,00 EUR)
3. Herr Müller möchte einen Pkw für einen Tag mieten und damit 250 km fahren. Welcher Tarif ist für ihn günstiger?
   Geben Sie einen Rechenweg an oder begründen Sie kurz Ihre Antwort.

b. Die drei Punkte A(2 | 1), B(5 | 2) und C(3 | 4) bilden ein Dreieck.
   1. Zeichnen Sie das Dreieck in ein rechtwinkliges Koordinatensystem.
   2. Bestimmen Sie den Flächeninhalt des Dreiecks.
   3. Berechnen Sie den Umfang des Dreiecks.

c. Das Bild zeigt (nicht maßstabsgerecht) den Querschnitt eines Hochwasserdamms mit a = 45°, b = 28°, Höhe h = 4 m und einer Sohlenbreite von 16,5 m.

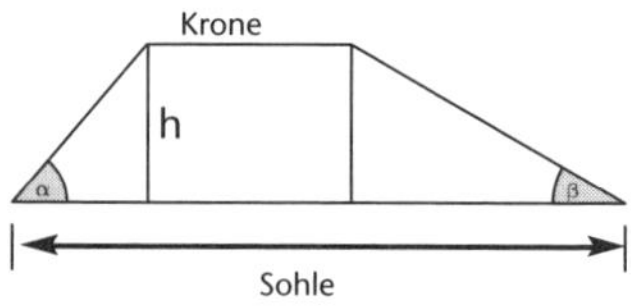

   1. Berechnen Sie die Breite der Dammkrone.

      Rechnen Sie weiter mit einer Kronenbreite von 5 m.
   2. Berechnen Sie die Querschnittsfläche.
   3. Ein Lkw transportiert in einer Ladung 16 Kubikmeter Erde.
      Wie viele Lkw-Ladungen Erde braucht man, um ein 200 m langes Stück des Damms aufzuschütten?

Prüfungsaufgaben 2013

Aufgabe 1

a. Bestimmen Sie rechnerisch die Lösung des folgenden Gleichungssystems:

$$x - 2y = 6$$
$$3x + 2y = 2$$

b. Gegeben sind die Parabel p und die Gerade g mit den folgenden Gleichungen:

$$p: y = \frac{1}{2}x^2 - 2x - 3$$

$$g: y = -\frac{1}{2}x - 1$$

1. Bestimmen Sie die Koordinaten des Scheitelpunktes von p.
2. Zeichnen Sie die Parabel p und die Gerade g in ein rechtwinkliges Koordinatensystem.
3. Berechnen Sie die Koordinaten der Schnittpunkte von p und g.

c. Ein kegelförmiges Sektglas hat oben einen Durchmesser d = 9 cm. Wenn man 90 ml Sekt einfüllt, dann ist das Glas nur zu 60 % gefüllt.

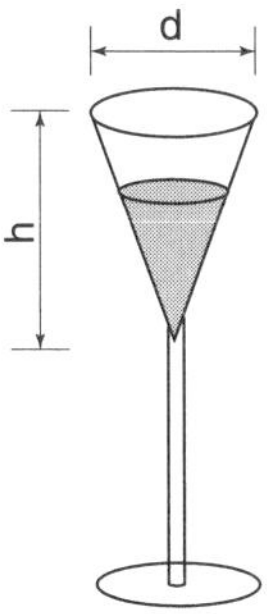

Berechnen Sie die Höhe h des kegelförmigen Teils des Glases.

d. Vereinfachen Sie folgenden Term:

$\sqrt{x^2(x^2 + 2x) - x^3 + x^2(2 - x) - 2x^2}$

Aufgabe 2

a. An einem Vereinsausflug des Musikvereins Grünsfeld können auch Nichtmitglieder teilnehmen. Diese müssen jedoch 120,00 EUR bezahlen; Vereinsmitglieder zahlen 100,00 EUR. Die Gesamtkosten der Fahrt belaufen sich auf 16.000,00 EUR. An dem Ausflug nehmen 150 Personen teil.
Wie viele Vereinsmitglieder nehmen an dem Ausflug teil?

b. Bestimmen Sie durch Rechnung die Lösungen folgender Gleichung:
$(x + 2)^2 - 4 = x(3x + 1)$

c. Im Stadtpark von Weikersheim soll ein kreisrundes Blumenbeet angelegt werden. Der innere Bereich soll mit Tulpen bepflanzt, in den äußeren Bereich soll Rasen gesät werden.
Der Durchmesser des Beetes beträgt 10 m, der Durchmesser der inneren Fläche für die Tulpen beträgt 5 m.
Wie viel muss die Stadt Weikersheim für die Bepflanzung ausgeben, wenn je m² Rasen 11,00 EUR und je m² Tulpen 22,00 EUR gezahlt werden müssen?

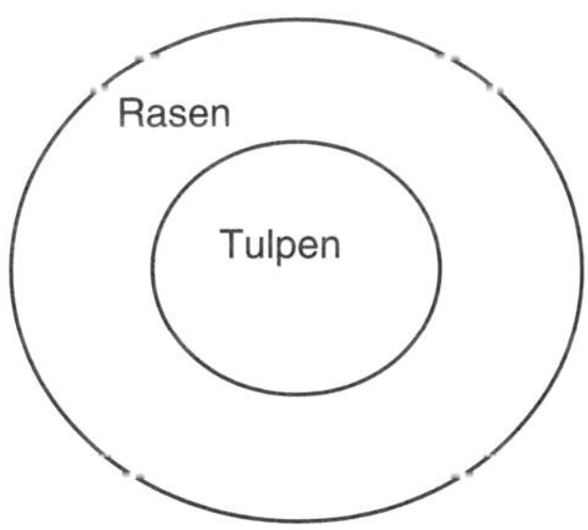

d. 1. Zeichnen Sie die Gerade g in ein rechtwinkliges Koordinatensystem.
g: $y = 2x + 4$

2. Bestimmen Sie die Gleichung der Geraden h, die parallel zu g ist und durch den Ursprung geht.

3. Bestimmen Sie zeichnerisch und rechnerisch die Gleichung der Geraden k, die durch die Punkte $P(-4 \mid 0)$ und $Q\left(2 \mid \frac{3}{2}\right)$ geht.

Aufgabe 3

a. Ein Haus hat folgende Form mit den Maßen
   $a = 6$ m, $b = 10$ m, $c = 7$ m, $d = 11$ m.

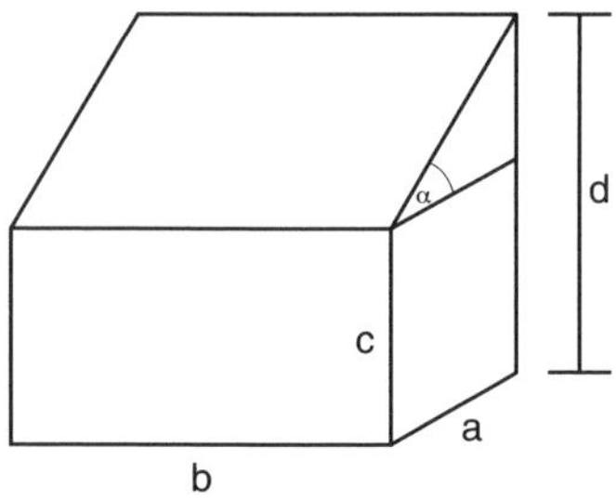

   1. Berechnen Sie das Volumen des Hauses in m^3.
   2. Wie groß ist die Dachneigung?
   3. Das Dach des Hauses soll neu gedeckt werden. Wie viele m^2 Ziegel werden benötigt, wenn 3 % Bruch einkalkuliert werden?

b. Gegeben ist das lineare Gleichungssystem:

$$x = -2(y - 3)$$
$$y - 1 = \frac{1}{2}x$$

   1. Bestimmen Sie die Lösung des linearen Gleichungssystems.
   2. Bestimmen Sie die Schnittpunkte der zur ersten Gleichung gehörenden Geraden mit der x-Achse.

c. Eine nach oben geöffnete Parabel schneidet die x-Achse bei $x_1 = -2$ und $x_2 = 3$.

   1. Welche der folgenden Gleichungen beschreibt diese Parabel? Begründen Sie.
      A: $y = -x^2 + x + 6$
      B: $y = x^2 - 5x - 6$
      C: $y = x^2 - x - 6$
   2. Bestimmen Sie den Scheitelpunkt der unter 1. gefundenen Parabel.

Aufgabe 4

a. Tamara und Claudia treffen sich beim Shoppen in einem Eiscafé. Tamara zeigt Claudia ihre Einkaufstüte und Rechnung. Claudia sagt: „Da hast du aber Super-Schnäppchen gemacht. Eine Hose, ein Pulli und einen Schal für 75,00 EUR. Voll cool!“
   Berechnen Sie die Preise für die Hose, den Pulli und den Schal, wenn die Hose dreimal so viel wie der Pulli und der Pulli sechsmal so viel wie der Schal gekostet hat.

b. Die Gerade g ist durch die folgenden Gleichung gegeben: $y = 0{,}5x - 2$
   Die Gerade h verläuft senkrecht zu g und geht durch den Punkt $P(2\,|\,4)$.

   1. Zeichen Sie die Geraden g und h in ein rechtwinkliges Koordinatensystem (1 LE = 1 cm). Platzbedarf: $-2 \le x \le 7$; $-3 \le y \le 9$
   2. Bestimmen Sie die Gleichung der Geraden h.
   3. Geben Sie den Schnittpunkt S der Geraden g mit der Geraden h an und berechnen Sie die Länge der Strecke PS.

c. Für eine neue ICE-Trasse muss ein 500 m langer und 4 m hoher Bahndamm aufgeschüttet werden, der im Querschnitt die Form eines gleichschenkligen Trapezes hat. Die obere Breite beträgt 6 m, die untere Breite 14 m.

   1. Erstellen Sie eine Skizze.
   2. Welchen Neigungswinkel hat die Böschung?
   3. Wie viel Erdmaterial wird für die Aufschüttung benötigt?

d. Lösen Sie folgende Gleichung:
$2(2x^2 - 5) + 8 = 3x^2 - 6$

Aufgabe 5

a. 1. Zeichnen Sie die folgenden Geraden in ein Koordinatensystem:
g_1: $y = -x + 2$ g_2: $y = -\frac{1}{4}x + 5$ g_3: $x = 6$
2. Diese drei Geraden bilden mit den Koordinatenachsen ein Fünfeck. Berechnen Sie den Flächeninhalt des Fünfecks.
3. Berechnen Sie den Innenwinkel am Schnittpunkt von g_2 und g_3.

b. 1. Zeichnen Sie in die untere Grafik die Koordinatenachsen so ein, dass die Parabel die x-Achse bei 1 und 5 schneidet.
2. Geben Sie die Gleichungen der Parabel und der Geraden an.

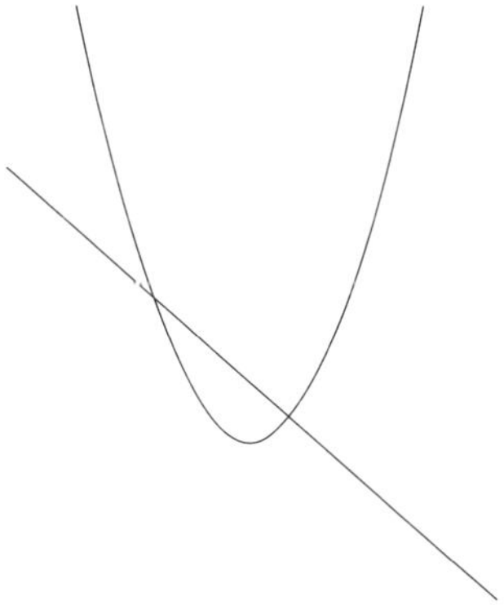

c. Frau Schmidt hebt am Bankschalter 800,00 EUR in 10-Euro-Scheinen und in 5-Euro-Scheinen ab. Zusammen sind es 100 Scheine.
Wie viele Scheine jeder Art sind es?

d. Vereinfachen Sie den Term so weit möglich.
$4x^3 \cdot 2x^2 + 5x^4 \cdot x - 6x^7 \cdot x^{-2}$

Prüfungsaufgaben 2014

Aufgabe 1

a. 1. Eine Gerade g_1 schneidet die x-Achse bei $x = 4$ und die y-Achse bei $y = 2$. Zeichnen Sie die Gerade in ein Koordinatensystem. Bestimmen Sie die Gleichung von g_1.

2. Die Gerade g_2 geht durch die Punkte A(0 | 2) und B(– 4 | 0). Die Gerade g_3 verläuft parallel zu g_2 durch den Punkt C(0 | –2).
Zeichnen Sie g_2 und g_3 in dasselbe Koordinatensystem und geben Sie die Geradengleichungen an.

3. Die Punkte A(0 | 2), B(– 4 | 0), C(0 | –2) und D(4 | 0) bilden eine Raute. Berechnen Sie den Flächeninhalt und den Umfang dieser Raute. Runden Sie, falls nötig, auf zwei Dezimalstellen.

b. Zeigen Sie, dass die folgenden Terme gleich sind.
$T_1 = x(5x - 4) - 4(8 + 3x) - 7x^2$
$T_2 = -2(x + 4)^2$

c. Bei einem Rechteck ist eine Seite doppelt so lang wie die andere. Die Länge der Diagonalen beträgt 45 cm. Wie lang sind die Rechteckseiten? Runden Sie, falls nötig, auf zwei Dezimalstellen.

d.

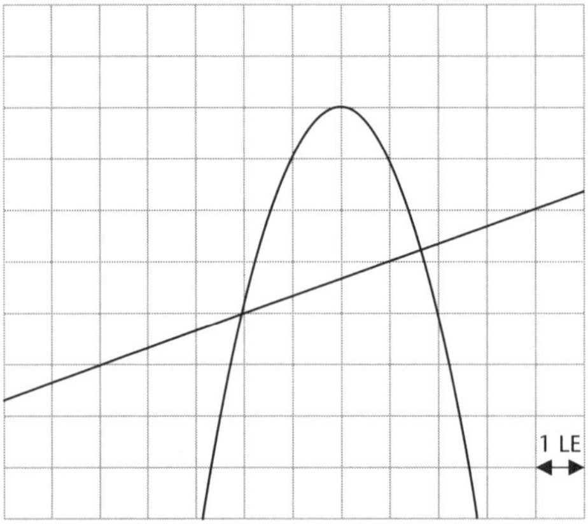

1. Zeichnen Sie ein Koordinatensystem ein, sodass die Gerade eine Ursprungsgerade ist.
2. Bestimmen Sie die Gleichung der Geraden und die Gleichung der Parabel in allgemeiner Form.

Aufgabe 2

a. Das Schaubild zeigt die Bevölkerungszahlen der Stadt Freiburg:

Prognosevarianten: Die Entwicklung der Bevölkerungszahl von Freiburg bis 2030*

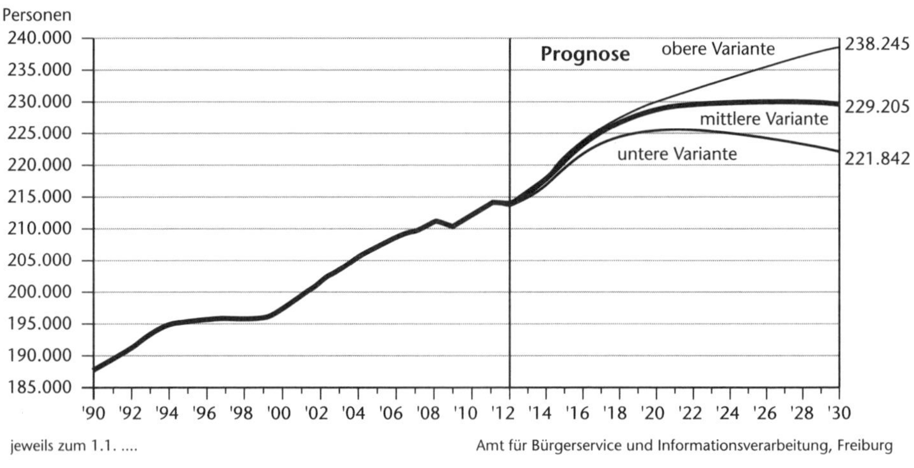

jeweils zum 1.1. ....

Amt für Bürgerservice und Informationsverarbeitung, Freiburg

1. Wie viele Einwohner hatte Freiburg ungefähr am 01.01.1990 und am 01.01.2012? Um wie viele Einwohner nahm die Bevölkerung Freiburgs in diesem Zeitraum ungefähr durchschnittlich pro Jahr zu?
2. Beschreiben Sie die Entwicklung der Bevölkerung bis 2030 anhand der drei dargestellten Varianten.

b. Die Normalparabel mit der Gleichung $y = x^2$ wird an der x-Achse gespiegelt, mit dem Faktor 2 gestreckt, um 3 nach links und um 1 nach oben verschoben. Geben Sie die Parabelgleichung an.

c. Vereinfachen Sie folgenden Term so weit wie möglich:

$$\sqrt{\frac{6a^5b^2}{5c}} : \sqrt{\frac{2ab^2}{15c^3}} - 2a^2c$$

d. Die Gerade g ist gegeben durch g: $y = -\frac{1}{2}x + 3{,}5$.

Die Gerade h verläuft durch die Punkte A(–3 | 0) und B(–1 | 4).

1. Berechnen Sie die Gleichung der Geraden h.
2. Zeichnen Sie die beiden Geraden in ein Koordinatensystem und lesen Sie den Schnittpunkt ab.
3. Tim behauptet: „Der Flächeninhalt, den die beiden Geraden mit der x-Achse einschließen, ist 16-mal so groß wie die Fläche, die die beiden Geraden mit der y-Achse einschließen." Überprüfen Sie die Behauptung.

Aufgabe 3

a. Gegeben sind die Parabel p und die Gerade g durch die Gleichungen:

p: $y = ax^2$ und g: $y = -\frac{1}{2}x + b$

1. Berechnen Sie für a = 1 und b = 3 die Koordinaten der Schnittpunkte von Parabel und Gerade.
2. Der Faktor a hat Einfluss auf die Form und Öffnung der Parabel. Beschreiben Sie, wie sich Form und Öffnung gegenüber der Normalparabel ändern, wenn a folgende Bedingungen erfüllt:

   $a > 1$ oder $-1 < a < 0$ oder $a < -1$

3. Die folgende Tabelle gehört zu einer Parabel mit der Gleichung $y = ax^2$. Bestimmen Sie den zugehörigen Wert von a.

x	–0,4	0	0,4
y	0,2	0	0,2

b. In einer Bank sind falsche Münzen aufgetaucht. Der Kassierer nimmt an einem Tag 115 Münzen entgegen. Darunter sind echte und falsche Münzen. Eine echte Münze wiegt 8 g, eine falsche nur 7 g. Alle Münzen wiegen zusammen 892 g.

Berechnen Sie die jeweilige Anzahl der echten und der falschen Münzen.

c. Schüttet man Sand von einem Förderband auf eine ebene Fläche, so formt sich ein sogenannter Schüttkegel auf. Auf dem Lagerplatz der Firma Sand & Co. liegt ein solcher Schüttkegel. Dieser hat am Boden einen Umfang von 38 m und eine Höhe von 6 m.

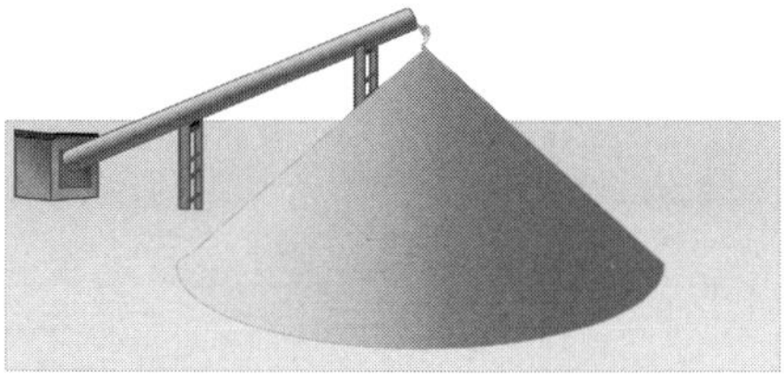

Quelle: www.uni-due.de

1. Kann die Firma damit einen Auftrag über eine Lieferung von 200 m^3 Sand erfüllen?
2. Bei feuchtem Sand beträgt der Böschungswinkel (Neigungswinkel zur Horizontalen) des Kegels ungefähr 45°, bei trockenem Sand ca. 30°. Welche Sandart liegt hier vor?
3. Das Förderband von Sand & Co. hat eine Länge von 15 m. Der Fußpunkt des Förderbandes liegt 12 m vom Mittelpunkt der Kegelgrundfläche entfernt. Wie hoch kann der Schüttkegel maximal werden?

Aufgabe 4

a.

W1

X	–3	–2	–1	0	1	2
y	0	–3	– 4	–3	0	5

W2

X	–3	–2	–1	0	1	2
y	0	1	2	3	4	5

1. Gegeben sind die beiden Wertetabellen W1 und W2.
   W1 gehört zu einer Parabel p, W2 gehört zu einer Geraden g. Woran können Sie ohne Rechnung erkennen, dass diese Zuordnung stimmt?
2. Bestimmen Sie die Steigung und den y-Achsenabschnitt von g und geben Sie die Gleichung der Geraden an.
3. Bestimmen Sie die Koordinaten des Scheitelpunkts von p sowie die Schnittpunkte von p mit den beiden Koordinatenachsen. Geben Sie die Gleichung der Parabel an.
4. In welchen Punkten schneiden sich die Schaubilder von p und g?

b. Berechnen Sie die Lösung der folgenden Gleichung.

$$(4x - 7)\,(x + 5) = (2x + 3)\,(2x - 3)$$

c. Herr Müller möchte einen defekten Halogenstrahler seiner Schreibtischlampe ersetzen. Hierzu vergleicht er die Gesamtkosten eines Halogenstrahlers mit denen einer Strom sparenden LED-Lampe.

Der Halogenstrahler kostet 2,80 EUR. Er verursacht durchschnittlich pro Tag Stromkosten in Höhe von 2,5 ct.

Die LED-Lampe kostet 15,00 EUR. Sie verursacht bei gleicher Leuchtdauer pro Tag nur ein Fünftel der Stromkosten des Halogenstrahlers.

1. Stellen Sie für die Gesamtkosten der Lampen jeweils eine Gleichung auf. ($x \triangleq$ Tage, $y \triangleq$ EUR)
2. Stellen Sie den Verlauf der Gesamtkosten beider Lampen in Abhängigkeit von der Zeit in einem Koordinatensystem dar.
   (100 Tage $\triangleq$ 1 cm, 5 EUR $\triangleq$ 1 cm)
3. Berechnen Sie den Zeitpunkt, ab dem die LED-Lampe günstiger ist. Wie hoch sind die Kosten bis zu diesem Zeitpunkt?

Aufgabe 5

a. Gegeben ist die Gerade g mit der Gleichung $y = -\frac{1}{2}x + \frac{3}{2}$.
   Die Gerade h verlauft durch den Punkt $P(-3 \mid 7)$ und hat die Steigung $m = -\frac{2}{3}$.

   1. Zeichnen Sie die Geraden g und h in ein rechtwinkliges Koordinatensystem (1 LE $\triangleq$ 1 cm) und geben Sie die Gleichung der Geraden h an.
   2. Berechnen Sie die Koordinaten des Schnittpunkts S der Geraden g und einer weiteren Geraden k mit der Gleichung $y = -\frac{1}{2}x + 6$.
   3. Berechnen Sie den Winkel, welchen die Gerade g mit der x-Achse einschließt.

b. Lösen Sie das folgende lineare Gleichungssystem:

$$3y - 15 = x$$
$$-2x + 3y - 8 = 10$$

c. Ein Piercing besteht aus einem zylinderförmigen Stab mit zwei aufgeschraubten Kegeln. Der Stab besitzt einen Durchmesser von 1,2 mm. Der Abstand zwischen den beiden Kegeln beträgt 28 mm. Die Höhe des Kegels ist genauso groß wie sein Durchmesser.

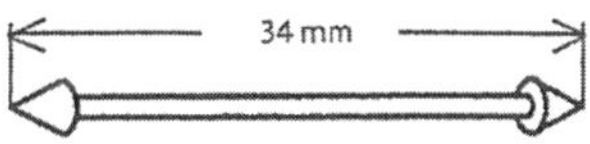

   1. Berechnen Sie das Volumen des Piercings.
   2. Zur Herstellung hautverträglicher Piercings wird der Rohstoff Titan verwendet. Ein Unternehmen benötigt zur Herstellung von 1.500 Piercings 300 Gramm Rohstoff. Wie hoch sind die Materialkosten für ein Piercing, wenn das Unternehmen für ein Kilogramm Titan 25,00 EUR bezahlt ?
   3. Der Stab wird nun so gebogen, dass der Winkel $\alpha = 90°$ beträgt. Die Länge der gestrichelten Linie beträgt 28 mm. Berechnen Sie den gekennzeichneten Durchmesser d des Piercings.

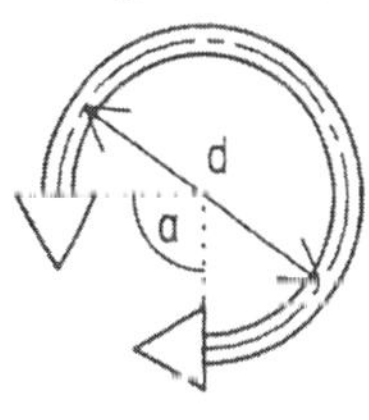

Prüfungsaufgaben 2015

Aufgabe 1

a. 1. Ordnen Sie der in der Abbildung dargestellten Parabel p die richtige Gleichung zu und begründen Sie Ihre Wahl.

(1) $y = -x^2 + 2x + 3$

(2) $y = 0{,}5x^2 + 3$

(3) $y = x^2 - 4x + 3$

(4) $y = x^2 + 2x - 1$

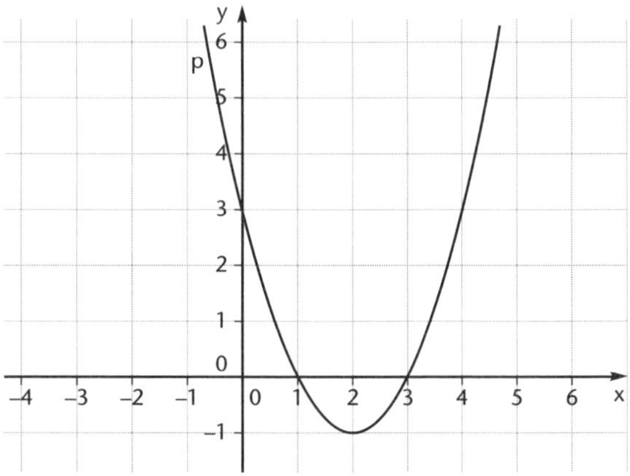

2. Geben Sie die Gleichung der Parabel in Scheitelform an.

3. Eine Gerade schneidet die Parabel in den Punkten P(–1 I 8) und Q(4 I 3).
Bestimmen Sie die Gleichung dieser Geraden durch Rechnung.

b. Ein Kegel und eine Pyramide mit quadratischer Grundfläche sind jeweils 12 cm hoch und haben dasselbe Volumen. Der Grundkreisradius des Kegels beträgt r = 3,5 cm.

1. Berechnen Sie die Länge der Grundkante a der Pyramide.

2. Berechnen Sie die Oberfläche der Pyramide für a = 6,2 cm.

c. Vereinfachen Sie folgenden Term so weit wie möglich:

$$\frac{\sqrt{32x^2y} \cdot \sqrt{8x^3y^2}}{\sqrt{4xy}}$$

d. Ein Beerenanbaubetrieb bietet seinen Erntehelfern drei Verträge zur Auswahl an.
Ab welchen täglichen Erntemengen ist Vertrag C im Vergleich zu den anderen beiden Verträgen für den Betrieb am günstigsten?

Vertrag A: 25,00 EUR pro Tag plus 80 Cent je kg Erntemenge
Vertrag B: 35,00 EUR pro Tag plus 50 Cent je kg Erntemenge
Vertrag C: 45,00 EUR pro Tag

Aufgabe 2

a. Lösen Sie die Gleichung: $(x-4)^2 = 2 \cdot (8-x) - 7 \cdot \left(x - \frac{6}{7}\right)$

b. Drei Gefäße A, B und C werden gleichmäßig mit Wasser befüllt. Das untere Diagramm zeigt an, wie im Lauf der Zeit x die Wasserhöhe y in den Gefäßen ansteigt. Dabei wird x in Sekunden und y in cm gemessen.

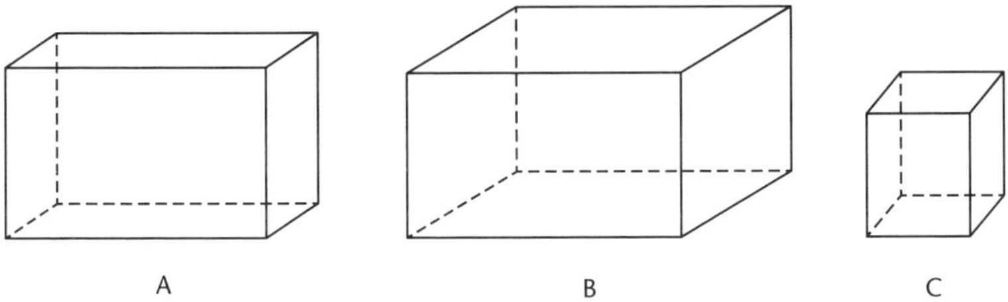

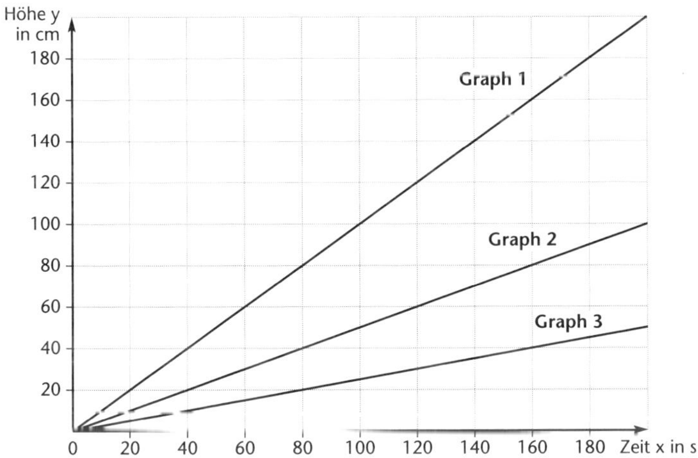

1. Begründen Sie, welches Gefäß zu welchem Graphen gehört.
2. Gefäß A ist 40 cm lang, 10 cm breit und 80 cm hoch.
   Wie lange dauert es, bis Gefäß A vollständig gefüllt ist?
3. Gefäß A soll durch ein zylindrisches Gefäß ersetzt werden, sodass beim Befüllen der gleiche Graph wie bei Gefäß A entsteht.
   Welchen Radius hat der passende Zylinder?

c. 1. Die Punkte A(–1 I 1), B(7 I 1) und C(1 I 4,5) sind die Eckpunkte eines Dreiecks. Zeichnen Sie dieses Dreieck in ein Koordinatensystem.
2. Prüfen Sie durch Rechnung nach, ob dieses Dreieck rechtwinklig ist.
3. Die Gerade g geht durch die Punkte A und C, die Gerade h durch die Punkte A und B. Bestimmen Sie die Gleichungen von g und h.

Aufgabe 3

a. Gegeben sind die Schaubilder der Parabel p_1 und der Parabel p_2.

1. Bestimmen Sie die Gleichung der Parabel p_1.
2. Berechnen Sie den Abstand der Scheitelpunkte der Parabel p_1 und der Parabel p_2.

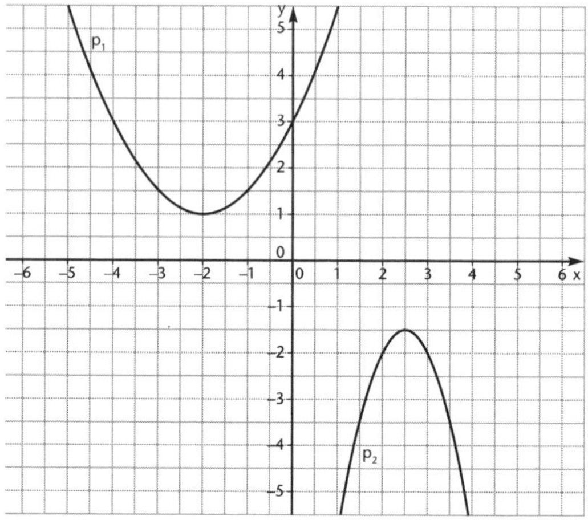

b. Gegeben ist das lineare Gleichungssystem.

$$-\frac{1}{9}x = -\frac{1}{3}y - \frac{2}{3}$$

$$-\frac{4}{3}x + 5 = 2y$$

1. Lösen Sie das lineare Gleichungssystem.
2. Geben Sie zur unteren Gleichung eine weitere Gleichung an, sodass das neue Gleichungssystem keine Lösung hat.

c. Die Tankanzeige eines mit konstanter Geschwindigkeit fahrenden vollgetankten Autos kann durch die Geradengleichung $y = -0{,}06x + 50$ beschrieben werden (x: gefahrene Strecke in km; y: vorhandene Benzinmenge im Tank in Liter).

1. Zeichnen Sie die Gerade in ein rechtwinkliges Koordinatensystem (100 km $\hat{=}$ 1 cm; 10 Liter $\hat{=}$ 1 cm).
2. Wie viel Liter zeigt die Tankanzeige zu Beginn der Fahrt an?
3. Der Urlaubsort ist 850 km entfernt. Reicht eine Tankfüllung, um bis zum Urlaubsort zu fahren?
4. Wie groß ist der Benzinverbrauch in Liter pro gefahrene 100 km?

d. Ergänzen Sie die Symbole durch die fehlenden Werte:

$$\frac{?}{16b} = \frac{5a}{4b} = \frac{30a^2}{\bigcirc} = \frac{25a}{\square}$$

Aufgabe 4

a. Gegeben sind die beiden Geraden f und g.

f: $2y + 3x + 2 = 0$

g: $y = -0{,}5x + 2$

Die Gerade h verläuft durch die Punkte A(–1 I 0,5) und B(2 I 1,5).

1. Zeichnen Sie die Geraden f, g und h in ein rechtwinkliges Koordinatensystem.
2. Berechnen Sie die Koordinaten des Schnittpunktes der Geraden f und g.
3. Die Gerade g schließt mit der x- und der y-Achse ein Dreieck ein.
   Berechnen Sie die Innenwinkel dieses Dreiecks.

b. Herr Gold bestellt für die Modeschmuckabteilung Armbänder und Halsketten. Insgesamt sind es 47 Schmuckstücke. Die Armbänder kosten 12,00 EUR je Stück und die Halsketten 18,00 EUR je Stück. Die Gesamtkosten betragen 768,00 EUR. Wie viele Armbänder und Halsketten hat Herr Gold bestellt?

c. Aus einem rechteckigen Pappkarton soll die Verpackung für Mini-Lebkuchen ausgeschnitten werden. Die Form der Verpackung ist in der Abbildung grau unterlegt.

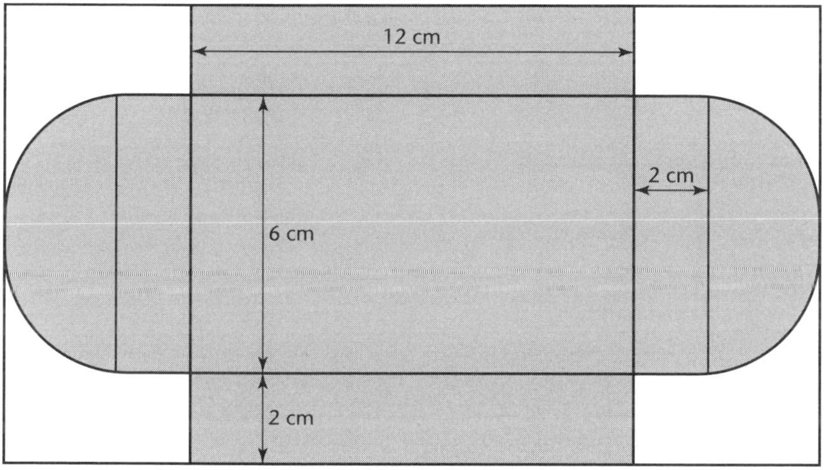

1. Wie groß ist die Fläche des für die Schachtel benötigten Kartons?
2. Wie viel Prozent Abfall entsteht beim Ausschneiden der Verpackung aus dem rechteckigen Karton?

Aufgabe 5

a. Gegeben ist die Parabel p: $y = x^2 + 4x + 3$.

1. Zeichnen Sie das Koordinatensystem so ein, dass es sich um p handelt. Es gilt: 1 LE $\triangleq$ 1 Kästchen
2. Wie lautet die neue Parabelgleichung, wenn die Parabel in der Zeichnung senkrecht so verschoben wird, dass sie die x-Achse berührt?

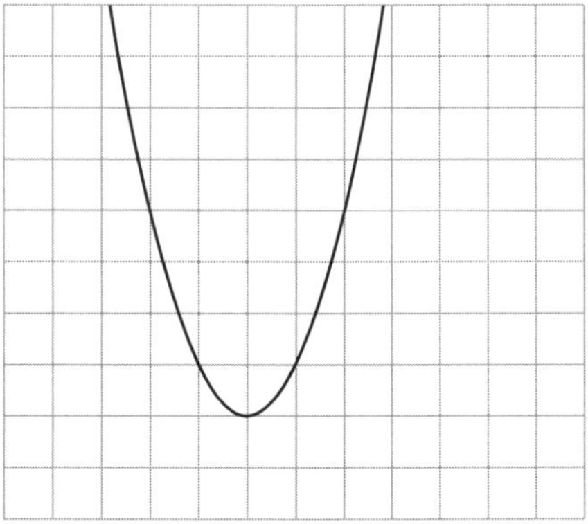

b. Die Giebelseite eines Hauses ist achsensymmetrisch. Ihre Breite ist b = 14 m, die Giebelhöhe ist h = 6 m und die Traufhöhe beträgt c = 3,30 m. In gerader Verlängerung des Daches wird ein 5 m langer Wintergarten angebaut. Dabei soll der Wintergarten an der niedrigsten Stelle eine Höhe von d = 2 m haben.

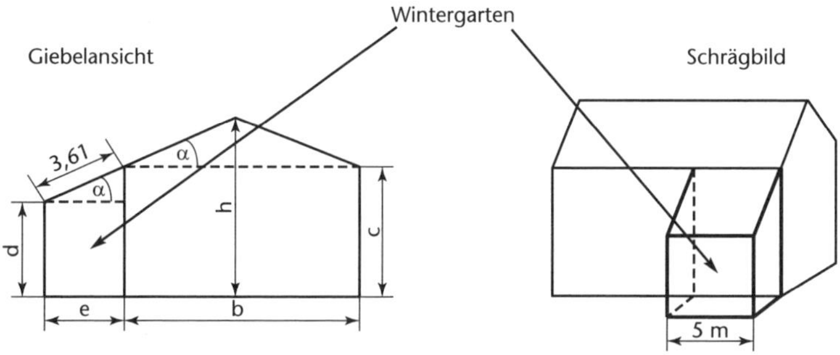

1. Berechnen Sie den Dachneigungswinkel α.
2. Berechnen Sie die Breite e des Wintergartens. Wie viele Quadratmeter Wohnfläche werden dadurch dazugewonnen?
3. Der 3,37 m breite Wintergarten soll an allen drei Seiten und seinem Dach komplett verglast werden. Das Glas kostet pro Quadratmeter 400,00 EUR zuzüglich Arbeits- und weiterer Materialkosten von 20 %. Der Anbau soll nicht mehr als 20.000,00 EUR kosten. Ist der Anbau unter diesen Voraussetzungen realisierbar?

c. Gegeben sind die zwei Geraden g und h mit
g: $y = a \cdot x + 6$ und
h: $y = -x + 6$.

1. Beschreiben Sie in vollständigen Sätzen, wie sich der Verlauf der Geraden g verändert, wenn der Faktor a verändert wird.
2. Berechnen Sie a so, dass der Punkt P(1 I 7) auf der Geraden g liegt.
3. Berechnen Sie den Schnittpunkt der Geraden h mit der x-Achse.
4. Geben Sie die Gleichung einer Geraden an, die senkrecht zu h verläuft.

Prüfungsaufgaben 2016

Aufgabe 1

a. Ein Energieversorger bietet die Tarife „one" und „more" an.
Beim Tarif „one" beträgt der monatliche Grundpreis 5,00 EUR, der Preis pro geleisteter kWh beträgt 30 Cent.
In Tarif „more" werden ein monatlicher Grundpreis von 15,00 EUR und pro geleisteter kWh 25 Cent in Rechnung gestellt.

Hinweis: Der Stromverbrauch wird in Kilowattstunden (kWh) gemessen.

1. Geben Sie für jeden Tarif die entsprechende Kostengleichung an ($x \mathrel{\hat{=}}$ Verbrauch in kWh und $y \mathrel{\hat{=}}$ Kosten in EUR).
2. Zeichnen Sie die Schaubilder der beiden Tarife in ein Koordinatensystem (x-Achse: 50 kWh $\hat{=}$ 1 cm und y-Achse: 10,00 EUR $\hat{=}$ 1 cm).
3. Ermitteln Sie aus Ihrer Zeichnung, ab welchem Stromverbrauch der Tarif „more" günstiger wird. Wie hoch sind die Kosten bei diesem Stromverbrauch?
Prüfen Sie Ihr Ergebnis rechnerisch nach.
4. Der Energieversorger möchte den monatlichen Grundpreis im Tarif „more" auf 20,00 EUR erhöhen und dafür den Preis pro kWh senken.
Wie viel Cent darf die kWh nur noch kosten, damit für Kunden mit einem monatlichen Verbrauch von 250 kWh die Kosten gleich bleiben?

b. 1. Bringen Sie folgende Gleichung auf die Form $x^2 + 5x + 6 = 0$.

$$(x + 5)(x - 5) + (x + 3)(x + 2) - 10x = (x - 5)^2 - 50$$

2. Bestimmen Sie die Lösungen der Gleichung $x^2 + 5x + 6 = 0$.

3. Welche grafische Bedeutung könnten die Lösungen der Gleichung $x^2 + 5x + 6 = 0$ haben?

c. Die Talstation der Seilbahn Mont Fort liegt auf 2.904 m über dem Meeresspiegel. Das Tragseil zwischen Tal- und Bergstation hat in gespanntem Zustand eine Länge von 1.425 m und steigt in einem Winkel von 17° an.
Berechnen Sie die Höhe der Bergstation über dem Meeresspiegel.

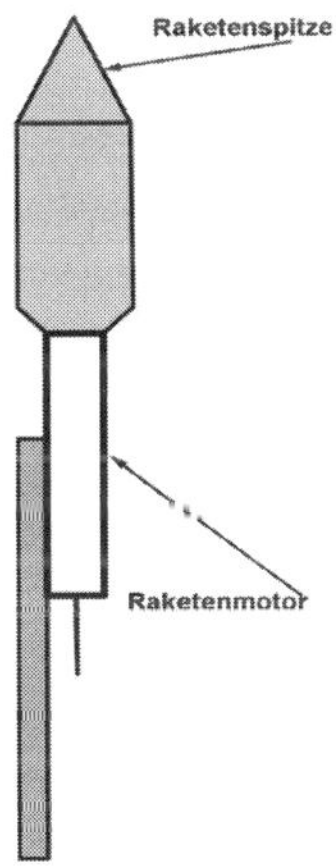

Aufgabe 2

a. Eine Firma stellt Feuerwerksraketen her.
1. Berechnen Sie, welches Treibsatzvolumen von der Firma in den zylindrischen Raketenmotor gefüllt werden kann, wenn dieser außen eine Länge von 11 cm, einen Außendurchmesser von 3,1 cm sowie eine Materialdicke von 3 mm hat.
2. Die kegelförmige Raketenspitze hat ein Volumen von 50 cm^3 und eine Höhe von 5 cm. Berechnen Sie den Durchmesser der Grundfläche der Raketenspitze.

b. Bestimmen Sie die Scheitelpunkte der folgenden Parabeln:
   1. $y = 3(x + 2)^2 - 4$
   2. $y = \frac{1}{2}x^2 - 1$
   3. $y = (x - 2)(x + 2)$
   4. $y = -(x - 5)^2$

c. Eine Gerade g besitzt die Steigung m = 2 und geht durch den Punkt A(1 | 5). Eine weitere Gerade h ist parallel zu g und geht durch den Punkt B(–1 | 4).
   1. Bestimmen Sie die Gleichung von g rechnerisch.
   2. Zeichnen Sie die beiden Geraden g und h in ein rechtwinkliges Koordinatensystem ein und bestimmen Sie die Gleichung von h.
   3. Liegt der Punkt C(–10,5 | –18) auf einer der beiden Geraden g oder h? Begründen Sie.
   4. Bestimmen Sie die Gleichung der Geraden i, auf der die Punkte A und B liegen.

d. Vereinfachen Sie soweit möglich:

$$\frac{\sqrt{16a^2}}{\sqrt{4a}} \cdot \frac{\sqrt{12a}}{\sqrt{3}} - \sqrt{25a^2}$$

Aufgabe 3

a. In der Grafik ist eine der drei Parabeln eine an der x-Achse gespiegelte, nicht verschobene Normalparabel.
   1. Zeichnen Sie die x- und y-Achse ein und beschriften Sie diese vollständig.
   2. Geben Sie eine Gleichung von p_1 an.
   3. Geben Sie die Gleichung von p_2 in der allgemeinen Form an.
   4. Wie lautet die Scheitelform der Gleichung von p_3?

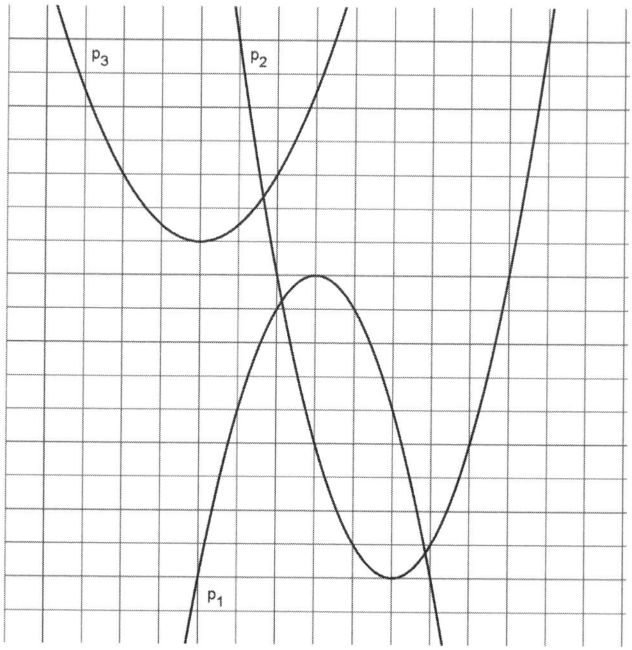

b. Bestimmen Sie rechnerisch die Lösung des folgenden Gleichungssystems:

$$\frac{1}{3}x + \frac{1}{4}y = \frac{5}{2}$$

$$\frac{1}{2}x + \frac{1}{8}y = 2$$

c. Füllen Sie die Tabelle aus:

x	– 0,5	0	2,5	
y = 0,5x – 4,5				0

d. Ein Schwimmbecken ist 25 m lang, 12 m breit und 1,5 m tief.
   1. Das Wasser im randvollen Becken soll abgelassen werden.
      Wie lange dauert es, bis das Becken leer ist, wenn 36 m^3 pro Stunde abfließen können?
   2. Es ist mit 200.000 Litern Wasser befüllt worden.
      Wie hoch steht das Wasser darin?

Aufgabe 4

a. Von einem gleichschenkligen Dreieck sind die Grundseite c = 11,6 cm und die Höhe h_c = 7,4 cm bekannt.
   1. Berechnen Sie den Umfang des Dreiecks.
   2. Berechnen Sie die Innenwinkel des Dreiecks.

b. Die Parabeln p_1 und p_2 sind durch die folgenden Gleichungen gegeben:

$$p_1 : y = \frac{1}{4}x^2 - \frac{1}{2}x - \frac{15}{4}$$

$$p_2 : y = -(x + 1)^2 + 4$$

   1. Berechnen Sie die Schnittpunkte der Parabel p_1 mit der x-Achse.
      Geben Sie die Gleichung der Parabel p_1 in der Scheitelform an.
   2. Zeichnen Sie die Parabeln p_1 und p_2 in ein rechtwinkliges Koordinatensystem.
   3. Geben Sie die Gleichung der Geraden an, die durch die Scheitelpunkte der Parabeln verläuft. Wenn Sie die Scheitelpunkte nicht bestimmt haben, nehmen Sie stattdessen die Punkte $p_1(2 \mid -8)$ und $p_2(-2 \mid 8)$.

c. Gegeben ist die Gleichung y = – 3x + 6.
   1. Geben Sie die Gleichung einer Geraden an, die parallel zu g liegt.
   2. Geben Sie die Gleichung einer Geraden an, die g auf der y-Achse schneidet.

d. Stellen Sie die folgende Formel nach der Variablen t um:

$$s = \frac{1}{2}at^2 + b$$

Aufgabe 5

a. Ein Innenhof soll saniert werden. Dabei werden die Pflastersteine ersetzt.

1. In der Flächenmitte wird eine Grünfläche mit 1,2 m Durchmesser nicht gepflastert.
   Es muss mit einem Verschnitt von 15 % gerechnet werden.
   Berechnen Sie die benötigte Bestellmenge an Pflastersteinen in m^2.
2. Wie hoch sind die Kosten für die Pflastersteine, wenn 1 m^2 17,00 EUR kostet?

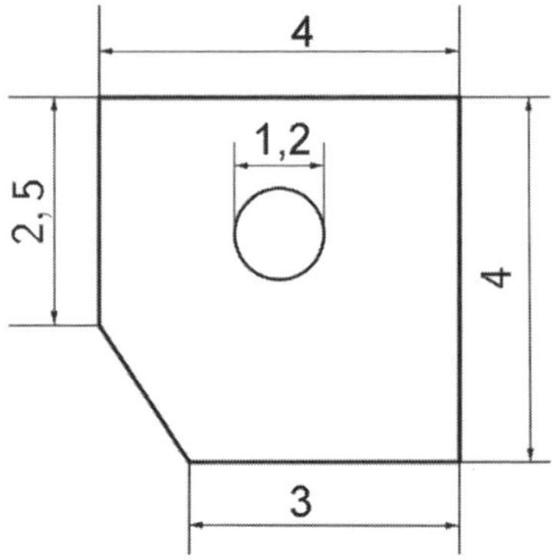

b. Herr Müller kauft auf dem Wochenmarkt insgesamt 4 kg Obst (Äpfel und Orangen). Er bezahlt 7,50 EUR. Die Äpfel sind mit einem Preis von 1,50 EUR/kg, die Orangen mit 2,50 EUR/kg ausgezeichnet. Berechnen Sie, wie viel kg Äpfel und Orangen Herr Müller eingekauft hat.

c. Das Schaubild zeigt die Geraden g und h.

1. Bestimmen Sie die Geradengleichungen von g und h.
2. Die Geraden bilden zusammen mit den Koordinatenachsen ein Viereck.
   Bestimmen Sie die Fläche des Vierecks.
3. Bestimmen Sie den Winkel, den die Gerade g mit der x-Achse bildet.
4. Geben Sie die Gleichung einer senkrechten sowie einer waagrechten Geraden an, die beide durch den Schnittpunkt der Geraden verlaufen.

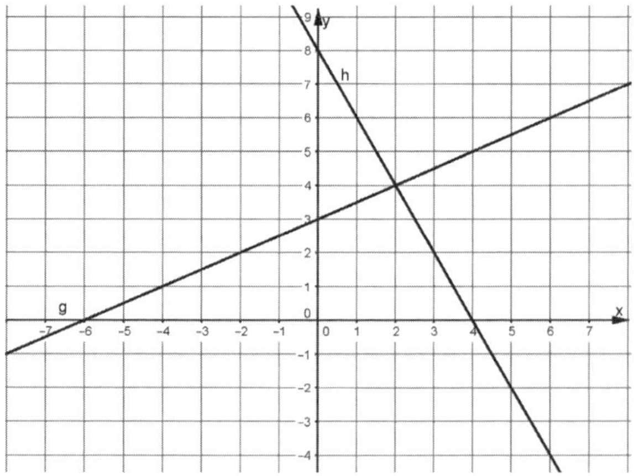

d. Der Gateway Arch in St. Louis ist ein parabelförmiger Bogen mit einer Höhe von 192 m. Die Breite des Bogens entspricht der Höhe des Bogens.
Stellen Sie eine Gleichung zur Beschreibung des Bogens in einem Koordinatensystem auf. Erläutern Sie die Lage des Bogens in dem von Ihnen gewählten Koordinatensystem mit einer Skizze.

Bildquelle: en.wikipedia.org

5 Prüfungsaufgaben Deutsch

Prüfungsaufgaben 2013

Aufgabentyp I: Stellungnahme ohne Textgrundlage

Girls' Day – Boys' Day: Mädchen in Männerberufe, Jungen in den sozialen Bereich?
Jedes Jahr an einem Tag im April schnuppern Mädchen in technische und Jungen in pflegerische und soziale Berufsfelder.

Halten Sie solche Tage für sinnvoll? Nehmen Sie Stellung.

Aufgabentyp II: Stellungnahme auf der Grundlage eines Sachtextes

- Geben Sie die Hauptgedanken des Textes wieder.
- Nehmen Sie Stellung zu einem möglichen Verbot von Kopfhörern für Fußgänger.

Ramsauer will die Stöpsel ziehen
von Hagen Strauss

Berlin. Sind die Knöpfe im Ohr mit Schuld daran, dass die Zahl der Verkehrstoten in Deutschland wieder steigt? Bundesverkehrsminister Peter Ramsauer (CSU) glaubt Ja und ist alarmiert. Der Minister sagt daher jetzt der Nutzung von Kopfhörern im Straßenverkehr den Kampf an. Laut Statistischem Bundesamt sind erstmals seit 20 Jahren in 2011 wieder deutlich mehr Menschen auf den Straßen gestorben. Darunter immer mehr Fußgänger – ein Plus von 25 Prozent haben die Statistiker bei dieser Gruppe festgestellt. [...] „Mit lauter Musik oder dem Handy in den Ohren schlafwandeln sie über Straßen und Bahnsteige. Sie hören herannahende Autos, Radler, Bahnen nicht kommen. Das ist ein sehr gefährlicher Trend", so der Minister. Gelten müsse aber: „Umsicht, Rücksicht – und das heißt: Augen und Ohren auf."

Das Bundesamt hatte kürzlich vorhergesagt, dass es 2011 voraussichtlich 3900 Verkehrstote geben werde, sieben Prozent mehr als noch 2010. Besonders erschreckend: Auch die Opferzahl in der Altersgruppe der 15- bis 17-Jährigen soll rapide angestiegen sein. Bei der Facebook-Generation sind die Stöpsel im Ohr besonders beliebt. Dass iPod, MP3-Player oder ein Headset zum Telefonieren zur Todesfalle werden können, belegt auch eine unlängst veröffentlichte Studie des Allianz-Zentrums für Technik. Danach ist Ablenkung am Steuer die Hauptursache von jedem zehnten Autounfall. [...]

Laut Ramsauer sind solche Erhebungen „erschreckend". Unaufmerksamkeit sei ein hohes Unfallrisiko, warnt der CSU-Mann. Und auch der ADAC riet gestern den Verkehrsteilnehmern, sich nicht durch starke Geräusche per Kopfhörer abzuschotten.

Noch will es Ramsauer bei einem Appell an die Vernunft der Bürger belassen. Vor einer gesetzlichen Regelung wie einem Kopfhörer-Verbot für Fußgänger schreckt er zurück. Zunächst müsse weiter versucht werden, zu einem insgesamt aufmerksameren und rücksichtsvolleren Verhalten im Straßenverkehr zu kommen, heißt es im Ministerium. Gleichwohl gilt: Wer mit Ohrhörern zu Fuß unterwegs ist und dadurch einen anderen schädigt oder gefährdet, muss mit einer Geldbuße rechnen, wenn er erwischt wird. Dagegen ist es Autofahrern und Radfahrern bereits verboten, Kopfhörer zu tragen. Wer dagegen verstößt, dem droht eine Geldbuße von bis zu 35 Euro.

Quelle: Südkurier Nr. 4 vom 05.01.2012

Aufgabentyp III: Textinterpretation

- Verfassen Sie eine Inhaltsangabe.
- Interpretieren Sie die Fabel.

James Thurber: Der Vater und sein Töchterchen[1]

Ein kleines Mädchen bekam zum siebenten Geburtstag sehr viele Bilderbücher, und ihr Vater – er hätte sich lieber ums Geldverdienen kümmern und alles andere seiner Frau überlassen sollen – vertrat die Ansicht, seine Tochter könne ruhig zwei oder drei von den neuen Büchern an einen Nachbarsjungen namens Robert verschenken, den der Zufall oder vielleicht die Habgier gerade an diesem Tag ins Haus geführt hatte.

Ein kleines Mädchen zu überreden, daß es Bücher oder sonst etwas hergibt, ist ebenso schwierig, wie einem Araber seine Waffen oder einem Säugling den Schnuller zu entreißen, aber der Vater setzte seinen Kopf durch, und Robert ging mit zwei Bilderbüchern fort. „Dir bleiben ja immer noch neun", sagte der Vater, der sich für einen großen Philosophen und Kinderpsychologen hielt und es einfach nicht fertigbrachte, solche blöden Reden zu unterlassen.

Einige Wochen später ging der Vater in seine Bibliothek, um im Lexikon das Wort Vater nachzuschlagen und sich an den Lobeshymnen zu ergötzen, die im Laufe der Jahrhunderte auf die Vaterschaft gesungen worden sind. Aber er suchte vergebens nach dem Band V–Z, und dann entdeckte er, daß auch die Bände A–B, F–G und L–M fehlten. Er stellte mit allen Mitgliedern seines Haushalts ein strenges Verhör an und fand bald heraus, was es mit den fehlenden vier Bänden auf sich hatte.

„Heute morgen hat ein Mann an der Haustür geklingelt", berichtete sein Töchterchen. „Er wußte nicht, wie man von hier nach Torrington und von Torrington nach Winsted kommt, und weil er so nett war, viel netter als Robert, habe ich ihm vier von deinen Büchern geschenkt. Das Lexikon besteht ja aus dreizehn Bänden, also bleiben dir immer noch neun."

Moral: Was du nicht willst, daß man dir tu, das füg auch keinem andern zu.

Quelle: Thurber, James: 75 Fabeln für Zeitgenossen, Hamburg, 2006, S. 114 f.

[1] *Hinweis: Aus lizenzrechtlichen Gründen kann der Text nicht in reformierter Schreibung wiedergegeben werden.*

Aufgabentyp IV: Kreatives Schreiben

Schreiben Sie die Geschichte weiter.

Tanja Trageser: Aus!!!

Montag morgen, erste Stunde, Mathematik. Wie jeden Montag morgen sitzt sie neben mir. Fröhlich lächelnd. Aber nicht so ungezwungen wie sonst. Irgendetwas ist anders. Nicht nur ihr Lächeln irritiert mich. Es ist noch etwas anderes. Ist es die neue Frisur? Nein, das ist es nicht. Ihr Make-up? Nein, nicht wirklich. Aber was dann? Ja, jetzt weiß ich es, ihre Augen, sie strahlen nicht wie sonst. Sie wirken wässrig und matt. Wo ist dieses Glänzen, das einen mitreißt? Wo ist die Leidenschaft, die sich darin spiegelt? Wo ist das alles hin? Sie schaut mich an und sieht in meinen Augen die Verwunderung und die Besorgnis. Schnell blickt sie wieder weg. Aber wieso? Wieso lässt sie mich nicht an ihrem Kummer teilhaben? Was ist bloß los? Wieso kann sie nicht mit ihrer besten Freundin reden? Ich weiß es nicht. Aber ich will es wissen. Sehnsüchtig warte ich den Gong ab. [...]

Quelle: www.e-stories.de/view-kurzgeschichten.phtml?1035 [Stand: 11.10.2012]

Prüfungsaufgaben 2014

Aufgabentyp I: Stellungnahme ohne Textgrundlage

Immer wieder ist vonseiten des Einzelhandels die Forderung zu hören, Geschäfte auch am Sonntag öffnen zu dürfen.

Nehmen Sie dazu Stellung.

Aufgabentyp II: Stellungnahme auf der Grundlage eines Sachtextes

- Geben Sie die Hauptgedanken des Textes wieder.
- Nehmen Sie Stellung zu der Forderung, dem Essen wieder mehr Aufmerksamkeit zu schenken.

Ernährungsstudie: Forscher entlarven das Essverhalten der Deutschen

von Lisa Kleine

Fleisch, Fastfood und Fertiggerichte stehen auf dem Speiseplan weit oben. Für viele Deutsche ist das Essen eine Nebensache geworden. Das zeigte eine Studie der Techniker Krankenkasse. Lecker und schnell ist oft wichtiger als gesund.
Jeder Dritte nimmt seine Mahlzeiten vor TV, Internet oder mit dem Smartphone in der Hand ein – das ergab eine Studie zum Essverhalten der Menschen in Deutschland. Das Meinungsforschungsinstitut Forsa befragte dazu im Januar 2013 im Auftrag der Techniker Krankenkasse 1.000 Erwachsene. [...]
Demnach achten junge Erwachsene, Männer und Geringverdiener beim Essen am wenigsten auf ihre Gesundheit. Die älteren Bundesbürger in Deutschland ernähren sich am gesündesten. Vor allem junge Menschen sind während des Essens kaum bei der Sache. Unter den unter 25-Jährigen essen vier von zehn vor dem Fernseher mit der Gabel in der einen und dem Smartphone in der anderen Hand. Auch die Haushaltsgröße scheint entscheidend zu sein. Singles schauen deutlich häufiger beim Essen fern oder surfen nebenbei im Internet, als es in Haushalten mit mehreren Personen der Fall ist.

Essen „to go" ist bei jungen Menschen sehr beliebt. Weil bei vielen die Zeit zum Essen fehlt, steht der Imbiss nebenbei hoch im Kurs. Pommes oder eine Pizzazunge „to go" finden vor allem die 18- bis 25-Jährigen und Menschen mit hohem Bildungsniveau und Einkommen praktisch. Eine täglich selbstgekochte Mahlzeit gibt es nur noch in der Hälfte aller deutschen Haushalte. Schneller und einfacher sind Fertiggerichte wie Tütensuppe oder Fertigpizza. Hauptsächlich Männer und junge Erwachsene geben an, dass sie sich nicht vor den Herd stellen – häufig, weil ihnen die Zeit oder die Lust fehlt.

Das größte Hindernis zu einer gesünderen Ernährung scheint der Studie zufolge fehlende Zeit und Ruhe zu sein, aber auch Durchhaltevermögen und Wille. Mehr als jeder dritte Geringverdiener bräuchte mehr Geld, um sich gesünder ernähren zu können. Auch Berufstätigen fällt es offenbar schwer, eine gesunde Ernährung mit ihrer Arbeit zu vereinen. „Ein Drittel aller Berufstätigen beklagt, dass eine gesunde Ernährung bei der Arbeit schlichtweg nicht möglich ist", sagt Forsa-Geschäftsführer Manfred Güllner. Wieder mal ist die Zeit das Problem, teilweise aber auch die begrenzte Auswahl in den Kantinen. Dafür wird dann abends zu Hause richtig reingehauen – wahrscheinlich vor dem Fernseher. [...]

„Ernährung muss in unserem Alltag wieder mehr Raum bekommen", sagt Jens Baas, Vorstandsvorsitzender der TK. Dabei gehe es nicht um stundenlange Mahlzeiten, sondern darum, dass man dem Essen seine Aufmerksamkeit widme. Immerhin etwa die Hälfte aller Befragten gab an, das Thema Essen sei ihnen sehr wichtig und sie wären bereit, mehr Zeit und Geld in ihre Ernährung zu investieren. Auf der anderen Seite heißt das: Für die andere Hälfte der Bevölkerung ist gute Ernährung eher unbedeutend. [...]

Quelle: Focus vom 22.02.2013

Aufgabentyp III: Textinterpretation

- Verfassen Sie eine Inhaltsangabe.
- Interpretieren Sie die Kurzgeschichte.

Marlene Schulz

Köttel[1] im Gepäck (2011)

Seine Familie nannte ihn Jakob. Die anderen sagten Two, denn er war Jakob, der Zweite. Den ersten kannte er nicht. Ein Onkel.

Tutu, riefen sie ihm manchmal hinterher. Tutu, Tütü, pfiffen sie. Du traust dich ja doch nicht, hatten sie gesagt. Wetten?

Es waren die älteren Jungen auf dem Schulhof, die ihn ausgesucht hatten für ihre Spielchen. Jakob traute sich, schlich in der Dämmerung in Nachbars Garten, öffnete den Stall, packte das Kaninchen am Nacken, hob es hoch, betrachtete das langgestreckte Bauchfell, köttelverfärbt, setzte das Tier in den Rucksack, den der Vater immer aufhatte, wenn sie sonntags hoch in den Wald gingen. Vater, Mutter und alle zwölf Kinder.

Scher dich zum Teufel, schrie er. Was bist du für einer, dass du klauen musst? Hab ich's dir nicht beigebracht, du Gauner. Für dich werd' ich nicht mit dem Finger auf mich zeigen lassen. Ich will dich hier nicht mehr sehen. Raus! Die Mutter hatte die Hand vor den Mund gehalten. Wenn Vater raus sagte, meinte er raus. Kein Reinkommen mehr. Sie hatten einen Stuhl vom

[1] *Kot von Kaninchen*

Esstisch weggestellt, das Foto vom ersten Schultag aus dem Album genommen. Den elf anderen war es verboten, Jakob jemals wieder zu erinnern. So einer gehört nicht zu uns, hatte der Vater gesagt, die Mutter geschwiegen.
Jakob der Zweite. Den Rucksack hatte ihm der Vater hinterhergeworfen. Jakob der Zweite war sechzehn. Alles, was er bei sich hatte, war ein leerer Rucksack. Und ein paar Kaninchenköttel.
Von den Geschwistern waren drei noch am Leben. Adam hatte für das Familientreffen eine Chronik erstellt. Vater, Mutter, das Hochzeitsdatum, die Todestage. Dann der Reihe ihrer Geburt nach die Geschwister, die Angetrauten, Kinder, Enkel. Zuerst die drei Mädchen, dann er selbst, nach ihm Karl. Fünf. Georg, Elisabetha, Heinrich. Acht. Walter, Franziska. Zehn. Und schließlich Herbert.
Sie nannte ihn Jack, Jakob ging ihr zu schwer von der Zunge. Seine Augen mochte sie besonders an ihm. Dieses Blau, wie Vergissmeinnicht. Nein, Familie habe er nicht, keine Geschwister, auch die Eltern bereits früh verloren.

Quelle: www.marleneschulz.info

Aufgabentyp IV: Kreatives Schreiben

Schreiben Sie die Geschichte zu Ende.

Stefan Eschendorf

Olaf

Auf seine Krücken gestützt, die Badetasche um den Hals, schob er sich durch die Eingangstür. Der polternd zuschlagende Türflügel kehrte ihn herein. Im ersten Augenblick fand er es dämmerig und kühl in der altmodischen Eingangshalle, mit der ihn das „Städtische Freibad" empfing, aber durch die weit geöffneten Fenster flutete das Licht des warmen, windigen Sommernachmittags. Dieser auffrischende Wind, der gerade begonnen hatte draußen das Laubwerk der Kastanien zu durchwühlen, verirrte sich in den kahlen Raum und trug das Lärmen und Johlen von den Liegewiesen mit sich.
Olaf, schlank und hochgewachsen, humpelte zum Schalter. Die Kassiererin schaute dem jungen Mann bereits entgegen. Ihr Blick wanderte von seinem verschlossenen Gesicht mit den weichen, zusammengepressten Lippen hinunter zu dem verdrehten Fuß, der an einem verkürzten Unterschenkel nutzlos über die Fliesen kurvte.
„Einmal bitte", sagte Olaf leise, lehnte die rechte Krücke an die Sperre und kramte die erst einmal benutzte Zehnerkarte vor. Während die Kassiererin sie knipste, hörte er Schritte klappern. Er drehte sich um.
Zwei junge Mädchen, 17 oder 18 Jahre alt, waren eingetreten. [...]

Quelle: Bender, Anne und Kalinke, Dagmar (Hrsg.): Liebe – was denn sonst?, München, 1994, S. 114

Prüfungsaufgaben 2015

Aufgabentyp I: Stellungnahme ohne Textgrundlage

Viele Jugendliche machen nach ihrer Schulzeit ein soziales oder ökologisches Jahr.

Nehmen Sie Stellung dazu, ob solch ein Jahr für alle jungen Menschen verpflichtend eingeführt werden sollte.

Aufgabentyp II: Stellungnahme auf der Grundlage eines Sachtextes

- Geben Sie die wesentlichen Inhalte des Zeitungsartikels wieder.
- Nehmen Sie dazu Stellung.

Facebook-Fans im Sonderangebot

von Lukas Koschnitzke

Zuletzt erwischte es Robert Lewandowski. Im Frühjahr 2013 machte der Stürmer, damals noch in Diensten von Borussia Dortmund, durch einen rasanten Anstieg seiner Facebook-Anhänger auf sich aufmerksam. 700.000 neue Fans in nur 48 Stunden – für viele Social-Media-Experten war klar, dass dieser Zustrom keinesfalls allein durch Lewandowskis Leistung auf dem Rasen zu erklären sei. Ihr Vorwurf: Der Stürmer habe mit Geld nachgeholfen und sich seine neuen Fans erkauft. Lewandowski reihte sich damit ein in die lange Riege berühmter Personen und Unternehmen, die bei der Zahl ihrer Online-Anhänger getrickst haben sollen. Der ehemalige amerikanische Präsidentschaftskandidat Mitt Romney ist genauso darunter wie der Reifenverkäufer Pit-Stop [...]. Alle Betroffenen bestreiten die Schummelei freilich – und tatsächlich ist es so gut wie unmöglich, ihnen Fan-Käufe nachzuweisen.

Dass die Vorwürfe dennoch weiter durch das Internet wabern[1], hat viel mit den Unternehmen zu tun, die auf speziellen Internetseiten ganze Komplettpakete an Likes und Followern anbieten. Sie liefern sich derzeit einen regelrechten Preiskampf: 100 deutsche Facebook-Fans gibt es „im Sonderangebot schon für unschlagbare 8,49 Euro“; Anhänger aus anderen Ländern sind sogar noch günstiger: 2.000 von ihnen sind ab 14,99 Euro zu haben – macht nicht einmal zwei Cent je internationalen Facebook-Fan. Und bei Twitter kann man die eigene Gefolgschaft für ähnlich kleines Geld aufrüsten. „Mit dem Kauf unserer Dienstleistung erwerben Sie einen echten Mehrwert“, verspricht ein Anbieter. [...]

Boten die Anbieter vor zwei Jahren vor allem nur Facebook-Likes und Twitter-Follower an, ist das Angebot heute deutlich vielfältiger: Klicks für Youtube-Videos, persönliche Blog-Kommentare oder Nutzer, die sich auf Musikplattformen bestimmte Lieder anhören – all das lässt sich mittlerweile im Netz bestellen. [...]

Doch was bringt die erschummelte Beliebtheit in sozialen Netzwerken überhaupt? Die Betreiber der Online-Shops argumentieren damit, ihr Nachhelfen sei vor allem für neue Profile mit erst wenigen Likes oder Followern nützlich. „Denen geben wir eine

[1] *hier: immer wieder auftauchen*

kleine Starthilfe, damit mehr Leute auf sie aufmerksam werden", sagt der Inhaber eines Anbieters. Zum Beispiel bestellten viele neugegründete Bands auf seiner Seite Online-Fans – konkrete Beispiele will er allerdings nicht nennen. [...]

Die Trickserei kann auch nach hinten losgehen, wenn Facebook etwa bemerkt, dass die angeblichen Fans einer Seite vor allem aus gekauften Profilen bestehen. Denn die Fake-Anhänger werden nicht nur unverzüglich entfernt, wie eine Sprecherin bestätigt. Bei besonders drastischen Fällen kann Facebook sogar die ganze Seite löschen: Statt mit Tausenden neuen Fans steht man dann plötzlich allein da.

Quelle: Frankfurter Allgemeine Zeitung vom 27.09.2014

Aufgabentyp III: Textinterpretation

- Verfassen Sie eine Inhaltsangabe.
- Interpretieren Sie die Kurzgeschichte. Gehen Sie dabei vor allem auf die Bedeutung des Hundes ein.

William M. Harg (1872–1951): Der Retter

Der Schoner[1] „Christoph" ging so sanft unter, dass Senter, der einzige Mann am Ausguck, nichts empfand als Staunen über das Meer, das zu ihm emporstieg. Im nächsten Augenblick war er klatschnass, das Wasser schlug über ihm zusammen und die Taue, an die er sich klammerte, zogen ihn in die Tiefe. Also ließ er sie los. Senter schwamm benommen und verwirrt, wie ein Mensch, dessen Welt plötzlich versunken ist. Mit einem Mal hob sich, wie aus der Kanone geschossen, eine Planke mit einem Ende aus dem Wasser und fiel mit Dröhnen zurück. Er schwamm darauf zu und ergriff sie. Er sah, dass noch etwas auftauchte, und das musste einer seiner acht Kameraden sein. Als aber der Kopf sichtbar wurde, war es nur der Hund. Senter mochte den Hund nicht, und da er erst so kurze Zeit zur Besatzung gehörte, erwiderte das Tier seine Abneigung. Aber jetzt hatte es die Planke erblickt. Es mühte sich ab, sie zu erreichen und legte die Vorderpfoten darauf. Dadurch sank das eine Ende tiefer ins Wasser. Senter überkam die furchtbare Angst, sie könnte ganz untergehen. Er zog verzweifelt an seinem Ende: Die Pfoten des Hundes rutschten ab und er versank. Aber der Hund kam wieder hoch und wieder schwamm er schweigend, ohne Hass oder Nachträglichkeit[2], zur Planke zurück und legte seine Pfoten darauf. Wieder zog Senter an seinem Ende und wieder versank der Hund. Das wiederholte sich ein Dutzend Mal, bis Senter, vom Ziehen ermüdet, mit Entsetzen und Verzweiflung erkannte, dass der Hund es länger aushalten konnte als er. Senter wollte nicht mehr an das Tier denken. Er stützte die Ellenbogen auf die Planke und hob sich, soweit es ging, aus dem Wasser empor, um sich umzusehen. Der Schrecken seiner Lage überwältigte ihn. Er war Hunderte von Meilen vom Land entfernt. Selbst unter den günstigsten Umständen konnte er kaum hoffen, aufgefischt zu werden. Mit Verzweiflung sah er, was ihm bevorstand. Er würde sich einige Stunden lang an der Planke festhalten können – nur wenige Stunden. Dann würde sich sein Griff vor Erschöpfung lösen und er würde versinken.

Dann fiel sein Blick auf die geduldigen Augen des Hundes. Wut erfüllte ihn, weil der Hund offenbar nicht begriff, dass sie beide sterben mussten. Seine Pfoten lagen am Rande der Planke. Dazwischen hatte er die Schnauze gestützt, sodass die Nase aus dem Wasser ragte und er atmen konnte. Sein Körper war nicht angespannt, sondern trieb ohne Anstrengung auf dem Wasser. Er war nicht aufgeregt wie Senter. Er spähte nicht nach einem Schiff, dachte nicht daran, dass sie kein Wasser hatten, machte sich nicht klar, dass sie bald in ein nasses Grab versinken mussten.

[1] *Segelschiff mit zwei Masten*

[2] *ohne nachtragend zu sein*

Er tat ganz einfach, was im Augenblick getan werden musste. In der halben Stunde, seit sie sich beide an der Planke festhielten, war Senter bereits ein Dutzend Mal gestorben. Aber der Hund würde nur einmal sterben. Plötzlich war es Senter klar: Wenn er selbst zum letzten Mal ins Wasser rutschte, würde der Hund noch immer oben liegen. Er wurde böse, als er das begriff, und er zog sich die Hosen aus und band sie zu einer Schlinge um die Planke. Und er triumphierte, denn er wusste: So konnte er es länger aushalten. Dann aber warf er einen Blick auf die See und Entsetzen erfasste ihn aufs Neue. Schnell sah er den Hund an und versuchte so wenig an die Zukunft zu denken wie das Tier. Am Nachmittag des zweiten Tages fingen die Pfoten des Hundes an, von der Planke abzurutschen. Mehrere Male schwamm er mit Anstrengung zurück, aber jedes Mal war er schwächer. Jetzt wusste Senter, dass der Hund ertrinken musste, obwohl er selbst es noch nicht ahnte. Aber er wusste auch, dass er ihn nicht entbehren konnte. Ohne diese Augen, in die er blicken konnte, würde er an die Zukunft denken und den Verstand verlieren. Er zog sich das Hemd aus, schob sich vorsichtig auf der Planke vorwärts und band die Pfoten des Tieres fest.

Am vierten Abend kam ein Frachter vorüber. Seine Lichter waren abgeblendet. Senter schrie mit heiserer, sich überschlagender Stimme, so laut er konnte. Der Hund bellte schwach. Aber auf dem Dampfer bemerkte man sie nicht. Als er vorüber war, hörte Senter in seiner Verzweiflung und Enttäuschung nicht auf zu rufen. Aber als er merkte, dass der Hund aufgehört hatte zu bellen, rief auch er nicht mehr.

Danach wusste er nicht mehr, was geschah, ob er lebendig war oder tot. Aber immer suchten seine Augen die Augen des Hundes.

Der Arzt des Zerstörers[3] „Vermont", der zur Freude und Aufregung der Mannschaft einen jungen Kameraden und einen Hund auf der See entdeckt und sie hatte auffischen lassen, schenkte den abgerissenen Fieberphantasien des jungen Menschen keinen Glauben. Denn danach hätten die beiden sechs Tage lang auf dem Wasser getrieben und das war offenbar unmöglich. Er stand an der Koje und betrachtete den jungen Seemann, der den Hund in den Armen hielt, sodass eine Decke sie beide wärmte. Man hatte ihn erst beruhigen können, als auch der Hund gerettet war. Jetzt schliefen beide friedlich. „Können Sie das verstehen", fragte der Arzt einen neben ihm stehenden Offizier, „warum in aller Welt ein junger Bursche, der den gewissen Tod vor Augen sah, sich solche Mühe gab, das Leben eines Hundes zu retten?"

Quelle: Erzähler von Drüben: Amerikaner, Engländer, Franzosen, München (ohne weitere Angaben)

[3] *Kriegsschiff*

Aufgabentyp IV: Kreatives Schreiben

Schreiben Sie die Geschichte weiter.

Pattie Wigand: Ein Montagmorgen im Bus

Es waren drei kleine Wörter, die ein Wunder bewirkten.
Als ich in den Bus stieg, schien die Sonne. Bei einem Blick aus dem Fenster zeigte sich freilich der Chicagoer Winter von seiner schmutzigsten Seite – kahle Bäume, Schneematsch, die Autos voller Streusalzsplitter.

Der Bus fuhr mehrere Kilometer am Lincolnpark entlang, aber niemand schaute hinaus. Wir, die Fahrgäste, saßen in dicken Mänteln dicht nebeneinander und dösten zum eintönigen Rattern des Motors in der stickigen, überheizten Luft. Kein Mensch sprach. Das gehörte zu den ungeschriebenen Regeln des Chicagoer Berufsverkehrs. Zwar begegneten uns jeden Tag dieselben Gesichter, aber wir versteckten uns lieber hinter unseren Zeitungen.

Als sich der Bus den Wolkenkratzerpalästen des Michiganboulevards näherte, ertönte plötzlich eine laute Stimme:

„Achtung! Achtung! Hier spricht der Fahrer!“ Zeitungen raschelten. Hälse reckten sich. Stille. Alles starrte dem Fahrer auf den Hinterkopf. In seiner Stimme lag Autorität.

„Legen Sie alle die Zeitungen weg!“

Langsam, zentimeterweise sanken die Blätter. Der Fahrer wartete. Wir falteten die Zeitungen zusammen und legten sie auf den Schoß.

„Nun drehen Sie alle den Kopf zur Seite, und sehen Sie Ihrem Sitznachbarn ins Gesicht. Na los, auf geht's!“

Erstaunlicherweise gehorchten wir. Neben mir saß eine ältere Frau mit einem roten, fest um den Kopf geschlungenen Schal. Ich sah sie fast täglich. Wir blickten uns in die Augen und warteten auf die nächste Anordnung ...

Prüfungsaufgaben 2016

Aufgabentyp I: Stellungnahme ohne Textgrundlage

Der Sport erzieht zu fairem Verhalten in der Gesellschaft.
Nehmen Sie Stellung zu dieser Behauptung.

Aufgabentyp II: Stellungnahme auf der Grundlage eines Sachtextes

- Fassen Sie die wesentlichen Aussagen des Textes zusammen.
- Nehmen Sie dazu Stellung.

Hotpants-Verbot bringt nichts
von Caroline Grießhaber und Anna Schmid

Hotpants, „heiße Hosen“, sind Lehrern an einer Schule in Altheim (Horb) zu heiß geworden. Doch wie sieht das eigentlich hier an Rottweiler Schulen aus? Was sagen Schüler, Lehrer und Direktoren dazu?

Kurzer Rückblick: In der besagten Schule ist die Direktorin Bianca Brissaud aktiv geworden und erteilte Maßnahmen gegen die zu knappen Hosen. So müssen nun speziell

Schülerinnen, deren Kleidung als zu unangemessen angesehen wird, ein übergroßes T-Shirt tragen. Dies hat – vor allem im Netz – eine heftige Debatte ausgelöst.

„Berührt mich nicht", äußert Paul Bauer, Schulleiter des Droste-Hülshoff-Gymnasiums (DHG). Dieselbe Debatte habe es vor einigen Jahren bereits mit Miniröcken gegeben „und da sind mir die Hotpants, ehrlich gesagt, lieber", verdeutlicht er seinen Standpunkt. Für ihn sei es wichtig, die Selbstbestimmung über die Art, sich zu kleiden, den Schülern selbst zu überlassen und so das Verantwortungsbewusstsein für Fragen, was angemessen ist und was nicht, zu stärken.

Außerdem sei das Klassenzimmer das beste Korrektiv, da „Schüler die Schüler besser erziehen als die Lehrer". In seiner zwölfjährigen Amtszeit als Schulleiter musste er bis jetzt erst in einem Falle einschreiten und dies aufgrund eines zu weit ausgeschnittenen Dekolletés. Für ihn steht fest: Es soll nur in individuellen Fällen, oder wenn es von Lehrern oder Schülern als anstößig empfunden wird, eingeschritten werden.

Diese Aussage wird im Gespräch mit Oberstufen-Schülerinnen des DHGs geschützt. „Entweder kurz oder lang – heutzutage zieht kein Mensch mehr eine halblange Hose an", sind sich die Elftklässlerinnen Sina, Cosima und Vanessa einig. Außerdem würden sie nicht, um ihre Figur zur Schau zu stellen, zu kurzen Hosen greifen, sondern wegen der Hitze.

Doch auch unter den Schülerinnen sorgte das Thema für Diskussionen. Auf „jeder kann anziehen, was er will!" wurde mit „aber man muss ja auch nicht alles sehen" geantwortet. Letzteres sei aber an ihrer Schule bis jetzt nie ein Problem gewesen und es habe sich auch noch niemand gestört gefühlt. Hotpants finden die Schülerinnen bei dieser Hitze also okay – bauchfrei müsse indes nicht sein.

Auch am Albertus-Magnus-Gymnasium sind sich die Schüler einig darin, dass es zu warm für lange Hosen sei. Es sei völlig normal, in Hotpants rumzulaufen. „Für uns Jungs ist das gut", sagen Raphael (15) und Robin (16) lachend. Ein Oberstufenschüler sagt außerdem: „Also ich bin zwei Jahre älter und reifer. Aber ich finde es immer noch gut." Am Leibniz-Gymnasium sind die Jungs nicht weniger abgeneigt gegen kurze Hosen im Unterricht. Sie würden sich nicht abgelenkt fühlen – im Gegenteil: „Es macht den Unterricht interessanter", meinen Gabriel, Marius und Philippe schmunzelnd.
Lehrer Bernhard Ruh fügt hinzu, dass es überhaupt nichts bringe, ein Verbot zu erteilen. Die einzige Möglichkeit sei, den Schülern beizubringen, was sich gehört und was nicht. Schuldirektor Wolfgang Mack rät Schülern lediglich, sich bei Prüfungen angemessen zu kleiden.

Quelle: Schwarzwälder Bote vom 09.07.2015

Aufgabentyp III: Textinterpretation

- Verfassen Sie eine Inhaltsangabe.
- Interpretieren Sie die Kurzgeschichte.

Lilly Brett (geb. 1946)
Das Auto

Im Sommer, als ich nach Monaten zum ersten Mal wieder in Shelter Island war, gab mein Auto auf dem Supermarkt-Parkplatz den Geist auf.

Shelter Island ist ein ruhiger Flecken, zwei Stunden Fahrzeit von Manhattan entfernt. Jedes Jahr verbringe ich einen Teil des Sommers dort. Der Puls der Insel spiegelt sich im Polizeibericht, der einmal wöchentlich im Shelter Island Reporter veröffentlicht wird.

Letzte Woche meldete der Polizeibericht drei verschiedene Unfälle, bei denen ein Wildtier von einem Automobil angefahren worden war. Und es wurde berichtet, dass jemand sich über Hundegebell beschwert hatte und dass ein Arbeiter der Telefongesellschaft von einem Truthahn angefallen worden war. „Der Besitzer des Aggressors[1] konnte den Vogel einfangen. Schadensersatz wurde nicht geltend gemacht“, schloss der Bericht.

Dass mein Auto den Geist aufgab, ärgerte mich maßlos. Ich hatte mich auf Ruhe und Einsamkeit gefreut. Immer wieder drehte ich den Zündschlüssel in der Hoffnung, den Wagen doch noch zu starten. Der Motor gab keinen Mucks von sich. Meine Bemühungen waren aussichtslos.

Ich mag mein Auto nur, wenn es funktioniert. Jedes wärmere Gefühl, das ich einmal für diesen Wagen empfunden haben mag, hat sich rapide abgekühlt, seit er begonnen hat auseinander zu fallen.

Es ist ein Lincoln Continental, Baujahr 1986. Er soll viele Dinge können. Er soll einem die Außentemperatur und die Fahrtrichtung mitteilen können.

Aber die Temperatur, die die Elektronik des Wagens meldet, passt nie zum Wetter. Und der Orientierungssinn dieses Autos ist mehr als fragwürdig.

Ich bin schon im Kreis gefahren, bis mir schwindlig wurde, um zu sehen, ob der Wagen angeben konnte, dass wir nach Süden oder Südwesten fuhren. Er konnte es nicht.

Als er auf dem Supermarkt-Parkplatz den Geist aufgab, war ich erbost. Das war der letzte Tropfen.

Ich starrte das Auto zornig an. Nichts geschah. Ein Auto einzuschüchtern ist ähnlich schwer wie die eigenen erwachsenen Kinder einzuschüchtern. Ich stieg aus und trat gegen einen der Reifen. Es brachte mir keine Erleichterung.
Ich versuchte mich zu beruhigen. Mich daran zu erinnern, dass ich hergekommen war, um Ruhe zu finden. Um gewöhnliche Dinge zu tun. Zum Beispiel einen Automechaniker anzurufen und auf ihn zu warten.

„Wagen defekt?“, fragte ein Mann, der an mir vorbeikam. Ich nickte finster.

„Ich glaube, die Batterie ist leer“, sagte ich. Er ging zu seinem Wagen, um ein Starthilfekabel zu holen.

Als er fünf Minuten später wiederkam, hatten mittlerweile drei Leute angeboten, einen Automechaniker für mich zu holen. Aber das Starthilfekabel genügte. Der Wagen sprang an. Ich fuhr rückwärts aus meiner Parklücke. Ich hatte gerade genug Zeit, ein Gefühl des Triumphs zu empfinden, bevor der Wagen stehenblieb. Ich befand mich noch immer auf dem Parkplatz. Ich stieg aus.

Die allgemeine Meinung auf dem Parkplatz war die, dass ich eine neue Batterie benötigte. Die Stimmung rings um mein streikendes Auto war munter und ausgelassen.

Ich merkte, dass es mir Spaß machte. Alle waren so fröhlich und so hilfsbereit. Auf diesem Supermarkt-Parkplatz herrschte eine bessere Stimmung als bei den meisten Essens-

[1] *Angreifer*

einladungen. Eine Stunde nachdem mein Auto zum ersten Mal den Geist aufgegeben hatte, besaß ich einige neue Freunde.

Schließlich bekamen wir den Wagen wieder in Gang. Ich fuhr in die Werkstatt.

Unterwegs blieb er noch drei weitere Male stehen.

Jedes Mal hielten Leute neben mir an und boten ihre Hilfe an. Alle waren hilfsbereit. Männer und Frauen beugten sich über den Motor.

Als die neue Batterie eingebaut war, war es später Nachmittag. Ich war nicht am Strand gewesen, wo ich zu sitzen pflege und wachsamen Auges nach Kriebelmücken und Stechmücken Ausschau halte, weil ich Insektenstiche nicht vertrage.

Ich war nicht im Teich geschwommen und hatte dabei versucht, nicht an die bissige Schildkröte zu denken, die dort lebt. Ich hatte den schönsten Tag auf dem Land verbracht.

Quelle: Brett, Lilly: Das Auto, in: Paul, Clara (Hrsg.): Geschichten, die glücklich machen, Berlin, 2014, S. 168 ff.

Aufgabentyp IV: Kreatives Schreiben

Der Friseur hält die Ereignisse dieses Tages und seine Gefühle in seinem Tagebuch fest. Schreiben Sie diesen Text.

Joachim Ringelnatz (1883–1934)

Es fällt den Matrosen nicht schwer

Es fällt den Matrosen nicht schwer, sich in fremden Häfen zurechtzufinden. Ihr Interessenradius ist klein. Die wenigen Ausdrücke sind leicht erlernt, wenigstens in den Hauptsprachen Englisch, Französisch, Deutsch und Spanisch.

Aber auch darüber hinaus verständigen sie sich leicht mit den Hafenleuten und Seeleuten anderer Völker. Ihre Ziele und Wünsche sind meist dieselben. Essen, Trinken und Weiber, meist in den dürftigsten Stadtteilen. Sie sprechen einen Mischmasch aus vielerlei Küstensprache. Platt und Messingsch[1], Spanisch und Skandinavisch, Holländisch und Pidgin-English[2] oder Bêche de mer[3].

So finden sich internationale Matrosen auch an Bord rasch zusammen. Einig im gleichen Beruf, in gleichen Instinkten und gebunden an gewisse allgemeine, zum Teil ungeschriebene Seemannsgesetze.

Da gibt es einen Ausdruck aus Sprachverquickung „mi no savi“, den die Seeleute und Küstenbewohner aller Länder verstehen und der so viel bedeutet wie „Kannitverstan“[4]. Mit diesem Ausdruck habe ich einmal ein gutes Geschäft gemacht. Ich lag mit einem Dampfer in Cardiff. Mein Haar war überlang und verwildert, und so ging ich, um es schneiden zu lassen, an Land, in den ersten besten Barbierladen[5]. Ich hatte einen Schilling in der Tasche, nach meiner Erfahrung also reichlich mehr Geld, als ich brauchte. Der Friseur machte sich eifrig an seine Arbeit, und wir führten dabei ein sehr lebhaftes,

[1] *Umgangssprache in Mecklenburg*
[2] *sehr vereinfachtes Englisch*
[3] *kreolische Sprache*
[4] *Ich verstehe nicht.*
[5] *Friseurgeschäft*

scherzhaft streitendes Gespräch auf Englisch über den damals aktuellen Burenkrieg. Ich trat für die Buren ein, der Friseur für die Engländer. Als er endlich fertig war, entstand ein seltsamer Dialog. Ich fragte: „Was bin ich Ihnen schuldig?“ Er sagte: „Zwei Schilling.“

Ich sagte: „Unmöglich, Sie scherzen wohl?“

Er schob meinen hingelegten Schilling zurück und sagte plötzlich sehr unfreundlich: „Nein. Zwei Schilling.“

Ich schob den Schilling vor. „Ich habe nur einen Schilling bei mir.“

Er schob achselzuckend den Schilling zurück. „Zwei Schilling.“

Ich schob den Schilling vor, legte meine silberne Uhr dazu und sagte: „Ich bin auf dem Schiff so und so. Wir liegen dort und dort. Ich werde den anderen Schilling holen und bringen.“ Er schob Geld und Uhr zurück. „Nein. Zwei Schilling, oder ich rufe einen Polizisten.“

Ich zuckte die Achseln und steckte Uhr und Schilling wieder ein. Der Barbier verließ den Laden und schloss die Tür von außen ab.

Ich saß sehr unbehaglich da und nahm die Sache viel zu tragisch. Hin und her sinnend, fasste ich endlich einen Entschluss, über dessen Wirkung ich mir absolut nicht klar war. Nach geraumer[1] Zeit betrat der Barbier wieder den Laden. Ihm folgte einer jener langen und durch einen langen Helm noch verlängerten englischen Policemen. Der wandte sich sofort barsch an mich: „Sie wollen diesen Mann nicht bezahlen?“ Ich sah den Schutzmann dumm verständnislos an und sagte: „Mi no savi.“ Er: „Sprechen Sie nicht Englisch?“

Ich: „Mi no savi.“
Der Barbier wurde krebsrot. „Wundervoll Englisch spricht er“, schrie er, „wir haben uns über den Krieg unterhalten.“

Der Polizist zu mir: „Was sagen Sie dazu?“

Ich, dumm wie bisher: „Mi no savi.“

„Wo kommen Sie her?“ „Zu welchem Schiffe gehören Sie?“ „Wo liegt Ihr Schiff?“

Ich antwortete auf alles: „Mi no savi!“

Der Schutzmann und der Barbier zogen sich zurück und flüsterten miteinander. Dann trat der Schutzmann ruhig auf mich zu und – unbetont und ohne irgendwelche bezeichnende Handbewegung dazu zu machen – sagte er: „Gut, dann scheren Sie sich zur Hölle.“

Gottlob, ich merkte diese Falle und blieb still sitzen und antwortete wieder dumm verständnislos: „Mi no savi.“

Im nächsten Moment packte mich der Policeman am Kragen, der Barbier riss die Tür auf. Ich befand mich plötzlich auf der Straße und ging mit einem Schilling vergnügt eins trinken. Auf das Wohl dieses Gauners und Dummkopfes.

Quelle: Ringelnatz, Joachim: Es fällt den Matrosen nicht schwer, in: Ringelnatz, Joachim: Vermischte Prosa, Zürich, 1994

Der Text wurde in Rechtschreibung und Zeichensetzung an die neuen Regeln angepasst.

---

[1] *einiger*

1 Prüfungsaufgaben VBWL

Aufgabe 1

1. Die Candy GmbH in Pforzheim ist ein Großhändler für Süßigkeiten, welcher den Einzelhandel vor allem in Baden-Württemberg beliefert.

1.1 Die 18-jährige Lisa Kern möchte eine Ausbildung als Kauffrau im Groß- und Außenhandel beginnen. Nach verschiedenen Vorstellungsgesprächen bekommt sie eine Zusage der Candy GmbH.

Zu Beginn der Ausbildung meint Lisas Chef, sie solle sich für die Arbeit einen Laptop anschaffen. Da es im Moment wegen Messevorbereitungen sehr viel zusätzliche Arbeit gebe, könne sie außerdem nicht am Berufsschulunterricht teilnehmen. Er betont jedoch ausdrücklich, dass sie die Pflicht zum Lernen der Ausbildungsinhalte hat.

Füllen Sie mithilfe des Auszuges aus dem BBiG **(Anlage 1)** die beiliegende Tabelle **(Anlage 2)** aus.

1.2 Lisa freut sich schon sehr auf ihre erste Ausbildungsvergütung. Als sie ihre erste Gehaltsabrechnung bekommt und ihr Nettogehalt sieht, denkt sie: „Würde ich doch nur das Bruttogehalt bekommen, das wäre mehr."

1.2.1 Erklären Sie, wie die Differenz zwischen Bruttogehalt und Nettogehalt zustande kommt.

1.2.2 Lisas Eltern möchten, dass Lisa eine private Rentenversicherung abschließt. Begründen Sie, weshalb eine zusätzliche Absicherung im Alter notwendig ist.

1.3 Von ihrem Ersparten kauft Lisa am 26. April 2017 ein gebrauchtes Fahrrad für 350,00 EUR. Mit dem Verkäufer, den sie über www.kleinanzeigen.de kontaktiert hat, vereinbart sie, dass sie den Kaufpreis per Vorauskasse am selben Tag bezahlt und das Fahrrad zwei Tage später (am 28. April 2017) abholt.

1.3.1 Begründen Sie, wann Lisa Eigentümerin des Fahrrads wird (mit Datumsangabe).

1.3.2 Eine Woche später stellt sich heraus, dass das Fahrrad gestohlen war. Lisa wusste davon natürlich nichts. Erläutern Sie, ob Lisa dennoch Eigentümerin des Fahrrads ist.

1.4 Da Lisa nun auch eine eigene Wohnung hat, kommen verschiedene Ausgaben auf sie zu. Einige der Ausgaben sind in der Tabelle in **Anlage 3** aufgeführt.

Geben Sie in der Tabelle jeweils eine Empfehlung für eine sinnvolle Zahlungsform und begründen Sie Ihre Wahl.

1.5 In der Buchhaltung der Candy GmbH liegt eine Rechnung zur Bearbeitung **(Anlage 4)**.

1.5.1 Buchen Sie den Vorgang aus Sicht der Candy GmbH im Kontierungsstempel in **Anlage 5**.

1.5.2 Buchen Sie die Zahlung der Rechnung am 08.05.2017 aus Sicht der Candy GmbH im Kontierungsstempel in **Anlage 6**.

1.6 Die Candy GmbH plant, ein Fahrzeug zur Auslieferung von Süßwaren anzuschaffen. Da ihre liquiden Mittel zurzeit nicht ausreichen, möchte sie bei der Bank einen Kredit in Höhe von 24.000,00 EUR aufnehmen. Ein Abzahlungs- und ein Fälligkeitsdarlehen wären denkbar.

1.6.1 Nennen und erläutern Sie eine Sicherheit, die die Candy GmbH der Bank anbieten könnte.

1.6.2 Unterscheiden Sie Abzahlungsdarlehen und Fälligkeitsdarlehen bei jährlichem Zahlungsbetrag hinsichtlich Zinsen und Tilgung.

1.6.3 Die Candy GmbH entscheidet sich für das Abzahlungsdarlehen. Die Bank gewährt ihr einen Kredit zum 1. Januar zu folgenden Konditionen: Kreditsumme 24.000,00 EUR, Zinssatz 4 % p. a., Laufzeit vier Jahre, Zahlungen erfolgen am Jahresende.

Buchen Sie die folgenden Vorgänge:

- Aufnahme des Darlehens zu Beginn (Kontierungsstempel in **Anlage 7**),
- erste Tilgungsrate am Jahresende per Banküberweisung (Kontierungsstempel in **Anlage 8**),
- erste Zinszahlung am Jahresende per Banküberweisung (Kontierungsstempel in **Anlage 9**).

Anlage 1 zu Aufgabe 1.1

Auszug aus dem Berufsbildungsgesetz (BBiG)

§ 13 Verhalten während der Berufsausbildung

Auszubildende haben sich zu bemühen, die berufliche Handlungsfähigkeit zu erwerben, die zum Erreichen des Ausbildungsziels erforderlich ist.

§ 14 Berufsausbildung

(1) Ausbildende haben

1. dafür zu sorgen, dass den Auszubildenden die berufliche Handlungsfähigkeit vermittelt wird, die zum Erreichen des Ausbildungsziels erforderlich ist, und die Berufsausbildung in einer durch ihren Zweck gebotenen Form planmäßig, zeitlich und sachlich gegliedert so durchzuführen, dass das Ausbildungsziel in der vorgesehenen Ausbildungszeit erreicht werden kann,
2. selbst auszubilden oder einen Ausbilder oder eine Ausbilderin ausdrücklich damit zu beauftragen,
3. Auszubildenden kostenlos die Ausbildungsmittel, insbesondere Werkzeuge und Werkstoffe zur Verfügung zu stellen, die zur Berufsausbildung und zum Ablegen von Zwischen- und Abschlussprüfungen, auch soweit solche nach Beendigung des Berufsausbildungsverhältnisses stattfinden, erforderlich sind,
4. Auszubildende zum Besuch der Berufsschule sowie zum Führen von schriftlichen Ausbildungsnachweisen anzuhalten, soweit solche im Rahmen der Berufsausbildung verlangt werden, und diese durchzusehen,
5. dafür zu sorgen, dass Auszubildende charakterlich gefördert sowie sittlich und körperlich nicht gefährdet werden.

(2) Auszubildenden dürfen nur Aufgaben übertragen werden, die dem Ausbildungszweck dienen und ihren körperlichen Kräften angemessen sind.

§ 15 Freistellung

Ausbildende haben Auszubildende für die Teilnahme am Berufsschulunterricht und an Prüfungen freizustellen. Das Gleiche gilt, wenn Ausbildungsmaßnahmen außerhalb der Ausbildungsstätte durchzuführen sind.

§ 16 Zeugnis

(1) Ausbildende haben den Auszubildenden bei Beendigung des Berufsausbildungsverhältnisses ein schriftliches Zeugnis auszustellen. Die elektronische Form ist ausgeschlossen. Haben Ausbildende die Berufsausbildung nicht selbst durchgeführt, so soll auch der Ausbilder oder die Ausbilderin das Zeugnis unterschreiben.

§ 17 Vergütungsanspruch

(1) Ausbildende haben Auszubildenden eine angemessene Vergütung zu gewähren. Sie ist nach dem Lebensalter der Auszubildenden so zu bemessen, dass sie mit fortschreitender Berufsausbildung, mindestens jährlich, ansteigt.

(2) Sachleistungen können in Höhe der nach § 17 Abs. 1 Satz 1 Nr. 4 des Vierten Buches Sozialgesetzbuch festgesetzten Sachbezugswerte angerechnet werden, jedoch nicht über 75 Prozent der Bruttovergütung hinaus.

(3) Eine über die vereinbarte regelmäßige tägliche Ausbildungszeit hinausgehende Beschäftigung ist besonders zu vergüten oder durch entsprechende Freizeit auszugleichen.

Anlage 2 zu Aufgabe 1.1

Vorgang	Verstoß gegen das BBiG? (Ja/Nein)	Genaue Angabe des betreffenden Paragrafen	Begründung

Anlage 3 zu Aufgabe 1.4

Ausgabe	Empfehlung Zahlungsform mit Begründung
Miete (350,00 EUR, jeweils am Ersten des Monats fällig)	
Telefonrechnung (Flatrate 34,95 EUR, in manchen Monaten zusätzlich Gebühren für Auslandsgespräche)	
Rechnung für die bestellte und gelieferte Waschmaschine (400,00 EUR)	

Anlage 4 zu Aufgabe 1.5

Schoki-Bar GmbH

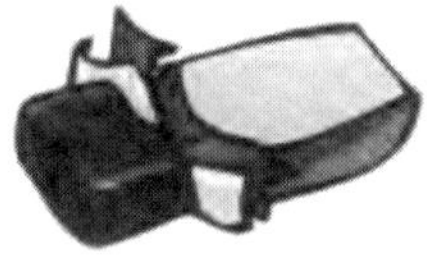

Schoki-Bar GmbH ♦ Am Storrenacker 45 ♦ 76139 Karlsruhe

Candy GmbH
Stuttgarter Str. 72
75172 Pforzheim

Name:	Frau Seeberg
Telefon:	+49 (0)721 301989-000
Telefax:	+49 (0)721 301989-100
E-Mail:	info@schoki-bar.de
Internet:	www.schoki-bar.de
Rechnungsdatum:	26.04.2017

Rechnung Nr. 1709/2017

Wir berechnen Ihnen folgende Artikel:

Menge	Ihre Artikelnr.	Unsere Artikelnr.	Artikel	Preis/Stück	Betrag
700	303301	77133	Schokoriegel Schlemmer	0,78 EUR	546,00 EUR

Gesamtpreis netto	546,00 EUR
+ 7 % Umsatzsteuer	38,22 EUR
Rechnungsbetrag	**584,22 EUR**

Zahlungsbedingungen: 3 % Skonto innerhalb von 14 Tagen ab Rechnungsdatum oder 30 Tage Ziel.

Wir bedanken uns für den Auftrag.

Schoki-Bar GmbH
Am Storrenacker 45
76139 Karlsruhe

Geschäftsführung:
Elke Seeberg

Sparkasse Karlsruhe Ettlingen
IBAN DE28 6605 0101 0000 1055 34
BIC KARSDE66XXX
Steuernummer 2296/7655

Anlage 5 zu Aufgabe 1.5.1

Konto-Nr.	Kontobezeichnung	Soll Wertezufluss (+)	Haben Werteabfluss (–)

Anlage 6 zu Aufgabe 1.5.2

Konto-Nr.	Kontobezeichnung	Soll Wertezufluss (+)	Haben Werteabfluss (–)

Anlage 7 zu Aufgabe 1.6.3

Konto-Nr.	Kontobezeichnung	Soll Wertezufluss (+)	Haben Werteabfluss (–)

Anlage 8 zu Aufgabe 1.6.3

Konto-Nr.	Kontobezeichnung	Soll Wertezufluss (+)	Haben Werteabfluss (–)

Anlage 9 zu Aufgabe 1.6.3

Konto-Nr.	Kontobezeichnung	Soll Wertezufluss (+)	Haben Werteabfluss (–)

Aufgabe 2

2. Nach seiner Ausbildung zum Kaufmann im Einzelhandel möchte sich Alexander Brühl selbstständig machen und einen Laden für Handys und Zubehör im Raum Mannheim eröffnen. Er gründet das Unternehmen Alexander Brühl e. K. und stellt seinen Bruder Marc als Mitarbeiter ein.

2.1 Zunächst macht sich Alexander Brühl grundsätzlich Gedanken, welcher Standort für sein Geschäft geeignet wäre. Nennen Sie zwei mögliche Standorte und begründen Sie ausführlich, warum diese infrage kämen.

2.2 Zur Geschäftseröffnung überlegt Alexander, wie er Kunden auf sein Unternehmen aufmerksam machen kann. Erläutern Sie zwei mögliche Werbemaßnahmen.

2.3 Alexanders Bruder Marc rät ihm, ein möglichst breites Sortiment anzubieten, um viele verschiedene Kundenwünsche erfüllen zu können.

2.3.1 Erklären Sie jeweils anhand des Beispiels „Handyladen", was man unter einem breiten und einem schmalen Sortiment versteht.

2.3.2 Alexander Brühl entscheidet sich für ein schmales Sortiment. Beschreiben Sie zwei mögliche Gründe, die Alexander Brühl dazu bewogen haben könnten, sich gegen den Rat seines Bruders zu entscheiden.

2.4 Nachdem der Standort feststeht und das Sortiment geplant ist, legt Alexander die Preise für seine Produkte fest.

2.4.1 Bei der Preiskalkulation rechnet Alexander mit einem Handlungskostenzuschlag von 80 %. Erläutern Sie, was man unter dem Handlungskostenzuschlag versteht, und nennen Sie beispielhaft zwei Kostenarten, die hier einfließen.

2.4.2 Das Smartphone Phone4U wird von der Konkurrenz für 500,00 EUR netto verkauft. Der Hersteller gewährt bei einem Listeneinkaufspreis von 240,00 EUR 5 % Liefererrabatt und 2 % Liefererskonto. Alexander Brühls Bezugskosten betragen 25,00 EUR für ein Paket mit 50 Stück. Er strebt einen Gewinn von 10 % an und rechnet mit einem Handlungskostenzuschlag von 80 %.

Berechnen Sie den maximal möglichen Kundenrabatt pro Stück in Euro, den Alexander Brühl einem Kunden gewähren kann, wenn er einen Euro weniger als den Verkaufspreis der Konkurrenz verlangen will.

Nutzen Sie für die Kalkulation **Anlage 1.**

2.4.3 Alexander Brühl hat in der Kalkulation die Umsatzsteuer nicht berücksichtigt. Sein Bruder hält dies für einen Fehler. Begründen Sie, wer im Recht ist.

2.5 Am 4. April 2017 verschickt Alexander Brühl die unten stehende Rechnung **(Anlage 2)** an den Kunden Marvin Kleinknecht.

2.5.1 Buchen Sie die Rechnung aus der Sicht der Alexander Brühl e. K. im Kontierungsstempel in **Anlage 3.**

2.5.2 Auf der Rechnung findet sich der Satz: „Die Ware bleibt bis zur vollständigen Bezahlung unser Eigentum." Erläutern Sie, warum Alexander Brühl diesen Satz auf der Rechnung vermerkt hat.

2.6 Zusätzlich zum Verkauf im Laden in Mannheim erwägt Alexander Brühl den Verkauf seiner Smartphones über das Internet und plant einen Onlineshop. Sein Bruder ist skeptisch. Erläutern Sie zwei Vorteile und zwei Nachteile des Vertriebs über das Internet.

2.7 Kurz nach Eröffnung des Onlineshops erhält Alexander Brühl eine Reklamation eines Kunden, dem das am 8. Mai bestellte und am 12. Mai gelieferte Gerät nicht zusagt. Der Kunde möchte vom Vertrag zurücktreten. Klären Sie die Rechtslage.

Anlage 1 zu Aufgabe 2.4.2

Begriffe	%	Beträge
Listeneinkaufspreis		240,00 EUR
= Bareinkaufspreis		
= Einstandspreis		
+ Kundenskonto	0 %	
+ Kundenrabatt		
= Listenverkaufspreis		

Anlage 2 zu Aufgabe 2.5

Alexander Brühl e.K.

Hauptstraße 14, 68161 Mannheim

Marvin Kleinknecht
Bahnhofstr. 37
69198 Schriesheim

Telefon:	+49 (0)621 121-548
Fax:	+49 (0)621 121-549
E-Mail:	service@alexanderbruehl.de
Internet:	www.alexanderbruehl.de

Lieferungs-/Rechnungsdatum: 04.04.2017

Rechnung Nr. 0158/2017

Vielen Dank für Ihren Auftrag. Wir erlauben uns, die unten stehenden Artikel in Rechnung zu stellen:

Menge	Artikel	Einzelpreis	Gesamtpreis
1	Smartphone „Phone4U" Artikelbeschreibung siehe Anlage	499,00 EUR	499,00 EUR
1	Schutzhülle	8,40 EUR	8,40 EUR
		Gesamtpreis netto	507,40 EUR
		+ 19 % Umsatzsteuer	96,41 EUR
		Rechnungsbetrag brutto	**603,81 EUR**

Die Rechnung ist zahlbar rein netto innerhalb von 14 Tagen ab Rechnungszugang.
Die Ware bleibt bis zur vollständigen Bezahlung unser Eigentum.

Alexander Brühl e. K.
Hauptstr. 14
68161 Mannheim

HRA 4711
Registergericht Mannheim
Steuernummer 5658/235

Bankverbindung
Sparkasse Rhein-Neckar-Nord
IBAN: DE21 6705 0505 0001 2587
BIC: MANSDE66XXX

Anlage 3 zu Aufgabe 2.5.1

Konto-Nr.	Kontobezeichnung	Soll Wertezufluss (+)	Haben Werteabfluss (–)

Kontenplan

AKTIVA

ANLAGEVERMÖGEN

0510 Grundstücke
0520 Gebäude
0700 Technische Anlagen und Maschinen
0840 Fuhrpark
0870 Betriebs-/Geschäftsausstattung

UMLAUFVERMÖGEN

2000 Waren
2001 Bezugskosten
2002 Preisnachlässe und Rücksendungen
2003 Liefererskonti
2400 Forderungen a. LL.
2600 Vorsteuer
2800 Bank
2820 Kasse

PASSIVA

3000 Eigenkapital
4200 Verbindlichkeiten ggü. Kreditinstituten
4400 Verbindlichkeiten a. LL.
4800 Umsatzsteuer
4830 Verbindlichkeiten ggü. Finanzbehörden
4840 Verbindlichkeiten ggü. Sozialvers.trägern
4860 Verbindlichkeiten a. vermögensw. Leist.

GEWINN- UND VERLUSTRECHNUNG

ERTRÄGE

5000 Umsatzerlöse
5001 Preisnachlässe und Rücksendungen
5002 Kundenskonti
5400 Mieterträge
5600 Erträge aus Anlagenabgang
5610 Erlöse aus Anlagenabgang
5700 Zinserträge
5800 Außerordentliche Erträge

AUFWENDUNGEN

6000 Aufwendungen f. Waren (Wareneinsatz)
6050 Aufwendungen für Energie
6130 Instandhaltung und Reparaturen
6140 Frachten/Transport
6300 Gehälter
6400 AG-Anteil zur Sozialversicherung
6420 Beiträge zur Berufsgenossenschaft
6500 Abschreibungen auf Sachanlagen
6600 Sonstige Personalaufwendungen
6700 Mieten und Pachten
6710 Leasing
6800 Büromaterial
6820 Postgebühren
6870 Werbung
6900 Versicherungsbeiträge
7000 Betriebliche Steuern
7030 Kraftfahrzeugsteuer
7510 Zinsaufwendungen

2 Prüfungsaufgaben Aufgabe 3 – Wahlaufgaben

Wahlaufgabe 1

3. Als kaufmännische Sachbearbeiterin/kaufmännischer Sachbearbeiter der Stuttgarter Limes Sport GmbH bearbeiten Sie Vorgänge des Verkaufs- und Einkaufsprozesses. Sie verwenden hierbei eine integrierte Unternehmenssoftware (IUS). Ihre Arbeit wird durch den Einsatz von Textverarbeitungs- und Tabellenkalkulationssoftware erleichtert.

3.1 Heute, am 19.05.2017, liegt auf Ihrem Schreibtisch der Beleg, den Sie bearbeiten sollen **(Anlage)**.

3.1.1 Notieren Sie, welche drei allgemeinen Fragen zu beantworten sind, bevor ein Angebot an den Kunden erstellt werden kann.

3.1.2 Vervollständigen Sie die Datentabelle auf dem Lösungsblatt als Entscheidungsgrundlage für die Angebotserstellung.

3.1.3 Berechnen Sie für die Geschäftsleitung, ob bei dem gewünschten Rabatt für den Artikel 200014 noch ein Stückgewinn erzielt wird. Der Handlungskostenzuschlag beträgt 37,5 %. Im Allgemeinen werden die Eingangs- und Ausgangsrechnungen mit Skontoabzug bezahlt.

Dokumentieren Sie Ihren Rechenweg.

3.1.4 Notieren Sie,

- warum kein Angebot, das den Kundenwünschen vollständig entspricht, erstellt werden kann und
- welche Lösungsmöglichkeit Sie dem Kunden ohne Rücksprache mit dem Lieferanten vorschlagen können, um dennoch ein Angebot unterbreiten zu können.

3.1.5 Die Geschäftsleitung hat unterdessen mit dem Stammlieferanten verhandelt. Sie haben die Zusage erhalten, das Angebot mit den vom Kunden gewünschten Bedingungen zu erstellen.

Erstellen Sie das entsprechende Angebot und drucken Sie dieses mit dem heutigen Datum aus.

3.2 Für den Auftrag Nr. 22012 liegt die Versandfreigabe vor.

3.2.1 Erstellen Sie die Warenbegleitpapiere für den Auftrag Nr. 22012 und drucken Sie diese mit dem heutigen Datum aus.

3.2.2 Ermitteln Sie für den Artikel 200012 die neue frei verfügbare Menge nach Versand des Angebots an den Kunden und ergänzen Sie die Tabelle auf dem Lösungsblatt vollständig.

Welche kaufmännische Tätigkeit ergibt sich zwangsläufig aus diesen Daten?

3.3 Für eine Woche betreuen Sie einen Praktikanten aus der Wirtschaftsschule.

3.3.1 Sie schreiben Ihrem Praktikanten einen idealtypischen Ablauf des Verkaufsprozesses anhand von Belegen auf.

Nutzen Sie dazu die Tabelle auf dem Lösungsblatt.

3.3.2 Sie erklären Ihrem Praktikanten die IUS-Berichtslisten im Bereich Verkauf.

3.3.2.1 Ermitteln Sie aus der Verkaufsübersicht den Kunden mit dem Umsatz, an den bisher am wenigsten verkauft wurde.

3.3.2.2 Nennen Sie zwei Maßnahmen, die den Verkauf an diesen Kunden fördern könnten.

Beleg zu Aufgabe 3.1

Sporthaus Huber e. K.

Sporthaus Huber e. K. • Postfach 45 63 ♦ 76532 Rastatt

Limes Sport GmbH
Sportgroßhandlung
Im Industriegebiet 11
70173 Stuttgart

Ihr Zeichen:	hi
Ihre Nachricht vom:	
Unser Zeichen:	
Unsere Nachricht vom:	
Name:	Herr Seiler
Telefon:	07222 4563
Telefax:	07222 4562
E-Mail:	verw@sporthuber.de
Internet:	www.sporthuber.de
Datum:	19.05.2017

Bestellung

Sehr geehrte Damen und Herren,

wir benötigen Inliner und Rollerskates. Bitte senden Sie uns ein entsprechendes Angebot über

Artikelnummer	Artikel	Menge
200012	Inliner Größe 40–42	20
200013	Inliner Größe 43–45	20
200014	Rollerskates 37–39	30

Wir erwarten beim Artikel 200014 einen Mengenrabatt in Höhe von 10 %.

Wir bitten um Lieferung bis zum 29.05.2017.

Mit freundlichen Grüßen

Sporthaus Huber

i. A. Seiler

Rastatter Bank
Konto-Nr. 723578 BLZ 335 00 52
BIC RABÄDERA
IBAN DE25 3350 0052 0000 7235 78

Inhaber
Heinz Niehues

Gerichtsstand: Amtsgericht Rastatt
Handelsregister: HRA 676
USt-IdNr.: DE332114567

Lösungen zu Aufgabe 3.1.2

Artikelnummer	200012	200013	200014
Lagerbestand		32	
Frei verfügbare Menge		32	
Listeneinkaufspreis laut IUS	60,00 EUR	60,00 EUR	
Listenverkaufspreis laut IUS	96,00 EUR	96,00 EUR	
Stammlieferant			
Liefererskontosatz			
Beschaffungszeit	6 Tage	6 Tage	
Menge in der Anfrage	20	20	
Gewünschter Rabattsatz	0 %	0 %	
Gewünschtes Lieferdatum	29.05.2017		
Kundenskontosatz			

Lösung zu Aufgabe 3.2.2

Artikel 200012	Menge
erwartete Auftragsmenge aus Aufgabe 3.1.5	
= **frei verfügbare Menge**	
Meldebestand	

Lösung zu Aufgabe 3.3.1

Reihenfolge	Belegname
1	Anfrage
2	Angebot
3	
4	
5	
6	
7	
8	

Wahlaufgabe 2

3. Sie sind Mitarbeiter/-in in der IT-Abteilung der Limes Sport GmbH. In einer relationalen Datenbank werden unter anderem Personaldaten verwaltet.

3.1 In diesem Monat ist ein Auszubildender bei Ihnen in der Abteilung. Nach einer kurzen Einarbeitungszeit lassen Sie sich von ihm Fragen zu einigen Grundelementen der eingesetzten Datenbank beantworten.

3.1.1

tabKursbelegung			
BelegungsNr	*KursNr*	*PersonalNr*	*Kursbeginn*

Welchem Attribut ist der Primärschlüssel in der Tabelle tabKursbelegung zugeteilt und welche Aufgabe hat dieser?

3.1.2 Welche Attribute sind in der Tabelle tabKursbelegung Fremdschlüssel und welchen Zweck haben diese?

3.2 Die Limes Sport GmbH hat im Rahmen der Personalförderung mit verschiedenen regionalen Anbietern ein Weiterbildungsangebot für ihre Mitarbeiter zusammengestellt. Die Geschäftsleitung der Limes Sport GmbH benötigt hierzu einige Auswertungen und beauftragt Sie, die entsprechenden Daten aus der Ihnen zur Verfügung stehenden Datenbank HP17_A3_W2_RDB_S abzufragen. Sie lösen die Aufgaben zusammen mit dem Auszubildenden.

Dokumentieren Sie für jede Abfrage Ihren Entwurf (QBE), indem Sie die Abfragetabellen im Lösungsblatt ausfüllen. Tragen Sie in der dazugehörigen Ergebnisliste die Überschriften und die gefundenen Daten ein. Achten Sie auf vollständige Beschriftung!

3.2.1 Bei welchen Kursen ist die Kursgebühr unter 100,00 EUR?

3.2.2 Welche Kurse bietet das Sportcenter Fit an?

3.2.3 Welche Mitarbeiter belegen mehr als einen Kurs?

3.2.4 Die Limes Sport GmbH hat neue Kunden in Südamerika angeworben. Ermitteln Sie die Mitarbeiter aus der Abteilung Verkauf sortiert nach der Dauer der Betriebszugehörigkeit, da einige davon für einen Spanischkurs ausgewählt werden sollen.

3.2.5 Geben Sie die Summe der vom Sportcenter Fit gewährten Rabatte in Euro auf die Kursgebühren aller bei ihnen belegten Kurse an.

3.2.6 Die Mitarbeiter der verschiedenen Abteilungen haben sich zu unterschiedlichen Kursen angemeldet.

3.2.6.1 Für welchen Kurs hat sich die Geschäftsleitung angemeldet?

3.2.6.2 Welche Tabellen sind für die Abfrage in Aufgabe 3.2.6.1 notwendig?

3.3 Die Verkaufsmitarbeiter im Außendienst sollen zukünftig Zugriff auf wichtige Dokumente des Unternehmens haben, deshalb sollen diese auf einer Cloud gespeichert werden.

3.3.1 Beurteilen Sie diese Maßnahme unter Berücksichtigung der Vorteile sowie möglicher Risiken. Nennen Sie zwei Vorteile und einen Nachteil.

3.3.2 Die Geschäftsleitung bittet jeden Mitarbeiter, sich für die Nutzung des Cloud-Computing ein sicheres Passwort anzulegen. Geben Sie Ihren Kollegen drei Tipps.

Aufgabe 3.2.1

Abfrageentwurf:

Feld		
Tabelle		
Funktion		
Sortierung		
Kriterien		

Ergebnisliste:

Aufgabe 3.2.2

Abfrageentwurf:

Feld		
Tabelle		
Funktion		
Sortierung		
Kriterien		

Ergebnisliste:

Aufgabe 3.2.3

Abfrageentwurf:

Feld		
Tabelle		
Funktion		
Sortierung		
Kriterien		

Ergebnisliste:

Aufgabe 3.2.4

Abfrageentwurf:

Feld		
Tabelle		
Funktion		
Sortierung		
Kriterien		

Ergebnisliste:

Aufgabe 3.2.5

Abfrageentwurf:

Feld		
Tabelle		
Funktion		
Sortierung		
Kriterien		

Ergebnisliste:

Aufgabe 3.2.6.1

Abfrageentwurf:

Feld		
Tabelle		
Funktion		
Sortierung		
Kriterien		

Ergebnisliste:

3 Prüfungsaufgaben Englisch

Teil I: Leseverstehen

Text 1: Are you passionate about skateboarding? We talk to two skateboarding fans from Los Angeles.

Monica and Carl are teenagers from L.A. in the United States. They both love skateboarding and spend a lot of their free time on their boards. Read this interview with them and find out more about their passion for skateboarding.

Who invented skateboarding?
Monica: Nobody knows who the first skateboarder was or who made the first boards, but we know that skateboarding started in California in the 1950s. There were lots of surfers who wanted something to do when it wasn't windy and the ocean was calm, so they invented the skateboard and it was called "land surfing" in the beginning.
Carl: The first skateboards were pieces of wood with rollerskate wheels that people put together at home. When skateboarding became popular, they started producing skateboards in factories.

Where can you go skateboarding?
Carl: You can go skateboarding in public places like parks, pavements and city squares. Some skateboarders like going fast along pavements or bicycle lanes, other skateboarders like doing jumps and tricks on benches, stairs or railings. It is great fun, but you have to watch out for other people, too.
Monica: Lots of cities have skate parks now. The good thing about them is that you can practise jumps without disturbing anyone.

Carl, when did you start skateboarding?
Carl: There's a skate park near my house and I used to go to the park and watch the skateboarders. Then my dad gave me a skateboard for my eleventh birthday in July and I spent the summer skateboarding. I love the sense of freedom and speed – and still do!

Monica, is skateboarding an unusual sport for girls?
Monica: It's more popular with boys than girls, but there are lots of girl skateboarders, too. It's a sport for everyone. People in their thirties and forties who skateboard usually started this sport as teenagers.

Is skateboarding dangerous?
Carl: We all fall off our boards a lot and sometimes you can hurt yourself, but most injuries are small things like cuts and bruises. Obviously, it's a good idea to wear protective clothing like a helmet and it's important to protect your hands and wrists, too. They are the parts of the body that you most often injure when skateboarding as you put out your hands to protect yourself when you fall. I always wear wristguards when I skate.

Are there skateboarding competitions?
Monica: Yes, there are. They usually take place in skate parks and judges give skaters points for their jumps and tricks. In the United States and Europe, some skaters are professionals and make a living taking part in competitions. They also have sponsoring contracts.
Carl: There was a campaign to get skateboarding included in the Olympic Games 2020, but unfortunately it failed. But who knows? Skateboarding might be in the Olympic Games one day!
(483 words)

Adapted from: learnenglishteens.britishcouncil.org

Annotation:
wristguards – Handgelenkschützer

Entscheiden Sie, ob die vorliegenden Aussagen zum Text richtig oder falsch sind. Begründen Sie Ihre Entscheidung auf Deutsch in ganzen Sätzen.

1) Surfers invented skateboarding because they wanted an alternative sport when the sea was too cold to go into.
2) Making skateboards has changed over the years.
3) There are different ways of how to skateboard.
4) Skate parks do not have any advantages over public places.
5) Skateboarding is a special experience for Carl.
6) Most adults begin skateboarding as a new hobby.
7) When skateboarders have accidents, most of them are seriously injured.
8) Protecting your hands when skateboarding is very important.
9) In some parts of the world skateboarding is done as a job.
10) Skateboarding competitions will be held in the Olympic Games 2020.

Text 2: Mediation

Bearbeiten Sie diese Aufgabe <u>auf Deutsch</u>. Schreiben Sie ganze Sätze.

Im Rahmen eines Schulprojekts beschäftigen Sie sich mit dem Thema „Autokultur in Amerika". Bei Ihrer Vorbereitung haben Sie einen englischen Text gefunden. Stellen Sie ein Informationsblatt für Ihre Mitschüler zusammen, in dem Sie

- **die Gründe nennen, warum immer weniger Menschen in den USA Auto fahren,**
- **erklären, warum viele Jugendliche erst gar nicht mehr den Führerschein machen wollen,**
- **aufzeigen, welche Auswirkungen dies hat.**

Fewer teenage drivers in the U.S.

For over fifty years, cars played a central role in American culture. They represented freedom and independence: once you were in a car, you were free from the curious eyes of your parents. You could go where you wanted to go and take your friends with you.

In the last ten years or so, however, things have been changing. A consumer organization in the US reports that fewer people are driving, and those who have a driving licence take their cars less than they used to.

One reason for this is the bad economic situation in America. Obviously, unemployed people do not have to drive to work. Those who have jobs may take public transportation or share cars to save money. High gas prices in the last five years have also made many people drive less.

The internet is another reason why using the car is not that important anymore. Instead of driving to the store, people can just order things online. And instead of seeing their friends in person, many teenagers use apps and social media to meet up and chat with them without leaving the house. Writing papers for school no longer means that kids have to go to the library: they can look up a lot of information online from their bedroom.

Many teenagers used to get their driver's licence as soon as they legally could: in most states at the age of 16. But the licencing laws have changed: future drivers first have to apply for a limited learner's licence before finally getting an unlimited licence. This learner's licence involves special rules for teenage drivers, which are different from state to state. In New York, for example, they are not allowed to drive at night or with more than one passenger. All these restrictions mean that a lot of teenagers have decided that getting a driver's licence is just too much trouble.

Although these stricter laws are meant to keep teenagers and other drivers safe, some people say that they are keeping teenagers from growing up. Instead of being independent and getting around on their own, they still need their parents to drive them to friends. And the older you get without driving, the scarier it can be to start.

It is possible that in the future no one will need to learn how to drive. Many companies are now testing driverless cars, which could make the roads safer for everyone.
(415 words)
Adapted from: Read on, March 2014

Annotation:
restriction – Einschränkung

Teil II: Sprache und Kommunikation

1. **Sprachliche Mittel im Kontext**

Diese Aufgabe ist in vollständigen Sätzen auf Englisch zu bearbeiten.

1) **Geben Sie folgende Informationen über den Rapper Jay Z wieder.**
   - 1969 geboren, in Brooklyn aufgewachsen
   - verwendet nicht seinen richtigen Namen
   - seit 2008 mit Beyoncé verheiratet
   - wird weiterhin Umweltprojekte unterstützen

2) **Fragen Sie Jay Z,**
   a) ob er nächstes Jahr in Deutschland auftreten wird.
   b) ob er sich als Kind für Rapmusik interessiert hat.

3) **Übertragen Sie folgende Vergleichssätze über Jay Z:**
   a) Jay Z ist einer der erfolgreichsten Rapper.
   b) Seine Frau Beyoncé ist so berühmt wie er.
   c) Er ist viel reicher als andere Rapper.

4) **Beantworten Sie die folgende Frage. Beginnen Sie Ihren Satz mit „If".**
   Was würden Sie tun, wenn Sie Jay Z treffen würden?

2. Managing situations/Eine Unterhaltung führen

Sie sind mit Freunden in einem Hotel in London und möchten sich bei dem Mitarbeiter an der Rezeption des Hotels über die Stadt informieren.
Was würden Sie im folgenden Dialog <u>auf Englisch</u> sagen?

Man: Hello, how can I help you?

You: 1) Sie sagen, dass Sie vorher noch nie in London waren, und fragen, was Ihnen der Hotelmitarbeiter an Aktivitäten empfehlen würde.

____

____

Man: Oh, nice to have you here in our hotel. You should definitely go and see our most famous sights, like Big Ben, the London Eye, the Tower Bridge, Westminster Abbey, Hyde Park, the River Thames and Buckingham Palace.

You: 2) Sie sind erstaunt über die Menge an Ideen und wollen wissen, ob Sie das alles an einem Tag schaffen können.

____

____

Man: Of course not. But if you do a sightseeing tour by bus, you will see many of those places and get a first impression of the city in one day.

You: 3) Reagieren Sie auf den Vorschlag. Sie möchten wissen, wo diese Bustouren losgehen und was ein Ticket kostet.

____

____

Man: You can buy the tickets in the tourist office. They are about £25.00 and you can hop on at any of the bus stops around the city. The closest one is about 800 metres away.

You: 4) Sie fragen, wie Sie zur Touristeninformation kommen, denn dort möchten Sie sich nach Ermäßigungen für Schüler erkundigen.

____

____

Man: You just go out of the hotel and turn right. It's the second building on the right.

You: **5) Sie freuen sich, dass das Büro gar nicht weit entfernt ist, und fragen, wann es öffnet. Sie würden gerne morgen so früh wie möglich dorthin gehen.**

____

____

____

Man: It's open daily from 9 am to 6 pm. By the way, are you interested in jazz music? There will be a great concert tomorrow night.

You: **6) Sie lehnen dankend ab und sagen, dass Sie diese Art von Musik nicht mögen. Sie mögen Sport lieber und möchten gerne wissen, ob in den nächsten Tagen ein Cricketspiel stattfindet, da Sie gehört haben, dass dies eine der beliebtesten englischen Sportarten sei.**

____

____

____

Man: I see, unfortunately, our cricket team is not very successful this year. But, there will be an interesting rugby match against Warrington on Saturday.

You: **7) Sagen Sie, dass Sie erst letzte Woche ein sehr spannendes Rugbyspiel im Fernsehen gesehen haben. Leider haben Sie aber schon einen Ausflug nach Oxford für das Wochenende geplant.**

____

____

Man: Oh, Oxford – I'm sure you will love it there. Just let me know if you need any further information.

You: **8) Sie bedanken sich für die Hilfe und verabschieden sich.**

____

____

Man: It was my pleasure, have a good evening.

Teil III: Schreiben

Wählen Sie aus den zwei folgenden Aufgaben eine aus.
Schreiben Sie etwa 150 Wörter auf Englisch.

1. **Nehmen Sie zu folgender Frage Stellung.**
   More and more schools want to ban smartphones completely. What are possible pros and cons of using smartphones in class?

2. **Schreiben Sie eine Geschichte zum Bild.**

Quelle: www.fireflystoresolutions.com/retail-design-blog/2012/07/page/3/

4 Prüfungsaufgaben Mathematik

Aufgabe 1

a. Gegeben ist die Gerade g mit der Gleichung $y = -\frac{2}{3}x + 3$.
   1. Zeichnen Sie die Gerade in ein Koordinatensystem ($-1 \leq x \leq 10$; $-1 \leq y \leq 7$).
   2. Bestimmen Sie rechnerisch die Schnittstelle von g mit der x-Achse.
   3. Die Gerade g und die beiden Koordinatenachsen begrenzen ein Dreieck. Berechnen Sie den Umfang sowie den Flächeninhalt dieses Dreiecks.
   4. Bestimmen Sie die Gleichung derjenigen Geraden h, für die gilt:
      - h ist parallel zu g,
      - die Katheten des neuen Dreiecks sind doppelt so lang wie die des Dreiecks aus Aufgabenteil 3.

      Zeichnen Sie die Gerade h in das vorhandene Koordinatensystem.

b. Die Form eines Schülertisches im Projektarbeitsraum ist ein gleichschenkliges Trapez mit dem Winkel $\alpha = 60°$. Wenn zwei Tische an den längsten Seiten zusammengestellt werden, entsteht ein Gruppentisch mit jeweils 80 cm Kantenlänge (siehe Skizze). Berechnen Sie, wie weit Tom und Luisa, die sich gegenüber sitzen, voneinander entfernt sind (von Tischkante zu Tischkante). Wie groß ist die Fläche des Gruppentisches?

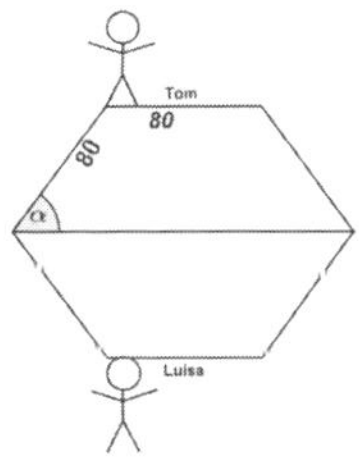

c. In das Frühbeet sollen Tomaten und Gurken gepflanzt werden. Frau Knipp kauft Tomatenpflanzen zu 1,59 EUR je Stück und die Gurkenpflanzen zu 2,29 EUR je Stück. Für insgesamt 15 Pflanzen bezahlt sie 30,85 EUR.
   Wie viele Tomaten- und Gurkenpflanzen hat sie gekauft?

d. Ein E-Bike wird zu einem reduzierten Preis von 1.750,00 EUR angeboten. Das entspricht einem Nachlass von 15 % des ehemaligen Verkaufspreises.
   Berechnen Sie den ursprünglichen Verkaufspreis.

Aufgabe 2

a. Familie Hoh besitzt zwei Wassertanks, die jeweils 500 Liter Wasser fassen. Im Tank A befinden sich 100 Liter Wasser, im Tank B sind es 200 Liter. Zwei Kinder befüllen die Tanks gleichzeitig mit je einem Schlauch. In Tank A laufen 30 Liter Wasser pro Minute, in Tank B 20 Liter Wasser pro Minute.
   1. Stellen Sie zwei Gleichungen auf, welche die Wassermenge in Tank A bzw. in Tank B in Abhängigkeit von der Zeit angeben.
   2. Welcher Tank ist schneller voll? Begründen Sie.
   3. Nach wie vielen Minuten ist in beiden Tanks gleich viel Wasser?

b. Gegeben sind die Parabel p mit $y = -4x^2 + 16x - 15$ und die Gerade g mit $y = 2x$.
   1. Berechnen Sie die Koordinaten der Schnittpunkte der Parabel mit der x-Achse.
   2. Prüfen Sie rechnerisch, ob die Parabel p und die Gerade g sich schneiden.
   3. Geben Sie die Gleichung der Geraden an, die parallel zur Geraden g ist und durch den Punkt $P(5 \mid -12)$ verläuft.

c. Auf einer Ebene steht ein 25 Meter hoher Aussichtsturm. Von dort sieht man einen Fluss. Das nähere Ufer des Flusses sieht man unter einem Winkel von 85,2°, das gegenüberliegende Ufer unter einem Winkel von 86,3°.
   1. Ein Schüler erstellt diese Skizze zur Situation. Übernehmen Sie die Skizze auf Ihr Lösungsblatt und kennzeichnen Sie die Turmhöhe, den Abstand vom Turm zum Fluss und die Flussbreite.
   2. Berechnen Sie die Breite des Flusses.

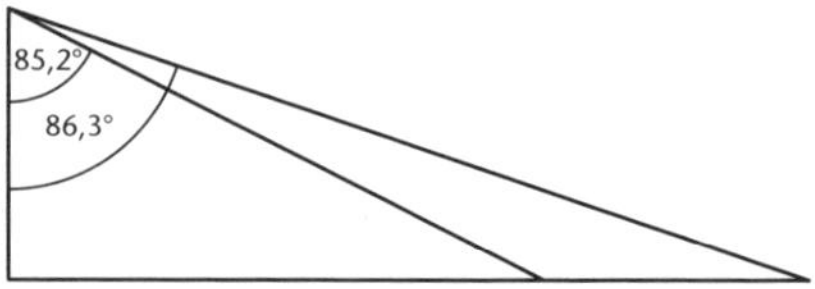

d. In Großbritannien, Deutschland und Italien wurden 2015 für Weihnachtsgeschenke im Durchschnitt 234,00 EUR pro Person ausgegeben. Deutschland liegt 26,00 EUR unter dem Durchschnitt. Die Italiener gaben sogar noch 1/16 weniger als die Deutschen aus. Berechnen Sie, wie viel Geld in Großbritannien durchschnittlich für Weihnachtsgeschenke ausgegeben wurde.

Aufgabe 3

a. Lösen Sie das lineare Gleichungssystem.

$$4x - \frac{1}{2}y = 21$$

$$6x + 5y = 20$$

b. 1. Prüfen Sie für jede Parabelgleichung, ob sie zum nebenstehenden Schaubild passen kann. Begründen Sie jeweils Ihre Entscheidung.

$$P_1: y = \frac{1}{2}(x-1)^2 - 2$$

$$P_2: y = -2x^2 - 1{,}5$$

$$P_3: y = \frac{1}{2}x^2 - x - 2$$

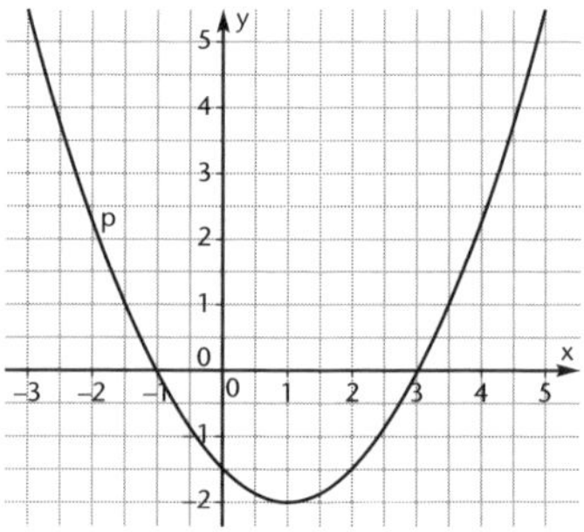

   2. Geben Sie die Gleichung einer weiteren Parabel an, welche die abgebildete Parabel nicht schneidet.
   3. Welchen Wert muss q haben, damit eine Parabel mit der Gleichung $y = x^2 - 6x + q$ durch den Punkt P(–1 | 15) verläuft?

c. Ein Hersteller möchte eine Sanduhr anbieten, welche vom Aussehen zum Thema „Kristallsauna" passt. Beide Hälften der Uhr sind in den Maßen gleich. Die Diagonale der quadratischen Grundfläche ist d. Verwenden Sie die angegebenen Maße aus der Skizze.
   1. Berechnen Sie die Länge der Kante a, den Flächeninhalt und den Umfang der Grundfläche.
   2. Berechnen Sie das gesamte Volumen der Uhr, wenn die Kantenlänge der Grundfläche 14,14 cm beträgt. Die Dicke des Glases kann vernachlässigt werden.
   3. Berechnen Sie den Winkel α zwischen den Seitenkanten.

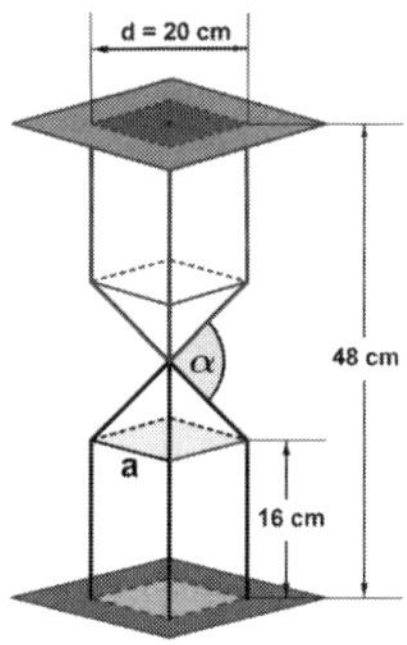

d. Vereinfachen Sie den Term soweit wie möglich.

$$\frac{\sqrt{54a^2b} \cdot \sqrt{2ab^3}}{\sqrt{3a^3}} - 5b^2$$

Aufgabe 4

a. Gegeben ist die Parabel p durch die Gleichung $y = (x - 3)^2 - 1$.
   1. Geben Sie den Scheitelpunkt der Parabel an und berechnen Sie die Koordinaten der Schnittpunkte der Parabel mit den Koordinatenachsen.
   2. Prüfen Sie, ob der Punkt P(–2,1 | 25,01) auf der Parabel liegt.
   3. Zeichnen Sie die Parabel in ein geeignetes Koordinatensystem.
   4. Eine zweite Parabel hat den Scheitelpunkt S(3 | 1) und geht durch den Ursprung. Wo liegt der zweite Schnittpunkt mit der x-Achse?

b. Von einer Geraden ist folgende unvollständige Wertetabelle gegeben.

X	–3	–2	1	2
y		3		1

   1. Stellen Sie eine Gleichung der Geraden auf.
   2. Übertragen Sie die Wertetabelle auf Ihr Lösungsblatt und vervollständigen Sie diese.
   3. Bestimmen Sie die Schnittpunkte der Geraden mit den Koordinatenachsen.

c. Sarah bastelt ihrem Bruder zum Geburtstag eine Dartscheibe mit dem Durchmesser 45 cm. Sie besteht aus einem inneren Kreis, einem mittleren und einem äußeren Kreisring.

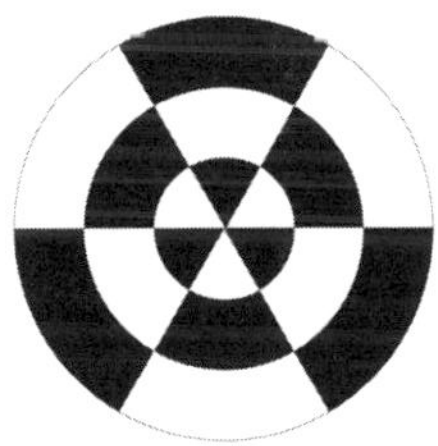

   1. Sarah malt Teile der Scheibe schwarz an. Wie viel Prozent der Scheibe bleiben unbemalt bzw. weiß?
   2. Die Fläche des inneren Kreises soll 5 % der Gesamtfläche betragen. Berechnen Sie den Radius des inneren Kreises.
   3. Sarah möchte den inneren Kreis (r_i = 5 cm) und die beiden Kreisringe mit einem goldenen Rand versehen. Der mittlere Rand liegt genau zwischen den beiden anderen Rändern. Der goldene Draht für den Rand kostet 6,00 EUR pro Meter.
      Wie viel muss sie für den Draht ausgeben?

Aufgabe 5

a. Nebenstehend ist der Grundriss eines Gewächshauses in einem botanischen Garten abgebildet. Die Wege sind grau markiert.

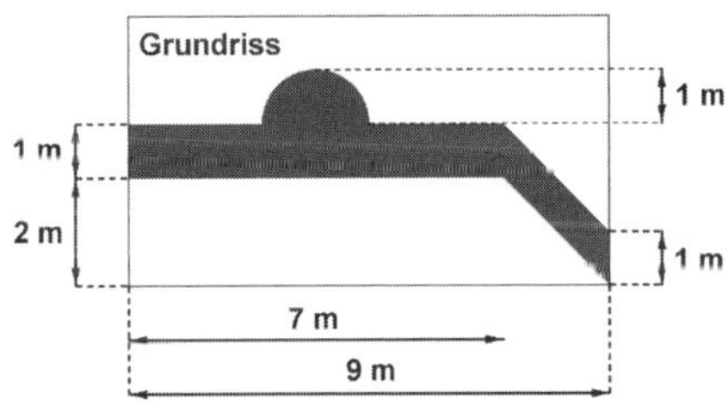

   1. Der Gärtner schlägt vor, die Wege 10 cm dick mit Holzhackschnitzel zu belegen. Diese kosten 25,90 EUR pro Kubikmeter. Berechnen Sie die Kosten für die Holzhackschnitzel.
   2. Zusätzlich sollen die Wege seitlich mit Randsteinen eingefasst werden. Berechnen Sie die Kosten für die Randsteine, wenn ein Meter davon 1,50 EUR kostet.

b. Gegeben sind die Gerade g mit $y = 0{,}5x + 1$ sowie die Gerade h. Von der Geraden h ist bekannt, dass sie senkrecht zu g steht und die y-Achse bei $y = 6$ schneidet.
   1. Zeichnen Sie die Geraden in ein Koordinatensystem und lesen Sie die Koordinaten des Schnittpunktes der beiden Geraden ab.
   2. Bestimmen Sie die Geradengleichung der Geraden h.
   3. Die beiden Geraden bilden mit der x-Achse ein Dreieck. Ein weiteres Dreieck bilden sie mit der y-Achse. Überprüfen Sie, ob die beiden Dreiecke flächengleich sind.
   4. Berechnen Sie den Innenwinkel des Dreiecks, das die Eckpunkte $A(-2 \mid 0)$, $B(3 \mid 0)$ und $C(2 \mid 2)$ hat.

c. Um die optimale Bestellmenge B einer Ware zu berechnen, wird folgende Formel verwendet:

$$B = \sqrt{\frac{200 \cdot J \cdot K}{P \cdot L}}$$

Dabei steht J für den Jahresbedarf der Ware, K steht für die Bestellkosten, P für den Preis der Ware und L für die Lagerkosten.
   1. Berechnen Sie die optimale Bestellmenge einer Ware für $J = 1.000$, $K = 10$, $P = 20$ und $L = 0{,}1$.
   2. Zeigen Sie, dass die Formel richtig nach L umgestellt wurde.

$$L = \frac{200 \cdot J \cdot K}{B^2 \cdot P}$$

5 Prüfungsaufgaben Deutsch

Aufgabentyp I: Stellungnahme ohne Textgrundlage

Viele Menschen treiben heute in ihrer Freizeit Sport. Dabei nutzen sie oft technische Hilfsmittel wie Fitness-Armbänder und Fitness-Apps.

Nehmen Sie Stellung zu diesem Trend.

Aufgabentyp II: Stellungnahme auf der Grundlage eines Sachtextes

- Geben Sie die wesentlichen Gedanken des Zeitungsartikels wieder.
- Nehmen Sie dazu Stellung.

Geht's noch?

von Antje Urban

Pupsen, popeln, rülpsen, schmatzen, rempeln oder fluchen – das soll man nicht, das weiß doch jedes Kind. [...]

Was so selbstverständlich scheint, ist womöglich auf dem Rückzug. 60 Prozent der Deutschen haben einem Trendcheck des Instituts für Demoskopie Allensbach zufolge den Eindruck, dass gutes Benehmen immer mehr nachlässt. Hans-Michael Klein, ehemaliger Vorsitzender und Gründer der Deutschen Knigge[1]-Gesellschaft, nannte die Deutschen vor ein paar Jahren sogar eine Rüpelgesellschaft. Dabei sind gute Manieren hoch angesehen und gewollt: 96 Prozent der Deutschen legen darauf Wert.
In Bezug auf die Höflichkeit sieht es nicht anders aus. Eine Umfrage der Online-Community YouGov kommt auch hier zu ähnlichen Ergebnissen: Drei Viertel der Bevölkerung beurteilen die Menschen früher als höflicher. Ein Grund könnte fehlender Respekt sein. Drei von vier Deutschen finden nämlich, dass junge Leute zu wenig Respekt vor älteren Menschen haben. Doch auch 64 Prozent der 18- bis 24-Jährigen wünschen sich mehr Respekt gegenüber älteren Menschen. Und nicht nur in diesem Fall sind sich Jung und Alt ziemlich einig: In allen Altersgruppen sagen mindestens neun von zehn Deutschen zum Beispiel, dass man in der Bahn seinen Platz räumen sollte, wenn eine alte oder schwangere Person einsteigt. Neun von zehn Deutschen finden es ebenfalls unhöflich, wenn Menschen während eines Gesprächs ständig auf ihr Handy schauen.
Ist also Anstand nur noch durch Knigge-Seminare, Etikette-Trainings und Benimm-Coachings landauf, landab zu retten? Und das schon im Kindesalter? Was früher daheim gelehrt wurde, lernen Kinder heute im Kinder-Knigge-Kurs. Gute Manieren als Karriere-Muss, stilsicheres Auftreten für die kommende Elite oder einfach nur Bestätigungsunterricht für den Familienfrieden? Dabei ist es einfach, gute Sitten an die nächste Generation weiterzugeben: Man muss sie nur vorleben. Das sieht Sophie von Seydlitz, die seit fünf Jahren Kinderkurse gibt, anders: „Bei mir sind nicht nur Kinder aus der Oberschicht. Die Familienstrukturen haben sich verändert. Es gibt keine Großfamilien mehr, die zusammenleben und den Älteren gegenüber Respekt vermitteln. Stattdessen arbeiten die Eltern, die Kinder sind viel allein. Und am Wochenende reden sich die Eltern über die Tischmanieren den Mund fusselig." Wenn sie dann vor den Kindern stünde, als „externe Fachkraft" sozusagen, würde das besser angenommen als von den Eltern. [...]

---

[1] *Adolph Freiherr von Knigge: vor ca. 240 Jahren Lehrer für gute Umgangsformen*

Was also einst in der Verantwortung der Eltern lag, wird heute mangels Zeit und Geduld an Trainer delegiert. Oder an Schulen. Laut von Seydlitz würden sich immer mehr Schulen für Benimmkurse interessieren. In der YouGov-Umfrage sprachen sich ebenfalls rund 51 Prozent der Befragten für das Schulfach „Benehmen" als Pflichtfach an Schulen aus. [...]

Quelle: Sonntag Aktuell vom 24. Januar 2016

Aufgabentyp III: Textinterpretation

- Verfassen Sie eine Inhaltsangabe.
- Charakterisieren Sie die Personen und ihre Beziehungen zueinander.

Scheidung im Watt

von Jan Schröter (geb. 1958)

Schiefergrau lag ein schwerer Himmel über dunklem Watt. Kaum zu sagen, wo die Wolken aufhören und der Matsch anfängt, dachte Heidi und fröstelte. 15 Grad und Wollpullover. Schön blöd, dass wir nicht ans Mittelmeer gefahren sind wie sonst. Rolf hatte gesagt, diesmal sei er dran mit der Bestimmung des Ferienziels, und er liebt die Nordsee. Und Heidi liebt Rolf. Dachte sie jedenfalls mal. War allerdings lange her, dass sie dieses Gefühl empfunden hatte. Der schmatzend an ihren Füßen saugende Schlick ekelte sie an.

Jo versuchte vergebens, genau in die Fußstapfen seiner Mutter zu treten. Den sechsjährigen Beinen fehlte einfach die Schrittlänge. Selbst wenn er hüpfte, trat er meist daneben. Jedes Mal befürchtete er, der Matsch würde ihn verschlingen. Und wenn schon nicht der Matsch, dann die Tiere, die sich sofort durch seine nackten Sohlen bohren würden, sobald er nur einen Moment stehen bliebe. Da sind Tiere im Boden, Millionen Viecher, Würmer, Käfer, Miniaturschnecken, was weiß ich, hatte Michi zu Hause noch gesagt. Sein bester Freund Michi wusste im Allgemeinen gut Bescheid. Jo gruselte es vor dem Watt. Aber Rolf hatte bestimmt, dass für die Familie heute Morgen eine Wattwanderung auf dem Programm stand. Jo ließ den Kopf hängen.

Schnaufend stapfte Rolf voran. Aufmerksam musterte er den Horizont. Von Naturschönheit konnte er nicht viel entdecken, aber das war ihm ohnehin egal. Er spürte förmlich Heidis genervtes Gesicht im Nacken, diese herabgezogenen Mundwinkel mit den auch im entspannten Zustand längst nicht mehr auszubügelnden Falten. Ging es nicht nach ihrer Meinung, wurde sie zickig. Damit hatte sie schon ihren ersten Ehemann, Jos Vater, vergrault. Dabei war sie damals wenigstens noch hübsch gewesen. Mittlerweile gab es nicht einmal mehr diesen Grund, ihre Launen zu ertragen. „Halt Rolf! Der Junge hat Durst!" Gereizt drehte sich Rolf um und stellte seinen Rucksack vor Jos Füße. „Bitte!"

Jo kämpfte mit den Tränen. Um sein Gesicht zu verstecken, kramte er länger als nötig im Rucksack. Das lenkte ab.

„Sei doch nicht so grob zu dem Jungen! Wenn wir schon mit dir durch diese Pampe latschen, kannst du wenigstens ein bisschen freundlicher sein."

„Diese Pampe ist ein einmaliges Naturwunder, liebe Heidi."

Aber das verstehst du ja doch nicht, dachte Rolf. Britta würde es verstehen. Seine Kollegin Britta begeisterte sich für Wanderungen, besuchte jede Kunstausstellung und hatte eine Vorliebe für Stretchminis. Sie passten auch zu ihrer Figur ...

„Was grinst du denn so dämlich? Gehen wir jetzt weiter oder was?"

Rolf zuckte mit den Achseln, nahm wortlos den Rucksack auf und trabte weiter, die Familie im Schlepptau. „Lass dich scheiden", hatte Britta gemeint, als er nach dem Betriebsausflug, viel Wein und einer stürmischen Nacht in ihrem Bett erwacht war. Ein echter Klassiker.

Die klassische Lösung kam aber für ihn nicht infrage. Sein Geld reichte jetzt schon nicht aus. Mit Brittas spontanem Lebensstil inklusive Shopping-Weekends in London und Trekking im Himalaya ließ sich unmöglich Schritt halten, wenn er auch noch Unterhalt zahlen müsste. Blieb nur noch die harte Tour: weg mit der zickigen Heidi und dem Jungen, diesem ewig schlotternden Weichei, zu dem er noch nie eine Beziehung entwickelt hatte. Weg mit dem Klotz am Bein und die Lebensversicherungen kassieren – schließlich zahlte er auch die Prämien ...

Heidi sah vor sich, wie Rolfs Füße unbeirrt über Muscheln schritten, die knirschend unter seinen Sohlen zerplatzten. „Der geht über Leichen“, schoss es ihr durch den Kopf. Die Assoziation erschreckte sie. Gleichzeitig gestand sie sich ein, zum zweiten Mal eine Niete im Ehe-Roulette gezogen zu haben. Sie würde sich von Rolf trennen. Ihr graute vor den Diskussionen, der Schlammschlacht, den Anwaltsschreiben. Wenn er doch einfach weg wäre! Andere Männer mittleren Alters erlitten Herzinfarkte oder rauschten mit dem Wagen gegen Betonpfeiler. Aber Rolf mit seinem Naturfimmel ernährte sich cholesterinarm und fuhr auf der Autobahn niemals mehr als Tempo 100.

Jo schluchzte lautlos in sich hinein. Diese geringelten Sandhaufen überall waren gar keine Sandhaufen. „Das ist Kacke“, hatte Michi gesagt. Wattwurmkacke.

Außerdem fror er. Der Wind blies unangenehm feuchte Kälte durch die Pullovermaschen. Jo hatte die Hände in den Taschen vergraben. Seine Rechte umschloss das geheimnisvolle runde Ding, das er vorhin im Rucksack gefunden hatte.

Es gab bestimmt wieder Ärger, wenn Rolf merkte, dass er es eingesteckt hatte, aber das Ding hatte ihn fasziniert. Und getröstet. Und außerdem war ihm alles egal. Wieso rannten sie hier noch herum? Niemand sonst war zu sehen. Es war überhaupt nicht mehr viel zu sehen!

Kein Land mehr in Sicht, registrierte Rolf. Nebelschwaden krochen über das Watt wie die Geister ertrunkener Seeleute. Auf das Seewetteramt war wirklich Verlass. Nur noch Minuten bis zur auflaufenden Wasserlinie[1]. Er vermeinte bereits ein schwaches Rauschen zu hören. Jetzt, Rolf! Adieu, Zicke, tschüss, Weichei! Er zählte bis drei, dann sprintete er mit rasantem Antritt seitlich davon, ohne sich umzusehen ...

Ihr Rufen war vergeblich.

Rolf kam nicht zurück, und Heidi wusste, dass er sie mit Absicht allein ließ. Wohin flüchten? Der Nebel schluckte jeden Horizont, ein nicht allzu fernes Platschern ließ heiße Panik in ihr aufsteigen!

Jo spürte die Angst seiner Mutter. Vielleicht würde das komische Ding sie auch trösten. Er klammerte sich an Heidis Bein und reckte ihr die Hand entgegen. Heidi starrte ihn entgeistert an und schrie erleichtert auf. Dann nahm sie den Kompass und richtete ihn sofort aus.

Atemlos hielt Rolf inne. Keine Schreie mehr zu hören. Er war weit genug weg. Sein Plan klappte hundertprozentig. Heidi und Jo kämen garantiert nicht mehr lebend an Land. Er wusste ja selbst nicht mehr, wo sich das Ufer befand!

Aber das würde sich gleich ändern ...

Freudig öffnete er seinen Rucksack.

Quelle: Jan Schröter: Scheidung im Watt. Aus: Jan Schröter: Nur mal kurz, schon ist es vorbei. Bremen 2013, S. 9 ff.

---

[1] *auflaufende Wasserlinie: beginnende Flut*

Aufgabentyp IV: Kreatives Schreiben

Die Nachtschwester hält die Ereignisse dieser Nacht in ihrem Tagebuch fest. Schreiben Sie diesen Tagebucheintrag.

Das Kind mit der Trommel

von Thomas Hürlimann

Im Krankenhaus der Satellitenstadt setzte eines Nachts eine Trommel ein. Die Patienten waren zu überrascht, um nach der Nachtschwester zu klingeln; sie sahen in die Dunkelheit, dachten an Urwald und Afrika, dumpf war das Getrommel, eintönig, ein Wiegenlied, das ihre Ängste und Schmerzen beruhigte; nach und nach sanken alle in den Schlaf.
Der Trommler, ein siebenjähriger Knabe, hatte sich kurz nach Einbruch der Dämmerung auf die Station geschlichen, nun hockte er neben dem Bett seiner Mutter, er trommelte und trommelte, und wiewohl der Wirbel, den er mit beiden Händen schlug, im langen leeren Flur zu einem Dröhnen wurde, ließ ihn die Nachtschwester gewähren – die Mutter des Knaben lag im Sterben.
Der Trommler war in Afrika, wo seine Eltern als sogenannte Entwicklungshelfer gearbeitet hatten, geboren worden – in Zaire, mitten im Busch. Er wuchs unter schwarzen Kindern auf. Er lernte Hühner schlachten und Mais stampfen und verweigerte, wenn ihn seine Mutter beim Taufnamen rief, jede Reaktion. Bei den Schwarzen und bei sich selbst hieß er Bogo. Er sprach eine Sprache, die seine Eltern nicht verstanden, kletterte auf Affenbrotbäume und trieb sich nackt im Urwald herum – Bogo war ein glückliches Kind.
Kurz vor seinem sechsten Geburtstag kehrte die junge Familie in die Schweiz zurück, Bogos wegen, er sollte hier die Schule besuchen. Bogo hasste den Schnee und fürchtete sich vor Autos, er gab den Regenwolken Namen, und es fror ihn auch im Sommer. Er war, wie die Nachbarn sagten, ein Wilder.
Bogo zerfetzte im Foyer[1] des Schulhauses einen Wandteppich und rupfte in den Grünanlagen die Blumen aus. Oft schrie und fluchte er in jener Sprache, die niemand verstand – sie klang wie ein gutturaler[2] Singsang und so fremd, dass sich sogar seine Mutter davor fürchtete.
Eines Nachmittags klaute Bogo sämtliche Hunde, die vor dem Supermarkt angeleint waren, und zog mit dem Rudel in die Wälder. Als ihn sein Vater nach stundenlanger Suche fand, saß Bogo inmitten der Hunde. Er sagte traurig und leise: „Papa, hier gibt es zu viele Weiße."
„Auch du bist weiß."
Da sah Bogo seinen Vater an, mit großen Augen. Dann betrachtete er seine Hand, den Arm, die Beine. „Das darf nicht wahr sein", mag Bogo gedacht haben, „ich bin ein Weißer!"
Das Getrommel hielt an, das Dröhnen im Flur. Es donnerte wie ein tropischer Sturzregen, es rauschte durch die Stunden der Nacht. Irgendwann, dachte die Schwester, wird er umfallen, der Kleine, zu Tode erschöpft. Bogo fiel nicht um. Bogo schlug seine Trommel, und er schlug so lange und regelmäßig, dass der Rhythmus in seiner eigenen Monotonie zu verschwinden schien.

[1] *Foyer = hier: Pausenhalle*
[2] *guttural = kehlig/mit vielen Kehlkopflauten*

Um zwei Uhr früh lag die sterbende Mutter wach in den Kissen. Bogo bemerkte es nicht, er hatte sich in Trance getrommelt, er trommelte und trommelte, und die Nachtschwester, die alle Viertelstunde nach ihrer Patientin sah, zog sich wieder zurück. Gegen Morgen wurde der Rhythmus langsamer, Bogos Kräfte, meinte die Schwester, begännen zu erlahmen. Dann wurde es still, totenstill, die Schwester riss die Tür auf – das Kind mit seiner Trommel stand vor dem Fenster, ein schmaler Schatten in grauer Helle, und Bogos Mutter saß aufrecht im Bett, ein Lächeln im Gesicht. Sie hat ihre Krankheit nicht überlebt. In jener Nacht jedoch war sie aus ihren Fieber- und Morphiumträumen noch einmal, ein letztes Mal, zurückgekehrt, von der Trommel ihres Sohnes Bogo gerufen.

Letzthin lernte ich einen Südafrikaner kennen. Er erzählte mir, in seiner Heimat würden die weißen Ärzte hie und da die alten schwarzen Medizinmänner zu Hilfe holen, vor allem bei hohem Fieber. Dann übernehme der Medizinmann den Puls des Kranken und schlage dessen Rhythmus in die Trommel. Dies könne sich Stunden, oft sogar Tage hinziehen. Schließlich verlangsame der Trommler seine Kadenz[1], und der Puls, an den Trommelschlag gewöhnt, gehe ebenfalls zurück.

„Wir Afrikaner", sagte der Mann, „vermögen Sterbende ins Leben zurückzutrommeln."

Quelle: Thomas Hürlimann: Das Kind mit der Trommel. Aus: Thomas Hürlimann: Die Satellitenstadt. Frankfurt a. M. 2004, S. 57 ff.

Der Text wurde in Rechtschreibung und Zeichensetzung an die neuen Regeln angepasst.

[1] *Kadenz = hier: Abfolge der Trommelschläge*